国家社科基金后期资助项目"教育人学基本理论新探"（17FJK001）成果

国家社科基金
GUOJIA SHEKE JIJIN HOUQI ZIZHU XIANGMU
后期资助项目

U0137845

教育人学研究丛书

丛书主编 扈中平 肖绍明

教育人学基本理论

The Philosophy of Education Hominology

肖绍明 著

上海教育出版社
SHANGHAI EDUCATIONAL
PUBLISHING HOUSE

国家社科基金后期资助项目
出版说明

后期资助项目是国家社科基金设立的一类重要项目，旨在鼓励广大社科研究者潜心治学，支持基础研究多出优秀成果。它是经过严格评审，从接近完成的科研成果中遴选立项的。为扩大后期资助项目的影响，更好地推动学术发展，促进成果转化，全国哲学社会科学工作办公室按照"统一设计、统一标识、统一版式、形成系列"的总体要求，组织出版国家社科基金后期资助项目成果。

全国哲学社会科学工作办公室

序

　　"教育人学研究丛书"是国内首次以丛书形式呈现教育人学研究成果的系列著作,是继"教育人学研究专栏""教育人学论坛"等学术活动之后的又一重要学术展示。

一

　　"教育学是人学",这一命题已经为越来越多的人所认可。在中国,教育人学的发展与近40年来的人学研究、马克思主义人学研究基本同步。中国的人学研究缘起于我国现代社会转型的背景下,对经典马克思主义文本及其思想的回归与再发现,尤其受益于围绕经典马克思思想中的人道主义成分的大讨论。今天的人学研究已越出"哲学人学"范畴,在多学科背景下,更为关注新时代的人、人性、社会、文明和自然等,更具现实意义和实践关怀。

　　教育人学是教育学在人学影响下对教育中人的问题进行探索的产物。一方面,它作为观念形态,在人类教育诞生,甚或人诞生之时便已萌芽,并逐渐发展成为一种世界观、价值观和方法论,以不同取向的教育人学思潮的形式深刻影响和规定教育学的发展;另一方面,它在自身的发展过程中成为一门类似于教育哲学、教育社会学、教育伦理学那样的独立分支学科。从20世纪80年代的"人是教育的出发点"到21世纪的"以人为本""可持续发展"——这些重大的命题和主张,是在理论上对现实教育无视人、蔑视人、摧残人的有力回击。伴随着我国经济社会的飞速发展,人们普遍感受到了人文精神的失落。究其原因,乃在于科技主义的文化霸权、工具理性的施虐和物质主义的盛行。在这些价值观的影响下,我国教育中出现了"见物不见人",偏离了"人"这个最为核心的教育对象的异化现象,在很大程度上导致了人的片面、畸形发展。在此背景下,一种面向人本身的系统而深入的"教育人学研究"呼之欲出。

二

　　在中国教育史上,早已有关于教育人学的论述,但真正以"教育人学"为题发表或出版论著,还是 21 世纪初的事情。早期代表性专著《教育人学:当代教育学的人学路向》(王啸,2003)关注教育人学的时代意义和理论自觉,探究教育与人的目的、人的生成、人对人的活动的关系等主题。同期的代表性论文《教育人学论纲》(扈中平、蔡春,2003)在世界观上界定教育人学,主要探究教育行动中的人学意蕴。此后,《教育人学论纲》(扈中平、蔡春、吴全华、文雪,2015)与《教育的人学视野》(冯建军,2008)、《当代道德教育的人学论域》(冯建军,2015)等专著以及《关于建构教育人学的几点设想》(冯建军,2017)等系列论文,标志着教育人学研究逐渐走向成熟。专著《教育人学论纲》以人学世界观为教育的信念,以人的完善和发展为教育学的学科立场,力图构建一种教育人学的分析框架,拓展教育学的视界。冯建军教授的论著则基于教育学的生命立场与人学研究,探究了主体教育、主体间性和他者在教育交往、公共性方面的重要意义,关注广泛的教育议题,如教育的生命基础、生命教育、道德教育的人学论域、生命型教师等。由此观之,教育人学正成为教育学的学科基础,并通过主体教育、人性化教育、生命教育、对话教育、公民教育等多元的教育人学形态,展现其蓬勃发展的生命力。近年来,国内出现了一些对著名教育学家和研究组织的教育人学思想研究的论文,如《让教育绽放人性的光辉——鲁洁先生教育人学思想述略》(冯建军,2010)、《论鲁洁先生教育人学思想的三维构成》(章乐、高德胜,2022)、《试论叶澜人学教育学思想》(余小茅、毛丹丹,2019)、《百廿南师:一本打开的教育人学》(冯建军,2022)等,体现出教育人学正深刻地影响着现代教育学人和教育组织的观念和文化。华南师范大学现代教育研究与开发中心分别于 2017 年 12 月和 2021 年 7 月在广州举办了第一届、第二届"全国教育人学论坛",并定期在国内重要学术期刊发表"教育人学研究专栏"系列论文。这些活动彰显了教育人学研究的制度化,推动着教育人学学科的建设和发展。

在某种意义上,西方教育人学的观念、概念和理论的萌芽,是从前苏格拉底时期的自然哲学转向苏格拉底时期的人的哲学开始。虽然英语中尚无"education hominology"(教育人学)的提法,但是,教育人学的观念、思想、理论和流派一直在西方教育学中存续。苏格拉底式对话设定人是知识、真理的源头活水,柏拉图提出教育必须实现人的灵魂转向,亚里士多德的伦理学建基于人的自然德性,等等。历史的惊人相似之处在于:《中庸》基于孔子、孟子"人性善"提出"天命之谓性,率性之谓道,修道之谓教";荀子基于"人性恶"强调"以善先人者谓之教";到了现代社会,我国教育确立了马克思"人的自由全面发展"理论的主导地位。可以说,在历史上一切有影响力的教育思潮均根植于对人性以及教育与人、教育与社会关系的深刻认识。人的存在与发展、人的自由与幸福是教育的根本主题，人之所以为人的研究内在规定了教育的本质。在某种意义上，一部教育学史就是一部教育人学思想的发展史。教育人学的研究对象既关注一般意义上整体的人，也关注特定历史情境中的人，还关注在技术意识形态、资本逻辑和权力宰制下人的生存境况与命运。因此，教育人学既可以作为教育哲学、教育人类学、教育社会学、教育政治学等教育学分支学科的基础，也可以成为诸分支学科的跨学科的交融点。例如，《教育人类学》（O. F. 博尔诺夫，1999）既有科学的人类学观察方法，又探究教育人学的基本原理。同样，那些以人为研究对象，关注人的问题的著名哲学家和教育学家，如卢梭、康德、杜威等，乃至从国内春秋战国时期的"诸子百家"、宋明时期的程朱理学到新文化运动以来的马克思主义哲学家和教育学家，都具有独特的人学思想及教育人学思想。

纵观中西方的教育人学研究，我们可以从中得到诸多有益启示。首先，教育人学以人"是其所是"为基，以人的问题和教育中人的问题为轴，以建构教育人学的基本原理为旨趣，以深入人的本质与人性基础的理论的和实践的探究为方法，探析教育中人的形而上学含义和人性化的实践价值；其次，教育人学的理论范畴超越经验观察，以人的身体和心灵，教育的时间和空间，教育的主体，教育的自由和民主等概念为规定，通过教育与人的观念、幸福、时间、空间等关系确立理论指向；再次，教育人学需要将教育置于人—教育—社会的三位一体关系中，探寻人的生存和发展的动力，直面人在社会、政治、经济、文化中的解放与自由等理论问题；最后，当今教育人学研究必须以开阔的视野，充分利用一切可以利用的思想资源，重新思考和建构人学和教育人学理论。例如，国内教育人学的兴起与经典马克思主义对人道主义的再发现有直接关系，随着智能劳动时代的来临，教育人学需要将马克思主义置于更广阔的背景中，探究不同取向的马克思主义流派中的人学和教育人学，批判和反思教育人学的基本观点和问题，形成更具活力的教育人学思想。

三

本丛书是扈中平教授领衔下的学术团队长期耕耘的结果。一直以来，该团队努力在以下方面进行有益的尝试和探索。

首先，教育人学理论探源。丛书包括专著和译作两大类。其中，专著回归马克思主义人学和现代中西方人学，探究教育人学基本理论，例如，张建国的《教育学的地位：一种马克思主义的解释》回归和深化教育人学的马克思主义知识论和价值论研究,韦永琼的《时间性教育学之思》、肖绍明的《教育人学基本理论》切入教育人学的人性论、主体性、时空论、身心论、艺术论、话语论等。丛书的译作则回归教育人学的经典人物和思想的研究,例如,澳大利亚教育哲学家斯莫尔(Robin Small)的《马克思与教育》(即出)、美国批判教育学家吉鲁(Henry Giroux)的《论批判教育学》(即出),英国教育学家迈克尔·格伦菲尔(Michael Grenfell)等的《布迪厄与教育:行动的实践理论》(即出)等。

其次,教育人学理论梳理。丛书突出教育人学研究的理论性,多部作品将探究教育人学的形而上学、认识论、价值论等,从而在清晰的理论视野下深入探究教育人学。除此之外,本着用马克思主义哲学的批判眼光,鉴别性地汲取并参考了中西方的古典教育哲学、启蒙理性哲学、现代哲学和后现代哲学等方面的成果,探讨教育中的人性、人性化、知识、道德、话语等主题,以知识性、学理性和实践性为旨趣完成丛书的任务。

最后,教育人学理论创新。丛书将教育人学作为教育学的新方向,重点研究教育中人的问题,侧重教育人学的基本理论研究,通过跨学科的视野,大量挖掘和使用新的文献,发展教育人学的新创见。

总之,教育人学是教育学的基础研究领域。在一个迫切呼唤教育人性化的时代,这一领域尤其值得教育学术界关注。期望这套丛书的问世能给国内外教育人学研究一些动力、助力和活力。

扈中平　肖绍明

2023 年 9 月 16 日

前　　言

　　教育人学基本理论研究是教育学的基础研究，是"育人为本"理念指导下的实践探索。本书对教育人学基本理论进行全方位、多层次的研究，对教育人学研究及其学科的形成，有一定的学术价值。

　　本书探究教育人学的思想发展史和学科发展史，反思教育人学研究的基本理论问题，厘清教育人学的理论形态。主要从教育人学的本体论、实践论以及艺术和话语视角阐明教育人学的人性论、主体论、身心论、时空论、行动论、育人论、伦理论、艺术论、话语论等九个基本理论，并创新性地研究教育人学的"弱"主体教育论、身心论、时空论、他者伦理学、艺术论、批判话语理论等。运用现象学、否定辩证法、质性研究和批判话语分析等方法，明确教育人学的学科使命。

　　本书充分使用一些新的中、英文文献展开探究，概念辨析细致，问题揭示深刻，方法灵活多样，理论建构新颖，批判性和建构性兼具，力争实现教育人学的观念超越和理论创新。

目　录

第一部分　教育人学研究

第二部分　教育人学的形而上学

第四部分 教育人学的艺术与话语

第一部分
教育人学研究

第一章 教育人学：定义、
比较与反思

　　教育之学非"成物"之学，而是"使其成其为人"的"成人之学"，是追求个性、自由和尊严的"成己"之学，概言之，"教育学是人学"①。这一命题犹如教育学史上的笛卡儿式命题，标志着现代教育②的建立。这意味着，教育人学必将基于人学世界观，以"总体人""完整人""人的自由和全面发展"为价值立场；从人性论的视角，立足人在教育和教育学中的本体论意义，并着眼人、教育、社会、政治、文化的复杂关系；既张扬教育人学应秉持的理想情怀，又面向现实的人及其日常教育生活，践行教育人性化的价值理念。本章作为思考与研究教育人学的起点，将反思教育人学理论自身诸多基本的概念、命题，例如"人是教育的出发点""教育是人的第二天性""教育人学是研究教育的'人的哲学'"等贯穿整个教育人学的核心命题，并从历史的理解与行动中，明确教育人学的最基本概念和元理论框架，明确教育人学研究的问题域。

---

① 该命题出自苏联教育学家苏霍姆林斯基在《育人三部曲》提出的命题："教育——这首先是人学。不了解孩子——不了解他的智力发展，他的思维、兴趣、爱好、才能、禀赋、倾向，就谈不上教育"（［苏］苏霍姆林斯基.育人三部曲［M］.毕淑芝，等译.北京：人民教育出版社，2015：11）。康德在《论教育学》提出的"人是唯一需要教育的一种存在""成其为人"，以及洛克的"白板说"等，都是这个命题的理论始基。国内学界自1980 年代以来，受到有关人性论、人道主义的大讨论的影响，提出"人是教育的出发点"等重要命题，实现教育"人学转向"，并以"主体教育""人本主义教育""生命教育""生命·实践教育""存在主义教育""生本教育""学本教育"等各种表现形态，继续丰富与发展教育人学。

② 教育史上，"现代教育"确立的评价标准不一，但人们大多颇为赞同约翰·杜威对"现代教育"的定义。也就是，只有确立了以学生为中心的人本教育观、以"做中学"为中心的活动教学观、以学生经验为资源的文化课程观，才能改变德国教育学家赫尔巴特或更早教育学家的"传统教育"。归结起来，杜威的"现代教育"本质上就是回到"以儿童为本""以人为本"的"教育人学"。

第一节　人 与 人 学

宽泛地讲,教育学研究是教育人学研究①。严格地讲,在学科意义上,教育人学是教育学的分支学科和基础学科。在教育学"作为一门捉摸不定的科学"②的语境下,教育人学倘若仅仅希望通过其在"教育学"中的归属、标杆或反衬作用,明了自身,那注定是失败的。因此,把握教育人学与其他学科的关系,明了自身特有的基本内涵及界限,是教育人学研究的始基。

一、"人"的含义

"人是什么""人是谁""人为什么存在""人的本性是什么""人为什么是教育的出发点""教育怎么以人为本"等,这些都是教育人学的基础性和前提性问题。"'人'(l'homme)的概念是整个西方社会文化及制度体系的基础和出发点。从古希腊到现代西方社会,从来都是以建构一个符合该社会及时代要求的'人'的概念为中心,同时建构其社会文化系统,以使各个时代的社会及文化都能够和谐地围绕着生活于其中的人而运作。"③这些"人的问题"表明,我们可以从人的要素(who)、特征(what)、历史(when)、形成(how)、意义(why)等方面不断地描述、归纳、显现、解释和批判人的本质、本能、人格、情感、潜能、需要、价值、信仰等。甚而,对人的描述、解释和批判方式的不同,决定了人的不同形象和意义。

(一) 从"人是什么(what)"到"怎样成人(how)"

在英语中,"人"可译作"man""man-kind""human""the human being""the men""the human species""the human races"等。无论是单数(前三者)还是复数(后三者),都主要从"类"的意义上理解人本身。根据牛津英文词典的解读,"man",其法语、德语词分别为"l'hamme""des mensch",最初指"全人类"(the whole human races、the human species 或 human-kind),以后其

① 庆年.教育学是人学[J].复旦教育论,2011(1):1;冯建军.关于建构教育人学的几点设想[J].华东师范大学学报(教育科学版),2017,35(2):57-67+120.肖川.教育学是人学[J].教师博览,2021(17):57-58.

② [美]格拉曼.一门捉摸不定的科学:困扰不断的教育研究的历史[M].花海燕,译.北京:教育科学出版社,2006.

③ 高宣扬.当代法国哲学关于人性的四次论战[J].学术月刊,2006,38(11):30-37.

含义兼具或专指"男性"。但它无论与"men"相比，还是与"god""animal"等相对，常常指概括性的名词"人类"（例如"rights of man"）。根据德国哲学家海德格尔（Martin Heidegger）的考证，"human"在古希腊语中为"homo"；然而，对"homo"的命名来自"humus（泥土）"，指人与大地、自然的紧密联系。在现代社会，指具有普遍的道德和社会特质的人；在具体的语言环境中，它又指马克思主义"类本质"（species-being）意义上的历史的、文化的人。① "human being"指"一个'智人'物种的男人、女人或孩子；与其他动物相比，他们具有出众的心智发展能力、清晰的说话能力和直立行走的姿态"。② "man-kind""the human species""the human races"都是中性词，直接表达人是区别于物或其他类的特殊的、种的存在，类似的描述有"人是具有显著能力的动物"。③

在哲学史上，哲学家试图通过下定义的方式，探究或规定"人"的内涵或本质。柏拉图（Plato）认为，人是"没有羽毛的两脚直立的动物"。亚里士多德（Aristotle）认为，"求知是人的本性""人是理性的动物""人是政治动物"。英国哲学家哈克（Peter M. S. Hacker）④总结哲学史上有关人的概念，认为"成熟的人是有自我意识的官能，能够行动，理性地思考、感受和行为"⑤。哈克通过反思哲学史上对人的定义方式发现，柏拉图二元论和亚里士多德一元论两种传统的"人的概念"逐渐演化出精神实体论、超验论、功能主义论等"人的概念"（见图1－1）。

如果说哈克是从生理、心理和精神的结构与功能分析人的概念，那么，人的社会、文化特征及其区别于生理特征的特性，则需要在人的具体活动中揭示出来。黑格尔（Georg Wilhelm Friedrich Hegel）、马克思（Karl Marx）、杜威（John Dewey）和卡西尔（Ernst Cassirer）等哲学家都发现劳动、行动或互动之于人的规定性。⑥ 马克思认为，"人的本质不是单个人所固有的抽象

---

① ［英］威廉斯.关键词：文化与社会的词汇［M］.刘建基，译.北京：生活·读书·新知三联书店，2005：275－276.

② https://en.oxforddictionaries.com/definition/human_being.

③ P. M. S. Hacker. Human Nature：The Categorial Framework［M］. Oxford：Blackwell Publishing，2007：1.

④ 哈克（1939—　　），英国牛津大学哲学教授，著名分析哲学家，主要从事心灵哲学和语言哲学研究。他与奎因的分析哲学研究，被视作当代分析哲学的"革命"。

⑤ P. M. S. Hacker. Human Nature：The Categorial Framework［M］. Oxford：Blackwell Publishing，2007：1.

⑥ 阿伦特、哈贝马斯等哲学家转向人的行动、交往互动，认为人的行动、互动规定人的本质。此处不再赘述。本书第三章、第七章将详细论述之。

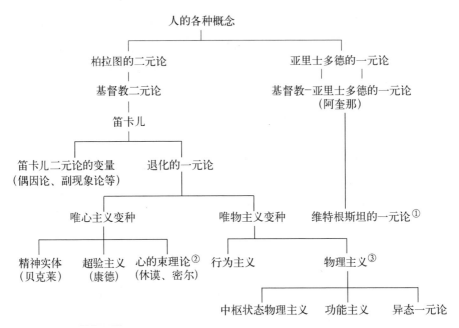

图1-1 人的概念及其构成一览表④

物,在其现实性上,它是一切社会关系的总和"⑤。其实,马克思是用"劳动创造人类""劳动创造人类社会关系"的意义阐述人的含义。德国新康德主义哲学家卡西尔认为,人是符号的动物,并认为:"人的突出特征,人与众不同的标

---

① 维特根斯坦的哲学心理学拒绝笛卡儿的纯思或纯意识概念,也否定心灵是身体的一部分,认为:人的意识、观察、认知和意志等品质也是活的动物的品质,而人的大脑作为物质成分,不具有这些品质,更不用说非物质的心灵更不具有这些品质。P. M. S. Hacker. Human Nature:The Categorial Framework[M]. Oxford:Blackwell Publishing, 2007:28.

② 休谟、密尔的"心的束理论"针对笛卡儿二元论,否定在人的意识内部不能觉察任何持续的意识或精神,也不存在一个终生保持不变的持久的、实体的自我。从经验论哲学来看,人的心灵只是"一束知觉",是不同的知觉逐次出现的场域,因此人能观察到的只是由生至死地、一个接一个地发生的一系列的或一束的经验。

③ 物理主义针对行为主义的不足之处,通过确证大脑活动状态以及活动与精神意识的关系,以及其相应的各种物理表现形式,来认识人本身。中枢状态物理主义认为精神意识活动类型与大脑状态是一致的,但异态一元论精神意识状态的"记号"和大脑的"记号"相一致。功能主义则相信大脑能加工信息、假定和计算等,进而根据大脑的计算和假定,人的知觉能得到解读。P. M. S. Hacker. Human Nature:The Categorial Framework[M]. Oxford:Blackwell Publishing, 2007:26-27.

④ P. M. S. Hacker. Human Nature:The Categorial Framework[M]. Oxford:Blackwell Publishing, 2007:27.

⑤ 马克思恩格斯选集(第一卷)[M].北京:人民出版社,1972:56.另:在马克思主义哲学看来,此处的"人"有三义:mensch(人)、person(人、个人)与 individuum(个体)。它们内在的、必然的联系是人在自然的、历史的和社会的活动中的实现,因此我们可以说"人是自由自觉活动的个体"。

志，既不是他的形而上学本性也不是他的物理本性，而是人的劳作（work）。正是这种劳作，正是这种人类活动的体系，规定和划定了'人性'的圆周。语言、神话、宗教、艺术、科学、历史，都是这个圆的组成部分和各个扇面。"①不过，卡西尔的劳作与马克思强调的劳动不同。他认为："人的所有劳作都是在特定的历史和社会条件下产生的。但是除非我们能够把握住处在这些劳作之下的普遍的结构原则，我们就绝不可能理解这些特定的条件。"②

此外，杜威用人的"行动"（construct, act）代替上述的劳动，强调行动与生物意义的行为的区别，以及其在人创生中的作用。杜威认为，人作为文化生物，针对同一个刺激，由于习惯、思维、社会环境的不同，会产生不同的反应，而且刺激会受情绪、态度、语言等方面的综合影响，甚而不发生反应。因此，行为的外延远远小于行动的外延，对人性的界定将会更狭窄。也可以把心灵的活动叫作行为或经验，但它也必须通过对这种行为或经验活动的特征的不断限制得出行为的概念，而这种不断限制的过程就是意识、目的和方法不断参与的过程。因此，这种活动用"行动"代替了"行为"，而不是"行为"本身。③ 杜威还认为，所有行动都是人性各要素和自然的、社会的环境之间的相互作用过程，这是人类自由和进步的基础，因为它提供了这样一个环境，在其中人的欲望及其选择能够发挥重要作用。④

（二）"人是谁"

美籍犹太教哲学家和神学家赫舍尔（Abraham Joshua Herschel）曾言，人的问题不是哲学问题，而是神学问题。然而，仔细研读他的文本会发现，他的本意是指人的问题应该从人的本真意义角度，超越"人是什么""我应当做什么"这样的客观描述性和规范性的回答，从人出发来思考人，来做人（being man），也就是回答"人是谁"（who is man）。

"人是谁"意味着，必须克服完全从知识论的角度理解人，反对知识论导致的人之价值或意义的虚无主义。虽然康德（Immanuel Kant）认为所有哲学的问题归根结底都在回答"人是什么"，但德国哲学家雅可比（Friedrich Jacobi）最早批判康德哲学体系中蕴藏的哲学空洞与贫困，也就是消极的虚无主义。即使康德祭出"物自身"这样的"武器"抵御虚无主义，然而，"物自身"以其始终的不可知性，虽然保障着知识与道德、必然与自由之间的有效

---

① ［德］卡西尔.人论［M］.甘阳，译.上海：上海译文出版社,2004：86.
② 同上书：87.
③ ［德］布列钦卡.教育科学的基本概念——分析、批判和建议［M］.胡劲松，译.上海：华东师范大学出版社,2001：58.
④ Dewey, J. Human Nature and Conduct［M］. New York：The Modern Library, 2002：10.

性,为我们提供着实在性的基础,但它毕竟只是作为理性"我思"或纯意识、纯思设定的相关项,其实在性始终是不可知的,甚而是神秘的,其结果将"人是什么"的问题建构在不确定的理性设计基础之上。进而,霍克海默(Max Horkheimer)、阿多诺(Theodor Wiesengrund Adorno)、哈贝马斯(Jürgen Habermas)等法兰克福学派哲学家批判人的价值意义在现代社会被翻转过来,受控于工具理性的控制,导致人之意义的迷失。在赫舍尔看来,虽然"人是什么"这样的问题比"某物是什么"那样的问题高明,但人们还是可能从知识论、生理学、社会学等角度回答"人是机器""人是高级动物""人对人是豺狼"等,难以逃脱以物的眼光看待人。

"人是谁"的问题在存在主义,尤其是海德格尔的生存论哲学看来,就是"人的存在"问题。理论上,海德格尔存在论与其他形而上学的不同之处在于,他遵循古希腊的哲学精神,通过人的生存活动研究存在的意义,也就是人的解释、创造。首先,什么是存在,存在的意义是什么? 海德格尔不正面回答,从发问(包括发问者)本身分析存在。这和以往哲学不同,他认为,鉴于发问者本身有存在在其身上,受到某个问题的引导,所以研究提问者,足矣。亚里士多德把存在的研究导向范畴,即"怎么是,是什么"的问题;康德和黑格尔分别探究范畴体系及其运动问题。然而,海德格尔转向存在的显现,认为,若要研究这个世界、自然和社会,实际上研究人本身就可以了。也就是说,作为个体的人,即"此在"(德语 Dasin),就是能发问的存在者,是存在显示出来的东西。那为什么"发问"? 因为人最初受某种本真的东西引导,但人在人与物、人与人、人与社会的关系异化或受遮蔽,一旦提问就让本真显现。也就是说,问之所问是存在,有了存在才有存在者。

在海德格尔看来,人是一种解释学意义上的存在,而不是物的存在。从哲学领悟人的存在,不凭靠叙述历史的方法,即使解释存在者的条件,也不适合解释存在本身。也就是说,由于存在总意味着存在者的存在,总是需要去规定,任何"是者"是由"是"规定出来的,因此存在本身需要解释的方法是一种本己的展示方法。问之何所以问,就是一种本己的解读方法,不需要追述到另一个存在者那里去。而且,对本真生活的寻求,是展现自己、完成自己的过程。就"此在"的形而上学而论,人在世界中有时间性、有限性和必死性。基于此,解释其本己的方式,不再预设一个概念决定存在是什么,预先没有本质存在那儿,而是用创造、领悟的方式;本己的方式就是现象学的方式,现象就是事情本身,现象就是本质;解释学就是领悟此在的生存意义、本真的存在以及对真正生活的探讨。

在海德格尔看来,人的存在具有相对于物的存在的优先地位,同时此在的存在优先于世界的存在。海德格尔认为，人的存在不同于物的存在，后者需要人使之显现出来，而且只有人才能把物的本性发挥出来，因此人的力量是一种救赎的力量。更重要的是，能问话的个体之生存哲学才是第一哲学。首先，此在的本质存在于世界之中。从亚里士多德开始，人们在生存中就已经体验到存在论的优先地位，无须从存在论中寻找。海德格尔的基础存在论还认为，生存相对于其他东西的优先性在于，一方面，人有灵魂，能展示其他的东西，研究生存就是研究其他存在；另一方面，与赫舍尔等哲学家一样，海德格尔认为从人的生成出发，就是从人的矛盾和困惑，以及人的"烦神""被抛状态"等非理性因素出发，才能把人放到人应该放的位置上面，激发人的激情，体会到人的意义。

因此，从"人是什么""怎样成人"到"人是谁"，揭示了人是超越于概念性认识和把握的本体性存在。对此，不同的哲学流派主张用不同的方法去研究作为本体存在的人。例如，存在主义主张用现象学、解释学方法体验和解释人的意义，英美后期分析哲学也主张用实用主义、心灵哲学、语用主义等方法理解人。归结起来，他们都发现人的研究需要用综合的研究方法，理解和把握人本身。例如，哈克主张用哲学人类学的方法"探究人类研究的解释形式和概念"，明白"人的概念，以及有关人的人格、心身、智慧和意志、知觉和感觉、知识与信仰、记忆与想象、思想与理想、欲望、意向与意志、感受与情感、性格特征与态度、美德与罪恶等概念，都不是理论性概念"，"学会成为一个理性的人，参与到生命的人类形式中去，这是亚当的孩子们与生俱来的权利和义务"。①

（三）"整体人"

在汉字"人"的多种解释中，"人"无论在象形、甲骨文字中意指侧面站立的人形，还是像两个人背靠背站立，寓示互相依存，等，以及中国哲学"天人合一"自然哲学背景下对"人"的解释，都寓示人是处于与自然、世界、陌异他者、社会关系中的存在物。在《圣经》的"创世记"篇中，先有神后有万物与人；人是照着上帝的形象，按照上帝的样式造出的，是生养自身、管理世界上所有动物的存在物；第一个人亚当是尘土与来自神的生气的结合物；是依赖于男女繁殖的衍生物……在"创世记"篇中，人只是"上帝—人—非人（万物或世界）"三角关系中的一个环节，是以上帝为中心的前提下的描述和建构过程，显示上帝创造的意义和目的，包括人的本性和在上帝赐予的目的之下的角色和作用。人在这个体系中具有重要的作用，例如，统治其他非人类的万物和世

---

① P. M. S. Hacker. Human Nature：The Categorial Framework[M]. Oxford：Blackwell Publishing，2007：4 - 6.

界,征服他们,耕织和保护家园,辨识和区分其他生物的本性,与上帝为伴。上帝给予人的地位是恢复人与创世者上帝的亲密与和谐关系,同时让人在与各种其他非人世界以及人类社会内部的矛盾关系中生存。因此,在《圣经》中,人是多义的,他是一个造物、形象、充满性欲的动物,"关系中的人""有功能的人""结构中的人""似乎有神性的人"等等。① 虽然《圣经》中有关人的起源与发展的学说充满了想象性书写和体验,确立以上帝为本体的解释学思想,但是,倘若我们像笛卡儿(René Descartes)、康德、费尔巴哈(Ludwig Feuerbach)、马克思等人那样,从人的理性、感性、实践等方面出发,用人代替上帝在三角关系中的地位和作用。那么,当我们重新阅读《圣经》的"创世记"篇时,将会是一种什么样的景象? 同时,我们也可以看到类似上帝中心主义的问题,如人类中心主义的问题,尤其是人与自然环境的关系。

达尔文主义观照下的人的起源学说从人与自然的顺应、适应和改造的关系中探究人别于生物的创造力,正是这种能力使人进化、诞生和发展。达尔文(Charles Darwin)进化论是以生物进化论为主,适当关涉社会组织与结构的学说。但它却奇迹般地成为社会进化论的一个重要来源和依据。显然,社会的组织结构原理不同于生物的组织结构原理。两者的平行迁移,用自然的进化与组织来看待人类与自然、社会之间的关系,无疑在理论上行不通,在实践中也导致人类社会的暴力、战争,以及人对自然的无限掠夺与破坏。倘若我们依照环保主义者提出的方案,以自然环境为中心或本体,强调造化奇妙的大自然不仅能造就人本身,发现人的本质,而且能发现人自身的限制和不足,那么人与自然的紧张关系能够得到一定程度的缓解。然而,如果简单地将人身上的恶与行为的恶视为自然环境问题的罪魁祸首,无益于问题的探索与解决。正如生态马克思主义理论所认为的那样,人对自然的征服与破坏更多地源自人类社会的生产方式和制度,尤其是资本逻辑和工具理性的肆虐。进言之,在诸种关系中看待和理解人,都不能以其中的某个要素或部分(如神灵、人、自然)为中心来理解和看待人本身。

针对上述问题,以法国哲学家埃德加·莫兰(Edgar Morin)为代表的复杂人性论提出,人是一个连续的系统,不否认人与"自然主义"的联系,在人类精神、社会与生物世界之间建立人类-文化、生命-自然和物理-化学的关系,他们相互蕴含、相互作用,既让人不孤立于其自然资源,又明确实践的复杂性、不确定性在这种连续过程中发挥重要作用,使那种永远不能成功地完全吸收或化解的无序因素来支撑和帮助实现其组织作用的有序。进言之,

---

① E. Lucas. Can We Believe Genesis Today? [M]. Leicester: IVP, 2001: 13-14.

他提出了"自组织"理论，认为"生动"的有序是不断再生的有序，其间无序不断地被吸收、排除、抛弃、回收、转变，无序不断地再生，而社会有序也随之不断再生，这就是复杂性的"矛盾"，复杂性的逻辑、秘密、奥秘和自组织，它意味着"一个社会因为它不断地自我破坏所以不断地自我产生"①。

虽然教育人学研究无能力专注于神学视域下的人学研究，只能缩小自己探索的领地，专注于以人本身和人类社会活动为核心的人的问题，探究人与自然、社会的关系及其影响下的人的含义。但是，复杂性理论给教育人学中人的研究提供了有益的启示：无论人是连续性、进步性、关系性、功能性存在，从价值意义上看，人都是一个整体性存在。即使人在实践活动中，出于具体情境下的个别活动，但是，人恰是能在活动中利用人的意识进行总体认识和把握，并能从部分行为中创造出总体价值或意义。今天，无论自然科学、社会科学，还是人文科学探究人，即便从不同的角度、方法、要素出发，似乎都从部分、个别着手探究人的科学与价值，然而，他们有意或无意地从整体人的视阈和前提下回到人的系统科学与总体价值本身。例如，当代西方哲学回归身体理论，似乎是研究人学的某部分理论，但事实上，从身体研究本身，可以窥见人的整体，表现在：透过身体意向性，可以看到人的心身融合；通过身体语言的研究，显示身体的社会性格和文化性格；透过身体的具身认知，可以发现认识论的奥秘；透过身体的控制与反控制斗争，发现身体的政治功能；等等。总之，从身体上活脱脱地展现了人的整体。

二、"人学"的界定与分析

"人学"在英文中有"homonology""hominology"等表达②，意指"整体上研究人的存在、人性和人的本质、人的活动和发展的一般规律，以及人生价值、目的、道路等基本原则的学问"。③ 它不同于生理学、医学等相关自然科学意义上的"人的科学"（human science）。后者主要指一切与人类相关的经验、活动、生产及其产品的研究和解释，试图拓展和启发人类的知识，包括人类对其自身存在、与其他物种和系统的相互关系、延续自身发展的语言和

---

① ［法］埃德加·莫兰.迷失的范式：人性研究［M］.陈一壮，译.北京：北京大学出版社，1999：29-30.

② "hominology"是"homonology"的复数形式。（均参考：陈志尚.人学原理［M］.北京：北京出版社，2004：6.）另，在《牛津高阶英汉双解词典》《简明不列颠百科全书》等词典均查不到该词。在谷歌（www.google.com）中，hominology 指"人种学"，尤其是"遗骸人种的研究"。在英语世界，有关人的研究仍使用"anthropology"。在国内相关研究领域，为了区别于"human science""anthropology"等，特引用"hominology"一词为"人学"。

③ 陈志尚.人学原理［M］.北京：北京出版社，2004：6.

思想成果的知识。此外,"人学"与德国哲学家狄尔泰(Wilhelm Dilthey)从精神科学意义上提出的"人的科学"有相似之处,它们都直接与"自然科学"相对。但是,精神科学意义上的"人的科学"主要用现象学、解释学的方法,强调人生活体验的意义及其在人类原始行动中的优先性,认为个体的心理和意识是历史探索和许多传统学科的一部分,其核心概念是"理解意义",也就是对他者的情感和表现具有"通感"性理解。在现代学科制度中,"人的科学"常指整合了人文科学和社会科学,跨越了不同院系的大门类的、综合性的科学。①

虽然人类学"anthropology"的词根"anthropo-"和人学"hominology"的词根"homono-"在拉丁文中皆指"人",但二者在研究对象与方法上都有别。人学主要从整体上抽象把握人的本质,具有哲学性质,而人类学主要是针对人类现象进行历史和现实的评价和解释,希望在人类活动中分析、了解人类现象并预测人类发展的轮廓,具有客观性、效率性和实用性。前者主要使用人文科学的研究方法,坚持现象学、解释学,以及唯物辩证法、多元决定论等经典马克思主义与后马克思主义的批判性研究方法,而后者是对人类在过去和现在社会中的各个方面展开的研究,尤其是实证研究。例如:社会人类学或文化人类学分别研究社会的规范和价值;语言人类学研究语言如何影响社会生活;生物人类学或体质人类学研究人类的生物发展;等等。

人学是"哲学或一般理论意义上的人的研究或人的理论"②,因此人学与人文科学、社会科学,尤其是哲学联系紧密。人学是高度综合性的学科③,是在综合所有自然科学、人文科学性和社会科学的成就基础上的(有关教育人学研究方法的讨论,详见第二章第一节)。但是,人学又因其本身的高度综合性和更高层次的学科交叉性,吸纳了其他科学在研究人或人性的某(些)方面的研究成果,从而区别于人文科学和社会科学。可以说,人学是有关人的哲学。正如卡西尔所言:"一种'人的哲学'一定是这样一种哲学:它能使我们洞见这些人类活动各自的基本结构,同时又能使我们把这些活动理解为一个有机整体。语言、艺术、神话、宗教绝不是互不相干的任

---

① 相关文献有：B. Turner (Ed.). Cambridge Dictionary of Sociology [Z]. Cambridge：Cambridge University Press, 2006；http://search.credoreference.com/content/entry/cupsoc/human_sciences/0.

② 陈志尚.人学原理[M].北京：北京出版社,2004：7 - 8.

③ 从学理和研究现状来看,人学是否成为一个学科,仍是一个争议的话题。[徐长福."人学"：专名还是摹状词——对近年来人学讨论的一个质询[J].江海学刊,1998(2)：84 - 89]。本书认为,人学处在学科形成过程中,目前主要是教育学研究的一个重要研究方向或领域。

意创造。它们是被一个共同的纽带结合在一起的。但是这个纽带不是一种实体的纽带，如在经院哲学中所想象和形容的那样，而是一种功能的纽带。我们必须深入这些活动的无数形态和表现之后去寻找的，正是言语、神话、艺术、宗教的这种基本功能。而且在最后的分析中我们必须力图追溯到一个共同的起源。"①因此，人学可以被视作哲学的一个分支②，并以直接关注和综合研究人的整体观念、形象、价值、意义等内容区别于哲学中的形而上学、知识论和价值论。

在中西方思想史上，人学是人在人与自然、社会及自我的关系中，不断地追问和反思，进行经验、理性超越和实践创造的结果。在古希腊神话时代，"斯芬克斯之谜"③提出了"人是什么"的问题，标志着人们对"人"的认识由经验性直观上升到概念性认识的飞跃，意味着"人的诞生"。"人的诞生"必须在"人的观念"中完成，而"人的观念""不是自我镜像，而是在自己追求的外在对象的身上看到自我的形象"。④"人的观念"标志着西方人学思想的诞生。中国古代人学思想也是从原始人对超自然力量的崇拜和对征服自然的幻想过程中萌芽的。例如夸父追日、精卫填海、盘古开天辟地、女娲补天、羿射九日、黄帝蚩尤大战、炎黄之争、尧舜禹禅让等，此后"天命人道""天地之性人为贵""人者仁也"等人的观念与人学命题的提出，标志着中国人学思想的形成。⑤

此后，在西方人学思想史上先后出现了"宗教人""存在人""自然人""理性人""文化人""心理人""生物人"的观念形态，这里不再赘述。⑥ 然而，在人学思想出现的时刻，怀疑论就一直像幽灵一样盘旋在上空，进行"人的消解"。19 世纪末尼采（Friedrich Nietzsche）提出"上帝死了"，他和费尔巴哈、马克思、弗洛伊德（Sigmund Freud）等一起就消解了"宗教人"。进入后现代社会之后，"理性人"最为人诟病。福柯（Michel Foucault）认为，"人"

---

① ［德］卡西尔.人论［M］.甘阳，译.上海：上海译文出版社，2004：87.

② 例如，2002 年成立的中国人学学会（China Society of Hominology）是国际上第一个以人学命名的全国性学会，其成员大多由西方哲学、马克思主义理论研究专家、学者和研究人员构成.

③ 斯芬克斯之谜出自古希腊神话《俄狄浦斯王》，讲述了长着狮身人面的怪兽斯芬克斯提出的谜，即：一种动物早晨四条腿，中午两条腿，晚上三条腿走路，腿最多时最无能。其谜底是"人"。

④ 赵敦华.西方人学观念史［M］.北京：北京出版社，2004：5.

⑤ 相关文献有：李中华.中国人学思想史［M］.北京：北京出版社，2005；肖万源，徐远和.中国古代人学思想概要［M］.北京：东方出版社，1994；韩庆祥，邹诗鹏.人学［M］.昆明：云南人民出版社，2001.

⑥ 赵敦华.西方人学观念史［M］.北京：北京出版社，2004：65－490.

作为观念、话语建构的概念，犹如海滩上涂画的字迹，大浪席卷之后就消失了。也就是说，有关人的观念、语言、制度都建基于不对称的权力控制，是一个控制与反控制、同一与差异不断斗争、无法和解的流变过程，因此福柯宣告"人死了"。也就是说，"理性人"已不复存在。现代基因技术、测不准原理、人工智能、信息技术等方面的突破，给"自然人""心理人""文化人"等带来挑战，包括有关的人的价值、伦理和意义都遇到世纪性难题。也就是说，今天的人学研究面临着来自学科互涉视域下的"人学危机"，只有勇敢面对，综合、超越这些挑战，体现人的智慧与能力，才能在更本质的意义上体现人学的内涵。

虽然理论上讲，人学与人的诞生和发展是几近同步的，但是，人学也是历史发展的必然产物。在阶级社会，奴隶被视为会说话的动物，奴隶和平民在古希腊社会没有选举权和被选举权。即使在现代社会，在技术理性支配下的风险社会，人也面临"异化""物化"等"人的危机"。在中国，近四十年来人学的兴起与发展离不开具体的历史教训和对经典马克思主义文本与思想的回归、大讨论和再发现，尤其是在人道马克思主义的影响下，对真理问题与人性、异化和人道主义的大讨论。① 今天的人学研究逐渐将马克思主义人学置于西方哲学、经济学、政治学等宏观背景下，逐渐脱离"哲学人学"的单一视域，关注新形势下人与人的文明发展、人与自然的生态和谐，更具有学科互涉性、时代性、问题意识。②

第二节　教　育　人　学

什么是教育和教育学？其人学基础和意蕴何在？教育人学在什么意义上具有学科性质？其内涵是什么？……这些是我们亟待分析和把握的内容和方向。

一、教育、教育学的人学意蕴

（一）教育的人学含义

第一，在中外教育史上，教育皆被视作出于人、为了人和通过人的社会活动。《中庸》曾言："天命之谓性，率性之谓道，修道之谓教。道也者，不可须臾离也，可离，非道也。"这里的"率性""修道"分别指出了教育的人性依

---

① 魏金声.现代西方人学思潮的震荡[M].北京：中国人民大学出版社,1996：1-6.
② 胡为雄.国内人学研究回顾(1978—2012)[J].毛泽东邓小平理论研究,2013(1)：50-56+93；曹德宝,董彪.聚焦人学新视野　共话发展新理念——中国人学学会第十八届年会综述[J],党政干部学刊,2016(10)：17-20.

据与人性化教育过程。《学记》言"教也者，长善而救其失者也"，指明了教育在人的"扬善抑恶"过程中的功能与性质。《说文解字》说"教，上所施，下所效也"，它意指教育在人的文化承继与创新中的作用。"教育"一词最早见于《孟子·尽心上》"得天下英才而教育之，三乐也"，它阐明教育培养社会人才的教育目标与价值指向。

西方教育学家从心理、社会、文化等方面揭示了教育的育人、成人的内涵。捷克教育学家夸美纽斯（Johann Amos Comenius）认为，人人具有知识、德行和虔信的种子，但这种子却不能自发地生长，需要凭借教育的力量，只有受过恰当的教育之后，人才能成为一个人。英国教育学家洛克（John Locke）主张"白板说"，认为人心是"白纸""人心没有天赋的原则"，教育可以使学习者掌握知识和德行。法国教育学家卢梭（Jean-Jacques Rousseau）认为，教育的任务是使儿童从社会因袭的束缚中解放出来，归于"自然""官能的发展"，也就是培养自然人。德国教育学家赫尔巴特（Johann Herbart）把教育作为一门科学，以实践哲学和心理学为其基础。前者说明教育的目的，后者说明教育的途径和手段。他的教育目的就是"德行"，教育途径就是"教学"，而且不存在"无教学的教育"和"无教育的教学"。亦即，广义的教育是无意识的教育，大自然、家庭、社会、人民及其宗教和语言都是教育者；狭义的教育是指学校教育，教师是负实际责任的教育者，而完善的教育能使人类的身体的、智力的和道德的力量得到广泛发挥。杜威提倡"教育即生长"，教育就是经验的改造或改组，而这实质上是文化的改造或改组，既能增加经验的意义，又能提高指导后来经验进程的能力。

第二，教育在本质上指向人的价值、意义的积极塑造，超越了经验的内容。有论者指出："教育是作为主体的人在共同的社会生活过程中开发、占有和消化人的发展资源，从而生成特定的、完整的、社会的个人之过程。"①详言之，人的生长发展在本质上是一种生命现象，与无机界的简单变化不同，它的本质特性就是主动的生长，而且是所有生命的生长中最高级、最复杂的，因此来自外部的"改造"不足以全面概括教育这种人成为人的活动的本质，全面的教育观应当是内在地包含了"改造"的"生成"教育观。一直以来，人们试图一劳永逸地给教育下一个科学合理的定义，希望能够厘清教育的各个要素及其相互关系。然而，教育是动态的、生成的活动过程，必须认清儿童的生存及认知水平、能力，调动他们的主观积极性，在交往活动中不断"证伪"，才能生成学生的个性与人格。因此，有论者认为，教育是指有意

① 项贤明.泛教育论：广义教育学的初步探索[M].太原：山西教育出版社，2002：137-149.

识地以影响人的身心发展(能力、思想、品格、道德、知识、技能、态度、情感、价值观等)趋善、向善、从善为直接和首要目标的一种社会实践活动;是在合适的环境中,教育者利用人道的方法,通过有意安排的计划、内容和组织,通过施加、引导和影响受教育者的身心、思想与行为向真、善、美正向改变,从而达到预期的目的和目标的一种人类善的社会实践。①

第三,教育围绕人的社会活动展开,使人在社会活动中实现富有个性的、能自我实现的"大我"。在《中国大百科全书·教育》《辞海》《教育大辞典》等工具书中较为鲜明地指出了教育与人的社会活动之间的内在必然联系。例如,《中国大百科全书·教育》认为,教育是培养人的一种社会现象,是传递生产经验和社会生活经验的必要手段。《辞海》认为,教育在广义上,是指以影响人的身心发展为直接目的的社会活动,狭义的教育是指由专职人员和专门机构进行的学校教育。《教育大辞典》提出,教育是传递社会生活经验并培养人的社会活动。在不同时代的教育学教材中也有类似论述。例如,叶澜先生的《教育概论》讲,教育是有意识的、以影响人的身心发展为直接目的的社会活动。

第四,教育是以形成完整人格为旨归的、具有人文主义精神的社会活动。在 1976 年《国际教育标准分类》、1997 年《国际教育标准分类》的框架内,在制度化教育形态下提出教育的含义:教育是包括所有为适应学习需要而设计的有计划的、系统的活动,包括在某些国家被认为是文化活动或训练活动在内。联合国教科文组织在《德洛尔报告》《学会生存——教育世界的今天和明天》《反思教育:向"全球共同利益"的理念转变?》等报告中提出了"终身学习"及学习的四大支柱——学会认知、学会做事、学会共存和学会生存等,强调"交流""学习共同体""学会共存",在实现全球共同利益的理念指导下,促进人的心态开放、个性张扬、凸显主体地位,使教育成为人的生命活动、专业成长和自我实现的过程。更重要的是,各项报告均提到,教育除自身的直接功能以外,其宗旨是形成完整的人格;教育应当奉行道德和知识原则的高度一致,具有浓厚的人文主义色彩,弱化教育的工具性和市场导向,因此,"重申人文主义方法,强调必须在最新的伦理和道德基础上制定综合性教育方法,呼吁包容的、不会简单地重演不平等的教育过程。在不断变化的全球教育格局中,教师和其他教育工作者的作用对于培养批判性思维和独立判断的能力、摆脱盲从至关重要"②。

---

① 肖川,胡乐乐."教育"概念的词源考古与现代研究[J].大学教育科学,2010,121(3):3-12.
② 联合国教育、科学及文化组织.反思教育:向"全球共同利益"的理念转变?[R].北京:教育科学出版社,2017:20.

（二）教育学的人学含义

什么是教育学？教育学的人学意蕴何在？

第一，教育学因其"属人性"区别于教育科学。教育科学是指研究教育规律的各门教育学科的总称，而教育学是关于教育的学问，即人们对于教育这一社会现象的知识、学说或理论。教育学不是把教育与社会、文化、人生等现象一起作为研究对象，而是把教育作为一种独立的社会现象，单独对它进行理论考察与研究；不是关于教育的零散知识和见解，而是把教育作为一个整体，对它进行系统、全面的考察研究和概括。因此，严格地说，教育学是整体人的视角，把教育活动当作独立研究对象的知识系统和科学体系。

在古希腊和文艺复兴、启蒙时期，教育学是关于教养的学问，具有人文科学性质。事实上，人文科学源于拉丁文"humantitas"，意为人性、教养。正如《中国大百科全书》的描述：人文科学是研究人类的信仰、情感、道德和美感等的各门科学的总称。人文科学及其相应的人文课程，给人以做人的智慧与德性，而且也给人以做学问的智性。教育学是人在社会实践活动中，借助观念、语言进行反思的结果，也就是说，教育学不是任何别的东西的产物，它是人的产物。在口耳相传的口语阶段，非形式化的教育学就诞生了；在文字出现之后，形式化的教育学随之出现。因此，与经济学、政治学、法学、管理学相比，教育学毫无疑问地直接与人的心理、社会、文化活动相关联。

教育作为社会活动，与音乐活动、文学活动、体育活动、政治活动、商业活动等社会活动的区别在于，教育是直接指向人自身的发展的活动，其核心是整体意义上的人本身，具有形而上学意义上的出于人、为了人和通过人的存在论意义，而其他社会活动，或者为了人的某种精神或物质追求，或者是为了权力、利益等。

第二，教育学出于人性的复杂性、人的可能性而具有多元决定性。杜威基于人与人的交往关系，提出"教育即社会"，从而把教育的社会属性纳入它的核心范畴，所以它既属于人文科学，也属于社会科学。何谓社会？按照休谟的看法，社会本质上出于人的"同感"或"移情"，是在自我意识中出现"他者意识"的结果。对人类社会的起源而言，杜威认为人类社会起源于人对自然的恐惧，正是因为恐惧，人与人才结成群体、组织，凭借群体、组织的力量战胜自然、克服人与人之间的消极行动。因此，教育始终以培养人为目的，力图实现从自然人向社会人的转变。虽然教育学研究受自然科学研究范式的影响，但因为它的"属人性""人文性""精神性""意义与价值""自由意志""生命"等特性不服从自然科学的因果决定论，不是用精确、客观、重复性、可操作性可以把握的理论。虽然教育学的研究对象、教和学的行为显然是可观察的,有一定规律性,是具体的实践行动,但它强调教育实践在不确定性、变化性情境下的实践智慧、创新性能力和优良品性的养成,有利于培养具有自由精神和德性的人。

从历时的角度看,教育学的历史就是各种教育学思想对话的历史,在不同的时空语境下,各种教育之学表现出来的情感、理性、意志等诸多意义极富有"家族相似"(family resemble)的特性,它们没有统领终始的一条线索,也没有统一的拧结方式和规律,只有相似性与趋同性,而不是同一性。在被视为近代教育学肇端的夸美纽斯那里,教育学作为一门大全的艺术,神学、哲学、科学和艺术充斥其间,如果要理解教育学,就需要"懂得科学,纯于德行,习于虔敬",还要在"是"和"应当"之外明白美学的自由和神学的超越。虽然夸美纽斯之后的教育学发展,由于神学逐渐"去魅",形而上学的哲学和道德哲学纷纷"褪色",自然科学不断扩张自己的地盘,于是,"科学教育学"几乎成了教育学的代名词,甚而颠倒过来,成为教育学的上位概念。但是,纵观教育学发展史,随着人们对人的认识的细分和完善,有关人性之哲学与科学的圆周或扇面逐渐丰富,以及人类实践在无数行动"事件"中的偶然与必然,教育学的学科分化更加细致,内容更加丰富,甚而教育学就如人学那样具有高度的综合性、学科互涉性。因此,人们必然会不无感慨地说,教育学似乎就是人学的投射或影子。

第三,人的整体性①表现为抽象人性或实践意义上的抽象存在,而不是具体存在者的总和,因此基于人的哲学的教育学具有了形而上学的特点。也就是说,教育学与人学具有形而上学的共性。虽然英国经验主义的鼻祖洛克是"把教育作为一个近代问题提出来"的第一位教育学家,他的教育学不仅仅因其崇尚经验而为经验的教育学奠基,他基于复杂观念的知识论已经脱离了简单观念的数量累积,需要借助人的"天赋能力",也就是康德意义上的先验能力去把握。更有意思的是,当教育学人们对《教育漫话》的教育思想津津乐道的时候,殊不知,《教育漫话》只是对《政府论》倡导的自由观念的补充和实现,他希望借助教育本身去影响为人父母的读者公众,把人们最渴求得到的自由跨越政府和大学而进入日常的家庭教育中。②

---

① "把人作为一个整体来看时,人的存在的处境就是事实和目标、气质和对意义的追求等相互交织在一起的综合体。"[美]赫舍尔.人是谁[M].隗仁莲,安希孟,译.贵阳:贵州人民出版社,2009:25.

② [美]纳坦·塔科夫.为了自由——洛克的教育思想[M].邓文正,译.北京:生活·读书·新知三联书店,2001:22,29.

近代教育学的发展，无论如何都绕不过卢梭。经典名著《爱弥儿》与《社会契约论》的二律背反在于：前者基于自然的教育而提倡消极教育，后者的指向是"去掉自然习性"，建立一个能表达公意的政府，"公民社会只是一群人之间的约定，其中的每个人都成了公意的一部分并且将服从于公意"，"因而，社会有理由迫使他去自由地生活，迫使他以正当的方式行使自己的意志。做到这种压制的办法是教育和惩罚，但真正的人的尊严在于自觉地选择公意，而放弃一己的意志"。① 如果说爱弥儿生活在去掉具有社会性质的"公分母"的理想假定的自然世界里，那么，社会契约论中的受教育者就是生活在受到公意限制的公民社会中，前者是先验的预定，后者则有失去个人自由的危险。因此，卢梭自然主义教育学的出发点是激情和环境的影响，是不成熟的科学和对自然观念的批判，具有强烈的先验色彩。②

第四，人是可能性存在，有"生存""生命"的意义，基于人的哲学的教育学必然不囿于系统性和模式化，有开放性和创造性。教育学史上，教育学的自然科学意义肇端于梅伊曼（Ernst Meumann）、拉伊（Wilhelm Lay）的实验教育学③，而狄尔泰基于"意义"开创的德国文化教育学④和涂尔干（Émile Durkheim）基于"事实"的教育学呈现出教育之学的分化与交驳，教育之学的合理化与现代化更表现出开放、包容的形与势。赫尔巴特教育学因其思辨性、体系性而著称，为"一门独立科学"的教育学。但问题是，赫尔巴特"实践哲学"因效仿康德的实践哲学而显机械。⑤ 他的"实践哲学"命题是通过不证自明的道德公理推理出来的："完善"推出教育中的"多方面兴趣"，而"多方面兴趣"就是"可能的目的"；"至善"推出教育的"道德性格的力

①　［美］列奥·施特劳斯，约瑟夫·克罗波西.政治哲学史（下）［M］.李天然，译.石家庄：河北人民出版社，1998：656-658.

②　［法］涂尔干.道德教育［M］.陈光金，等译.上海：上海人民出版社，2006：329.

③　19世纪在欧洲出现的以教育实验为标志的教育思潮。德国心理学家冯特1879年在莱比锡大学建立世界上第一个心理学实验室。这在思想和方法上为实验教育思想提供直接借鉴和吸取的资源。随后，德国教育家梅伊曼出版《实验教育学纲要》，并于1901年首先提出"实验教育学"。1907年，另一位教育家拉伊出版《实验教育学》，系统阐释实验教育思想。

④　指德国19世纪末出现的精神科学教育学。他们认为，教育需要儿童体验历史所创造的客观文化，领会价值，唤醒他们的意志，引向新的文化的创造。代表人物有狄尔泰、斯普朗格、利特等，代表作有《关于普遍妥当的教育学的可能》（狄尔泰，1888）、《教育与文化》（斯普朗格，1919）、《职业陶冶、专业教育、人的陶冶》（利特，1958）等。

⑤　Hudson, R. L. Herbart: His Philosophy and Educational Implications［J］. Peabody Journal of Education, 1946, 24（3）：159-166；李长伟.从实践哲学的角度透析近代教育学的分裂［J］.华东师范大学学报（教育科学版），2006（9）：21-30+36.

量",而"道德性格的力量"成为"必要的目的","教育的唯一工作与全部工作可以总结在这一概念之中——道德","道德普遍地被认为是人类的最高目的,因此也是教育的最高目的"。① 实践哲学成分占据了"教育之学"的统治地位,"教育之学"刚刚脱胎于神学的母体,又囿于系统化哲学的藩篱。

就赫尔巴特教育学体系的"科学"成分——心理学而言,其德语的"科学"含义也与当今以英语为主导的科学概念有异。从时间上考证,心理学成为自然科学意义上的"科学"是以冯特(Wilhelm Wundt)在1879年建立第一个心理学实验室为标志的,而赫尔巴特早在1806年、1835年就分别出版《普通教育学》《教育学讲授纲要》。那么,赫尔巴特的"科学教育学"在何种意义上是"科学"呢? 从方法论上讲,赫尔巴特的心理学也是思辨的体系,是从哲学理论中抽象和演绎出来的结果,遵从了德国思辨哲学"系统的科学"的传统。因此,"如果说他的教育学还算不上是名不副实的科学教育学,首先是由于其心理学虽有独特建树,同科学心理学尚存在相当大的距离,而他以不成熟的心理学阐明教育学的可能性,正是科学教育学的思路。这个意义上,可以认为《普通教育学》堪称科学的教育学诞生的标志"②。

赫尔巴特教育学之"科学"产生的问题是,系统的教育学在什么意义上才是教育科学。③ 首先,教育学不是封闭的"有机体",也不是纯粹自洽的逻辑体系,更不是纯粹关系性的存在。它必须是一个开放的功能系统,在政治、经济、文化背景下,和社会学、人类学、心理学、生理学、语言学、伦理学诸领域处于互动的关系中,脱离先验法则、道德法则和以后纯粹的工具-技术理性,面对教育问题中的教育事实,归纳出理性的规则,从而实现教育之学的科学和民主的统一。其次,它必须具有不断生成与分化的条件、要素、机理和动力,赫尔巴特教育学的里程碑意义就在于它在追求一般和普通的知识过程之中分化出细微的成分及其区别性特征,不足之处在于,赫尔巴特教育学中的自由是抽象的自由,没有个体的自由;是思辨的体系,无法产生个体教育学。基于教育、教育学与人、人性的上述关系,拟定他们之间的关系图(见图1-2)。

---

① [德]赫尔巴特.论世界的美的启示为教育的主要工作//张焕庭.西方资产阶级教育论著选[C].北京:人民教育出版社,1979:259-260.

② 陈桂生.历史的"教育学现象"透视[M].北京:人民教育出版社,1998:103.

③ Rosenkranz, K. Pedagogics as a System[J]. Journal of Speculative Philosophy, 1872(6): 290-312.

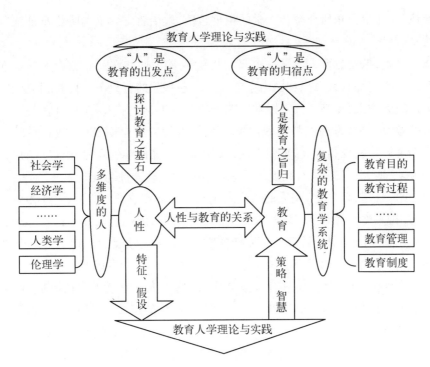

图1-2 人-人性-教育-教育人学①

二、"教育人学"的界定与分析

何谓"教育人学"？有论者提出，教育人学是在人学世界观、信念和方法论指导下，整体性、实质性地把握与透视教育，对教育（学）世界进行生动、深刻的描绘，使真实的、大写的"人"凸显于教育中，并使这种教育人学世界观成为每一位教育实践者的个人教育哲学和内隐的教育观念。也有论者指出，教育人学是探讨一种以人的方式进行的、以人为目的的、以成人为根本宗旨的人的教育。还有论者提出，教育人学就是在"人的自觉"的当今社会以人的方式认识人，通过具体的实践活动让人成其为人的教育哲学，它既是一种人本思想也是一门学科。② 此外，有论者基于某种哲学视野，探析教育人学的实践本体论内涵，例如：生存性存在的教育人学、实践-生成的教育人学③；或者从人

① 此图主要由江苏师范大学教育科学学院张建国副教授绘就。

② 相关文献有：冯建军.教育哲学中的"人"与人的"教育哲学"［J］.教育学术月刊，2016（10）：3-12；冯建军.当代道德教育的人学论域［M］.福州：福建教育出版社，2015.

③ 相关文献有：岳伟.生存性存在——当代教育的一种人学探寻［J］.华东师范大学学报（教育科学版），2010（4）：29-36；祝爱武，冯建军.实践-生成论的教育人学范式［J］.教育研究与实验，2016（2）：28-33.

性论、方法论视角研究教育人学的伦理价值、政治哲学含义与唯物辩证法方法论。①

这里，拟对教育人学下一个日常性的或常识性的定义。教育人学是在西方人本主义教育思想和国内主体教育思想兴起的背景下，针对工具理性、消极虚无主义、专制主义等因素影响下的"人的异化、物化""人的危机""无人的教育"等教育理论与实践问题，为了"人的自由全面发展"教育目的以及实现人的发现和解放，复归人性，张扬人的主体性和创新力，而进行的"人的哲学"研究。② 它具有高度的理想性、综合性、整体性与现实性。

第一，"教育人学"是人的历史发生与发展的产物。一方面，它作为观念形态，在人类教育诞生，甚或，人诞生的时刻开始，就已经萌芽了；另一方面，它成其为一门类似于教育哲学那样的学科，是历史发展的产物。我国 1980年代"人是教育的出发点"等里程碑式命题恰是对极端意识形态教育摧毁人的有力回击；在现代经济和社会发展中，出现了人文精神的失落、创造冲动的消解、自由意志遭到的压抑、个性的丧失、人格的扭曲、道德的失范等教育现象，其根本原因在于：科技至上的文化霸权、工具理性的施虐、实利主义的盛行等使教育"见物不见人"，偏离了"人"这个教育对象，导致人片面发展、畸形发展，在教育现实中迫切需要系统的和深入的"教育人学"研究。从全球的教育现状来看，目前，形式化、制度化教育中"人的危机"更加严峻，主要表现为更深层次的教育不公平问题和其他侵犯人权问题，"虽然不同社会之间的联系比以往任何时候都更加密切，但偏执和冲突现象依然层出不穷。虽然新的权力中心正在形成，但不平等现象还在持续加剧，地球正承受着压力。虽然可持续、包容性发展的机会广阔，但是挑战也是十分严峻和复杂的"③。

第二，"教育人学"是有关"人的意义或价值"的研究，它始终关注"总体人""完整人格""人的自由全面发展"等价值目标，具有一定的理想性。教育的目的是培养具有完整人格的人，因此，教育人学既在学理上，也在具体历史中研究与发现完整的意义世界和存在于世界中的"完整人"或全人，通过教育的理论范导与实践理性，在结构的、变化的、功利的操持和构造过程中借助理论内部与实践场域的否定性、中介性、派生性，研究在异质文化交

---

① 吴全华.论人性与教育的关系——保守主义人学的审视[J].苏州大学学报（教育科学版），2016（3）：71-78+120.

② 庆年.教育学是人学[J].复旦教育论，2011（1）：1；冯建军.关于建构教育人学的几点设想[J].华东师范大学学报（教育科学版），2017，35（2）：57-67+120.肖川.教育学是人学[J].教师博览，2021（17）：57-58.

③ 联合国教育、科学及文化组织.反思教育：向"全球共同利益"的理念转变？[R].北京：教育科学出版社，2017：1（序言）.

往、物质生产体系扩张、风险社会的危险中如何妥善处理个人与自身内在、他者、社会、自然的总体性和谐关系。因此，教育人学是以实现"总体人"或"完整的人"为价值目的的教育理论与实践的合理化过程，是价值合理性和教育实践合理化的综合，是分别作为目的和手段的教育人性化和人性化教育统一，最终使人全面地占有自己的本性和社会关系，成为一个真正的理想状态的总体存在。

第三，教育人学的理想性、整体性决定了教育人学需要宽厚的学科基础、丰富的基本内容、学科互涉性研究方法。一般而论，教育人学需要从马克思主义关于"人的自由全面发展"理论切入，以教育活动的出发点是人以及教育目的是培养全面发展的人的主张为基础，建立历史与实践、过程与结果等多维分析框架，阐明教育与人的自由全面发展的内在一致性。同时，关注科学主义、人文主义等思潮有关人的观念、形象、科学等人学内容的论争，以教育中的人的发展理论为研究重心，突出教育学的人学立场，构建"人-社会-教育"的多维动态理论框架，并注意吸取和运用心理学、社会学、伦理学等学科领域的研究方法及最新成果，构建一个综合的、动态的、开放的学科。此外，应当以教育中"人的问题"为导向，引入各学科的知识，正如教育学的建构那样，"教育的实施能供给引起教育科学之问题的资料。而已发展至成熟状态的各种科学都是应付该问题的资源"，"从别种学科中抽取来的资料，如果是集中于教育上的问题，便成为教育科学的内容了"。①

第四，教育人学以人性理论研究为始基。教育人学突出"以人为本"的人文理念，必然正视人性的需要，以人性作为切入点，以人学的人性化实践作为研究主题，综合哲学、社会学（尤其是功能论和冲突论）、人类学、经济学等学科的人性论，探索完整人性、积极人性和美好人性的人学意义，重塑自由美好的人性价值。在拓展和深化教育人学理论的过程中，深入到教育的人性论基础，使教育人性化具体问题（如制度、课程、教学、管理等）的分析更有针对性。进而，发展和完善独具特色的教育人性化理论，20世纪七八十年代"人性、异化、人道主义"大讨论的又一次思想解放，是理论创新的一次大胆尝试。有助于探索一种教育理论与实践之间的互动模式：教育人学将怎样描述、解释、引领教育人性化实践，进而，人性化教育实践如何修正、丰富、滋养人性论及其教育学意蕴等。其主要意义在于把握重大社会活动的基本轨迹，使其大体符合"人性所向"和社会文明的趋向。并且，在实践哲学意义上，教育人学就是人性化探索的过程，使人性经由社会实践在政治、经

---

① ［美］杜威.教育科学的资源［M］.张岱年，傅继良，译.北平：人文书店，1932：16.

济、教育等领域得以实现,并因其社会后果而接受社会伦理道德规范的检验。在具体社会历史活动中,教育人学考察制度安排本身的合法性获得过程及其人性依据,以及制度对于人性可能产生的恶性与良性循环,这将有助于反思教育制度的合法性以及如何真正实现教育的人性化等问题。因此,教育人学不仅将人性提升为国家和社会发展的基本依据之一,使人性成为教育之人的制约性的一个基本方面,成为"以人为本"的基础性内涵,改变我国传统社会重社会、轻个人,重人的身心素质、轻人的本质属性的倾向,进一步张扬人性对国家、社会和教育发展的教育人学意义。

第五,教育人学的原理研究必然关注教育场域中的具体的人,"历史和逻辑都证明:任何从人出发的活动因为都是有限的,因而无法唤醒人对自身有限性的反思与批判,建立一种终极关怀"①,因此,只有人性的超越,人的超验能力,也就是人的形而上学能力,和具体人的具体活动统一,把这种永恒性,例如人的精神性、文化性等给予这个"自身显现者",教育人学才能在原理性上确立自身。换言之,教育人学因人的形而上学本性而需要形而上学的观念、思维与方法。这种形而上学不同于传统形而上学,它是具体历史条件下的批判与反思,是"新"的形而上学(例如第四章巴迪欧的主体理论就是新的形而上学)。

鉴于本书是对教育人学的基础理论研究,所以,教育人学的内涵、外延、历史、方法论、理论架构与实践探索等,还需要在以后的章节中具体展开。

第三节 教育人学的元理论反思

教育人学最早以观念形态存在于人们的体验、经验和想象之中。当人们用归纳、推理或演绎、抽象的思维方式去认识,用概念、范畴去把握,形成一定的专门用语、话语和系列理论的时候,教育人学逐渐成为一种知识、学问,也就是经过"道、问、学",最终形成一门"学科"。② 但是,进入后现代阶

---

① 王天成.从人学到形而上学[J].吉林大学社会科学学报,2013(1):50-56.
② 以教育人学观念形态出现的早期教育著作,如柏拉图的《理想国》、孔子的《论语》等;初步提出教育人学的概念、命题的著作,如福禄贝尔1823年出版的《人的教育》提出了教育引导、成全和发展人的理论,以及乌申斯基1868年发表的《人是教育的对象:教育人类学初探》提出了人是教育的对象和中心的命题;教育人学以学科形态出现,在欧洲主要表现为哲学人类学背景下的教育人类学,如博尔诺夫的《教育人类学》,而在英美以教育科学形态出现,如亚历山大·贝恩《作为科学的教育》。在国内,扈中平、蔡春、吴全华、文雪合著的《教育人学论纲》(高等教育出版社,2015)是创立系统的教育人学学科形态的一次重要尝试。

段，人们反思教育人学的概念与话语体系，发现这些概念与话语不仅受到宏观意识形态和微观权力的控制，呈现出差异性、不对称性、多元性、开放性，教育人学必然表现为个体的、差异的、多元的、地方的学科形态，人们也不再奢望建立系统的学科系统。① 而且，从视觉主义角度思考，教育人学就如一个万花筒，在不同的视角下其观察、描述、解释或批判的人及其教育世界随之发生改变，教育人学也随之发生相应的变化。简言之，教育人学正在经历从前学科形态到学科形态，甚而后学科形态的转化与形成过程。但无论教育人学经历了哪些形态，都必然有自己独有的理念、批判性话语、研究方法论、理论系统。而这些特有的理念、批判性话语、研究方法论、理论系统必然是在反思与批判自身内容、要素、具体方法、历史与现实过程中形成的，具有一定的理论特性、内容和意义。这也就是教育人学的"元"（meta-）理论反思。它既是对教育人学"是其所是"的形而上学研究，也是对教育人学"成其所是"的实践哲学研究。

一、教育人学理论研究省思

即使教育人学面向"人是谁"这样的生存哲学，它都是一种有关人之教育活动的具体的、现实的、特定的生存理论。② 因此，若把教育人学看作一种世界观或观念，还具有一定的随意性、模糊性；若将其视作学科，客观地讲，还在探索与建构之中。实事求是地分析，目前的教育人学亟待在理论上分析、建构、完善自己，进行"是其所是"的形而上学探索，提升理论品质，才能屹立于教育学科群之林。

更直观地看，教育人学无疑具有一定的理论性和规范性③，并因此被称为教育的"人的哲学"。从词源上讲，人学（homonilogy）④或教育人学（education homonilogy）中的词缀"学"（-logy）源于古希腊语中的"逻各斯"（logos）一词。而"logos"蕴含的抽象或概括过程正是理论（theory）的本质。

① 在扈中平、蔡春、吴全华、文雪合著的《教育人学论纲》（高等教育出版社，2015）的导言和相关章节中，已经注意到后现代理论方法对教育人学的冲击，并关注新人类学、复杂性理论研究范式等对教育人学的影响。

② 岳伟.生存性存在——当代教育的一种人学探寻[J].华东师范大学学报（教育科学版），2010（4）：29-36；祝爱武，冯建军.实践-生成论的教育人学范式[J].教育研究与实验，2016（2）：28-33.

③ 张楚廷.教育学属于人文科学[J].教育研究，2011（8）：3-8+12；任强，舒志定.我国当代教育人学的兴起、意涵及未来走向[J].中国教育科学，2021（4）：20-29.

④ "人学"的英文为hominology，它是homonology的复数形式。在国内研究领域中，为了区别于human science、anthropology等，特引用hominology为"人学"。陈志尚.人学原理[M].北京：北京出版社，2004：6.

在古希腊语中,就理论(theory)的含义而论,"theory"最开始之时指由神掌握,和自然本性有关,描述事实是什么或价值应当是什么,后来从单数的"theory"到复数的"theories",分出了无数个"theory",出现多元化、规范化的"理论们";另外,"theory"的最初形态是沉思(contemplative),在古希腊哲学中指思考本性(nature)并如何与人本身发生关联的思考过程,因此,"理论"主要指对本性的关涉,并客观地影响和介入事物的发展过程。

虽然教育人学具有很强的理论性,但凡论及教育人学理论者,都有意无意地受到"实践热"的影响,具有"摸着石头过河"(甚而上瘾)探索的思想,希望通过教育实践活动的经验性累积,建立起教育人学的理论大厦。例如,教育学中颇有市场的口号或流行话语有"教育理论与教育实践的本然统一""教育理论与教育实践相结合""教育实践的优先性""教育理论向教育实践转化""教育理论有什么用"等,他们试图在其与教育实践的二元关系或者纯粹的教育实践中探讨与教育理论有关的所有内涵、构成与价值。这种倾向无疑潜意识地影响着教育人学的发展方向,例如,实践的教育人学。可喜的是,已有论者质疑"教育理论与教育实践的脱离""教育理论与教育实践非线性关系"①等问题,发现了理论的独特性、实践的理论负载性以及理论与实践的融贯性等。推而广之,这有利于我们探究教育人学理论研究的特有逻辑、模式、话语等,进行元理论的反思与批判。

同时,教育人学理论深受现代西方哲学"形而上学终结",尤其是传统马克思主义实践哲学的影响,片面地认为教育人学应当"改造世界",而不是"解释世界",自然地出现教育之"形而上学终结"的现象。例如,教育避而不谈"抽象的人""抽象的人性""人的本质"等。然而,在现代西方哲学,无论是主张人之"此在"或生存的形而上学的现代欧洲大陆哲学,还是提出"本体论承诺"的英美分析哲学,都认识到"哲学是人学""形而上学是人的本性"等。因此,教育人学理论需要重新审视和挖掘自己的形而上学历史与特性,构建新的形而上学目标。

二、国内外教育人学理论研究省思

教育人学理论首先需要对教育人学自身"是其所是"进行研究,其理论要旨在于历时地和共时地比较、界分教育人学的理论形态,并在类的分析与综合中探寻其求真的进路,从而为教育人学成为一门学科做出奠基性的工作。

---

① 曹永国."教育理论与实践紧张性"辩解[J].湖南师范大学教育科学学报,2004(2):27－30+40;扈中平.现代教育学(第3版)[M].北京:高等教育出版社,2010:31.

（一）国内教育人学研究

教育人学研究无疑应当借鉴人学研究的成果。一般而论，人学致力于"成人"与"做人"的研究，关注人之所以成其为人的理论思考，因此，人学首先关注人的存在论与人的本质，进而研究人在其与社会、文化的关系中的发展问题。以国内陈志尚先生的《人学原理》为例，该书分"人的存在论""人的本质论""人的发展论"三编，具体包括人学研究概述、人与自然和社会的关系、人性和人的本质、人的活动和人的主体性、人的个性、人的需要和利益、人的交往、竞争与合作、人的理性与非理性、人的审美、人的自由、人的信仰和理想、人的素质、人的价值、人的权利、做人之道、人的发展及其规律等十七章。全书坚持了马克思主义人学的理论立场，系统论述了人学的一些基本原理，在中国人学研究史上具有重要意义。

人学研究理论的丰富与发展也影响了国内教育人学研究的兴起与发展。目前有关教育人学的论文、著作大量出现，具有代表性的学术专著有北京师范大学王啸教授源自博士论文的《教育人学：当代教育学的人学路向》（江苏教育出版社，2003）、扈中平教授、蔡春教授、吴全华教授、文雪教授合著的《教育人学论纲》（高等教育出版社，2015）和冯建军教授的专著《教育的人学视域》（安徽教育出版社，2008）、《当代道德教育的人学论域》（福建教育出版社，2015）等。《教育人学论纲》分上下两篇，分别介绍了西方人学的流变和中国人学的萌生；教育与人的目的、人的生成、人对人的活动的关系等。该书（《教育人学论纲》）以"教育的人学视界"为导言，用九章的篇幅具体探究了"人是教育的出发点""人性与教育""'人的全面发展'内涵解析""利益主体与教育""竞争主体与教育""契约主体与教育""身体与教育：教育人学视野中的身体""教育何以关涉人的幸福""教育生活的幸福与教育的人道化""基于人性的道德教育虚假性批判"等主题。该书以人学世界观为教育的信念，以人的完善和发展为教育学的学科立场，力图构建一个教育人学的分析框架，拓展教育和教育学的视界。"人是教育的出发点""教育的最高目的是培养社会历史活动的主体"，是贯穿全书的思想脉络，并以此为据，剖析了人性的教育学意义、人的全面发展内涵、教育中人的主体身份、教育对人的幸福生活的价值等一系列教育理论和教育实践中的基本问题。冯建军教授的《教育的人学视域》收录了教育学的生命立场与研究，类主体教育，主体间性与教育交往，教育的生命基础，生命教育，道德教育的人学论域，生命型教师等七篇教育论文，从生命教育的视角透视了教育人学的立场、主体、内容和实践。

（二）国外教育人学研究

国外教育人学的形式多样。教育哲学的诸多著作都是有关教育人学的研究,如《理想国》以人的心理因素为基础,划分出人的不同等级和阶层属性;《爱弥儿》《民主主义与教育》等分析儿童的心理要素和发展,并以此为重要依据研究教育的性质、内容和目的。受到西方心理学发展的影响,许多教育学著作形成以心理学为基础的教育人学研究框架,如英国哲学家、教育学家斯宾塞(Herbert Spencer)在《斯宾塞教育论著选》(人民教育出版社,2005)的《教育—智育、德育与体育》,贝恩(Alexander Bain)①的《作为科学的教育》等。甚而,有的教育人学著作直接以心理学,尤其是社会心理学为基础探究教育中作为教育对象的人,如乌申斯基(Konstantin Dmitrievich Ushinski)的《人作为教育的对象》(人民教育出版社,2007),该书上下卷虽然分列生理篇和心理篇,但他强调从生理过渡到心理,主要以心理来研究教育对象;在心理篇,分别论述了意识、感知和意志三部分;在意识部分,主要讲述了注意、意识、感觉、记忆、联想、想象、理智、概念、推理、感念、随意运动、表征、原因的观念、矛盾等。

　　在具有欧洲大陆哲学传统的德国,教育人学与教育人类学较为吻合,尤其是具有哲学人类学背景的德国教育人类学。现以德国教育人类教育学家博尔诺夫(Otto Bollnow)的《教育人类学》②为例,该书回顾德国 20 世纪前期的德国教育学,讨论了教育学中的人类学观察方法,然后具体讨论教育人类学的几个基本问题和基本原理:人的可教育性、教育气氛、非连续性的教育形式、危机和新起点、克服存在主义、人类学对空间的解释、人类学对时间的解释、人类学对语言的解释、培养对判断的教育。另一位德国教育人类学家武尔夫的《教育人类学》(教育科学出版社,2009)反映了最新的教育人类学成果,主要论述了可塑性问题,涉及人类的教育梦想、个体的完善、教育、文化与人类学中的模仿、教育全球化与跨文化教育(主要包括青少年犯罪、他者以及教育的全球化)和教育人类学的发展前景等。此外,还有其他专门

① 贝恩(1818—1903),英国哲学家、心理学家、教育学家。代表作有《感觉与理智》(1855)、《情绪与意志》(1859)、《心与体》(1872)。1876 年创办世界上最早的心理学杂志《心》。他提倡身心平行论,把唯乐主义和联想主义结合起来,作为解释意志动作形成的原则,是桑代克的效果律的先声。

② 相关文献有:[德]博尔诺夫.教育人类学[M].李其龙,译.上海:华东师范大学出版社,1999.国外教育人类学的著作还有:[奥地利]茨达齐尔.教育人类学原理[M].李其龙,译.上海:上海教育出版社,2001;J. U. 奥布.教育大百科全书:教育人类学[M].石中英,译.重庆:西南大学出版社,2011; Kathryn M. Anderson-Levitt. *Anthropologies of Education: A Global Guide to Ethnographic Studies of Learning and Schooling.* Berghahn Books, 2011; David Julian Hodges. *The Anthropology of Education: Classic Readings.* Cognella, 2009.国内主要的教育人类学文献:冯增俊.教育人类学[M].南京:江苏教育出版社,2001;滕星.教育人类学的理论与实践[M].北京:民族出版社,2009.

研究著名哲学家的人学理论及其教育人学思想,如海德格尔、舍勒(Max Scheler)、福柯、帕菲特(Derek Parfit)、杜威等欧美哲学家的人学理论及其教育人学思想。综合起来看,国外教育人类学受哲学的影响较大,同时也能看到量化研究方法对教育人类学研究逐渐发生影响。

(三) 国内外教育人学研究对比性分析

相对于国外的教育人学研究,国内教育人学研究存在诸多不足。国内教育人学研究起步较晚,而且教育人学研究的历史发展逻辑因极端政治、狂热拜金主义等因素而时常被中断;研究方法比较单一,主要使用思辨性研究方法,对质性研究为主、量性研究为辅的综合研究方法还未大规模采用,也未充分吸纳教育现象学、教育社会学、教育生态学、教育人类学等兄弟姊妹学科的优秀研究方法和经验;教育人学的研究主题不够明确,主要论及生命、身体、主体、道德等,还有时空、心身、伦理、艺术、话语等重要主题需要探究;逐渐明晰教育人学的学科互涉性,但还没有相关的重要研究成果;对"整体人"的研究还围于马克思"自由全面发展"阶段,没有深入到西方马克思主义、新马克思主义,以及英美自由主义对"总体人""自由人"的研究进程;教育人学研究还未形成稳定的研究队伍和学术共同体,也没有建成有关教育人学的全国性学术交流平台、机制等。

针对上述研究的不足,国内教育人学研究亟待提升和迅速发展,以适应教育学的理论发展和实践需求。具体表现在下述五个方面。

第一,就教育人学的含义而论,需要充分开展学术讨论,明晰教育人学的相关概念、范畴和理论。"人""人学""教育人学"等基本概念的内涵与外延,及其含义的历史性发展过程,都需要厘清。当然,这就要求将其置于教育学、教育等概念的相互关系中进行考察。同时,借鉴教育社会学、教育人类学、教育哲学等较为成熟的学科的发展经验,将自身的概念和理论体系置于一种开放的、关系的、历史的、具体的语境之中,既有自身的语言逻辑,也有自己特有的学科发展逻辑。

第二,就教育人学的理论性而言,教育人学在理论上应当超越现象描述,运用思辨方法,研究教育人学的基本原理,使自身的理论框架具有高度的综合性和抽象性;深入到人的本质与人性基础进行理论概括与推理,探析教育中人的形而上学含义,包括身体、心灵、时间、空间、主体、自由、民主、人权、语言等,并需要厘清它们之间的逻辑联系;同时,将教育人学置于人-教育-社会,或者人性-教育-政治等历史的、具体的、现实的、特定的关系中,思考人的发展动力,以及人在社会、文化、政治中的解放与自由等理论问题。

第三,就教育人学的历史逻辑而论,国内教育人学的兴起与传统马克思主义对人道主义的再发现有直接的关系,随着理论的深入,目前的教育人学研究还需要把马克思主义置于西方历史、哲学和文化背景中,借助西方哲学资源,以及西方马克思主义的最新研究成果,例如现象学马克思主义、文化马克思主义、解释学马克思主义、生态马克思主义、批判马克思主义、女权马克思主义等流派的理论框架,重新思考人学、教育人学的基本概念、原理、问题与方法等,形成更有理论说服力的教育人学理论。

第四,就教育人学的问题意识而论,国内教育人学的研究有自己独特的研究对象和问题。教育人学的研究对象首先是教育中的人本身,包括制度化与非制度化中参与教育的人。在国内独特的文化习俗、政治制度、社会组织等方面的影响下,教育中人的危机及其背后的矛盾是教育人学形成的现实条件。而且,这种矛盾在国际上具有一定的普遍性,它具体表现为"普遍与个别之间的矛盾;传统与现代之间的矛盾;精神与物质之间的矛盾;长远考虑与短视之间的矛盾;竞争的需要和机会平等的理想之间的矛盾;以及知识膨胀与人类吸收能力之间的矛盾"。① 这些矛盾正是人的危机的社会、政治、文化根源。只有抓住经济发展的脆弱性、教育的不平等、生态压力、政治的不宽容和暴力等问题,才能做好教育人学研究。

第五,就教育人学的研究方法而论,国内教育人学研究应该超越以往的研究范式,尤其是传统的马克思主义研究范式,以人文主义教育研究方法为主,辅之以量性研究方法。当然,不仅需要采用学科互涉、质性研究和唯物辩证法等主要方法,而且需要挖掘已有的和最新的文献资料,扩大研究视野,反思方法论,从哲学方法论的高度批判与反思已有的诸种研究方法,例如,突破传统马克思主义的历史唯物主义方法论,引入"批判的唯物主义","这种唯物主义抛开了物质一元论的形而上学命题,立足于'社会的需要'和人的实践活动,致力于人类境况的改变","人本主义和自然主义的综合"②;做一些量性研究,揭示教育人学在社会、文化、政治等方面的现实问题,寻找教育人学的人性化实践策略等。

总之,国内教育人学研究缺乏系统性,尤其是基本理论范畴与根本问题亟待探究,因此,本书不辞其咎,综合上述各方面,聚焦于教育人学基本理论的研究。

二、教育人学理论建构类型

从理论本身来看,理论在广义上包括系统观念、逻辑体系、命题集合,以

---

① 联合国教育、科学及文化组织.反思教育:向"全球共同利益"的理念转变?[R].北京:教育科学出版社,2017:12.

② 魏金声.现代西方人学思潮的震荡[M].北京:中国人民大学出版社,1996:354.

及对社会现象的描述与证明,它也称作实质的理论;狭义的理论,也是形式的理论,是在原始资料基础上,经过实践检验,并适于情境的,具有普遍性的结论或命题。具有高度普遍性的理论,也称作大写的理论,包括定理、公理、狭义的理论、形式理论等;具有个别性、过程性的理论,也就是小写的理论,包括假设、观体性、世界性和公众性。根据研究的进程及其需要,还可以将理论分为前人的理论、研究者自己的理论和资料中呈现的理论等。(理论的建构模式,以学校社会理论的建构为例,见图 1 - 3。)

宏大理论 (grand theory)	社会阶层在每一代学生身上得到复制。
一般理论 (general theory)	学校以及其他社会机构在复制社会阶层上,起到了工具性的作用。
中层理论 (mid-range theory)	那些抵制学习的孩子发展出了一种反学校文化。
低层理论 (low-order proposition)	由于来自劳动人民家庭的孩子拒绝学校的权威,他们对学校提供给自己的东西不珍惜。
观察方式 (modes of observation)	与学生交谈、与教师交谈、与学生的家长交谈、观察学生在校内的行为、记录学校官员对学生成功和失败的解释等。
真实的世界 (real world)	事情和事件,如教室、教师、教学、同学群体、校外活动、父母的职业等。

图 1 - 3　建构理论模式举例①

据此推测,教育人学理论包括实质的、形式的、大的、小的、个人的、公众的、前人的、研究者自己的和资料中呈现的理论。教育人学以教育活动中人的存在、本质与发展为研究对象,因此,教育人学必然关涉人的活动、知识,以及后现代语境下反思人的活动、知识、话语中的权力,相应地,教育人学包含如图 1 - 4 所示的理论。当然,图中分类从不同角度考虑教育人学理论的要素、内容、方法与理念等,但还需要根据英、美、德等国外教育学家和国内学者的划分标准,进一步提炼教育人学的形而上学范畴。例如,根据人学的核心范畴:主体、人性、身心、时空、价值、目的等,研究相应的教育人学的范畴、方法,以及具体的人性论、主体理论、身心理论、时空理论、育人理论、艺术理论、话语理论等。同时,根据人的社会属性和精神属性,研究教育人学的行动理论和语言、文化与社会理论。

---

①　陈向明.质的研究与社会科学研究方法[M].北京:教育科学出版社,2000:200.

1. 按人类活动类型分类

(1) 神学教育人学理论—信仰

(2) 科学教育人学理论—工具

(3) 行动教育人学理论—行动

(4) 解释教育人学理论—理解

(5) 批判教育人学理论—批判

2. 按人类知识分类

(1) 话语假设的教育人学理论

(2) 实践假设的教育人学理论

(3) 学科体系的教育人学理论

(4) 科学的教育人学理论

(5) 知识的教育人学理论

3. 按权力/话语分类①

(1) 制度教育人学理论

(3) 共谋教育人学理论

(5) 学名教育人学理论

(7) 阶层教育人学理论

(9) 国际教育人学理论

(2) 统治教育人学理论

(4) 应用教育人学理论

(6) 俗名教育人学理论

(8) 大众教育人学理论

图 1 - 4　教育人学理论类型比较

---

① 董标.教育学的"形态学"研究(内部资料)［G］.广州：华南师范大学教育系,2014：105(引文有改动,在"理论"之前增加了"人学"二字)。

第二章　教育人学研究：方法、范畴与框架

　　教育人学的学科互涉性、人文性、整体性等特性决定其范畴是一个庞大的、不断更新的体系，它始终以人性范畴为基础，以人的生成与创造为本质，以积极的否定辩证法为方法论，①并且，基于人的形而上学范畴和否定辩证法的方法论，形成教育人学研究的基本范畴，从而有助于教育人学理论体系的基础性构建。

第一节　教育人学的方法论

　　教育人学作为教育学的一门新兴的、综合的、人文的学科或研究方向、领域，其研究方法论亟待探索、综合与完善。尤其在后现代的语境下，教育人学研究应当考虑教育人学理论的方法论问题。

一、教育人学的研究方法

　　教育人学研究必须避免传统教育学研究方法的困境，即：遵循主体与客体、本质与现象等二分原则，围绕某中心系统展开，并追求体系或结构的建构。站在后现代主义理论的角度，教育人学研究应该去掉"中心""一元"的宏大叙事，关涉去中心的、多元的维度，构成"多元异质"的"延异"关系，既相互联系，又保持多元性与开放性。其本质是使教育人学理论基础在从理性向非理性、从本质向反本质主义的转向过程中，重视理论在特定语境下的"游戏"规则，强调实践生成意义过程中的不确定性；重视知识、话语和权

---

① 　方法与方法论有别。方法主要指用来获取、进入、建构研究材料的方法、工具或技术；方法论指有关方法的理论或科学，或者指受益于科学哲学和知识社会学的理论或科学，在一定范围或程度上讲，它是元理论性的。

力之间的互构,形成法国哲学家德勒兹(Gilles Deleuze)所讲的"多元异质链接"方法论。因此,在此语境下,教育人学研究不能教科书式地罗列教育人学理论的目的、要素、结构、意义等,而是深入到教育人学的形而上学原理中,研究教育人学之主题变奏的逻辑,以及教育人学内在发展的"否定"过程。而且,教育人学研究方法论必然受到作为教育对象的人的本性、特性等方面的制约,也受到教育活动本身的类型、特征和制度化形式等方面的制约。进而,由于教育人学研究的兴起较晚,因此,它必然综合神学研究、科学研究、解释学研究、批判理论研究等方面的优秀成果,进行综合的、学科互涉的研究。

(一) 学科互涉性

学科互涉性研究方法在英文中为"interdisciplinarity",它意指:努力在个体的工作或合作中进行学科整合的方法。它不同于跨学科研究方法(cross-interdisciplinarity),后者是指清除学科之间的障碍,以便相互观察和交流;它也不同于多学科研究方法(multidisciplinartiy),后者是将多学科聚集起来,开展合作研究工作,但仍保持学科之间的界限;它异于超学科研究方法(transdisciplinarity),后者是始基于某个问题,抓取多门与此问题相关的学科进行研究,其中学科的界限达到最小化。① 由是观之,教育人学着眼于人的活动与价值的个体性、交互性等,整合生理学、心理学、哲学、伦理学、人类学、社会学、政治学等相关学科,探究教育中人的生成与发展,以及"总体人"教育目的等内容,因此教育人学研究具有学科互涉性。

自从柏拉图的"学园"(academic)建立以来,教育学的学科内容不断分化和发展,形成教育教学多学科的体系,并且,由于知识的分化与发展,学科内容更加丰富,以及学科专业化程度提升、教育学术机构制度的推波助澜,因此教育学的新兴交叉学科、互涉性学科、多学科和超学科将不断涌现。在此背景下,教育人学是学科互涉的过程和结果,充满了一系列复杂的、矛盾的实践。这具体表现在:一方面人们对人的研究与认识更加专门化、专业化、系统化,但在20世纪以来知识和方法的异质性、杂糅性、复合性、交叉性等特性的影响下,人学的本体论、知识论、实践论和价值论及其相互之间的界限逐渐变化,既为教育人学研究提供了条件,也成为一个难题;另一方面,教育学科的分化与整合同教育人学的出现有内在的必然联系,但是教育人学如何在教育学的学科群中立足还存在一定的困难。例如:如何在众多教

① Richard Meeth. Interdisciplinary studies: A matter of definition[J]. The Magazine of Higher Learning, 1978(10): 10-11.

育学问题中确立教育人学的研究主题、问题、范畴、方法、评价等；如何从以前的学科"隐结构"转变为学科"显结构"，甚而，在后现代理论指导下，打破二者界限，实现平衡。对此，朱丽·汤普森·克莱恩（Julie Thompson Klein）提出的"边界三重划分"有重要的启发意义，"在现存学科构架中将一个范畴分为主体和客体，因此放宽了边界，刺激了贸易区；它们填补了因对范畴关注不够而导致的知识空白，因此在混合团体中形成新的混杂语言和混合语言；如果得到充足的基础设施（critical mass）和足够的不同类型的资本，它们会通过建构新的知识空间和专业角色，来重新划分边界"。①

由是观之，教育人学"涵盖这种多样性和新的学科互涉领域的知识重组，凸显了当前边界跨越的程度"。② 由于教育人学是教育活动中"人的哲学"，因此，教育人学不是生理学、心理学、社会学、哲学、政治学、人类学、自然科学等学科的方法、过程、技能的简单积累，而是带着教育中"人的危机"问题，通过其他学科的相关研究视域，借用其他学科的相关研究方法，整合到自己的主体研究领域之中。在现实的教育实践中，美国教育学家吉罗克斯（Henry A. Giroux，又译"吉鲁"）将学科互涉的教育学称作边界教育学，这对教育人学颇有启发。也就是，教育人学需要"反对学科领域之间、社会生活不同领域之间、权力中心与边缘之间存在的固有的界限，承认并积极推动这些界限的变化"，"只有这样的教育和教育学，才能使学生真正掌握民主社会所需要的知识、技能，从而成为有勇气的公民"。③

（二）质性研究

教育人学研究主要使用社会学、人文科学研究中的质性研究。④ 何谓质性研究，"虽然对质性研究还有一些争议，但目前的共识是，质性研究是一种自然主义的、解释学的研究方法，它关涉人们在社会世界中对所重视的行动、决策、信念、价值观等方面的意义的理解，了解行动者用来理解和解释周围世界的精神反映过程"。⑤ 更具体地讲，教育人学研究者像社会学家们那样，他们使用的质性研究方法与自然科学或量性研究方法相比，更倾向于对

① ［美］朱丽·汤普森·克莱恩.跨越边界：知识·学科·学科互涉［M］.姜智芹，译.南京：南京大学出版社，2005：46.

② 同上书：17.

③ 同上书：3（译者序）.

④ 鲁洁.关系中的人：当代道德教育的一种人学探寻［J］.教育研究，2002，（1）：3-9；扈中平.教育研究必须坚持科学人文主义的方法论［J］.教育研究，2003，（3）：14-17；王洪才.教育学：人文科学抑或社会科学？［J］.教育研究，2012，（4）：10-17.

⑤ Ritchie, J. and Lewis, J. (Eds.). Qualitative Research Practice：A Guide for Social Science Students and Researchers［M］. London：Sage, 2003：3.

主体进行反思,花时间思考那种活动的社会学、行动哲学、政治学、人类学研究方法是什么,应该具体使用哪一种方法,它与主体事物应该是哪一种关系,等等。①

教育人学的质性研究也是一种元理论研究。上文已经专门论述了教育人学元理论反思的必要性、特性。这里主要讨论教育人学元反思的大致结构。一方面,教育人学研究关涉研究者和研究对象,同时关涉相关的社会学和学术共同体(见图2-1),它们之间的交互关系是教育人学知识在具体情境中产生具体知识的过程;另一方面,教育人学的元理论研究还可以分为教育人学的本体论研究和知识论研究,前者是对研究的实在或真理之本性的研究,后者指通过探究获得的或产生的信息或知识,使我们增长知识的研究。具体而论,它们包括三种研究方式:实在主义研究、解释主义研究和相对主义研究(见图2-2)。

图2-1　教育人学中具体知识的生产

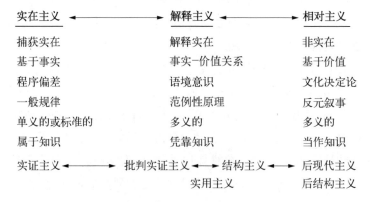

图2-2　教育人学元理论方法

教育人学的质性研究还是一种反思性研究,是人在社会的、历史的情境中现实的、特定的知识、话语、权力的研究。教育人学的反思性研究意味着,"需要意识到研究者通过研究过程对意义结构做出的贡献,承认在研究过程

---

① Benton, T. and Craib, I. Philosophy of Social Science: The Philosophical Foundations of Social Thought[M]. London: Macmillan, 2001: 2.

中保持'外在于'人的主体事物是不可能的,进而反思敦促我们探索这些研究方法,研究一位研究者参与这个研究对该研究本身的影响、作用和了解"。① 详言之,对教育人学研究者自身而言,需要反思研究者自己的价值观、经验、利益、信仰,政治义务、广泛的生活目标和社会身份在这些研究中是怎样形塑研究本身的,也需要反思它们将可能对我们这些人或研究人员的影响,以及改变我们的可能性;对于方法论来说,鼓励我们反思在研究过程中设定的、关于世界和我们自己的假定,它有助于我们思考这些假定之于研究及其发现的含义。② 事实上,在主体解释学的

图 2-3 教育人学的主体解释学

意义上,教育人学的反思性研究已经切入研究者的地位或身份与权力、知识三者之间的相互依赖、相互建构的过程,研究者不仅是研究的主体,也是研究的客体,而且自己的身份、地位等要素随着各种关系的变化而变化(见图 2-3)。

(三) 唯物辩证性

教育人学研究不断否定(学科之间、研究方向或领域之间)边界,对所有研究领域和方法都是开放的,研究过程是动态的,③而且,在处理教育中人的问题时,不但需要综合各种研究方法,包括科学的、人文的、社会的研究内容与方法,而且它是在批判的"试验场"进行否定的辩证运动过程。从方法论上讲,教育人学研究的复杂性和特性在于,人和教育的复杂性决定了教育人学研究必须抓住主要的、基础的研究范式,以教育中人的问题(包括人的危机、政治与文化问题等)为中心,树立独特的方法论范式,创造出教育人学特有的内容、方法和价值。因此,从某种程度上讲,教育人学研究的学科互涉性就是基于人的生物属性、社会属性、政治属性、文化属性、精神属性等,在生活、社会、文化、宗教信仰等活动中,坚持唯物辩证法,通过批判性"试验",创造出新的研究方向、领域或学科,④"恰恰是学科互涉主题创造方法论的程度,创造具有公众性、推论性和考据性学术风格的程度,决定了其目

① Nightingale, D. J. and Cromby, J. (Eds.). Social Constructionist Psychology: A Critical Analysis of Theory and Practice[M]. Buckingham: Open University Press, 1999: 228.

② Willig, C. Introducing Qualitative Research in Psychology[M]. Buckingham: Open University Press, 2001: 10.

③ [美]朱丽·汤普森·克莱恩.跨越边界:知识·学科·学科互涉[M].姜智芹,译.南京:南京大学出版社,2005: 4.

④ 刁培萼.试论实践辩证法·人学辩证法·教育辩证法的关系[J].教育文化论坛,2010(2):1-13.

标的坚实性和意图的批评性"。①

在现实的、社会的和特定的教育活动中,教育人学关注不同阶层的人的命运,并研究其背后的文化、政治因素,在"一种文本的、文字的和可见的实践结构,它探索人们认识自身的过程和认识他人及周围环境的方式。它承认那些出现在社会文化生产各个领域中的符号形式,表现了相互对抗、不平等的权力关系"。② 因此,教育人学的唯物辩证法强调人在教育行动中主观能动性的作用,研究教育中的人不仅是"社会关系的总和",而且是文化实践的斗争者,通过心身的解放、时空的变革、主体的多元化、他者的尊重、价值的总体化和话语权的批判等,"争夺在复制各种形式的图像、文字、谈话和行动的结构、表现与具体实施","通过社会批评,它使人意识到学校、批判文化领域和民主所面临的严重威胁,从而扩展了人类尊严、自由和社会正义的原则和实践"。③

二、教育人学的方法论之真

作为人学理论与教育学理论的综合,教育人学理论必须具备所有理论应具有的三个基本特征,即"真""形而上学""系统性";必须既充分体现教育之"人的哲学"的"形而上学"内涵,具有高度的"概括性、抽象性与思辨性",还需要理论的现实性、规范性和批判性,具有理论、实践与方法论之真。

第一,教育人学理论之真是非唯一的,是由多元决定的。无论教育人学理论是通过描述、体验、观察、解释,还是为了解决问题、产生效用,或出于历史环境和意识形态批判,它们都是教育人学的理论来源和目的。而且,就教育人学的逻辑而论,它们不仅是生物学意义上的逻辑,还有理性的、身体的、生命的、解释学的或"去蔽"的和批判的逻辑。归结起来,教育之"人的哲学"包含事实之真、意义之真、生命之真、身体之真等,以及神学超越论意义上的启示之真。

第二,教育人学理论之真是科学之真。作为综合性学科,教育人学建基于哲学、生理学、心理学、社会学、政治学、文化学等学科之上,非常需要使用"奥卡姆剃刀"精简那些不必要的概念、范畴或理论。这也就是理论经济原则。并且,教育人学理论必须保持理论的逻辑性、融贯性,假如同一概念、范畴或理论以不同形态表达出来,不能继续推导,那么就应当消

---

① [美]朱丽·汤普森·克莱恩. 跨越边界:知识·学科·学科互涉[M].姜智芹,译.南京:南京大学出版社,2005:17.

② 同上书:14.

③ 同上书:4-5.

除,进行理论的新陈代谢。例如,教育人学中必须提到的"人性"概念,在某些语境下,"人性"可能是人的动物属性、社会属性和精神属性的总和,但日常语境中,人性可能仅仅指人的品性,在口语"你没有人性"中"人性"可能仅仅指"道德品质"。而且,在同一篇(部)论著中,教育人学理论由于受到不同哲学流派或思潮的影响,会提出复杂的、大量的概念,出现相互矛盾或重叠的现象,甚而太口语化、太主观,都会导致教育人学理论失去科学性。

第三,教育人学作为一种世界观或价值论,具有一定的理想性和规范性,必将关注教育人学中人应该是什么、应该培养人的什么才能、为什么必须培养它们、如何和谁应该这样做等问题,也就是规范之真。除了分析各种描述性内容,规范的教育人学理论必然关注人之幸福、自由正义感,以及人类社会的平等、正义等基本规范,也不摒弃规范的事实性基础,讨论幸福的、自由的、正义的等经验中或体验的教育人学规范。具体而论,教育人学中人的哲学不仅关注自我,而且,随着当代法国后现代哲学家,例如德里达(Jacques Derrida)、列维纳斯(Emmanuel Levinas)等人的差异理论和他者伦理学,以及德国法兰克福学派阿多诺、霍耐特(Axel Honneth)等哲学家的否定辩证法和承认理论的提出,教育人学从单主体走向交互主体和多元主体,进而发现人无法把物质世界和精神世界完全统摄,因此明晰了他者的绝对陌生性,确立了他者伦理学。

第四,教育人学理论强调自身的理论性,一方面,认为所有人类实践都具有理论负载的性质;另一方面,教育人学理论打破理论与实践的二元对立,强调实践本体论,追求教育人学理论的实践之真。从实践哲学的角度看,教育中的人是"做成的"。在此意义上,教育人学理论也是行动理论或行动哲学。具体而论,教育人学强调人的主观性、特殊性、差异性、多元性,认为客观性是主体间性的结果。更准确地说,无论是教育人学的理论还是教育人学的实践,都是人对物、人与人关系的解释,是对人的价值的反思与重构,而不是科学的描述与验证,因此教育人学的实践之真是教育人学的解释与批判之真。进而,一方面,教育人学的实践是在预设了前有、前设、前见的解释学语境下的效果的历史实践;另一方面,教育人学的实践者本身受到以往历史的引导,因此无法客观地解释历史,只能实现视域的融合。例如各种教育案例的分析与发现,时间差异、绝对的陌生者、偏见等因素决定了各种教育人学模式、概念和理论无法达到真实的、本来的解释,但它们却是人的创造力的源泉,需要教育参与者与解释者将各种教育人学模式、概念、理论带到教育人学的假定中来,经过教育人学的方法论、具体方法和具体发现之

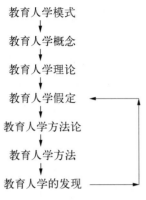

教育人学模式
↓
教育人学概念
↓
教育人学理论
↓
教育人学假定 ←
↓
教育人学方法论
↓
教育人学方法
↓
教育人学的发现

图 2－4　教育人学的理论负载及其构建过程

间进行实践的或解释学的循环,不断实现视域融合与实践探索,构建动态的教育人学学科形态(见图 2－4)。

第五,教育人学的实践哲学还意味着,教育从关注抽象的人转向现实中的人,从关注教育事实转向教育事件,从人的理论世界转向人的生活世界。在现代社会,教育人学的最基本问题,已经逐渐从人的意识哲学转向人的语言哲学,从关注本体、上帝转向话语、权力、身体等具体的教育人学实践领域。因此,在这种语境下,教育人学转向自身言语行动的意义生成范式,以及意识形态、权力等因素影响下的话语批判,揭示教育人学理论在社会文化批判过程中的建构与反思过程,追求教育人学的民主价值观和正义论,使教育人学理论具有批判之真。

第二节　教育的"人的形而上学"范畴

教育人学是对教育中有关"人的哲学"的研究,因此教育人学首先不能避谈哲学的基本理论——形而上学,研究教育的"人的形而上学"。但在"教育形而上学终结"的语境下,从何论起,如何论证,这些都极具挑战。从教育哲学史上的数次形而上学变革来看,教育的"人的形而上学"始于教育回归人的灵魂之时,也发端和发展于教育反思人的自身意识、否定能力和强力意志之际。一言以蔽之,教育形而上学的发展与人学的发展,即人自身对人性的抽象把握与具体发展是几近同步的。

一、"灵魂转向"的教育形而上学

从词源上讲,"教育"源自拉丁文"educare",其动词形式为"educěre",前缀"e"意指"出"(out),词根"ducare"意指"引",合起来,意指"引出"。它意味着:儿童具有先天的潜能,教育就是顺应、引导和发展这种潜能并促进它实现的活动。在教育史上,这被称作"内展说",它预设了人性善。客观地讲,在这种解读中,"educare"词义的内涵与外延还不够明晰,意义还有些含糊与神秘。不过,在词义上,"educare"较之古希腊词"pedagogue"(教仆)更贴切,因为它远不是把教育视作经验的总结、文化的守旧和秩序的循规,而是具有超越经验,进行文化创造和制度创新的意义。进言之,"educare"具有在经验之外的"超验"、现实之外的"理想"、秩序之外的"天道"与"法理"等含义，据此，它方才意味着显现、顺应、导引和发展人的潜能与天性。在此意义上，它与形而上学①的核心词"being"有内在关联。从前苏格拉底时期的哲学家巴门尼德开始，"being"就被看作真理的对象，其本义是"敞亮""显现""去除……遮蔽"，而且，无论"being"有多少层次的形式和内容，"being"都是"是其所是"，因此，从逻辑上推断，"educare"的显现、顺应、导引和发展的前提正是"being"，或者说"educare"的核心内涵是"being"，否则，"educare"便仅指依赖于外在条件与手段的附属物或被遮蔽之物了。

在古汉语中，"教""学"皆有教育之义。在甲骨文中，"教"字的右上方类似"攴"，是会意字，寓示"以手持杖或执鞭"，也就是在奴隶社会奴隶主要在成人执棒监督之下接受教育。此外，在"教，上所施，下所效也""教也者，长善而救其失者也""育，养子使作善也"等句中，"教育"意味着儿童需要外在的规训和教化，强调教育的手段、方法和内容。与上述解读相比较，《中庸》所言"修道之谓教"中的"教"更具有形而上学意味，代表了古代中国对教育更深刻的理解，因为它强调了教之为"道"，亦即"形而上学谓之道"中的"道"。毫不客气地讲，这种对教育的形而上学理解，较之古今中国强调的教之术，更为妥当，更值得今天的学人反思与发扬。

这里，必须申明，"educare"本身是"being"，但"being"不是"educare"。在古希腊语中，最常用来表示"存在"的词一共有三个，分别是 εστι、τοον、τοειναι。其中 εστι、τοειναι 分别相应的英文形式是"it is"和"to be"，它们既可以作系动词"是"讲，也可以直译为实义的"存在"。它不同于名词、动词之处在于它作判断（真假）的作用或功能，反映了人们如何通过思维确定存在。据亚里士多德《解释篇》所言：动词不定式"to be"与句子的真假有关，因此，何谓思想，就是指通过"to be"与"not to be"使自己置身于真理或谬误的领域，是思维对事物的存在的判定；换言之，代表"存在"的"being"乃是以某种必然方式存在的"being"，而思考"what to be"的判断正是对"being"这一必然存在方式的揭示，所以思维和存在是完全一致的（to be is to think 或 being is thinking）。据此分析，"educare"（引出）的"being"就是作判断，使自己置于真理或谬误的领域，去思想（to think），并通过思想对"to be"这一必然存在方式进行揭示，因此，"educare"具有思的任务、对象和方

---

① 形而上学（metaphysics）和存在（being）、存在论或本体论（ontology）等词有别。一般地讲，形而上学是后面诸词的总称，也就是文中广义上的形而上学。存在是形而上学的核心，本体论和存在论在文中主要指狭义的形而上学。

法,而"educare"的思的对象、任务必然是以"存在"为标志的真理,而不是以"非存在"为标志的意见或谬误;"educare"的思考方法依赖于思维、逻辑和语言的辩证法,而不是经验分析的方法。

柏拉图在《理想国》《智者篇》等篇中揭示"educare"和"being"的内在统一性。他借苏格拉底之口,通过经典的四线段喻、洞穴喻说明教育与非教育的界限,阐明"使灵魂转向并达到至善"的教育本质,确立辩证法是最好的教育方法。柏拉图认为,教育难以对受欲望支配的手工业者发挥作用;教育对护卫者的教育功能是使人守秩序,遵守由神规定的、最崇高的法律。只有哲学王,才是最适合受教育的人,因为他是能感知可知世界而不是注视着可见世界中的事物的人,他应成为国家的统治者。哲学王性格平和、温文尔雅、有分寸、有良好的记忆、聪敏、正义、勇敢、推崇真理等,最为重要的是,他挚爱那些能让他看到永恒实体的知识,并且是爱其全部。

柏拉图认为,哲学王必须经受劳苦、恐怖、快乐、诱惑,在学习中接受循序渐进的教导,而且,他的灵魂需经受观察和训练,从而判断其能否胜任最伟大的学习,以及是否有学习善的理念的能力等。这里的善,是指一种被所有灵魂追求的,并且靠直觉把握的理念,是思想的对象,而不是肉眼可视的对象。在可知领域中的善的理念与知识的真理和可知事物的关系,就如同太阳在可知世界中的视力与可见事物的关系一样。从而类推,在可知世界中,知识和真理最类似于善却还不是善自身,善是知识和真理的源泉,是在各方面远超知识与真理的地位和能力,远高于实在的东西。用太阳比喻善,既论证了善的定义也表明了善在教育中的地位:只有善,才能使人们得到知识、真理、德行和教育。总之,在柏拉图那里,教育和哲学的首要任务都是"灵魂转向",亦即:指明灵魂如何才能从可见世界转向可知世界;从黑暗到光明、从意见到真理的上升之路,以及背后支持他们的真理信念,也就是某种不言自明的东西;将灵魂脱离变化的世界,直至灵魂的"眼睛"得以正确观看实在。

柏拉图的这种"灵魂转向"确立了哲学的本质,也让我们认识到,哲学即教育,亦即:在"灵魂转向"这一点上,形而上学与教育是同一的。这不仅提升了我们对人性及其教育的认识,而且其中的"转向"在方法论上具有重要的教育哲学意义。就西方教育哲学的三个标志性人物而论,此后的卢梭通过"目光的转向",把以往只关注教师和知识的教育转向儿童"器官与官能"的自然发展,树立了"儿童中心"的自然观念。杜威的"哥白尼式革命"也是转向以儿童为中心的新形而上学,确立了以行动为本体论的世界观和知识论。因此,如果说柏拉图是"灵魂转向"中的理念形而上学,那么后两者则是"自然的形而上学""行动的形而上学"。

二、"自身意识"的教育形而上学

由于"educare"与"being"的天然联系，因此它一直都和思辨、沉思紧密联系，同时它离不开"闲暇""自由"的生活环境与方式，与制作、工作相对的理论领域相吻合，因此，"educare"的本义不是传递、总结出知识，甚而它不属于知识领域，而是知识源头的东西，是为知识奠基的形而上学，是哲学王冠上熠熠生辉的那颗明珠。但这难免有孤芳自赏的嫌疑，也难敌中世纪基督教神学的权威挑战，因此，educare需要重新考量自己思的任务、对象和方法，从另一个角度发现人性本身。

当亚里士多德讲"人是求知的动物""人是理性的动物"时，他和以后的海德格尔一样，都发现求知、人的理性是通过精神的、灵魂的"看"而不是肉眼的、经验的"看"来完成的，而前者的"看"不是"点燃"（light）而是"使……发光"（enlighten），也被看作"启蒙"（enlighten，enlightenment）。在现代西方教育哲学中，"enlighten"就是教育在现代社会中的形而上学意义。康德说启蒙就是摆脱未成熟状态，把所有的知识都拿到理性面前来审判。虽然福柯、海德格尔等现代西方哲学家反对这种理解，认为这会把理性的工具功能推向至尊无上的地位，违背了启蒙的本义，因为"enlighten"一词中前缀"en"具有动词功能，意指"使……发光，去除遮蔽的东西……"，它是人的感性与理性、身与心等整体人的显现。不过，这些理解都只是对"educare"的更本真的逼近，更有助于对"educare"在"enlighten"意义上的形而上学理解。

这里，还需要把"educare"与"思"的纯粹形式联系起来，尤其是与"思，故我在"这个经典形而上学命题联系起来。因为，纯思或自身意识是"enlightenment"的形而上学，也是教育形而上学的灵魂。一般而言，"思"有两种截然不同的形式，一种是经验的思，有具体的思考内容和对象的思，叫作个别的、具体的、情境性的、变化的思；另一种是指不去考虑思维的内容和对象，而是思考或反思思维本身的思，即纯思。在笛卡儿看来，后者是所有认识的阿基米德点。但根据胡塞尔（Edmund Husserl）的解读，这里的纯思就是绝对被给予性的、具有自明性的"自身意识"或"纯意识"；当返回到"自身意识""纯意识"之时，"我"这一主体会自然地映照出来。据此，笛卡儿把上帝这个唯一的、至高无上的主体动摇了，并以自身意识为基础，在自身意识中映照出"我"。于是，"我"真正在哲学意义上被发现，被建立起来，"主体哲学""我"的哲学和主体教育学诞生了。进而，"纯思"何以能够，并怎样给出我们所见之物或现象的呢？康德认为，纯思有一种把杂多的现象（客观）统一的能力，也就是"纯粹统觉""本源的统觉"，它无非是先天地联结并把给予表象的杂多纳入统觉的统一性之下的能力,这一原理乃是整个人类知识的至上原理。因此,只有在本源的统觉这一条件之下,才能把杂多的表象归于我的表象,才能将其作为在一个统觉中综合地联结着的东西,用"纯思"或"意识本身"这一普遍的表达方式总括起来。进而,用胡塞尔的例子来解释,例如:当我们意向或意指一棵树时,这棵树还只是纯粹的概念,随着我们对树的种种直观,树的意义得以充实,而自身意识就得以显现出它的同一性来。

至此,"educare"将追问,作为"enlightenment"之光源的自身意识,是怎么运动与发展的呢? 康德没有详细地对自身意识这一概念的内涵及如何达到自身意识的具体过程阐述,陷入"有限的自身意识"这一漩涡。黑格尔是通过自身意识的辩证运动来回答这个问题的。他透过康德阐述的自身意识这一神秘之物,揭示出自身意识是由自我到自我的一个分裂与运动的过程,并直接把自身意识的表达式概括为"自我=自我"。黑格尔认为,自身意识本质上是无限的、同一的、未分裂的,"自身意识是从感性的和知觉的世界的存在反思而来的,并且,本质上是从他物的回归"。① 由是观之,黑格尔认为自身意识并不是单纯地对自己本身的整体认识的静态过程,它不再直接以世界客观存在为认识对象,而是由一个特殊的、单一的、经验的自身意识,通过生死斗争转化为一个普遍的、无限的、纯粹的自身意识。自身意识以正相反对的两种意识形态而存在着的,亦即:独立的意识,或主人的意识;依赖的意识,或奴隶的意识。它们不是独立、分离存在的,而是一方通过自己的行动,并且通过对方的行动完成自为存在这一自我否定的辩证过程。自身意识的本质,是能够对自身意识本身进行探究并且展开自身意识从自在的"主奴关系"到自为的"自由意识"和分裂的"苦恼意识"的发展。它们都是自身意识的中项,它们本质上是为对方而生活或存在。"主人通过独立存在间接地使自身与奴隶相关联,因为正是在这种关系里,奴隶才成为奴隶"②,主人支配着奴隶,并且通过奴隶间接地与物发生关系;而奴隶受主人的支配而对物予以改造。然而,奴隶的意识出于"感受过死的恐惧、对绝对主人的恐惧"使他超越自然关系,从而成为潜在的自为意识;同时,它通过劳动来取消自然的存在,故此,恐惧与劳动迫使奴隶的意识返回到自己的意识,并且转化自身为真实的独立性。如此一来,主人的意识和奴隶的意识相互转换,实现了主奴关系的和谐与辩证。

---

① ［德］黑格尔.精神现象学(上卷)［M］.贺麟,译.北京:商务印书馆,2009:116.
② 同上书:128.

根据黑格尔的解读,作为精神意志的绝对知识是一种形而上学,由于在精神意志的绝对知识中已经没有一种对自身超出的可能性,所以这种形而上学成为西方形而上学的终点。如此一来,代表"educare"的启蒙精神必将面临"形而上学终结"浪潮的挑战。譬如:尼采反对以往形而上学的概念和历史性沉思,植根于生命的狂热,在强力或力量(power)基础上提出强力意志(the will to power),以此替代传统的形而上学;马克思的哲学任务不仅仅是解释世界,更侧重改造世界,努力用实践(to do)代替理论的、沉思的生活。

三、"否定"的教育形而上学

educare 除了具有普遍性和规范性意义,还有"教导""教养""训练"等含义,它们强调教育的实践哲学意义。如果说 educare 在沉思活动中是灵魂转向、反身自我意识等"最高"的活动,那么 educare 在实践活动这一人类活动中则是不断自我否定,实现否定、生存、生成之"绝对性""普遍性"的形而上学。

(一)"教育形而上学终结"的终结

在当今教育哲学研究中,出现了贬抑教育的理论性和形而上学性质的"教育实践崇拜论",他们有意或无意地形成了"教育形而上学终结"的默契与共识。"教育实践崇拜论"狭隘地把教育实践活动理解为服务于外在目的的"制作",表现为技术主义的"工程学",实证主义的"效率论",理想的"功利主义"等。但他们忽略了另一种仍然具有生命活力的"形而上学":海德格尔哲学意义上的存在者的形而上学。海德格尔宣告形而上学远未终结,例如尼采的强力意志恰是另一种形而上学,或者说颠倒的形而上学。就马克思的形而上学终结论,海德格尔从劳动的角度解构实践论,认为一旦人被固定为劳动或实践的动物,被迫从事单纯的劳动或实践,那么就极端蒙蔽于存在之被遗忘状态,人作为在形而上学的真理的整体中的存在者走向了终结。海德格尔的言下之意:当宣告"形而上学的终结"之时,新的形而上学诞生了。①

---

① 教育形而上学终结论者为了确立自身,必将论及卡尔纳普(Rudolf Carnap)、罗素(Bertrand Arthur William Russell)等英美分析哲学家语境下的形而上学终结论。然而,普特南(Hilary Whitehall Putnam)的"本体论承诺"、斯特劳森(Peter Frederick Strawson)的"描述的形而上学"或"个体的形而上学",以及后期维特根斯坦(Ludwig Josef Wittgenstein)语用哲学对前期形而上学终结论的颠覆等,都佐证了形而上学并未终结;其次,后现代理论对形而上学"宏大叙述"的批判,显然还未经受时间的检验。笔者近年关注的当代法国哲学家巴迪欧(Alain Badiou)在《哲学宣言》《Being and Event》等专著中批判后现代理论忽略数学在形而上学中作用,并建构起基于现代数学集合论的新的形而上学。

如是,当今教育哲学何尝不是"遗忘存在"、失去真正形而上学的哲学。因为,人们推崇的教育实践哲学难道不是另一种形而上学,即教育实践的形而上学或教育实践本体论？难道不是一种追求生命之德,饱含灵魂地、生生不息地、积极地实现生命,成为生命之所是的"隐德莱希"。尽管它与教育沉思领域中的形而上学有着最大的不同,将自己置身于异质的、变化的、不确定的人性情绪、社会环境、实践过程之中。然而,"educare"的实践本体论恰在于,它"是对于可因我们(作为人)的努力而改变的事物的、基于某种善的目的所进行的活动"。① 作为一种"'积极地'从事属于人的实践的生命的"活动,它与理论和制作最大的不同在于,它是针对可变的、不必然的、不确定的事物,改变其状态,通过推理和考虑,"即实践的或制作的理性,是为着确定行动并以行动为终点的理智行动","实践虽然也常常以某种外在善——如财富、取胜等——为目的,但实践活动本身也是目的。在这个方面,实践兼有科学或理论活动的性质"。② 由此可知,教育实践哲学具有教育的理论理性或科学性,也就是形而上学性或本体性,"实践不是屈从于一个外在善的活动,它自身的善也是目的。这种属于自身的善就是德性",③这也就是康德意义上的道德形而上学。但从过程来看,教育实践哲学的形而上学性质却在于其情境、过程和变化的实践理性,因此,"环境的改变和人的活动的一致,只能被看作是并合理地理解为革命的实践"。④

进而,教育实践哲学必须追问形而上学"终结之际为思留下了何种任务",必须召唤思想"面向事情本身",在光亮中从自身而来自为地达乎显现并因此成为现身当前的方式。亦即：透过光亮,显现者显现出来,达乎澄明的自由之境。故此,教育实践哲学的形而上学性质表现为生存的形而上学,是生成(becoming)中的真理,而且教育之思是为澄明的无蔽,教育之真理是在澄明的要素中才成其所是,因此思的任务应该是"放弃以往的思想,而去规定思的事情"。⑤ 在这个意义上讲,教育实践本体论在思的澄明之境中与教育形而上学具有天然的一致性。

(二) 教育形而上学的"becoming"与"force"

教育形而上学的没落始于其始终把自己的形而上学与作为本质的

① [古希腊] 亚里士多德.尼各马可伦理学[M].廖申白,译.北京：商务印书馆,2003：3 (译者序).

②③ 同上书：22(译者序).

④ 马克思恩格斯选集(第一卷)[M].北京：人民出版社,1972：17.

⑤ [德] 海德格尔.面向思的事情[M].陈小文,孙周兴,译.北京：商务印书馆,1999：89.

"一"直接联系起来,导致教育世界的没落,它的本质性表现是教育信仰的丧失,教育与生活世界的割离,学生生命受践踏和个性的泯灭等,因此,真正的教育形而上学在"同一哲学""本质主义"的"一"的哲学压迫下,需要反复追问"究竟为什么在者在而无反倒不在?"①也就是说,教育形而上学必须重新理解作为总体的"not"的形而上学。一方面,educare 的实践本体论是对 not 的伟大诠释,因为实践本体论就是破除"一"的哲学;另一方面,"not"也有积极建构的意义,它具体体现在"教育即生长""教育即生活""教育即社会"等意义之中。归结起来,"not"意味着:educare 是一个绝对否定的过程,是在异质性和多元化的开放环境中进行的,是具有追求真理的"force"(强力)。

第一,educare 是不断自我否定,是在理论与现实、总体与个体、整体与个别之间差异基础上的绝对否定,也就是人的生存与生成(becoming)过程。在工具理性主义统治下的教育哲学,是用同一哲学代替差异哲学,重视现实、个别和个体的经验性内容与工具性形式,忽略价值总体的哲学,也就是遗忘了形而上学整体或"无"(nothingness),不追问被置入问题中作为此-在的此在(dasein),在存在与存在者的差异和对立关系中不把"无"当作存在或对真正存在者的否定,没有认识到"无"是揭示自身为归属于存在者的存在。② 反过来讲,教育形而上学的"本质"在于它作为"becoming"的形而上学,是在时间性、有限性、必死性中生存、筹划与领悟;是用领悟的方式,假定预先没有本质存在那儿,所以实现本己的方式必然具有创造性;它用现象学的方式、解释学的方式理解本真的存在,理解此在的生存意义,从而实现对真正生活的探讨。

第二,educare 的"not"不仅是一种实践的、革命的力量,而且是一种追寻真理的决定力(force)的建设性力量。在"not"视野下的教育形而上学没有认识"主体"和"客体"之分,更没有预设二者的同一性,反而主张变化多样的现象不能通过抽象思维、语词等方式把自身置于本质的"一"的统治之下。因此,在各种教育关系中充满了不确定性和不可决定性,人们也无法预料是否有一个可认识的实体与一个明确的命题相符合。正是基于这种不确定性和不可决定性,每个思想的诞生依靠决定。当决定首先涌现出来,继而被不断地要求产生时,要求妥善决定的自由权利将超越形式或结构的制约。这就是教育形而上学中"not"蕴含的"force",也被称作"存在论决定"或"形

---

① [德]海德格尔.形而上学导论[M].熊伟,王庆节,译.北京:商务印书馆,1996:3.
② [德]海德格尔.路标[M].孙周兴,译.北京:商务印书馆,2009:140.

而上学决定"。它意指,由于存在由思想来决定,虽然每个思想在各种实际存在的判断之间是富有争议的,但它可以通过其趋向,以及足以成立的真值条件,以非推理性规定的方式作出决定。更确切地讲,教育形而上学是一个追寻真理的规程(procedure)或一个激进的进程,它从特定情景的特定时间和特定地点开始,追求那个情景的一步一步的改变,保持着更广泛的平等原则的形式。而且,只有保持纯粹的承诺,一个人才能超然于任何心理的、社会的或"客观的"沉思,才配得上是追求真理的足够动力。反过来,只有一个恰是普遍的真理才有资格与那样一个承诺相匹配;只有真理才能"诱导"真正承诺的主体。

第三,在教育形而上学的真理规程中,每种创新都只能肇端于某种与社会现状的决裂,也就是发生了"事件"(event)而非"事实"(fact)。事件可以发生于任何时间,但并不恰在任何地点。事件一般紧邻于所谓的"空无"(集合论意义上的 void 或萨特存在主义意义上的 nothingness)或不可辨识情景的边沿。进而,由于真理引发出某种个体的战斗力,而这些人又发展了事件的革命性蕴含,由此成为真理的主体,所以真理从这个"事件点"(event site)脱颖而出。据此,主体就是对事件结果忠诚的人,无论这个结果是多么的随意和偶然,而且真理不过是那种事件后结果的累积性聚集。这些结果的不厌其烦、循环不断的应用,此后将服务于转换情景组织和显现的方式,与事件的内涵内在地保持一致。

第三节　教育人学基本理论研究的框架

无论是教育人学的过去、现在还是未来,教育人学研究将会是一项永不停息的系统工程,既要"走出去",紧跟各个相关学科的发展进程,也要"拿来主义",根据教育人学的自身特性,建构属于自己的范畴和理论体系,尤其是最基础的基本理论系统。

一、教育的形而上学范畴

从内容上讲,教育形而上学既要回到"存在即思想"(to be is to think)的巴门尼德形而上学传统中,思考教育本义中蕴含的物质与意识、必然与自由、自由意志与决定论、身体与心灵、时空和生命、有限与无限等范畴及其关系中的"二律背反",批判性分析思辨、体验、生存、生成等形而上学含义及其相关研究,呈现教育形而上学的形式化内容和意义。而且,教育形而上学研究需要根据当代形而上学研究的最新成果,研究教育中人性如何呈现、解蔽的哲学形而上学及其相关的政治形而上学、社会形而上学等。

　　从上述教育形而上学的三次革命性历史变革来看,教育形而上学不仅需要证实、回答"是什么"的问题,目标是掌握真理的必然性,解决知识论中的无限问题;而且需要辩护、回答"你如何知道的"的问题,目标是实现自由,解决自由与必然的关系问题。进而,教育形而上学研究应当关注理念、理论和操作性三个层面及其相应的评价-规范、事实-规律和规范性行动三个方面的意义,反映其在现实的、历史的和社会中的相互关系。倘若加上当今教育形而上学的思的任务,也就是阿伦特行动哲学意义上的、在行动之前与之中的反思与内在对话,那么教育形而上学应当包括如图 2 - 5 所示的范畴。①

图 2 - 5
教育形而上学的
四个基本范畴

　　从方法论上讲,教育的形而上学研究就是教育的元理论研究。如上所述,教育形而上学的"force"需要重新激活真理,激进介入,实现普遍的解放和平等,因此,教育形而上学需要对存在(生存)与现实、灵魂与宇宙观、决定论与自由意志、可能性与必然性、同一与变化、身体与心灵、自由与必然等形而上学主题进行综合与创新,在各种形而上学理论构成的矩阵的对角线上,进行缝合。

　　首先,从本体论(ontology)的角度看,教育形而上学必须探究存在的基本范畴以及诸范畴之间是如何相互产生关联的,也就是说,对存在(being)、生成(becoming)、实存(existence)、实在(reality)的教育哲学研究就是对存在及其关系的基本范畴的研究;存在论处理有关什么实体存在(exist)或者什么能被称作存在,和那些实体怎么能被集中、怎么在等级关系中关联,以及怎么按照相似性和差异性而得到区分等问题。其次,形而上学主题包括存在、生存与现实、灵魂与宇宙观、决定论与自由意志、同一与变化、身体与心灵、自由与必然等对立范畴,相应地,教育形而上学将研究教育中人的存在(包括生存)与现实、灵魂与宇宙、决定论与自由意志、同一与变化、身体与心灵、自由与必然等矛盾关系,形成教育的存在、生存、真理和主体的原理。概言之,新的形而上学和新的教育形而上学应关涉如表 2 - 1 所示的范畴。

　　① ［德］海德格尔.形而上学导论［M］.熊伟,王庆节,译.北京：商务印书馆,1996：3.

表 2-1 教育形而上学基本范畴表

主题 \ 内容	形而上学①		教育的形而上学	
	矛盾关系	矛盾解决办法	矛盾关系	基本原理
存在论（含主体）↓ 生存论（含事件）	一◆多	无	个性◆共性	普遍人性
	整体◆部分	溢出（execss）	总体人◆技术人	创造性"总体人"
	有限◆无限	规程之后的有限	个人自由◆社会自由	现实的人性自由
	终结◆回归	强力（force）	单主体（占有型主体）◆主体际性	不断生成的主体
	必然◆可能	缝合	决定论◆自由意志	生命实践的具体性
	介入◆忠诚	生存本体论	威权◆自主	生命实践的本体性
真理	数量◆知识	不可辨识性	必然◆自由	人性的超验性
	真◆不可辨识性	类性（generic）	非理性◆理性	人性的永恒性

二、教育人学研究的基本主题

综观教育人学和教育学及其他学科，或研究领域与方向的关系，教育人学作为教育之"人的哲学"研究，是学科互涉的产物，在教育学研究中具有基础地位（见图 2-6）。

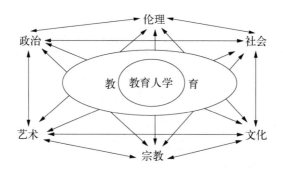

图 2-6 教育人学的学科互涉性、基础性地位

---

① 主要参考法国哲学家巴迪欧的形而上学思想，并源自其代表作的相关章节。这些代表作是：Alain Badiou. Being and Event[M]. New York：Continuum, 2005；Alain Badiou. Logics of Worlds (Being and Event Ⅱ)[M]. New York：Continuum, 2008.

进而,基于教育人学之形而上学的主题变奏可以看出,在各种理论与范畴中贯穿了形而上学和反形而上学的斗争,从"存在"(being)、"生存"(to be)到基于"not"的"生成"(becoming),其中贯穿了形而上学语言、言语和话语,以及从隐喻、分析、解释到解构的过程,从而影响了"存在""主体""善""恶"等教育形而上学核心概念内涵的演化。例如,在"主体"从绝对自我意识转向他者意识的视域下,教育的形而上学既要研究主客体、主体间性关系的形而上学,也研究主体无法完全把捉客体、他者和自身境况的后形而上学。因此,教育形而上学的真理必然是在异质、多元、开放境况下确认不确定性、不可能性之绝对性,通过统合不同范畴的真理规程(procedure of truth),显现 educare 之建构性力量的真理。据此,本书将教育人学的基本理论奠基于形而上学的变奏历程之中,分别从存在论、生存论和真理论三方面,根据每个方面的内在矛盾关系以及解决这些矛盾关系的基本原理,析出基本范畴,然后在以后的章节中展开具体的论述(见表 2-2)。

表 2-2　教育人学基本理论研究的主题

内容　　主题	教育人学基本理论研究的主题			
	矛盾关系	基本原理	基本范畴	本　书　章　节
存在论（含主体）↓生存论（事件）	个性◆共性	普遍人性	人性及其教育人学意义	第三章　教育人学的人性论基础
	总体人◆技术人	创造性"总体人"	"总体人"的育人目的	第八、九章　教育人学的伦理价值论和育人目的论
	个人自由◆社会自由	现实的人性自由	教育人性化	第三、七章　教育人学的人性论基础、行动论
	单主体◆主体际性	不断生成的主体	交互主体和"弱"主体	第四章　教育人学的主体论
	决定论◆自由意志	生命实践的具体性	身心教育;教育时空;教育行动;教育艺术等	第五、六、七、十章　教育人学的心身论、时空论、行动论、艺术论
	威权◆自主	生命实践的本体性		
真理论	必然◆自由	人性的超验性	教育行动中的艺术,权力、话语等	第七、十、十一章　教育人学的行动论、艺术论、话语论
	非理性◆理性	人性的永恒性		

　　当然,这里亟待补充说明的是,本书第三章到第十一章的主题在文献上有什么依据。一方面,本书第一章的文献综述有所论及,主要从人的哲学、西方哲学人类学视域中的教育人类学、国内教育哲学视域中的教育人学等方面析理了教育人学的研究框架、主题、方法与基本内容,并论述了其不足;另一方面,笔者在文献整理中,从另一方角度,惊奇地发现,欧美形而上学课程或相关课程的主题,几乎都与"人的哲学"的基本范畴有关。例如:牛津形而上学经典教材《形而上学纵览》①的章节主要包括:同一与变化;必然、本质与可能世界;因果与条件;主体、行的与事件;空间与时间;普遍性与特殊性。进而,欧美流行的经典哲学教材也几乎是表现"人的哲学"的主题,例如罗杰·史克鲁顿(Roger Scruton)的《现代哲学:介绍与验证》②包含 32个主题:哲学的本质;怀疑主义;某些主义;自我、心灵与身体;私人语言的论争;感觉与指称;描述与逻辑形式;事物与属性;真理;显现与实在;上帝;存在;必然与先验;缘由;科学;灵魂;自由;人类世界;意义;道德;生命、死亡与身份;知识;知觉;想象;空间与时间;数学;矛盾;客观精神;主观精神;恶;自我与他者。更为重要的是,综合运用哲学与形而上学研究人性的形而上学专著无疑给本书以最大的启发。例如:牛津大学著名哲学教授哈克有关人性研究的两部著作《人性:范畴性框架》《智力能力:人性研究》③,尤其是前者,给本书的主题选择以重要的启示,其中《人性:范畴性框架》包括下述主题:实体;因果性;能量;主体;目的论和目的论解释;人的行为的理由与解释;心灵;自我与身体;人格。

　　同时,本书综合了后现代理论,如法国后现代主义哲学中的他者伦理、身体理论、空间理论等,和从传统马克思主义到现代西方马克思主义的历史唯物主义、辩证唯物主义等方法,尤其是当代欧洲激进哲学或激进马克思主义代表人物巴迪欧(Alain Badiou)、齐泽克(Slavoj Zizek)、朗西埃(Jacques Rancière)等人的批判理论,以及英美文化马克思主义,例如话语批判分析理论等,研究教育人学的理论问题,形成了本书在存在论、生存论和真理论三大方面,包括教育人学的人性论、主体论、心身论、时空论、行动论、目的论、艺术论和话语论等九个主题的基本内容(见表 2 - 2)。

---

① E. J. Lowe. A Survey of Metaphysics[M]. Oxford:Oxford University Press, 2002.

② Roger Scruton. Modern Philosophy:an Introduction and Survey[M]. London:Pimlico, 2004.

③ P. M. S. Hacker. Human Nature:The Categorial Framework[M]. Oxford:Blackwell Publishing, 2007;P. M. S. Hacker. The Intellectual Power:A Study of Human Nature[M]. Oxford:Wiley-Blackwell, 2013.

第二部分
教育人学的形而上学

第三章　教育人学的人性论基础

人性是影响和决定教育活动的基本要素。它与教育的必然联系,是教育与社会和人之间的关系、教育与人的社会性和人的身心发展规律之间的关系的根本的、内在的、必然的表现和反映。进而,任何教育理论与实践活动必然与人们对人性的态度、认识和处理方式相关。

第一节　人性与人性化教育

人性问题、教育与人性的关系问题,以及教育人性化问题是教育人学的基本问题。对这一问题进行全方位、多层次的研究,对教育人学的理论探索、实践深化和制度改革必将发挥一定的引领作用。

一、"人性"的含义①

所谓人性,就是人的本性和人之为人的那种属性。《说文解字》讲:"性,人之阳气,性善者也,从心,生声",②其中,"从心",遵从人的感知觉,"生声",生而有之的,于人的生命之中自觉发挥作用的欲望、能力。如告子讲"生之谓性",③孟子说"非由外铄我也,我固有之也",④荀子曰"生之所以然者谓之性"。⑤ 又如《论衡·龙虚》言"天地之性,人为贵",《史记·留侯世家》说"留侯性多病"。⑥ 在现代汉语中,"人性"指:在一定的社会制度和一定的历史条件下形成的人的本性;人所具有的正常的感情和理性。⑦

---

① 拙作《批判与实践:论教育人性化》(中国社会科学出版社,2016)第一章第一节对人性概念作了较为充分的讨论。本书此处略论之。
② 徐复观.中国人性论史[M].上海:上海三联书店,2001:6.
③④ 孟子·告子.
⑤ 荀子·正名.
⑥ 古代汉语词典[Z].北京:商务印书馆,2009:1751.
⑦ 同上书:1148.

"人性"的英文为"human nature","flesh""humanity""humanism""humanness""essence of human"等,它们分别强调人的肉身性、自然性、人道性、人文性、人性本质等多种含义,既指一切人普遍地、共同地具有的属性,也表示人区别于他物的特性,如经验性、偶然性、可变化性等,是人性的"体"和人性的"用"的辩证统一。①

二、人性的特征

从事实、价值与美学三个角度来看,人性具有求真、求善、求美的特征。而且,只有具备真、善、美的人性,才是真实、丰满和美好的人性。

(一) 人性的事实性特征

第一,人性是人的普遍性与特殊性的历史的、现实的统一。人性具有普遍性,它是全人类的共性,是一切社会、一切人类个体具有的属性。当然,它不同于"抽象的人性",因为人性的普遍性是人性的主动性与被动性、理性与非理性、动物性与社会性等构成的有机整体,是对静态的、共时的、确定不变的人性共性的全面抽象,是以人性的历史性与具体性为前提的,它的各要素在现实中全面地发挥作用。而"抽象的人性"是脱离具体的现实与历史,对人性共性进行片面抽象,把人性中的某个方面,如利己或利他,上升为绝对的、永恒的、不变的东西,并以此为理论依据,建立片面的人生观与社会观。所谓人性的特殊性,就是强调在具体历史与现实中人的个性差异。它一方面是指人性原初具有的肉体、情感与能力具有天然的个体差异;另一方面,虽然人人都有动物性、社会性与精神性,但由于在具体的、特定的个人身上各种属性的地位和比例不同,所以人性共性在每个人身上就体现出不同的个性。

第二,人性是人的自然性与可变性的统一。人性一方面诚如法国思想家卢梭所言,是去社会之弊,复归人的自然性真面目;另一方面,人的自然性蕴涵了人的潜能、动力与发展的可能性,蕴含着丰富的可变性,所以人性探讨的任务"就是研究人性特定的构成因素,天然的或已经改变的,怎样和一定文化的特定的构成部分交相作用的方式;要说明在人性这一方面和社会习俗与规章这一方面,两者时间的冲突和一致乃是由于各种可以记述的交相作用的方式所产生的结果"。② 进言之,人性具有丰富多样的要素,它们彼此联系且相互促进,不断运动向前,构成多维多向的互动关系整体,需要

---

① 肖绍明.批判与实践: 论教育人性化[M].北京: 中国社会科学出版社,2016: 2-9.
② [美]杜威.自由与文化[M].傅统先,译.北京: 商务印书馆,1964: 25.

在特定的社会历史背景下,通过对话与行动,不断建构起具有鲜明特性的、丰富多样的人性。可惜的是,目前我们对于人性的知识还如沧海一粟,更难准确探知其真正的内涵。

第三,人性是人的可能性与创造性的统一。可能性是人具有的不确定性、无限性、开放性;而创造性是指人具有的潜在性、超越性和创新性。人性的潜能无法估量,即使在高度理性控制之下的人性都会以不同的方式突现出来。而肉身体认、生命活力、意识构造、劳动实践、交往对话、反思行动,以及自由解放,正是呈现人性创造的可能性形式。换言之,由于人会对人性本身产生理想性的设定和超越,甚而形成一定的神秘性,所以人对自然有天然的敬畏,人有僭越自身理性的梦想。海德格尔认为,"烦"和"畏"都是作为"此在"的人的本真存在状态,是在以"将在"为核心的本真时间的交会融贯中所建构起来的存在的意义。"此在"的人通过"将在"而从现前的沉沦和遗忘中被唤醒,返回到本真的状态;由于"此在"在"将在"中展开,因此人性就处于无限趋近理想的状态,从而不断促使自身去设计、创造与超越。不仅如此,"此在"还"诗意地栖居"于天地神人之间,让人性与神性无限美好地相互交融,让人性惬意地荡漾在现实与浪漫、实在与理想、理性与神性的途中。

(二) 人性的价值性特征

第一,善恶是人性的道德原则。利己之心是自我保存的人性需要,具有天然的合理性和正当性,其本身没有善恶可言。然而,只要人自身涉及与他人的利益关系,善恶的道德问题就必然出现。性善论、性恶论、非善非恶论、亦善亦恶论四种人性假设各自基于人性的不同方面设定出相异的价值判定:从人的欲望本恶的假设出发,设定人性是恶,善是恶的量的减少或消除;从人的社会性出发,设定完全利他为至善,而损人利己为恶,不完全利己或不完全利他就可能是非善非恶或亦善亦恶。

社会在不断发展,人性善恶也随之在实践的具体历史时空中发生变化,并被习俗、利益、权力等左右。与之相对应,不同社会历史阶段的哲学家也相应提出不同的解决方案,如马克思、尼采、杜威分别提出用实践、生命意志、互动等一元论取代善恶二元论。此外,在人类社会发展中提出的"自然人""社会人""经济人""文化人"等人性假设本身并不关涉善恶问题,而是根据主客观目的或研究方法的需要,从假定的善恶论出发来尽善尽美地利用人性的某个或某些方面,最终实现人性善的价值目的。

第二,自由是人性的最好定义,因为人性是对自由的渴望。在康德、黑格尔等德国哲学家看来,自由是人学体系的"拱顶石",是人成其为人的最高法则。在现实中,自由还是出于人性、顺乎人性、发展人性的行动,具有终极性意义。因此,自由对人性既有现实的建构性又有价值理想的范导性作用,正如杜威所言:"把爱自由说成是人性的构成中所固有的,是我们传统的一个部分。"①

人性自由的原点是人的不可消逝的个体性和永不熄灭的自由精神。它在具体的人类活动中表现为个人的自主选择和个人权利。正如尼采所言,人的生命精神的升华是自由精神,因为生命精神是自身设定根据,指向自身的生命活动,是去除理性主义与基督教等幻影之后的自身肉体精神的回归和人类自身创造性的恢复;人是超越性自由存在,是通过生命意志和生命实践把未定型的、未完成的、具有无限超越可能性的人培养成"超人"。

第三,民主是人性价值规范的表现形式。人性是人类社会建立和发展的重要依据,援引高宣扬先生的总结:"整个西方传统人性论的背后,始终隐含着传统形而上学关于'本质''总体性'和'主客体同一性'的基本原则;正是在这些传统'人性论'的基础上,历代统治者才有可能建构起稳定的社会文化制度及一系列规范。在关于'人'的历史性概念及其理论体系失去其正当性的条件下,会出现整个社会文化制度的动乱,甚至导致危机和灭亡。同样,各个时代的反抗力量,首先也把各个时代的官方'人性论'列为主要思想攻击目标,以便在摧毁占统治地位的'人性论'的前提下,实现对整个社会文化制度的改造和颠覆。"②

无论在资本主义社会还是社会主义社会,民主不是最好的制度,但却是目前诸多选择中相对较好的制度。在这里,我们更强调在中西文化之中民主是一种价值规范。就人性与民主的相互关系而论,人性是民主的根据,而民主是人性的保障。杜威认为,民主确实包含这样一个信仰,即政治制度和法律应从根本上考虑人性,因为民主总是同人道主义、相信人性潜能的信念相联系着。民主既是人性孜孜以求的自由精神和价值,也是一种生活方式和制度形式,它尽力符合人性的异质、多元、创新、超越等品质,"正因为民主自由的目的就是为了使得人类潜能获得最大可能圆满地实现,所以当后者受到剥削和压抑的时候,它将会在适当的时候起来反抗而要求有表现出来的机会"③。

总之,综观各种人性善恶论的叙述,人性的核心是自由。因为善恶不仅是人性自由的实现,而且善恶蕴含着自由,并能从逻辑上推出自由:孟子和卢梭的性善论蕴含着自然直观中的情感自由和意志自由;荀子和霍布斯

---

① [美]杜威.自由与文化[M].傅统先,译.北京:商务印书馆,1964:4.
② 高宣扬.当代法国哲学关于人性的四次论战[J].学术月刊,2006,38(11):30-37.
③ [美]杜威.自由与文化[M].傅统先,译.北京:商务印书馆,1964:98.

(Thomas Hobbes)的性恶论蕴含着自然秩序中的政治自由和社会自由;而民主更是人性自由的内容、形式、方法、价值和态度的表现,没有任何东西比民主更能代表人性自由的精神。

(三) 人性的美学特征

美是一种诗性智慧,人性发端于此,归宿于此。康德视情感之美为沟通真与善的桥梁,它启"真"又启"善"。黑格尔认为,美就是理念的感性显现。尼采把肉身视为审美的主体,认为原始生命强力的涌现就是美的存在,感性生存也是美的价值所在。归结起来,美是人的自我完善和自由的实现,美学即人学。马克思就曾说,人也是按照美的规律来建造的。动物也爱美,特别在追求异性的发情期,非常注重自己的形象、行为与装饰,人何尝例外? 人之直观的、感性的、超验的、激烈的美的体验就是人性和谐与活力的涌现。即使在外在条件不具备或不允许的情况下,人也尽量保持至纯至真的美,甚至冲破传统习俗与压力,上演了追求美好生活、自由爱情的无数悲喜剧。

德国作家、诗人歌德(Johann Wolfgang von Goethe)认为人性是进行感觉、体验和思维的统一体;人的智力和道德使人和动物区别开,而艺术是体现人性整体性的精神活动。也就是说,代表美学精华的艺术不断地提升和超越生命,美化着生命,追求和实现人性的自由和完善。因此,人类社会发展的动力不断来自人本身求美的内在需求,只有尊重人格,适应人的发展需求,激发人的兴趣,追求自由、平等与民主的普遍价值,培养具有健康的、活力的、自由的、个性的、高尚的、艺术气质的人,才是人类社会的普遍要求与目标。

三、人性与教育的相互关系

虽然人性与教育的关系极其复杂,但是它们必将在教育理论中被探索,在教育实践中相互遭遇,表现出二者之间内在的、必然的联系。

(一) 教育以人性为基础

教育是变革社会的重要力量,但它始终是以人性为基础和依归的。因此,正如联合国教育、科学及文化组织 2015 年发布的最新报告所言:"再没有比教育更加强大的变革力量,教育将促进人权和尊严,消除贫穷,强化可持续性,为所有人建设更美好的未来。教育立足于权利平等和社会正义、尊重文化多样性、促进国际团结和分担责任,所有这些都是人性的基本共同点。"[①]

---

① 联合国教育、科学及文化组织.反思教育:向"全球共同利益"的理念转变? [R].北京:教育科学出版社,2017: 2(序言).

第一，人性是教育的重要依据。《中庸》的开篇讲："天命之谓性，率性之谓道，修道之谓教"，它意指教育是"率性修道"，是出于人性、顺乎人性、发展人性的实践活动。康德也主张："人的天性将通过教育而越来越好地得到发展，而且人们可以使教育具有一种合乎人性的形式。"①就教育与人性的关系而言，杜威认为人性与教育的关系在"教育即生长""教育即生活""教育即经验的改组与改造"等命题中表现为互生互助的关系。也就是说，教育既以人性为基础，满足人性发展的需要，又是生成与改善人性的过程，所以教育被称作人的"第二次诞生"，是人的"第二天性"。

第二，人性需求是教育发展的动力。人发展的独特性在于，动物通过先天的生理变异被动适应环境，人却通过后天的创造性主动改造环境，特别是通过培育理性、理智、文化等教育内容、手段与方法来实现。而且，就人的各种属性及其现实世界的处境而言，人是"未确定的""未定型的""未完善的"，需要教育来发展和完善人的情感、理性与意志，进而充分利用并发挥人类的智慧和力量，促进人的社会化和个体化。因此，这种由人性需要转化而成的教育需要和价值，本身就是教育得以发生和发展的最基本的内驱力。

第三，人性升华是教育的目标。教育让人"成其所是"，发展人的自然属性中的本性与能动性、社会属性中的自主性与自为性以及精神属性中的创造性与超越性。面对人的动物性，人性需要社会性和精神性的超越，避免在存在论意义上异化为物性，在道德意义上堕落为兽性；面对人的精神性需要，人性需要有意识地超越有限理性存在，在行动中感悟到人的无限意义。正是人对超越之真的孜孜追求，才激起人内在的崇高感和丰富的想象力，并转化为自由意志与创造精神，积极地认识和改造现实世界。因此，教育的任务是尊重、克制、疏导和形塑人的自然本性，形成充满活力、富有创造、拥有德行的个体；教育也并不抹杀人的"神性"，而是进一步丰富儿童的想象力，尊重他们自己的梦想，鼓励他们去探索与发明，唤起他们的自由意志和创造力量，共同参与建设幸福美好的社会。

（二）教育生成人性

教育不是被动的、无能的，教育也在改变和生成新的人性条件、功能和特性，教育和人性的相互作用是教育生成人性的重要力量。正如杜威所言，现实问题不在于人性是否能改变，而在于它在目前的情况下应怎样被改变，这也被称作最广义的教育定义或问题，所以凡是压制和歪曲那些理智地改变人类倾向的教育过程的东西，都会阻碍教育民主，使教育与社会陷于僵滞

---

① ［德］康德.论教育学［M］.赵鹏，何兆武，译.上海：上海人民出版社，2005：6.

的状态,甚而鼓励人使用暴力改变社会或适应专制的统治。

历史唯物主义主张,历史是人创造的历史,因此,在具体的历史条件下,教育作为人性创生的必要条件,使人性超越动物性、取代神性,就成为教育的基本内容。人性离不开教育。正如康德所言,教育是人之所以成为人,并区别于其他的根本要素,而且除了教育从人身上造就的东西外,人什么也不是,因此,"教育即是人性,是人的自然(human nature)"①。但教育并非万能的,也有"消极教育"和"积极教育"之分。所谓"消极教育",是指教育必须出乎人性、顺乎人性,以人性为根据,顺其自然地生长。它着重强调人作为自我决定和自我实现的生物发展过程,在这一过程中,教育即生长,教育的作用是"消极的"。此外,教育必须借助语言、思维等人性能力积极实现教育的社会化和个体化功能,促进教育对象的社会化和个体化,这种积极改善和发展人性的教育,即"积极教育"。它是基于人性的可变性、生成性和创造性而言的,"教育的意义本身就在于改变人性,以形成那些异于朴质的人性的思维、情感、欲望和信仰的新方式"。②

(三) 教育复归人性

在非人性化的教育情境下,教育呼求复归人性,重视人性的教育价值。现代教育的悖论在于,一方面,教育促使人在社会与文化关系中顺应和适应人性发展的要求;另一方面,教育有意无意地使人"异化"为工具,使人的自由意志和生命活力、个性和创造性等丰富的人性内涵丧失殆尽。针对这种悖论,教育必须以人的存在为肇端,复归人性。"无论是作为个体的人还是作为总体的人,人首先存在,才能思考存在,也才能筹划如何存在。……存在具有绝对的价值,也是一切价值的基础、依据和目标,这是人存在的绝对性基本内涵。"③

教育应当复归全面和谐与可持续发展的人性,在人性不完善、不对称、不平衡的现实状态下,在人处于偶在性、不确定性、变化性的生活世界中,通过人的自觉意识、批判性思考、反思性行动,实现向世界的开放性,不断否定给定性,不断指向未来的可能性,不断改变生活和改造世界的目的性,所以教育人性化的目的不仅是在实践活动中超越现实存在的生存境遇,努力创造更好生活,而且在思想和意识中不断探寻人的存在价值、意义、理想和目的,建立人类美好的现实生活与精神家园。

---

① 渠敬东.现代社会中的人性及其教育[M].上海:上海三联书店,2006:3.
② [美]杜威.人的问题[M].傅统先,邱椿,译.南京:江苏教育出版社,2006:184.
③ 石中英.人作为人的存在及其教育[J].北京大学教育评论,2003(2):19-23.

第二节　人性论与教育人性化

管理学、政治学、哲学、社会学、经济学等学科皆有自己的人性论,并深受其人性理论的影响。理论上讲,教育学和教育人学也不例外。

一、人性的教育人学意义

人性的教育人学意义是指人性的概念和理论对教育人学的"学科"立场、价值取向、理论体系的重构与改造方面具有奠基性意义。然而,国内的相关研究存在如下问题。

第一,就人性含义的研究而论,目前国内的人性研究过分热衷于对人性下定义,作界说,习惯于用"正确"与"错误"的思维方式一劳永逸地找到一个具有根本一致性的人性定义。同时,过多地把人性视为一个整体性概念,缺乏具体内容的分解,使得人性表现得过于笼统、抽象、宽泛和"大而化之",很难对人们思考相关问题和实施人性化实践提供较为具体的支撑和参照。进而,已有的研究对人性的探讨主要是从哲学,尤其是本体论、伦理学的角度,缺乏学科互涉、多学科(尤其是人类学、社会学、生物学等)分析与综合的视野。

第二,就教育与人性关系的研究来看,虽然一些教育学者也比较热衷于谈论人性,但人性还远未成为教育哲学中的一个基础性概念,教育学研究和教育研究在根本上仍然局限于教育的社会性。而且,教育学关于人对教育的制约性的研究几乎只是局限于它受教育者的身心发展规律的影响,远未把人性作为教育的人的制约性的一个基本方面,这样的教育学在根本上仍然是只见社会不见人的残缺的教育学。进而,已有研究在方法上也主要运用传统的思辨套路,直接沿用哲学中相关流派的理论和方法,极少采用实证方法等量性研究方法,及行动研究等质性研究方法研究多维的人性与复杂的教育系统之间的关系。

第三,就教育人性化研究来说,教育人性化研究过多地停留在教育哲学层面而鲜有直接指向具体教育实践的研究,人们大多认为它就是一个高层次的理论问题,只能在理念上涉及教育实践,这种认识是对教育人性化的误解;同时,教育人性化在教育实践中已几乎成了一个时髦的教育口号,抽象而虚玄,人性的实际内涵和具体内容有哪些? 怎样的教育才是合人性的? 教育人性化在教育实践中如何操作? 诸如此类的问题,教育理论工作者和实践工作者都甚为茫然。

对此,人性研究无疑具有重要的教育人学意义。具体有如下三方面意义。

第一,教育人学的人性论研究有助于将人性提升为教育学的核心概念之一,使人性成为教育的人的制约性的一个基本方面,成为"教育以人为本"的基础性内涵,改变教育学重社会轻个人、重人的灵魂轻人的身体、重人的素质轻人的本质属性的倾向,进一步张扬人性对教育学的本质性意义,改善教育学的理论分析框架。

第二,教育人学的人性论研究有助于揭示人性的具体内容和外在表现,从而为教育人性化的实践提供具体而可信的依据和策略,促进教育人性化从抽象笼统的口号转变成现实的教育行动。

第三,教育人学的人性论研究有助于研究人性、人性假设、人性化思想对教育观念、制度、课程和教学、管理、政策的制约等方面,以及教育人性化的具体内容、形式、特性,增长教育人性化的实践智慧,探索教育人性化的实践策略。因此,人性和人性化教育研究必须探索一个适合教育人学学科立场和价值取向的人性定义,确立人性对教育学的本质性意义,分解教育中人性的具体内容,探索教育人性化的实践智慧与路径。

二、人性论及其教育人学思想

人性论可以看作对人性的研究,或者对人性的设定、论证与结论。尽管人们对人性有不同的看法,但都认为人性是存在的。同时,在历史上,存在不同的人性论,它们直接或间接地影响了教育的人学观念和行动。① 下文主要概述六种人性论及其教育人学思想或意义。

第一,人性一元论和人性二元性及其教育人学思想。所谓人性一元论与二元论是指,在人类历史上,人们认为人最终由一种基本的"物质"构成

---

① 相关文献有:1. Abel, Donald C. (Ed). Theories of Human Nature: Classical and Contemporary Readings[M]. New York: McGraw-Hill, 1992.

2. Mitchell, John J. (Ed). Human Nature: Theories, Conjectures, Descriptions [M]. Metuchen, N.J.: Scarecrow Press, 1972.

3. Morris, Brian. Western Conceptions of the Individual[M]. New York: Berg, 1991.

4. Radhakrishnan, S., and Raju, P. T. (Eds.). The Concept of Man: A Study in Comparative Philosophy[M]. London: George Allen and Unwin, 1966.

5. Stevenson, Leslie. Seven Theories of Human Nature[M]. New York: Oxford University Press, 1987.

6. Trigg, Roger. Ideas of Human Nature: An Historical Introduction [M]. Oxford: Basil Blackwell, 1988.

（一元论）或两种截然不同的实体构成（二元论）。人性一元论可以分为唯物主义（也叫物质主义）、唯心主义和中立论三种。根据唯物主义一元论，人完全就是一个实体，即使心灵、灵魂或意识都只是身体或大脑的某部分或功能；唯心主义一元论认为人类以及宇宙中的一切都是非物质的，即使身体和整个物质世界都是幻象。中立一元论认为，人是精神和肉体两种实体在同一时间的基本表现。人性二元论认为，人是由两种完全不同的、不可通约的实体综合而成，这两种实体就是非物质的灵魂、大脑或意识和作为物质的身体。一些二元论者认为人类非物质的灵魂、大脑或意识排斥身体的存在，或者是身体的一部分。人性一元论和二元论的教育人学意义在于，它们秉持了不同的学习观。例如，唯物主义一元论者认为学习就是改变大脑的分子的活动，进而，周围发生的事件若对我们的大脑产生影响，那么我们未来的行为将会发生改变。人性二元论者通常把学习和知识区别开，认为知识是一个精神、灵魂或意识的活动过程。例如，柏拉图认为真正的知识是对已知事物的回忆；中世纪神学家奥古斯丁认为含有永恒真理的知识来自上帝对灵魂的启发。

第二，实现人之潜能的人性论及其教育人学思想。这种人性论假定人个体自身内部有许多潜力，或者人类整体经过历史的发展和文化的积淀，形成了无限的能力，人性就是把握和实现这些能力的过程。但在此过程中，人必须甄别和确定哪些潜力是好的，应该履行；哪些是坏的，不应该兑现。也就是，人性先天是善还是恶的问题。若相信人性本善，那么人们应该努力实现这种最深层的先天潜能。若认为我们的人性包含自私和暴力等倾向，那么人们必须学会克服或至少矫正这种反社会的冲动。人选择实现的潜能，无论是善的还是恶的，都最终将在人身上确立某种性格特征和表现方式。也就是说，为了成为一个善良的人，就需要培养良好的性格特征，如美德；为了成为一个坏人，则须具备坏的性格特征，如恶习。这种人性论的教育人学含义在于，教育就是发展人的某种潜能和培养某些性格特征的过程。

第三，有关"自我"的人性论及其教育人学思想。"自我"问题不仅是形而上学、心灵哲学的核心问题，而且是人性论的主题（详见本书第八章）。无论人是由一种或两种物质构成，似乎每个人都明显地经历着持续的变化，因此，是否有一个"自我"持续并贯穿所有这些改变，还是一种个人的幻觉？大多数哲学家认为自我是真实的。一元论者通常确定自我就是构成人的某种材料（物质的、非物质的或中性的一元论者认识的那样），或这些材料运行的过程。二元论者通常认为自由就是人性的非物质的部分，如灵魂或意识。也有哲学家或思想家反对自我存在，认为很难确定在变化的材料中哪样东西是不变的自我,或者在人的变化过程中,自我是如何把变化的材料统一起来的。因此,佛教中的佛陀(Siddhartha Gautama)认为自我只是各种力或能量的集合体;休谟(David Hume)认为,所谓的自我只是一个连续变化的感知的一束。在教育人学看来,若教育者认为有一个自我,并把他们的教学直接指向学生自我,那么教育者必须思考这个"自我"是什么,并反思"自我"的学习方式。若教育者否认自我的存在,那么教育者必须考虑教育对象是谁,给教育对象教授什么内容等。

第四,自由意志的人性论和决定论的人性论及其教育人学思想。叔本华就认为,人性是人的自由意志的表象。现实生活中,人们在日常经验中能够感受到自由意志的存在,似乎自己能够自由地选择自己想做的事情。但是,理性地反思之后,人们会发现,自己的决定会受到众多内部和外部的影响,有一些无法克服的决定性因素左右着我们,在某种给定的情况下,我们别无选择,有些类似古希腊"杀父弑母"的命运。因此,有些人会认为,我们永远不能自由地采取行动,每个人的行动在理论上都由现在的缘由决定。当然,人们对人性仍抱有乐观的态度,认为自由意志源自人的道德责任,道德上的自由及其产生的责任感永远高于人在自然认识论中的必然。他们认为,虽然决定论人性论者强调自然科学的必然或规律的决定性地位和影响,但是,决定论人性论者是否应该考虑到,如果人已知道在一个特定的情况下对人的所有影响,那么人岂不无法进行选择,采取其他行动。然而,决定论人性论仍然有自己的市场,根据对人的行为产生影响的归因分析,可以发现,心理决定论者强调内在驱动力或欲望的作用;环境决定论者强调外部事件和力量的影响;遗传决定论者关注遗传特性的意义。当然,也有一些哲学家试图调和二者。在教育人学的意义上,根据人的自由意志,教育者应当努力培养人的道德责任,重视人在行动中的自由选择机会和权利;基于决定论的教育观,教育将尽量遵从教育的规律、人发展的规律和认知的规律,在教育行动中,民主和宽容地对待学生的不良行为,把它看作急需治愈的病症。

第五,个人主义人性论和社会主义人性论及其教育人学思想。思想家们发现,人天生就是寻求个人利益最大化,追求社会至善的动物。不过,在现实生活中,二者很难和谐,甚而冲突。在冲突的情况下,人应该追求自己个人利益,还是服从社会利益?亚里士多德和中世纪神学家阿奎那认为,社会利益优先于个人利益,是至高无上的。但他们也并不完全否定个人利益,认为,虽然人天生就是群居动物,生活在社会中,和他人一起追求和实现共同目标,努力建立美好、正义的社会,但是,在某种程度上,这也是为了个人生活得更好。也有哲学家,如霍布斯和弗洛伊德,主张个人主义甚于"社会主义",认为社会是由个人聚集,但又不得不妥协的结果,人主要追求自己的个人利益,即使帮助别人,与他人合作,也主要因为这样能够更好地产生个人利益。不过,社会心理学家根据生物进化和基因编程,提出人类拥有与其他动物相似的基因编程,他们都有寻求自己个人利益和他者利益二者共存、共发展的基因。从教育人学的视角来看,教育既需要培养学生个体的善,又需要促进社会的善。在现实的教育活动中,这两个目标会冲突,因此,如果出现此类冲突,那么教育者必须决定哪个是主要的目标。此外要在教育中教会学生合作,与他人和谐相处,但教育者必须意识到,自己的教育行动是否建立在一个根本的社会本性之上,是否违背个人主义的人性。

第六,人类生命目的论人性论及其教育人学思想。人类生命是否有目的,若有,那它是什么? 这些也许是最基本的人性问题。东西方哲学和宗教有不同观点。印度教徒和佛教徒认为,生命的目的是摆脱痛苦,实现死亡与重生的轮回。奥古斯丁和存在主义哲学奠基人克尔凯郭尔(Soren Kierkegaard)认为,世俗生命的目的是让我们在来世永远与上帝在一起。也有哲学家认为,幸福是生命的目的,有不同的含义。例如,亚里士多德认为幸福是超越快乐和荣誉的理性活动,而弗洛伊德认为,幸福是出自欲望本能的快乐。当代思想家从进化生物学角度提出每个人都有一种生物性目的,包括人类有机体的生存和繁殖。萨特(Jean-Paul Sartre)和加缪(Albert Camus)等存在主义思想家相信生命是"荒谬的",没有客观的、外在的目的可言,人只是在特定生活情境中的选择性和创造性存在,从中体验到生命的主观意义。从教育人学的视角看,假如像英国社会学家、教育学家斯宾塞认为的那样,教育是为了未来美好生活作准备,那么,每个人的教育目的无需依照别人的看法来确定,生命最终目的是否成立,就依赖于每个人都可以确定自己的教育目的和生命目的。而且,更重要的是,一个教师的教学态度在于他认为人有客观的还是只有主观的生命目的。若认为人的生命目的无论在今生今世还是来世都是客观的,那么教师需要考虑在教学中将采取什么样的态度。

三、教育人性化实践①

在马克思主义人学看来,人创造历史,实践创造了人,进而,实践通过人自身、环境、社会、文化等因素影响教育的生活样态、制度形式等,同时,教育本身也是人类实践的重要成分,教育是否人性化也成为教育的内在的质的规定性,它们都统一于教育人性化实践之中,一起面对现代教育中的人性问

---

① 参阅:肖绍明.批判与实践:论教育人性化[M].北京:中国社会科学出版社,2016:16-29.

题或人性在教育中的困境,使之成为现实的理论问题。故此,教育人学的人性化教育不能被简单理解为一个口号,或者一种信念、理念,而是一种实践哲学。它需要合理的价值解释与历史的、现实的实践探索,从而丰富和发展"以人为本"的教育人性化目的。

（一）何谓教育人性化

所谓教育人性化,即教育将人性作为教育活动的基本依据之一,正视人性、尊重人性、引导人性、利用人性,尽可能激活和满足人性并不断培育和升华人性。从价值合理性角度看,教育人性化的内涵是"以人为本",目的是培养学生完整的人格,体现在师生关系、教学内容和教学环境的人性化等方面。从实践合理性来看,教育人性化意味着人性经由社会实践在政治、经济、教育等领域得以实现,并因其社会后果而接受社会伦理、道德规范的检验,并具体体现为教育目的、过程、制度等的人性化。

（二）教育人性化的理念

第一,教育人性化的目的是培养自由全面发展的"总体人"。教育是通过人与自然、社会和自身之间的矛盾的解决,在不断地否定自己并被自己否定的过程中创造和发现人性,既使人摆脱天然的和本能限制的力量,又通过有组织的自发性运动,构造出人的自然,因此,总体的人是走向自由并消除了异化的人,是自由集体中自由的个人,它在差别各异的各种可能的个性中充分发展个性,"在这种人道主义中,最高的权力机关不是社会,而是总体的人","人以一种全面的方式,就是说,作为一个总体的人,占有自己的全面的本质"。①　而且,教育培养的"总体人"不仅具有本体的意义,而且蕴含着"人是目的,不仅仅是手段"的最高价值和人的尊严,表明人的自由意志对由因果性统治的自然世界具有范导作用,由理性规定的自由意志高于由感性规定的动物意志,任何由因果决定的知识都服从于人的自由意志,而非相反。

第二,教育人性化的核心是尊重教育的价值性和人文性。教育人性化不仅探索人的欲望、需要、旨趣,以及潜能、话语、想象等人性要素的本然意义,而且考察它们在现代教育实践中是如何被塑造、构形、延展和伸张,怎样被扭曲和揭示,使现代教育的人性化实践不仅克服自我与他者、灵魂与身体的二元价值对立,而且在个体化抑或总体化的价值实践中建构起合理的价值。从"关怀你自己""认识你自己"以来,西方哲学家逐渐认识到人的规律无法从客观事实中演绎出来,它不受自然的因果必然性的控制,具有生命冲

---

① ［德］马克思.1844年经济学哲学手稿［M］.中共中央马克思恩格斯列宁斯大林著作编译局,译.北京:人民出版社,2000:199,85.

动、情感体验、想象创造等特性,因此,教育既具有客观的复杂性,如不确定性、不可预测性,也有主观的灵变性,如体验性、情感性、冲创性等;教育既寻求教育活动的一种弹性必然性或可能实现未来教育的几率,又探究大量偶然事件体现的必然性,符合并创造人的身心发展和认知实践的有利条件,发动和发展人的主观能动性,探究价值的合理性等。

第三,就教育人性化的方法论而言,教育人性化既是应然的使命,也是实然的实践过程,二者之间具有一定的张力,如果失去这种平衡,就将导致人性的扭曲。就现代教育而言,一方面,教育需要回归到人性的生命本源,去探究失落的人性,研究人文教育的失落、教育与生活的割裂、绝对主义的客观知识、极端的道德理想主义,以及各种病理性教育对生命意义的消解等非人性化问题;另一方面,教育需要从人性的道德规范入手,重构各种价值规范,倡导生命教育、公民教育、教育公平等人性化教育价值向度和标准;此外,最为重要的是,教育实践如何综合实然的教育现实与应然的教育追求,这一直是长期困扰教育理论的问题,无论是"和谐教育""终身教育""自由全面发展理论""全人教育",还是素质教育、生命教育、回归传统教育,教育都在现实的人性和理想的人性之间寻找着力点和平衡点。

第四,就教育人性化的内容而言,教育人性化不是抽象笼统的口号,而是现实的教育行动。教育人性化首先是教育目的的人性化,它要求教育目标的多元性,不压制学生多样的发展需要,而且合乎人性的教育目的的实现必须有合乎人性的教育过程,具体体现在师生关系、教育手段、课程结构、教育管理、教育评价等方面。进而,教育管理与制度也需要人性化。人性是行动者的人性,它经由社会实践过程在教育等领域中表现,其行动后果经受制度安排的内在规范的检验。考察社会制度安排的合法性与合理性获得过程及其人性依据,考察人性可能产生的恶性循环和良性循环,将有助于反思教育制度的合法性与合理性,有助于真正实现教育的人性化。

第四章　教育人学的主体论

主体教育是 20 世纪八九十年代以来中国教育理论界的热点话题。进入 21 世纪后,随着后现代哲学对主体的诘难,"主体的黄昏""主体的退隐""作者死了""人死了"等命题和理论影响教育理论界,主体教育的相关讨论逐渐减少。① 事实上,主体理论是教育人学的永久主题。尽管那种人类中心主义的主体、自我决定的"单向度"主体已经失去了理论价值和现实意义,但是,主体理论从诞生那天起,就在努力回答"人是谁""我是谁"等人的存在、身份、生成、交往等人学基本问题。② 而且,它是一个历史性主题,在人类社会遭遇现代性问题,实现人的现代化过程中,将如何实现理论更新,解释和解决人的现代性处境。我们拭目以待。

第一节　主体的嬗变及其教育人学意义

今天再论主体教育,显然是更理性、更全面、更深入地看待教育中的人与人、人与社会、人与自然的关系,注入生态和谐、身心协调、平等正义等新理念,避免见物不见人、见人不见物、重人轻物或重物轻人的极端观点。同时,谈论主体教育,必然反思我们谈论主体教育的话语方式和意义。也就是说,在"人学空场""人的危机"语境下谈论人的主体地位,主体具有相对于客体的急迫性和重要性;在今天人的危机、生态危机的语境下,主体只有在尊重客体、重视主客体和谐关系的情况下才有价值;针对那些高举"主体理

---

① "2008 年以来:反思与总结阶段。这一时期关于主体教育的研究呈现'文献增长放缓'的特点"。岳伟,许元元.改革开放 40 年我国主体教育研究的回顾与展望——基于知识图谱及文献可视化分析[J].教育研究与实验,2019(1):38-45.

② Robert B. Pippin. The Persistence of Subjectivity On the Kantian Aftermath[M].Cambridge:Cambridge University Press,2005:9.

论伟大旗帜”的虚假的主体理论,真正的主体理论应当正本清源,撇清自己与那种极权主义的、专制的、反人类的反主体行为之间的关系。按照福柯的说法,在人类社会,不需要“主体”,只需要“主体的解释学”。也就是说,在制度化教育的今天,主体教育不能空谈像“以人为本”“学生中心”等命题,应当深入到权力对人的观念、行动、话语的构建,甚而关涉微观权力在教育的空间、时间、欲望、需要、言语等所有要素中的不对称性弥散、繁殖与建构,注重现实生活、特定社会条件、主观能力等条件下的现实主体和多元主体。当然,在中国现代社会,人人皆知“儿童中心”的重要性,但在“应试教育”模式下,“教师中心”“教材中心”“课堂中心”等传统教育的“三中心”理念和模式仍然没有退隐,甚而大行其道。这种悖论确实需要宏观与微观权力的分析与解释,才能明白“主体教育”的建构机制。即便如此,主体理论作为教育人学的核心理念,恰如反主体教育的一面镜子,映照出中国现实教育偏离主体教育精神的尴尬,因此今天再论教育人学的主体理论,无疑具有重要的理论价值和现实意义。

一、作为“主体”之“存在”的建构

主体,英文为“subject”“agent”“principle body”等,这里主要用“subject”(拉丁语 subiectus)。① 一般而论,主体指有独立意识和独立经验的人,或者意指与外在于自身(又称“客体”)的另一个实体保持关系的实体。但从形而上学的角度看,主体的含义会复杂得多,例如主体在古希腊的最高形式就是“存在”(to be)。在哲学史上,在古希腊,人们追溯世界本源,从土、水、火、汽、原子,最后发现人的精神才是世界规定性的本原;只有用主观的方式来理解,才能确立人的主体地位;认识到一切都是为了我的,我是世界的本原。进而,柏拉图、亚里士多德提出,需要服从普遍的精神原则,进入普遍的真理的阶段,探究一种绝对的东西。亚里士多德的实体(substance)概念反映了主体的意蕴,认为实体是终极的实在,是自我运动的不动者。也就是说,实体不为外力所驱动,但能自我运动,有一种主体性具有的第一推动力。

基于此,黑格尔提出,思想即主体,思想实际上是“我”的思想对世界进

---

① 一般地讲,主体有多重含义:其一,是指与现象等概念相对应的“实体”,即事物的属性、状态和作用的承担者;其二,是与“次要的组成部分”相对应的“物质的主要组成部分”;其三,是逻辑意义上的主体,指逻辑判断中的主语、主词;其四,是指人,意指凡人皆为主体或发动、参与某种活动的人(agent)。本书主要从哲学的视角讨论主体概念,尤其从形而上学的体系来探讨。

行规定,所以世界的本质是主体,主体就是意识,意识来源于努斯(nous)①。它不仅是人的内在意识,而且是世界的意识,是世界的真实想法,而且主体作为实体是设定自身的运动,并且是发展为它的对立面并被更高的统一运动进一步连接的过程。也就是,主体通过对自身的反思达及自身,主体使自身成为它成为的东西。不过,为了理解主体,我们还需按照哲学传统,回到古希腊,尤其是回到前苏格拉底时期的巴门尼德,回到被海德格尔称作胜过欧洲任何一座图书馆的《巴门尼德著作残篇》,进而联系柏拉图的《巴门尼德篇》(又译《巴曼尼得斯篇》),探析主体理论的最初建构及其教育人学意义。

第一,存在与非存在分别代表真理之路与谬误之路,而存在正是人的形而上学存在。在西方哲学的语言传统背景下,巴门尼德提出,只有作为"存在"的"be"和句子的真假有关,思考"是什么"的判断正是对"存在"这一必然存在方式的揭示,因此思维和存在根本上是一致的(to be is to think)。只有在单纯的表象上附上断言的态度时,谈论真理和谬误才有意义。只有当我们能说出一物是什么时,我们才可以肯定它的存在,如果我们无法说出一物是什么,也就无法确定它的存在。换言之,巴门尼德的"存在"是在判断过程中与事物的"真"和"假"联系,在"真"和"假"的意义上论述以"存在"为标志的真理之路和以"非存在"为标志的谬误之路,"存在"是对对象本质真理的判定,"非存在"则相反。而人们的意见则是摇摆于这两者之间的第三条道路。理所当然的,人应当选择真理之路,远离意见之路。后者是通过感官获得的虚幻之见,是变化的、不可靠的、行不通的;前者掌握在正义手中,是不可动摇的。因此,人只有用理智(逻辑思维方法)来解决争执,把握事物间的联系,才能走上真理之路,把握真理。

第二,存在的特征是它的整体性、超越性,也就是形而上学性质,因此怪不得海德格尔说"形而上学是人的本性"。巴门尼德认为作为存在的人应该以整体的眼光,也就是代表理智的逻辑和语言看待这个世界。巴门尼德用"火焰中的光明"比喻真理,火的纯粹性、整体性与经受考验都是真理的品质。而且,"存在者"②是一个抽象的概念,是指思想、公理和精神,需要经过

---

① "努斯"(nous)在古希腊语中指"心灵"(mind),意指理性,特别是知识性理解的能力。它不同于经验性知识理解能力。在柏拉图哲学中,努斯是使一个人能领会理念形式的品质。亚里士多德区分了感性(主动理性)的努斯和更高级的努斯,后者指灵魂的永恒性,通过形式关涉感性的努斯,这一点非常重要。Simon Blacburn. Oxford Dictionary of Philosophy [Z], Oxford: Oxford University Press, 2016: 335.

② 巴门尼德所指的"存在者"指"being",不同于海德格尔所指的"存在者",而是海德格尔推崇的"存在"。

演绎推理得到。而"存在物"应该是经验的、生理的、心理的具体事物的集合,它是个别的、具体的,通过观察、归纳、推理得到的(见图4-1)。

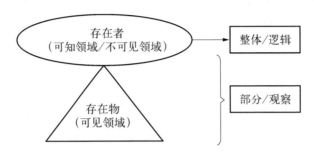

图4-1 存在物与存在者的区别

第三,巴门尼德提出存在物是共同体,"存在物存在"是研究真理的基础。巴门尼德提出的核心命题"思维和存在是同一的"表明,只有存在物是存在的,"存在物的存在是可能的,非存在物的存在是不可能的",所以我们要避开"非存在物存在"这条研究路径。接着巴门尼德指出"凡人被无判断力的群氓推动,群氓认为存在与非存在同一又不相同,一切事物都在相反的方向中行动"。这是第二条我们应该要避开的研究路径,也就是说我们在认识真理的时候要遵循矛盾律,不能被意见迷惑(见图4-2)。

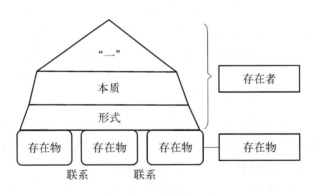

图4-2 存在物的建构

巴门尼德认为存在者不是产生出来的,而是完整、唯一、不动、无限的,也不会被消灭。它作为完整统一、联系的(连续的)东西,没有过去和将来,只有完整的现在。存在者是联系的、同一的,居留在自身之内,并且永远固定在一个地方,局限在正义的锁链之内。换言之,思想与思想的目标是同一的,所以凡是人们在他们的语言中加以固定的东西,都应该是空洞的声音。

此后,柏拉图在《巴门尼德篇》中通过少年苏格拉底之口,将"存在者",

也就是存在看作是整体的、无限的和单一的"相"或"理念","相"和个别事物的关系是普遍者和特殊者的关系。这无疑为主客二元对立奠定了基础。详言之，柏拉图在《巴门尼德篇》中把非存在分为相对的非存在和绝对的非存在，并且选择了前者，因为相对的"非存在"只是"异"，它和"同"一样是"存在"而不是绝对的"非存在"，因此相对的"非存在者"事实上表达了肯定的意思，是相对的"存在者"；后者和残篇中的"非存在"意义相同，它是孤立绝对的"存在者"，无法被思考和言说。柏拉图在《智者篇》中提出的"通种论"把"非存在"直接归属于"一的相"，认为"相"并非两两同一，但每一个都和其他联合，这些不同的、相互联结的不同范畴构成了实际世界，因此"非存在者"在"相"的关系中是异于"存在者"的不同的存在者，正如"非甲"并非不存在，它是异于"甲"的"非甲"，同时，它分有"甲"。因此，虽然柏拉图在《理想国》《智者篇》和《斐莱布篇》中非常强调既存在又不存在的现象世界和理念世界的辩证关系，但最终还是把"非存在"问题当作在"一即存在"的存在论视域内发生和解决的问题，而且是纯粹概念世界内部的理论问题，从而把"非存在"消解在"'一'的帝国"的理念里面。

二、作为"主体"之"存在"的解构

针对传统的"存在论"主体，以后的哲学家，包括笛卡儿[①]、康德、海德格尔、福柯、巴迪欧、齐泽克等，是如何解构的呢？

第一，"重回康德"，从主体的限度解构了无所不能的主体。研读康德原著，会发现，康德主体是指那个具有给出先验逻辑的主观能力，作为客体的对象是人先天的直观和先验逻辑的综合，而客观就是得到所有人同意的那个普遍的东西，也是自身意识的产物。物自身（something in itself）刺激我们，给了我们现象的杂多，在先验综合能力作用下形成客体。但仔细研究后，会发现，康德不是主客观二元论者，更多的是绝对唯心主义者。例如，他的直观概念是指主观给予的、无条件的、自明性的、先天的，也就是说，在一定条件下，直观的就是客观的。不过，康德的"物自身"又提醒我们，客体不是被动的主观构成物，物自体具有不可认识性，主观认识的边界不断扩大，似乎客体就越被认识清楚。但是，事实上并非如此，而是客体的边界也随之扩大，与前者成反比关系。它意味着，人完全占有物的关系，是不成立的。可惜的是，虽然许多马克思主义者在研读经典马克思主义著作时，认识到物

---

① 笛卡儿是现代西方哲学主体理论的开创者。本书第二章第三节对之有较为详细的论述。此处只批判笛卡儿主体论。

的客观独立性和主动性,但没有认识到物的这种特性对人的主观性的制约性。正如哈贝马斯后来提到的,西方哲学不仅提到了客观理性或工具理性,还提到一种理性,叫作"谦虚理性",就像康德提出"为信仰留地盘"一样,人的主观性应当为客观性或者主体为客体留地盘。其现实意义是,人可以为自然立法,但自然有神秘的、不可战胜的力量,因此人不能完全占有自然,需要和自然保持和谐。

同样,康德区分实践理性和理论理性,认为实践理性中的自律、绝对命令、自由是人这个主体的"拱顶石",但对如上帝存在、自由意志、灵魂不朽等这些不可认识,但有概念的东西,则需要借助先验理性,先验理性表明人有无限的完善性,但必须"给信仰留地盘",接受上帝存在、意志自由、灵魂不朽等先验法则的范导。也就是说,作为人的主体与先验理性范畴有界限,这也是作为主体的人的界限,人的道德的底线就在这里。上述两种界限,才是康德意义上的真理,也就是,划清物自体、知识、道德、先验法则的边界,遵守界限,方可成其为真。当康德的警告在耳边再次响起的时候,我们相信,诸多主体理论的过失,已昭然若揭了!

第二,海德格尔用现象学的"显现"及其隐喻"敞亮",解构了大写的主体。海德格尔非常看重巴门尼德的"火焰的光明"比喻和柏拉图的"太阳喻",认为存在者和存在物之间不是借助理性的逻辑方式达到的,而且"存在"不同于"存在者",而今,人们遗忘了"存在"本身。事实上,"存在"通过提问的方式,以"在-世-中"的结构被抛入到此,即"此在(dasin)",从而显现自身。这里的显现具有本体论意义,其意义就是"敞亮",也就是巴门尼德的"火焰的光明"比喻和柏拉图的"太阳喻"中的"光亮",从而消解了主客二元对立,诞生了具有生存论意义的"新主体"。

第三,巴迪欧用"非存在也是存在"命题析分出代表现象、表征的多,证明:多即主体;多的差异性就是主体性。巴迪欧重新解读巴门尼德和柏拉图的"非存在"论,发现他们都以否定式悬拟推理的方法推断"非存在不存在",排斥非存在的存在意义。但是,巴迪欧提出,如果巴门尼德和柏拉图的存在论把作为一与存在的互存性当作哲学的原始公理,那么其问题在于:假如存在是一,那么作为多的非一就不存在,这是不可接受的,因为多是在现象中被表现,也表现现象本身,假如现象存在,那么多必然存在;而且,一与多的矛盾意味着,在表现的所有现象之外不能发现存在的进路,不能把表现的现象当作一。进言之,在这个存在的非存在的链条中,不存在的一将和存在的非存在联系起来。但其问题在于,一方面,如果存在通过理念或一般形式思想到非存在,那么非存在的具体内容能否完全归属于抽象普遍的范畴,换言之,非存在通过思想与存在能否达成同一;另一方面,如果存在拥有表达非存在的名称,或者说非存在有将被表征的正当名称,那么非存在之物的名称是否就是"非一(non-being-one)的最小存在的一的纯粹名称",①换言之,非存在通过命名能够完全接近存在吗? 巴迪欧认为,这个悖论绝不是有关"一"的悖论,同时,如果说确实有一个非存在,而非存在的存在必须拥有一个决定性因素,那么这个决定因素绝不是代表思想形式和语言的"一",②我们仍需要回到"一不是存在"这个公理性决定中重新寻找歧异之点和出路。

巴迪欧据此分析,柏拉图"一不是存在"的假设,一方面是把一作为表象结果的问题,也是在任何结构之先的纯粹表象(appearance)的问题;另一方面是一个现象之现象、多之作为多的一个关于多的完整理论,也是矛盾的复多性(inconsistent multiplicity)的问题。这意味着,非一或其他事物必须在其差异性、多样性中被掌握,亦即"其他事物是他者"(the other is Other),其他事物必须回指纯粹差异,也就是作为相异的撒播之多,而不是简单重复的多样性。然而,他者(Other)无法填补一与非一之间的鸿沟,因为"一不是存在"中多的本质对多本身而言是内在的,也就是说,在一的存在缺席的情况下,任何自行表现的东西即刻完全变成无限的多,其结果是"一的多"本身解体了,只有无"一"的"多"。就此,巴迪欧去除了作为非一或个别事物的现象背后的那个本质,把非存在问题置于现象的多中去解决,表现出其本身具有的后现代理论特性。

三、主体嬗变的教育人学意义

基于特殊的历史背景,主体、主体教育、主体性教育等概念和理论极富中国特色,因为这些概念和理论离不开中国在"文革"结束之后经济改革、思想启蒙、政治解放的特有历史背景,具有强烈的马克思主义哲学的人学取向,是对马克思主义经典哲学反思而取得的理论成果,同时也是在欧洲大陆哲学,尤其是德国唯心主义哲学的传统背景下理解与诠释的。但是,主体教育面临"在英美哲学背景下将会如何"的拷问。例如,内格尔(Thomas Nagel)从客观与主观的相互依存性质疑作为第一人称的主体的优先性,认为我们把主体中人的感受特质夸大与僵化了。主体教育理论在欧洲大陆面

---

① Alain Badiou. Being and Event[M]. New York：Continuum, 2005：32.

② 在柏拉图《智者篇》提出的五个理念(存在、运动、静止、相同与差异)中,不包括"一"的理念,唯一的理由是"一不是存在"(One is not),因为"一"只能在任何理念的原则中寻找,在运作和参与非存在的过程中被掌握。

临着生存哲学、生命哲学和后现代理论的冲击,将如何面对这些挑战? 目前,主体教育理论主要运用哲学思辨的方法,但是,随着语言哲学、分析哲学、社会哲学、文化哲学等的不断更新和超越性发展,主体教育理论如何应对或兼容它们呢? 我们都知道,只有具有开放与自我更新的理论体系才具有生命力,否则,它不成其为主体教育理论。而且,主体教育理论自在中国诞生的那一天开始,在理论上就面临着一些疑难。例如,"subject"同时拥有"主体"与"臣属"(be subject to)之意,后者是我们不愿意看到的;在古希腊前苏格拉底时期、文艺复兴、后现代等不同阶段,"subject"主要指欲望主体;应当区分"主体"与"主体性"(subjectivity),后者主要指言说者或行动者把自己建构成一个主体的能力。在此历史背景下,这里主要从纯粹教育哲学的角度阐释作为主体的人的存在论及其教育人学意义。①

(一)人的存在与人的可教育性

人作为形而上学的存在,是用整体的、无限的形式进行逻辑思考和认识的,但在现实中,人统摄万物,改造自身,又是有限的。前者与后者的矛盾意味着,前者给教育提供了教育的形式和条件,意味着人有天赋的受教育能力;后者给教育提供了具体的内容,意味着人的教育就必须超越人的有限性。二者的矛盾意味着人的可教育性,意味着是可教育的人,需要一种理性的超越。

人的可教育性在教育对象身上体现为对教育的自然需要、兴趣、动力,甚至表现为教育"乌托邦"梦想,这些都是教育对象的可教育性的题中之义。首先,教育对象的可教育性是把人作为一种可以教育并需要教育的生物来理解。② 人的"生理性早产""非特定化"和"非连续性"等理论从人类学角度提出了人类需要教育的理论依据。尼采认为人是"不确定的"或"不定型的、其本质还处于发展中的动物"。夸美纽斯、康德都提出过类似的主张:"人是可教育的动物""教育使人成其为人"。③ 其次,与人的生理、心理素质相互补充、相互推动的是人性的文化因素,尤其是语言。"人是符号的动物",在人的各种能力中,人的符号表征的能力是最重要的,它不仅表征环

---

① 以下内容参考了拙作《批判与实践:论教育人性化》(中国社会科学出版社,2016)的研究成果。
② [德]博尔诺夫.教育人类学[M].李其龙,译.上海:华东师范大学出版社,1999:35.
③ "生理性早产"是指,"人类特有的直立行走与言语活动,要在出生一年才有可能,就是说,人的出生,一般是提早了大约一年的'生理性早产'。即令一岁的儿童跟动物作比较,似乎也不能说人优于动物。那么,不能独自营生的新生婴儿,为什么终究能够成为万物之灵呢? ——这里隐含着人的发展的独特性。"[日]筑波大学教育学研究会编.现代教育学基础[M].钟启泉,译.上海:上海教育出版社,1986,65-66.

境、继承与改造历史,而且建构起心灵、自我与社会。教育对象对符号具有本能性反应和渴望。例如,自身是盲人的教育家海伦·凯勒(Helen Keller)从对水的体验到学会"W-A-T-E-R"名称的狂喜显示出人借助语言认知自己和周围世界的巨大作用。[①] 教育也随着口语、文字到印刷术、多媒体的发展变化而相应地经历了非形式化教育、形式化教育、制度化教育的发展过程。[②] 从语言的存在论意义上讲,洪堡(Wilhelm Humboldt)认为"语言就是世界观",海德格尔说"语言是存在的家""不是人说话,是话说人",即语言是聆听天、地、神、人的道说,人只是栖息其间而已,[③]因此,语言不仅是人的合社会性的需要,而且是人存在本身的吁求,教育就生长在这种关系之中,任何忽视教育对象这方面的需要都不是真正意义上的教育。

(二) 儿童的生长与消极教育

尼采说"上帝死了",是因为在上帝之外的人身上,人发现了富有自我意识的生命与意志;福柯说"人死了",是因为"人"在语词意义中被"抹去",事实上,福柯从反面说明了在社会历史文化中语词构造和改写着"人的意义";现代性中价值理性危机警示教育对象是一个价值主体,是亚里士多德意义上的德性实践所建构的追寻美德者。在教育场域中出现的人不一定是教育对象,因为,应然的教育对象是教育场域所提供的机会、条件、方法、理念以及适合到场的人的能力与需求,即教育正义,所生成的。它的意义不是赋予的,而是在交互作用中生成的。这里我们为什么用人的"生长"与"生成",而不用"建构"或"构成",因为儿童作为一个意义实体,不是各种要素自然构成或机械拼凑的整体或产物,它具有潜力无限性、意义的不确定性和道德理想性,"一切都是生成的,没有永恒的事实,就像没有绝对的真理一样"。[④]

儿童的生长就是基于人性的能动性而进行的改组与改造,教育对象的生长的前提是按照教育对象的生理、心理发展规律进行教育,例如在"学习关键期"要按照教学的规律进行具体的教学等。而其基本含义包含两个方面,首先,教育对象本身具有生长的需求,教育就是对教育对象本身具有的人性的方方面面的看护、选择、创生与优化。这主要从教育对象的生理、心理发展与社会性、道德性要求出发,而不是来自外在的训练规训和机械的训

---

① ［德］卡西尔.人论[M].甘阳,译.上海：上海译文出版社,2003：53－56.
② 陈桂生.教育原理[M].上海：华东师范大学出版社,2000：79－80.
③ ［德］海德格尔.走向语言的途中[M].孙周兴,译.北京：商务印书馆,2005：146.
④ ［德］尼采.人性的,太人性的[M].杨恒达,译.北京：中国人民大学出版社,2005：17.

练。"应该是一个人的教育适应他这个人,而不是要去适应他本身以外的东西",①"他比任何人都更应该依靠他自身"。② 它也与自然主义的教育观有别,这就是它的第二层含义:教育对象是能动的人性生成的结果。教育对象不单单是一个个物理、生理实体,在教育场域中,它们是意识和欲望流动的生命体,是符号建构起来的动物,是德性实践的价值主体。

(三)人的可能性与教育自由

后现代对存在的解构,其结果导致人对自身可能性有了更充分的认识。人的可能性就是人具有的无限性、创造性和超越性,它是人生而固有的普遍本性,即作为共性的人性。人性何以能够超越经验层面的感知和观察,迈向无限的想象与可能的空间? 美国哈佛大学教授加德纳(Howard Gardner)的多元智力理论揭示出七项智能:语言智能、音乐智能、数理逻辑智能、空间智能、身体运动智能、人际交往智能、自我认识智能。事实上,这种命名与分类无法穷尽人类智力的能量与范围。自我意识、语言、思维以及人的社会化都是人性伸展的可能形式。仅以人的社会化为例,它的本义是两个人或两个以上的人合作的收益大于各个个体单独行动获得的结果,而且社会化形成的愿望、规范和价值一旦形成普遍的法则,内化为整个人类的规范、法则和价值,人的能力就实现了质的跨越。

某种程度上讲,教育是为了利用、实现和发展人的可能性而采取的行动,实现教育的自由。"在此我们必须分析人性,看它有什么潜能,于是制定实现他的教育目标。或是如同某些人说的,教育的目标,应该是实现个人所具有的一切潜能。"③教育是增进人的内在价值,以人本身为目的。"卢梭说得好,教育的对象不是将人培养成军人、官僚或神父,而是人,假如这种教育的结果,使人变成更好的工人或农民,那只不过是在向着人的目的,增进人的内在价值的一种副产品而已。"④教育并不排除先验自由观念,因为它对教育对象的生成有范导作用(不是命令与强制),就像信仰对人的精神引导意义一样,不可或缺,但不起决定性作用。英国教育哲学家彼得斯强调了教育中经验自由的实用价值,他在分析"自由教育"之后总结出教育的标准:"'教育'必须将有价值的东西传递给它的传承者;'教育'必须包含充满活力的知识、理解和认知洞察力;'教育'至少将学习者缺乏意愿和自愿的一些传统传递方法排除在外。"⑤

---

① [法]卢梭.爱弥儿[M].李平沤,译.北京:人民教育出版社,1985:3-4.

② 同上书:18.

③④ 瞿葆奎.教育学文集·教育目的[C].北京:人民教育出版社,1989:329.

⑤ [英]彼得斯.伦理学与教育[M].朱镜人,译.北京:商务印书馆,2019:41.

第二节 交互主体及其教育人学意义

主体性是人之为人的本质、作用与价值,因此,人必有主体性,只不过在现实的意义上,主体不是大写的、绝对的、自我决定的主体。现代西方哲学贯穿了主体理论,法兰克福学派和欧洲激进哲学在主体理论方面颇有建树,提供了主体理论重构的新思路。这种主体理论的纵深发展,在教育人学意义上,为全面地认识人本身,从义理、修辞与真理等不同角度理解和解放作为主体的人,有重要价值。

一、交互主体

传统西方哲学将理性与主体联系在一起,当理性的危机出现之时,也是主体的危机爆发之日。19 世纪以来,马克思、弗洛伊德、尼采等哲学家针对黑格尔同一哲学中主体的单一性、绝对性和自主性,从社会学、心理学等方面颠覆其主体哲学[①]。弗洛伊德的潜意识是对启蒙以来主体内涵的颠覆性批判,认为人知觉到的意识只是整个意识的冰山一角,潜意识决定了主体的不可知性及其巨大能量。福柯认为,主体是权力和规训的过程与效果,主体自我改变是有可能的,这个变化过程可以用源自古希腊词"ehtos"(精神气质)的"ethopoiein"(塑造品性或自我修养术)来描述。归结起来,"主体"是社会、心理、话语、政治等建构的过程和结果,而不是先决条件。

法兰克福学派第二代领军人物哈贝马斯并不认可上述看法,为此,和福柯、利奥塔(Jean-Francois Lyotard)、伽达默尔等哲学家进行了论战。哈贝马斯认为,主体危机的关键是,理性的能量远未消失殆尽,除了工具理性之外,还有未被人们重视的谦逊理性、交往理性等。相应地,除了以前被人经常提及的"单向度""占有型"主体,还应当有"交往主体"或"主体间性",前者强调人对自然的征服与自身自然欲望的满足;后者才是人类活动的本质(见表 4-1)。哈贝马斯批判马克思的劳动理论没有区分劳动和互动,完全注重劳动中人这个主体满足欲望的自然方面,因此,马克思的主体理论必然倚重生产工具,属于占有性主体,弃置以语言为标志的互动,忽略人与人之间作为交互主体应当具有的制度化、规范化作用。"'语言'作为文化传统包含在交往行为中,'语言'是'互动'的前提。而'劳动'作为工具性行为

① https://en.wikipedia.org/wiki/Subject_(philosophy).

是孤立的活动,由于它的目标指向自然,因此永远都是一种独白式的行为,不能进入交往状态"。①

表 4-1　两种主体的对比

	人类活动形式	人　性	中　介	关　系
"单向度"主体 或占有型主体	劳　动	自然欲望	生产工具	人与自然
交往主体	互　动	社会属性 与精神属性	语　言	人与人

事实上,哈贝马斯并没有片面强调交往主体,认为在得到承认的产品中,占有型主体和交互主体、劳动和互动、工具活动和交互行动相互联系,构成一个完整的人类活动。在此过程中,两种主体是必不可少、相得益彰的(见图4-3、图4-4)。此外,哈贝马斯交往主体的建构还展示不同的主体类型,及其代表的不同的行动类型、言语行动、语言功能、行为取向、基本立场、有效性要求及其关联的世界。哈贝马斯拒斥占有型主体,也批判客观主体、社会主体和主观主体各自独立发挥作用,而主张在理想语境下,三种主体相互协

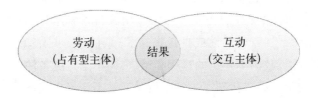

图 4-3　两种主体在产品中得到统一

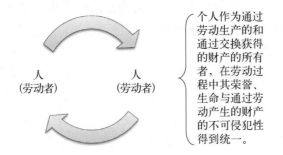

图 4-4　两种主体在伦理上的统一

---

① 曹卫东.交往理性与诗学话语[M].天津:天津社会科学出版社,2001:86.

商,建构话语民主制度,达成"共识"真理,形成交往主体(见表4-2)。因此,哈贝马斯的这种多元主体及交互主体的分析,无疑为主体理论的重构提供了重要思路,在哲学、社会理论、语言学等各个领域,以及教育人学领域,都具有里程碑意义。

表4-2　语言互动的纯粹类型①

形式语用学行为类型	典型的言语行为	语言功能	行为取向	基本立场	有效性要求	世界关联
策略行为(占有型主体)②	以言表意行为命令式	影响对方	以目的为取向	客观立场	现实性	客观世界
会话行为(客观的主体)	记述式	呈现事态	以沟通为取向	客观立场	真实性	客观世界
规范立场(社会的主体)	调节式	建立人际关系	以沟通为取向	规范立场	正确性	社会世界
戏剧行为(主观的主体)	表现式	自我表现	以沟通为取向	表现立场	真诚性	主观世界

当然,针对交互主体,学术界也存在一些理论上的争论。哲学家墨菲(Chantal Mouffe)认为交互主体是在理想语境中实现的理想主义主体,倘若在现实的社会批判中运用交互主体理论,很难遇到主观性主体、客观性主体和社会性主体能够实现共识的理想语境。若真正存在这样的理想语境,而这个理想语境就犹如光滑的地面,交往主体理论是很难在此地面上起飞,去解决现实问题的。法国哲学家、巴迪欧的同门师兄朗西埃批评哈贝马斯的共识,认为,民主是批判、瓦解现存社会秩序,发端于"异识"(dissensus)。当然,综合目前的各种文献,发现,综合了交互主体理论的优点和不足的哲学家正是墨菲、拉克劳(Ernesto Laclau)、拉康、齐泽克、巴迪欧、比斯塔(Gert Biesta)等人的现实主体、匮乏的主体、空的主体、弱的主体等主体理论。这些多元的主体的基础则是主体与主体之间完全的异质性,是主体相互之间的不可通约性,另一个主体对我而言乃是一个对象、一个他者,而这个对象、他者却拥有主体的自我意识所原初匮乏之物(对象a)。③

---

① ［德］哈贝马斯.交往行动理论(第一卷)[M].曹卫东,译.上海:上海人民出版社,2004:312.
② 表中加括号的四种主体类型,是笔者根据哈贝马斯的文本,以及本书阐释的需要添加。
③ 李西祥."我思"与"我在"的悖论式扭结:论齐泽克对主体辩证结构的阐释[J].哲学研究,2016(9):99-105.

二、交互主体性教育

宏观地看,交互主体与下文的多元主体都属于广义上的多元主体,都是人学领域的新进展、新成就。但从各自的根本特征来看,交互主体旨在寻求理想化、形式化的平等、正义规范,而多元主体强调当下现实的、实质的平等和正义。相应地,在实现"人的自由"和"人的解放"教育目的过程中,其教育性质、方法、话语也有不同。无疑,交互主体在哲学、社会学、教育学等领域产生了重要影响,其教育人学意义概述如下。①

第一,克服单主体模式下的"灌输式教育"。笛卡儿以来的意识主体,以及斯大林式马克思主义推崇的意识形态主体、工业化社会的单向度主体等都备受诟病,这些主体理论没有将工具理性、工具性语言支配下的"主体"从"客体"中解放出来,导致人们在现实的社会、教育生活中无法面对和解决多元的、复杂的现实政治、社会、教育和文化问题。交互主体理论回应了上述问题,并将以往的单主体教育称作非人性化的灌输教育,而真正使人成为主体的教育应当是对话教育(详见本书第七章第三节)。

第二,交互主体体现了教育民主。人是语言的动物,而且语言影响和塑造人本身,因此,语言在人的生存与发展,尤其是政治活动②中具有重要意义。某种程度上,教育栖息在语言的世界里,进行语言交往,沟通意识、文化、科学等内容,实现人的社会性、精神性发展。交互主体就诞生于语言的三种功能:表达主观世界的真诚、描述客观世界的真实、论证社会世界的正确,达成共识(consensus),就是真理。这整个过程就是话语民主的过程。较之杜威提出的行动民主,话语民主更加具体、深刻和完善。

第三,交互主体体现了交互正义。教育公平是教育哲学的核心,尤其是制度化教育中,正义是教育的首要伦理。较之罗尔斯和德沃金(Ronald M. Dworkin)的分配正义、诺奇克(Robert Nozick)的个体正义、阿马蒂亚·森(Amartya Sen)的平等的正义等,交互正义一方面借助语言,突出了正义的文化性格,适用于全球多元文化教育、教育艺术交流与传播等诸多领域,另

---

① 其他相关章节对交互主体教育或对话教育的人学意义已有较为详细的论述。这里只作简短的引申。

② 美国哲学家阿伦特认为,在亚里士多德对人的几种定义中,"人是政治动物"是对人的最好的定义,因为,政治是人使用语言,在交互行动而非行为中进行社会意识、文化和制度的建构,产生动物社会无法具有的功效,使人类社会走向更优秀、更文明、更发达的社会。此前,马克思也有相关论述,"政治解放当然是一大进步;尽管它不是一般人的解放的最后形式,但迄今为止的世界制度内,它是人的解放的最后形式。不言而喻,我们这里指的是现实的、实际的解放"。马克思恩格斯全集(第三卷)[M].北京:人民出版社,2002:174.

一方面交互正义主要是程序正义,强调教育制度的公平公正,宏观上,在制度的伦理和程序方面保证每个人的教育权利;微观上,保证课程教学、师生关系、学校管理等方面的公平公正。

第三节　"忠诚于事件本身"的主体教育

虽然主体教育问题在理论上是基础的、重大的教育哲学问题,其研究在历史上曾经异彩纷呈,但是,它必须将自身置于历史性事件过程中,面对来自当代自然科学、哲学社会科学的挑战,思考自己如何承继和创新,保持自身的理论活力。在"上帝死了""人死了"等主体危机的历史性事件中,主体教育理论需要吸纳巴迪欧事件哲学、列维纳斯他者伦理、比斯塔教育之弱理论、阿伦特(Hannah Arendt)行动理论等,重释"谁是教育的主体""主体在教育中何以可能"等教育哲学命题。

一、发现事件中"弱"的主体

一个无可回避的事实是,目前有关主体、主体教育的研究论著处于1970年代中国改革开放以来低缓发展阶段,与主体理论关涉的残酷现实形成反比关系。

(一)重识和发现"主体"

第一,就主体理论本身而言,继续面临挑战和危机。在现代西方哲学,福柯认为主体的消亡源自人本主义"仅仅把人理解为'什么'(what)——一种'物'——但是永远不把人理解为'谁'(who)"。[①] 拉康的精神分析对主体理论具有重要影响。拉康首先综合了弗洛伊德的精神分析和海德格尔生存主体论,提出"分裂的主体"。它由一种两难困境组成:当主体脱离实在的时候,主体就疏离了烦恼;当作为主体的他或她以符号或"父亲之名"进入语言、差异和需要领域,那么他就进入幻像(镜像阶段),脱离他者。亦即,主体被割裂为自我和一个被符号化的社会意象,因此自我建构的结果只是一个幻象。阿尔都塞(Louis Althusser)、布尔迪厄(Pierre Bourdieu)等思想家把主体转化为社会结构。阿尔都塞认为,"主体"是一种意识形态结构,是由"意识形态国家机器"建构的结果;一个人的主体性的存在和

---

① [荷]比斯塔.超越人本主义教育:与他者共存[M].杨超,冯娜,译.北京:北京师范大学出版社,2020:36.

发现总是通过政府或议会的质询实现的;意识形态把人创生为主体,每个意识形态都试图维持和美化它的理想化主体。在当今的欧洲激进哲学,斯洛文尼亚哲学家齐泽克是一位旗帜性人物。他深受拉康、阿尔都塞等哲学家的影响,把笛卡儿的主体和黑格尔的主体"拉康化",强调主体的否定性之"割裂",认为"主体"不仅是一种否定,并且是对这种否定的预设与对这种预设的担当,是生成于实在界与象征界间隔之上的"消隐的中介",而且主体是现实的个体或共同体得以形塑自身的前提,因此在形式上其位置必为空(nothingness)。①

第二,从事件哲学重新发现主体是否可能。巴迪欧总结历史上各种主体理论,创新柏拉图以来的主体形而上学传统,认为,倘若主体概念终结,那么必然需要一个核心范畴,即存在,但是,因为存在的历史规定性至今仍有更大的决定作用,所以"主体的终结"只能是一种妄断。巴迪欧并没有像后现代哲学家、欧洲激进哲学家们那样,把主体视作"幽灵",他既看到主体的断裂、内在差异,也看到主体之于人的正面价值;既在事件(非事实)中看到主体表现出来的差异、否定、裂缝等现象,也看到主体与空、事件、真理等概念形成谱系,在一种"强力"支持下进行变化、否定、缝合的真理规程。

(二) 主体教育之"弱"

正确认识主体教育危机,首先需要摒除偏见,不轻易下判断或盲目摒弃,回到教育的本质——"诞生性"(natality),即"人出生在这个世界上的事实",②在理论建构和现实关切中面对主体教育之"弱"。

第一,就主体教育理论而言,在国内,主体教育研究经历过 20 世纪八九十年代的研究热潮之后,逐渐回归理性,发现主体教育不再是传统形而上学的实体性主体;即使建立在交往理性基础上的交互主体或主体间性,必须面对诸多挑战,如具有断裂、差异、重构能力的"虚无主体"或"他者"。这种"主体性-主体间性-他者性""主体间性-他者性-公共性"③关系既有后现代主义理论的特色,又通过过程性真理,以及不可决定性、不可辨识性等现象及其表征的缝合,拒斥了后现代主义的怀抱;它似乎回归柏拉图主义,又不

---

① [法]哈兹米格·科西彦.朗西埃、巴迪欧、齐泽克论政治主体的形塑:图绘当今激进左翼政治哲学的主体规划[J].孙海洋,译.国外理论动态,2016(3):1-15.

② [美]阿伦特.在过去与未来之间[M].王寅丽,张立立,译.南京:译林出版社,2011:164.

③ 相关文献有:冯建军.从主体间性、他者性到公共性——兼论教育中的主体间关系[J].南京社会科学,2016(9):123-130;李育球.主体性教育的三重性:主体性·主体间性·他者性——后形而上学主体性教育的探索[J].教育理论与实践,2010(2):3-4.

具有传统柏拉图主义的特性。进言之，如果把当今的主体教育理论归为某一主体理论流派，必将徒劳；即使给它贴上批判教育理论的标签，也会在其教育政治哲学的真理模式中发现规范民主、自由和平等等自由主义教育哲学概念，从而嗅到自由主义的味道。因此，在人类社会遭遇现代性和人的现代化之矛盾时，为了人的解放与自由而进行的主体教育理论批判与实践探索，一方面必须重视"他者性"给主体带来的挑战和可能，把主体置于"弱"的地位和立场；另一方面，正如老子所言"反者道之动，弱者道之用"，正是从主体之"弱"，回到主体危机或问题的各种矛盾关系本身，让其充分地显现，表现其特性、个性和生命力。

第二，在现实中，主体教育的危机表现出多元性和复杂性。那种人类中心主义的主体、工具理性主导的"单向度"的"强"主体通过客体化、占有性存在等方式吞食主体教育，表现为对生活世界的"殖民"、人文主义的工具化和本质化等；教育乌托邦思想为了建立新秩序，树立"新人""新主体"，把主体教育，尤其是儿童，置于政治化、成人化、公共性和传统权威的灌输中，"只考虑儿童群体而不考虑儿童个体"，"在尊重儿童独立性的借口下，儿童被排斥在成人世界之外，人为地被封闭在自己的世界内"，"来自公共领域的无情光芒淹没了他们私生活的方方面面，以至于孩子们失去一个安全的成长环境"，"现实世界的教育问题在于这个事实：教育本质上不能放弃权威和传统，但它又必须存在于一个既非权威所建构，又无传统可维系的世界里"；[1]消极的(reactive)主体教育试图通过教育改革、革命，进行主体教育更新，但是，这种主体教育并不是教育革新的出发点和动力，而是教育革新的备用物或产物，并不在"过去与未来之间的裂隙"思考和行动，"否认这个实际的身体可以成为革命法则的无意识的材料"；[2]现代蒙蔽(obscure)的主体教育不再是康德批判的、不具有理性自主的"不成熟主体"，而是现象学意义上遮蔽完整身体和永恒显现的当下，召唤出一种非时间性的迷信，追求"超越的主体性""历史的一般主体"。

第三，正确认识主体教育之"弱"，才能明晰主体教育怎样来到这个世界。针对这些危机，阿伦特提出，人之主体的"诞生性"意味着"所有人都要通过出生来到这个世上以及这个世界通过诞生而持续更新"，"教育的要义在于，我们要决定我们对世界的爱是否足以让我们为世界承担责任"。[3] 也

---

① [美]阿伦特.在过去与未来之间[M].王寅丽,张立立,译.南京：译林出版社,2011：170,
172,174,181.

② Alain Badiou. Logics of Worlds: Being and Event, Ⅱ[M]. New York: Continuum, 2009: 66.

③ [美]阿伦特.在过去与未来之间[M].王寅丽,张立立,译.南京：译林出版社,2011：182.

就是说,需要从"何为主体的问题过渡到作为特殊存在的主体在何处入场的问题";①主体教育不仅从诞生那天起,就在努力回答"人是谁""我是谁"等人的存在、身份、生成、交往等基本问题,而且,"存在先于本质",无需追寻人之主体的真理,而是置身于生存处境中的不可能性中,"以弱的、开放的和有风险的方式"②不断自识、反思和行动,形塑人的主体自身。

二、"面对事件本身"的主体教育

"存在先于本质"表明,主体教育理论不仅重视人的存在,并且发现,人的存在先于并外在于"本质",存在就是出离于本质的事件,因此,"主体性或主体特征不再是某物的特征,而是一个事件;能够不时发生的事件,能够浮现的事件,而不是一直在那里的事物,不是我们可以拥有、占有和确保的事物"。③

(一)"朝向事件本身"的主体教育

如果模仿杜威的语气说,主体、主体教育不是名词,并不表示一种结果和状态,而是动词和副词,表示生长和生成,那么,主体性、主体性教育就是让人在获取知识技能和文化修养,以及适应现存社会秩序过程中直面"要来临的某物,要发生的某物",即他者与事件,以及在行动中产生的"惊喜、曝光,以及未知";④并且,正因为他们的存在,"呼唤正义成为一个问题。第三者在面对面关系中质疑我,它让我意识到,如果我不去考虑他者的他者,这个伦理中会存在非正义的危险"。⑤

那么,何谓"他者的他者",即这个绝对的、无法客体化的他者?拉康认为欲望是否定性地或者说消极地将自身注册登记在言谈中的,换言之,言谈与欲望、社会表层与欲望之间的关系是否定性的,所以只有纯粹欲望才是产生超越性的"地点"和"缺口",而不是在社会关系网络之内的反叛。在拉康那里,主体是划杠的,是被还原为一个被迫选择的空洞姿态。巴迪欧赞成存在应当是空,认为,空是因为代表差异关系的多不能完全归结为一而产生的,是"一/多辩证法的减除";⑥当作为存在的存在成为表象

①　[荷]比斯塔.超越人本主义教育:与他者共存[M].杨超,冯娜,译.北京:北京师范大学出版社,2020:43.
②　[荷]比斯塔.教育的美丽风险[M].赵康,译.北京:北京师范大学出版社,2018:63.
③　同上书:35.
④　汪民安,郭晓彦.事件哲学[C].南京:江苏人民出版社,2017:60,62.
⑤　同上书:63.
⑥　Alain Badiou. Being and Event[M]. New York:Continuum, 2005:58.

(不是现象)或状态①(不是情势)时,它容纳不可想象的非连贯的多,它用任何难以想象的条件来支持复多性,因此,通过对非连贯的多,也就是他者的思考,空作为唯一的、可构想的表象得以显示出来。

按照巴迪欧的存在论,如果回到育人的事件性活动中,人的主体不决定于"是其所是"的抽象实体,②而是处理现实的教育关系中显现(appearance)和再现之间的裂隙,那个在空边沿的事件,而成为主体本身。教育一方面显现为教育目的、教育内容、教育方法、教育过程、教育评价等方面的意识、话语、权力关系,或者经济、政治、文化关系;另一方面,这些现实的教育关系在不同划分标准下显现出远远超过教育构成要素总量的"溢出"状态,而且,教育者、教育资料、教育场所、教育制度等实体要素既与现实中的教育关系之间出现裂隙,又总是存在某个或某些教育要素,即赘余项,无法纳入新的教育关系,如新冠肺炎病毒、互联网和人工智能未开发到的、不可预测的、不确定的教育革命要素。因此,主体教育在绝对的差异、对立、裂缝、缝隙和矛盾等多元矛盾关系中表现为教育事件,它没有永恒的对立,而是"对立的永恒",是在多元矛盾关系的介入、命名或规定,授予其秩序和规则过程中始终无法企及、无法完成的可能性存在。

(二)"回到事件本身"的主体教育

何谓事件? 齐泽克解释说:事件会在非存在或者说一个完全不同的维度中,以一种完全偶然、不可预测的方式发生,而且也在存在的知识之外;更准确地讲,事件产生于空,也就是每个情境的虚无、归于其内在的不连贯和过剩之中;事件是情境的真理,它使各种情境压制的内容清楚或明朗起来。③ 巴迪欧自己讲,事件是由于显现(presentation)和再现(representation)、情势(situation)和状态(state)的绝对差异或缝隙,出现"事件场"(event site),亦即:自身显现但其要素不显现,自身属于但并不被包含,自身是一个要素但绝非其部分,完全处于非-正常状态,也被称作处于空边沿的一个多。④

基于事件哲学,主体教育是"可能生活"的事件性存在和真理。教育促

---

① 状态(state)与情势(situation)相对,"是计数的计数,或元结构,出于拒斥虚空显现的需要,状态才有出现的必然性。而且状态保证和完成情势的多样性"。Alain Badiou. Being and Event[M]. New York:Continuum,2005:522.

② 福柯说:"我相信不存在独立自主、无处不在的普遍形式的主体。我对那样一种主体观持怀疑甚至敌对的态度。正相反,我认为主体是在被奴役和支配中建立起来的。"[法]福柯.权利的眼睛[M].严锋,译.上海:上海人民出版社,1997:19.

③ [斯洛文尼亚]斯拉沃热·齐泽克.敏感的主体—政治本体论的缺席中心[M].应奇,等译.南京:江苏人民出版社,2005:148.

④ Alain Badiou. Being and Event[M]. New York:Continuum,2005:507.

成人的主体化,其过程是基于人之不可能性的可能性存在,或者说代替本质的空的存在,创制人的、不可替代的独一性(uniqueness),"它不是把'新来者'嵌入既存秩序,而是暗含独立于秩序之外的存在方式,暗含个体不单纯作为包罗万象秩序中'标本'的存在方式"。① 与传统形而上学基础上的主体教育和主体间性理论影响下的对话教育不同,主体教育不可能在理想语境下,根据真诚性、真实性和正确性三个理想标准,实现主观世界、客观世界和社会世界的话语民主程序,形成共识真理,而是打破工具理性、价值理性、交往理性对人性的单一化、固化、绝对化和理想化的设定,让"新来者""入场"到多元、异质的生活世界,在积极主动的行动和"可能生活"中"开始""冒险""承担后果""创造目标",进行可能性教育,也就是"诸多新可能性的可能性"②的教育。简言之,"主体化作为一个从不间断、从不停止的过程,同时也是一个得与失的过程。如果对已带到这个世界的东西不愿冒失去的风险,我们就永远不会得到自由和主体性"。③

(三)"对事件本身的忠诚"的主体教育

在事件哲学看来,主体是对于一个不确定性事件的忠诚或对事件的发生和结果的肯定,或者说,"我将称主体为事件(因此介入)和忠诚的规程(因此联系的操作者)之间联络的进程"。④ 一个主体是现实地发生或被揭示的,它是需求的有限系列和真理的有限部分的实现;而且,主体作为真理的限定状况,能认识到不可辨识性,强制作出决定,剥除不平等,拯救特殊。⑤ 主体不是必须解构的幻想或观念,而是实实在在的一系列可能性决定的结果。巴迪欧认为,存在着主体打开形式的"世界",存在着留下踪迹的事件和由事件导致的肉身,因此,"主体"决定一个形式和运算的体系,包括事件(世界的裂缝)、(事件的)踪迹、肉身(在事件踪迹的境况下存在)等,对这个体系的物质上的支撑就是身体,而这个身体承担的形式主义,也就是这个集合的生产要么是忠诚主体的一个真理,要么是反动主体对真理的否定,要么是蒙蔽主体对真理的遮蔽。⑥ 换言之,主体的形象与命运(destination)

① [荷]比斯塔.测量时代的好教育:伦理、政治和民主的维度[M].张立平,韩亚菲,译.北京:北京师范大学出版社,2019:21.
② Kent Den Heyer. Introduction to Special Issue:Alain Badiou:"Becoming subject" to Education [J]. Educational Philosophy and Theory,2010(2):1-7.
③ [荷]比斯塔.测量时代的好教育:伦理、政治和民主的维度[M].张立平,韩亚菲,译.北京:北京师范大学出版社,2019:79-80.
④ Alain Badiou. Being and Event[M]. New York:Continuum,2005:239.
⑤ 同上书:523.
⑥ Alain Badiou. Logics of Worlds:Being and Event,II[M]. New York:Continuum,2009:67.

是复合进行的过程,其中,忠诚组织了当下生产,并产生复苏(resurrection)。后者指真理中的表象在另一种逻辑中重新激活了主体,它预设了一个新世界,诞生新事件、新痕迹、新身体的情境,也就是一个新的真理程序,从而使那些被遮蔽的部分摆脱出来,明确自身的位置。综上所述,主体离不开两个概念:世界和事件。后者打破了前者显现的逻辑,但主体却主要是调整它们的关系,也就是世界的现象性留存和事件性重组、肉身与事件的轨迹之间的关系,因此"主体是肉身的静态和其动态、构成和效果之间的形式的综合"。①

　　在事件哲学看来,主体教育是对"事件本身"的忠诚。所谓忠诚(faithful),指主体对"痕迹"、事件的忠诚,"将那些因偶然变得合法的东西聚集起来,并加以区分","是一种情感关系,它在个人经历中最富情感的点上指向了存在与事件的辩证法,这种临时性秩序是由忠诚所支撑的"。② 忠诚意味着主体教育诞生于与事件的单纯相遇和机会,"机会,让所有真理得以组成,此机会就是主体的材料"。③ 具体地讲,首先,忠诚总是特殊的,是一种相关于事件的函数关系,所以,忠诚于事件的主体和知识并不一致,没有完全确定的教育规律可循;各种教育的主体"不是一个空白点","从类性的角度来看,主体是从语言的每个百科全书知识的决定中减除而来,而且类性规程得以解决的内在不可辨识性排除任何主体的实体性"。④ 其次,忠诚是一个因相遇而产生的接近空的命名的一种运算或结构,因为,主体教育的忠诚完全从属于某种机缘,它不能被唯物主义简化为高级动物,也不能被社会学简化为集体性组织模式下社会性个体分子,它不是给定的、独立存在于现实教育关系的物质性综合,其作用可能或不可能显现出来,不代表人的简单存在状况;可能的主体教育只有在超越实体关系的、具有不确定性的驱力支配下才能生成真正的主体。最后,忠诚总是某种制度性的东西,是在教育行动领域的运作,因为,教育的主体"不能用人的特性加以定义,而应将之理解为一种人际互动的特性","从根本上将主体性置于行动之中——不在之前,不在之后。自由在他者将其开端带入世界的机会畅通无阻,并以此接受我们开端的条件,我们才成为主体"。⑤

---

① Alain Badiou. Logics of Worlds：Being and Event, II[M]. New York：Continuum, 2009：79.
② [法]巴迪欧.存在与事件[M].蓝江,译.南京：南京大学出版社,2018：289.
③ 同上书：486.
④ Alain Badiou. Being and Event[M]. New York：Continuum, 2005：391.
⑤ [荷]比斯塔.超越人本主义教育：与他者共存[M].杨超,冯娜,译.北京：北京师范大学出版社,2020：133.

第五章　教育人学的心身论

　　教育人学是有关人的哲学,必然关注人的心灵和身体,也就是人的身心发展。生理学、心理学、医学、体育学等学科的充分发展,为教育人学的身心理论研究创造了条件。这里,基于现代西方哲学的心灵哲学、现象学、后现代理论、现代西方马克思主义等研究领域的最新成果,聚焦教育人学中的心身问题,探析教育的心灵世界和身体世界及其相互关系。

第一节　教育人学的心身问题

　　心身问题不仅是哲学的根本问题,而且是教育人学无论如何都绕不过的基本问题,甚至可以说,心身问题最能反映教育人学的"人的哲学"立场。教育人学从关心外部事物、人间事务到关注人的内心,关注自我的、个体的精神,不仅代替了上帝这个公共的、群体的偶像在人心里的中心地位,而且产生了真正的启蒙教育,人成为真正的主体。同时,人的心灵也从与身体的对立、心灵的独尊,逐渐转变到心身的整体性和同一性。这种转变不是用"身体的转向"颠覆以往的心灵中心地位那么简单,而是在意识哲学、社会理论等方面通过"解构""去中心化"等,既强调了各自不可取代的独特性,也强调了心身理论的多中心性、多元决定性。

一、教育之心灵哲学的转向

　　教育与心灵具有天然的、必然的联系。人们常说,教育是"心灵的陶冶",是"直达心灵"的教育。就教育与灵魂的关系而论,德国哲学家雅斯贝尔斯(Karl Theodor Jaspers)在《什么是教育》中讲,教育是"一个灵魂唤醒另一个灵魂","是人的灵魂的教育,而不是理智知识和认识的堆积"。在日常的教育生活中,处处耳闻"灵魂的教育,教育的灵魂""教师是灵魂的工程师""进行有灵魂的教育"等话语。

（一）"心灵""灵魂"与"精神"

何谓"心灵"？一般而论，"心灵"在汉语中可分解为"心"与"灵"，分别对应"精神"和"灵魂"，与"物质"和"肉体"相对立。但在汉语使用中，三者经常混用或界限模糊。例如，在亚里士多德的《灵魂论及其他》中，亚里士多德的"灵魂"是指与现实相对的、非物质的东西，植物、动物和人都有灵魂，甚而人有五种不同的灵魂，各种灵魂之间具有连续性。事实上，中文翻译值得商榷，这里亚里士多德的"灵魂"应当是"spirit"。在英语中，"心灵"主要译为"mind"，而不是"spirit""soul"等。"mind"专指与物质、肉身相对的、人的纯意识，在"mind philosophy"（心灵哲学）中，逐渐超越唯物主义、功能主义等观念的传统看法，将心灵与人的意识联系起来，研究人的各种意识及其与物质、世界的关系。而"soul"在现代西方哲学中因为其神话、宗教含义而逐渐较少被使用，但其含义肯定比"mind"广泛，主要指包含在内心生活中的所有事物，包括含有思想、推理、信仰等形式的心灵，含有情绪、感觉和欲望的情感，含有行动、意向和决断的意志，以及自我意识等。① "spirit"的拉丁语为"spiritus"，其拉丁文意义为"呼吸、生命、灵魂、心灵"。哲学性地简短明了地理解，"spirit"就是使其富有生气、有生命活力的意思，指使其富有生气的原则或非物质性根源。② 在欧洲大陆哲学中的意识哲学，尤其是胡塞尔的现象学，主要使用"conciousness"一词，而在英美心灵哲学中常常使用"mind"一词，认为心灵哲学中的"mind"包括"conciousness""intentionality""language"等三部分。③ 本书主要从意识哲学出发，使用"conciousness"一词表示教育人学的"心灵"。

（二）心灵的层次

第一，纯粹意识是心灵的本体论。中外思想史上，"认识你自己""以灵魂来认识灵魂""知人者智，自知者明""致良知"等经典命题都言及人类的心灵发展史，但在形而上学意义上确立起来，并成为人类认识基础的命题还是"我思故我在"。④ "思"还是一种内在的、纯粹的、没有内容和对象的思考活动，若是有了内容，那便是可以怀疑的了。简言之，笛卡儿的心灵概念使哲学研究转向人自身的纯粹意识，这个纯粹意识的研究成为人类知识论大

---

① Roger Scruton. Mondern Philosophy：A Introduction and Survey[M]. London：Pimlico,2004：209.

② Simon Blackburn. The Oxford Dictionary of Philosophy[Z]. Oxford：Oxford University Press, 2016：456.

③ 参阅：P.M.S. Hacker. The Intellectual Powers：A Study of Human Nature[M]. Oxford：Wiley-Blackwell, 2013.

④ "我思故我在"命题和意识哲学发展的相关论述,见本书第二章第二节,不再赘述。

厦和教育哲学的始基。①

第二,意向性是意识的重要特征。纯意识具有向着某物的指向性,也就是意向性。按照美国心灵哲学家塞尔(John Searle)的观点,信念、愿望、假设、害怕、希望、歉意、高兴、行为意图等,以不同的方式通过不同类型的意向状态与世界相联系。比如,信念、假设的责任与世界相一致,因此,信念假设的真假取决于世界的实际是否如信念假设所表示,即心灵向世界指向;希望愿望是让世界担负起满足希望愿望的责任,因而是世界符合希望愿望的内容,即世界向心灵指向。

第三,语言意向性是实在与语言之间的关系。关于意向性活动的每一个语言陈述都表达了对于一个特定命题的态度,如怀疑(某个命题)、希望(某个命题)、反省(某个命题)、假定(某个命题)等。它们的存在使我们的行为有意义。命题态度通过语言的结构表达出来。例如,"老王认为天要下雨"表达了老王和老王相信的东西之间的关系。命题态度必须解释命题态度的动词和说话的动词之间的平行性,即必须解释各种各样的言语行为和各式各样的命题态度之间的对应性。事实上,命题态度就是对于有语言学结构的内部表象或思维语言的态度,它应该与对于心理状态的经验说明相一致。②

第四,语言意向性和思想意向性的关系。针对有关意向状态和言语行动之间的关系,塞尔提出,一方面,意向状态理论可以用"S(r)"表示,这里"S"表示这种心理模式,而"r"用来表示表征内容或意向内容,"表征内容"或"意向内容"既包括语言上实现的意向状态(即命题内容表达的部分),又包括那些未通过语言方式实现的状态,因此所有意向状态都至少具有某种表征内容,不论其是不是一个完整的命题;另一方面,在意向状态中存在不同的适应指向(direction of fit),例如断定式的类具有语词向世界(word-to-world)的适应指向,而承诺式的类和指令式的类具有世界向语词(world-to-word)的适应指向。此外,在做出每一种带有命题内容的以言行事的行动时,我们都表达一种带有那种命题内容的特定的意向状态,而这种意向状态是那种类型的言语行动的真诚条件(sincerity condition)。也就是说,在意向性中,我的信念将被满足,当且仅当事物恰如我所相信它们所是的样子;我的愿望将

---

① 笛卡儿的"心灵"指实体、非物质的、与自我或人格同一、区别于人的身体、人的一部分、精神(心理学的)述谓的主体、官能、与身体的双向因果关系(two-way causal interaction)、受大脑意识限定的、以思维为本质、对主体来说是自明的、心灵内容是私有的、不可怀疑的等。P. M. S. Hacker. Human Nature:The Categorial framework [M]. Oxford:Wiley-Blackwell,2007:241.

② [美] J.福多.内容理论//高新民,储昭华,编译.心灵哲学[C].北京:商务印书馆,2002:742-790;贵益民.当代心灵哲学中的核心课题[J].世界哲学,2006(5):3-15.

被满足,当且仅当被满足;我的意向将被满足,当且仅当它们得到实施。

二、教育之身体哲学的回归

"身体"一词的英文为 body,它既与心灵相对,又与心灵紧密结合,融为一体,甚而身体就是灵魂本身。它显然不同于生物学意义上的"human body",包括"flesh""corp"等。这里主要从哲学、社会学、伦理学等方面理解。例如,德国哲学家胡塞尔认为,"身体"的构造意味着他人或他我构造,是在陌生感知中进行的构造;body 不同于 corp、flesh(躯体、肉身),后者在胡塞尔现象学中与空间事物等同,指具有广延性的、人的物理组成部分。因此,胡塞尔认为,在对他人的感知中,当一个陌生躯体与一个陌生意识联结,从而构成一个陌生主体的心灵与肉体的统一时,他人的身体便得以立义,被构造出来,不过它仍属于事物感知的范围。

(一) 身体的沦陷

历史上,曾出现不同的身体形态。从古希腊到启蒙哲学时期,总体上是一个"身体沦陷"的过程。斯多葛学派、埃利亚学派等认为身体与灵魂相对,具有物质性,是灵魂的寓身之所;相应地,灵魂是非物质的,寓于物质的一个精神实在。伊壁鸠鲁学派肯定身体的感性功能,认为身体就是享乐,提倡肉身的快乐等。柏拉图的"形而上学身体"观主张,身体与灵魂对立,身体是有死的,而灵魂是不朽的,因为它能领悟和分享真善美,是永恒的。人能够认识神,因为人在神那里拥有某种与永恒和不死相似的东西。因此,柏拉图在谈论灵魂的《斐多篇》时讲:"哲学家并不关心他的身体,而是尽可能把注意力从他的身体引开,指向他的灵魂。"[1]"当灵魂能够摆脱一切烦扰,比如听觉、视觉、痛苦、各种快乐,亦即漠视身体,尽可能独立,在探讨实在的时候,避免一切与身体的接触和联系,这种时候灵魂肯定能最好地进行思考。"[2]"仅当灵魂与身体分离,独立于身体,获得知识才是可能的。""通过拒绝身体的罪恶使自己不受污染这种方式,我们有可能获得与我们志同道合的人为伴,得到纯洁无瑕的知识,亦即真理。"[3]"灵魂更像不可见的事物,而身体更像可见的事物。"[4]"灵魂显然与神圣的事物相似,身体与可朽的事物相似。"[5]"灵魂与神圣的、不朽的、理智的、统一的、不可分解的、永远保持一致

---

[1] [古希腊] 柏拉图.斐多篇//柏拉图全集(第一卷)[M].王晓朝,译.北京:人民出版社,2003:61.

[2] 同上书:62.

[3] 同上书:64.

[4][5] 同上书:83.

的、单一的事物最相似,而身体与凡人的、可朽的、不统一的、无理智的、可分解的、从来都不可能保持自身一致的事物最相似。"①

亚里士多德承认身体的形而上学性质,但也肯定了身体的感知能力。亚里士多德认为,身体与灵魂相对,身体是作为潜在生物(动物)的物身,因灵魂与之相合,而成为现实的活动者。身体是诸感官自体,由"诸可感觉物构成",而只是"潜在"为感觉,实际不自成感觉,必待外物(感觉客体)激发其为活动(机能),则操持于内在的心识(思想或理知)。就身体的感知而言,"这是大家都同意的,脱离了可感觉的空间量体(超乎物质体段)之外,实无独立存在,思想(理知)客体,实际上是可感觉事物的形式表现","为此故,人若不备感觉机能,他就永不能学习或理解任何事物"。② 中世纪的"道成肉身"不仅将身体赶出上帝之城,沦为世俗之城的躯干,而且"存天理,灭身体"尤甚,"克己、苦行、冥想、祈祷、独身、斋戒、甘于贫困,这都是控制身体的基本手段,并旨在将身体的沸腾能量扑灭"。③

在现代西方哲学,笛卡儿无疑是身体理论的叛逆者和富有争议的人物。"我思故我在"命题的推导确立了经过怀疑的"纯思"是绝对无疑的、自明的,从而排除了身体在认识论中的奠基性。但仔细研读笛卡儿的作品就会发现,虽然他主张心身二元论,但与此同时,他并没有放弃对身体的研究,提出心身交感论、偶因论、副现象论、心身同时发生论、先定和谐论等非常有价值的身体理论。

(二) 身体的苏醒

如果追溯到古荷马时代,也就是英雄时代,在中国西周王朝,也就是《诗经》描述的年代,身体的诗性表达成了那个时代的主流。尼采意识到西方哲学的没落,用一种反哲学的诗性语言、格律表达了身体的愤怒与反抗。他首先批判理性主义道德的虚伪性以及理性主义道德对身体的宰制,认为道德的绝对统治是让一切生物学现象都要按照道德来衡量和裁决,让生命和道德对立,从而危害对身体,以及对生命的美化和崇敬。与此相对,人类应当做身体的践行者,也就是主宰自我意志的"超人",做一位充满酒神精神的生命的肯定者和生之欢乐的享受者。人应当是健全的生命本能和旺盛的强力意志的强者。他有着独特个性,是自然和社会的立法者,本身不受任何法律

---

① [古希腊] 柏拉图.斐多篇//柏拉图全集(第一卷)[M].王晓朝,译.北京:人民出版社,2003:84.
② [古希腊] 亚里士多德. 灵魂论及其他[M].吴寿彭,译.北京:商务印书馆,1999:432 a5.(原文编码)。
③ 汪民安.身体、空间与后现代性[M].南京:江苏人民出版社,2006:7.

约束,超越一切传统道德规范,处于善恶彼岸,是不为现代文明所累的"未来之子"。超人并不意味着超验的,而是一种内在的进步,存在于超越自我的运动中。这个运动并不是离开自身而去,而是在自身之中。总之,尼采之身体的形而上学宣称,一切"以身体为准绳",也就是说,身体就是生命、灵魂本身,身体支配灵魂。

> 一切有机生命发展的最遥远和最切近的过去靠了它又恢复了生机,变得有血有肉。一条没有边际、悄无声息的水流,似乎流经它、越过它,奔突而去,因为身体乃是比陈旧的"灵魂"更令人惊异的思想。①

> 我完完全全是肉体,此外无有,灵魂不过是肉体上的某物的称呼。肉体是一大理智,是一多者而只有一义,是一战斗与一和平,是一牧群与一牧者。兄弟呵! 你的一点小理智,所谓"心灵"者,也是你肉体的一种工具,你的大理智中一个工具,玩具。……意识与心灵皆是工具与玩具,其后犹有自我存在,自我用意识的眼睛看,用心灵的耳朵听。自我常常倾听而且求索;比较着,强制着,劫掠着,破坏着。它统治着,也是"我"的主人。②

三、心身统一问题

纵观教育人学的心灵哲学和身体哲学,心灵哲学建立在排斥身体哲学的基础上,但是现代西方哲学的发展表明,当心灵哲学自身的问题和矛盾逐渐涌现出来并得以解决的时候,心身对立的问题就自然地得以解决。

(一) 心灵哲学批判

针对心灵哲学,尤其是心灵的概念、功能、作用和意义,现代西方哲学出现了各种批判。

第一,休谟基于经验怀疑论,否定心灵的实体性说。他认为,若在"纯思"中产生某一个实在观念的,必然是某一个印象,但是自我或人格并不是任何一个印象,而是我们假设若干印象和观念所与之有联系的一种东西。如果有任何印象产生了自我观念,那么这个印象在我们一生全过程中必然持续同一不变,因为自我被假设是以那种方式存在的,但并没有任何恒定不变的印象。痛苦与快乐、悲伤与喜悦、情感和感觉,相互接续而来,从来不同

---

① Friedrich Nietzsche. The Will to Power[M]. New York: Random House, 1967: 37 – 38.
② [德]尼采.苏鲁支语录[M].徐梵澄,译.北京:商务印书馆,1997,27.

时存在。因此,自我观念是不能由这些印象中任何一个或是从任何别的印象得来的;由此,也就没有那样一个观念。

第二,维特根斯坦(Ludwig Wittgenstein)通过批判私人语言,批判与纯思相一致的第一人称"自我",认为私人语言仅仅是私人语言的创造者用来表达自己内部感觉或他人所不知道的情绪的,是一种假定的、想象的语言。事实上,没有人能够用一种绝对的不为人知的语言去表达不为人知的经验,因为心理现象是主观性的而不是私人性的。我们以共同的感觉为基础形成公共语言,用公共的概念来构想自己的内部感受,用遵循规则的公共语言来表达内部感受,而公共语言的规则正是社会实践和某种生活方式的表现。

第三,拉康认为心灵是幻象。"哲学的我思(cogito)就居于那个幻象的中心,这一点仍然是真实的。这个幻象使现代人对此非常肯定:在他自己的无常中他就是他自己;即使他很久以来就学会了要对自负的陷阱保持警惕,他仍然对此深信不疑。"①

第四,法国现象学家马里翁(Jean-Luc Marion)提出从他人角度、从情爱角度来确定纯思代表的"自我",以"情爱的我"代替"沉思的我"。马里翁认为应该通过他人爱我来确保我的存在。②

(二)心身统一的可能进路

现代教育人学必然追求和实现心身的统一,保证人的完整性,实现人的自由全面发展。

第一,心灵哲学在经历存在论或本体论阶段之后,既在吸收自然科学、社会科学、人文科学的先进成果后发展成为系统的科学,又经受了哲学内部的批判,尤其是个体此在的意向性(萨特、海德格尔)、身体意向性(梅洛-庞蒂)、他者意向性(列维纳斯)等概念的提出,使心灵哲学转向生存论,与身体哲学合流。这将在本章第三节中重点阐述。

第二,唯物主义、存在主义等哲学流派强调心灵是对于生存方式的寻求,需要突破心灵创造生命的新可能性,而生命的可能性之创造,包括伦理的和审美的,恰是身体哲学的基本内容。例如,"我欲故我在"是费尔巴哈提出的观点,它显示出费尔巴哈唯物主义的观点,与唯心主义相对立,主张的是感觉实体,强调人是感性的存在。在费尔巴哈看来,人的观念、心灵起源于感觉,他赋予感觉以能动性的品格。福柯强调经验和审美主体实际上是

---

① Jacques Lacan. "The Instance of the Letter in the Unconscious"// Jacques Lacan. Ecrits: A Sellection[C]. New York: W. W. Norton, 2002: 157.
② 梁学敏.马里翁对笛卡儿"我思故我在"的批判[J].青春岁月,2012(23): 388 - 389.

现代性进程中的构成物——知识主体、权力主体是通过掩饰个体的身体经验而得以诞生的；从最终目的来说，他似乎要提供某种替代的选择：超越意识哲学，超越现代性，向关注原始身体经验的个体，即自我关怀的伦理主体回归。①

第三，英美心灵哲学家、人工智能专家等则认为心灵源自大脑的机能，心灵是身体的一部分，认为只有具体的、可以被物理语言描述的精神活动，因为心理语言只与人的行为有关，与人的意向性无关。"心理状态等同于大脑的生理状态，每一种心理状态和过程在绝对值上等同于大脑神经系统中的某种生理状态和过程。"②因此，"心身复合体是一个相互作用状态的系统，心理状态不仅与物理的输入（如感官刺激等）和行为的输出有因果相互作用，而且与其他心理状态有相互作用。所以，这就存在着心与物的因果作用，身体与环境的因果作用以及各种心理状态之间的相互作用，一个心理状态可以根据同在这个相互作用之网中的各种各样的因果作用来定义"。③

此外，杜威的行动教育哲学和现代西方马克思主义（如哈贝马斯、霍耐特、巴迪欧、阿甘本［Giorgio Agamben］等）注重用行动、沟通或互动实现心身的统一或体现心身的同一性。本书的第四章第二节和第七章进行了相关的论述，在此不赘述。

第二节　儿童心灵世界的教育人学研究

鉴于欧洲大陆哲学和英美哲学对心灵哲学的研究范式的不同，本节将基于现象学的视角，探究教育人学之心灵哲学尤其是儿童心灵世界的现象学研究，析理教育人学视角下人之心灵的先验逻辑④或纯粹意识的本体论、发生论及其教育学意义。

一、何谓儿童的心灵

儿童，尤其是儿童的心灵，一直是教育的永恒主题。为了探索儿童心灵意识活动的领域，步入儿童心灵世界，探究儿童心灵的主观逻辑，对儿童先

---

① 杨大春.别一种主体：论福柯晚期思想的旨意[J].浙江社会科学,2002(3)：169-173.
② 张志伟,冯俊,等.西方哲学问题研究[M].北京：中国人民大学出版社,1999：105.
③ 同上书：112.
④ 先验逻辑不同于形式逻辑，指胡塞尔在《逻辑研究》等现象学经典著作里的"纯粹意识"。在本书中，它与主观逻辑具有相同的含义，是心灵哲学的核心范畴。

验能力进行元解释和元反思,教育不仅需要用现象学方法描述儿童心灵的"观念世界",包括其内时间意识、自我认同和意义表述,而且需要运用意识哲学阐释儿童心灵何以可能的原理。

何谓儿童的心灵?无数的哲学家、教育学家、心理学家都曾追问这个问题,尝试过不同的解答,都无法获得统一的答案。这里,基于现象学,尤其是胡塞尔现象学,以及已有的儿童哲学研究,尝试对其进行描述性的揭示和阐明。

第一,儿童是天生的哲学家,不仅因为儿童有着成人没有的"关于同情的好奇心,不偏不倚的敏感性和坦率的胸怀",①而且儿童心灵天生地具有超越普通认知技能的智慧和形而上学能力。例如,儿童自然地问:"宇宙是什么?它是否有开端?""我一直试图把自己想象为另外一个人,但是我仍然是我自己""我们有字母,就会有声音;如果没有声音,也就是不会有单词……如果没有单词,我们就不能思考……如果我们不能思考,也就是没有这个世界"等②。这些问题分别涉及世界的起源、何谓自我,以及语言和世界的关系等,后者竟然与 20 世纪伟大哲学家维特根斯坦提出的著名命题"语言的边界就是世界的边界"吻合,让人拍手称奇。因此,"孩子们常具有某些在他们长大成人之后反而失去的天赋",③而且,相对于成人,儿童的心灵世界不受其未成熟生理状态的影响,具有一种生命生长的天性。

第二,儿童的心灵超越心理和文化,具有形而上学的特性。儿童心灵是什么?发展心理学基于儿童的生理发展顺序,按照成人的心灵功能来衡量儿童的心智能力,进而认为,只有进入形式运算阶段,儿童才具备充分的认知深度和知识广度,才有所谓的心灵世界及其能力。④ 文化复演论认为,孩童的精神发展是我们动物祖先,至少是比较近的动物祖先的智力发展的一个缩影,只是这个缩影更加简略一些罢了;⑤个体的认识史是与人类的认识史的进程相吻合的;⑥儿童整体生命有次序进行,教育需要尊重儿童的植物性层面与动物性层面的成长,并以此为前提,关注和培养儿童精神意识层面的智慧成果。⑦ 事实上,发展心理学重视心灵能力在经验中的累积、生长和

① [美] 杜威.民主主义与教育[M].王承绪,译.北京:人民教育出版社,1990:58-59.
② [美] 马修斯.哲学与幼童[M].陈国容,译.北京:生活·读书·新知三联书店,2015:156-158.
③ 刘晓东.马修斯的儿童哲学研究//[美] 马修斯.哲学与幼童[M].陈国容,译.北京:生活·读书·新知三联书店,2015:157.
④ David Elkind (Ed). Six Psychological Studies[M]. New York: Vintage Books, 1978:61-62.
⑤ 马克思恩格斯选集(第三卷)[M].北京:人民出版社,1972:51.
⑥ 张楚廷.课程与教学哲学[M].北京:人民教育出版社,2003:32.
⑦ 刘晓东.儿童精神发生学对儿童教育、儿童文学的影响[J].上海师范大学学报(哲学社会科学版),2008(1):126-132.

发展,没有进入儿童心灵的先天形式或能力,探究儿童心灵认知活动何以可能的条件和形式;文化复演论则深受生物进化论和社会进化论的影响,导致儿童心灵研究的成人化、量化。因此,我们需要在发展心理学和文化复演论之外,基于现象学哲学探究儿童的"心灵"概念。

第三,儿童心灵世界是儿童之独立的、自主的精神世界,一方面,它关涉儿童的精神生活能力、儿童的精神境界、儿童的信念与理想等;另一方面,它的精神性意味着它能超越被动、自在,成为自觉、自为的存在。详言之,儿童的心灵意指儿童的内在精神、内在思想和内在意识,具有现当代的艺术家、思想家如达·芬奇(da Vinci)、笛卡儿和阿甘本描述的自然本性,包括其无声无形、唯一性和神秘性等。正如他们所言:"精神并没有声音,因为有声音的地方就有身体。""思考? 这是我拥有它——它是思想;只有它不能离我而去。""它(思想)实际上已不是精神现实了,而是一个纯粹的阿基米德点,恰恰是通过对纯思想之外的所有精神内容进行准神秘主义的推导而得出的结论。"①因此,人们常常把儿童的心灵视作儿童阶段的根本特征。"捍卫童年,护持童心。""其目的在于保护人的哲学既是自然主义的也是人本主义的,它是一种解放的哲学",②或者说儿童的心灵意指儿童具有不受外在条件控制的、自己决定自己属性的自然特性。正如卢梭自然教育所指的:"我们才能和器官的内生发展。""自然的教育完全不取决于我们。"③"遵循自然,沿着自然指明的道路前进。""这就是自然法则,你为什么要违反它呢?"④杜威则反复强调:"保存儿童的天性,除了儿童的天性以外,别的都要通过锻炼搞掉;保存儿童的天性,但是阻止他扰乱、干蠢事和胡闹;保存儿童的天性,并且正是按照它所指的方向,用知识把儿童武装起来。"⑤

第四,儿童的心灵常常被喻为儿童的天性或自然,即儿童的内在自然。在本义上,它意指儿童生命的生长。nature 源自希腊文 phusis,拉丁文 nasci(过去分词),意指"生出""出现""生长",其核心意义指以有生命为前提,有生命之物的"生"和"长",以及"充满原始的,有力量的,意味着教诲与挑战","自然的神奇赋予我们的能力"等。⑥ 广义上,nature 是一个复合概念,

① [意] 阿甘本.幼年与历史:经验的毁灭[M].尹星,译.开封:河南大学出版社,2011:1.
② 刘晓东.儿童本位:从现代教育的原则到理想社会的生成[J].全球教育展望,2014(5).
③ [法] 卢梭.爱弥儿(上册)[M].李兴业,熊剑秋,译.北京:人民教育出版社,2017:9.
④ 同上书:23.
⑤ [美] 杜威.民主主义与教育[M].王承绪,译.北京:人民教育出版社,1990:61.
⑥ 徐开来.拯救自然:亚里士多德自然观研究[M].成都:四川大学出版社,2007:3;[美] 理查德·洛夫.林间最后的小孩——拯救自然缺失症儿童[M].自然之友编译队,译.长沙:湖南科学技术出版社,2013:3.

即自然体系,包含最根本意义上"自我包含"的自然、人化自然和人的精神世界中的内在自然。三种自然在本体论意义上是有共性的,指自然具有是其所是、自己决定自己的属性,即本性,是自然而然、合理合法、不证自明的东西;同时,自然存在物既可以独立于人的感觉-意识之外,也与人的心灵发生关系,因此三种自然之间必然相互发生关系。①

二、打开儿童心灵的"黑匣子"

由于儿童的未成熟状态以及心灵的神秘性,儿童的心灵常常被比喻为"黑匣子"。确实,人们无法描述儿童心灵的基本内容,只是知道儿童的心灵非常神奇,儿童之所学,不是教师所教之内容的复制,而且其所学之知识和能力也远远大于所教内容和形式的总和;人们只能通过描述和解释儿童的心灵,或者通过心灵的功能去探究儿童心灵的冰山一角。这里,我们从现象学哲学的角度,假定并阐明,儿童的心灵是儿童的自我意识或者纯意识,表现为儿童的先天能力,具有构造世界的主动性、能动性。

第一,儿童的秘密寓示儿童心灵世界的神秘性。事实上,儿童的秘密恰恰源于儿童自我意识的萌芽,是对儿童自己身心活动的觉察,即自己意识对自己意识的把握和认识,意识到自己是一个独立于外部世界的存在。一旦儿童有意识地保留自己的秘密而不让他人知道,那便意味着内心世界的诞生。儿童的这个内心世界似乎不是一开始就存在的,而是在成长的过程中逐渐形成的。年龄较小的儿童似乎没有什么独立的意识,与他人之间也没有什么明显的界限。年龄稍大的儿童则渴望自己有独立的思想,自然地给自己一种冲动或压力,经历一种由共生依存阶段到个性化阶段的过渡,使他们自身拥有保守秘密的能力。产生秘密这种行为不仅是对事情的隐藏,也是对自我的隐藏。儿童通过自己的秘密,逐渐明白和意识到自己拥有独立的、内在的心灵世界,并让儿童从一种依附的人际关系走向独立的自我,使其与众不同,给内心世界留出空间;儿童的秘密与成人的秘密的不同之处在于其秘密领域一旦被侵犯之后,就会导致儿童的自我建构受到阻碍,儿童的个性也很难发展起来。②

第二,儿童心灵也有一种先天能力。老子提出人生的最高境界就是"复归于婴孩",尼采认为人生三阶段分别是骆驼、狮子和儿童。可见,复归儿

---

① [英]怀特海.自然的概念[M].张桂权,译.南京:译林出版社,2014:2.
② Max Van Manen. Children's Secret:Intimacy, Privacy, and Self Reconsidered[M]. New York:Teachers College Press, 1996:89-105.

童,具有童心,探究儿童的心灵,尤其是儿童的先天能力,是儿童哲学的基石。"成人哲学是儿童哲学的理想化,是成长中的儿童在认知能力或道德能力受到挑战时,对理解世界的最好方式的理性重构。这些挑战不是来自他人或环境的挑战,而是内部挑战,即内在地挑战人类理解世界,内在地挑战人类理解我们在这个世界上所发挥作用的企图。"①进而,从儿童心灵哲学角度分析,儿童心灵具有的"意识",并不简单的是那些知觉的或清醒的状态,尽管它以多种形式出现,但其本质特征为内在的、质的和主观的。其中,内在性表示意识只能发生在有机体内部,是有机体复杂意识状态中的一部分;质性表明意识存在一定的感知方式;主观性体现一种自我感知的主体经验,具有第一人称本体论的性质。②当然,回溯到现代西方意识哲学,儿童的心灵指儿童具有的纯意识,如"我思故我在"中的"思",是没有经验对象和内容的思维活动对自身的直接意识到;也如康德哲学的纯粹自身意识,"它是'纯粹的',因为它可以独立于所有经验而成立,而任何经验却不能不与它发生联系;它是'本源的',因为它先于所有经验而成立,并且使所有经验性的'我思'成为可能"③。

第三,儿童心灵的纯意识是以反身的、反思的或者形而上学的方式被意识到和认识到,但其内容是什么,无法被人所知。我们只是知道这个"黑匣子""是指那种使表象成为表象,使意愿成为意愿的东西";没有源头只有付出的"意向性"是它的重要功能,"意向性仅仅意味着一个在本质直观中观察到的结果:所有的意识都是关于某物的意识;朝向对象是意识的最普遍的本质";④它为自然立法,基于先验的构造(意识活动)产生被构造的结果(意识对象)。概言之,这种通过先验现象学、先验主观性对儿童主观(生命)意义的纯粹显现、直观体验、意义充实与理解,就是对儿童心灵世界的主观逻辑的探索。

由是观之,儿童心灵的探究需要一种现象学方法,也就是从可见到不可见的转变,超越儿童心灵中的秘密,进入儿童心灵的不可还原的、充盈着纯粹意识与先天能力的不可见性之中,完整地体验儿童内心中那个"活生生意义的秘密之源","意义早已暗含于视觉、听觉、触觉、被触摸,以及与世界的

①　刘晓东.马修斯的儿童哲学研究//[美]马修斯.哲学与幼童[M].陈国容,译.北京:生活·读书·新知三联书店,2015:162.

②　[美]约翰·塞尔.心灵、语言和社会:实在世界中的哲学[M].李步楼,译.上海:上海译文出版社,2006:41-43.

③　倪梁康.自识与反思[M].北京:商务印书馆,2006:167.

④　倪梁康.现象学及其效应[M].北京:生活·读书·新知三联书店,1996:91.

接触的前反思性的反思中,早已暗含于对于以上所有经验的现象性的反思之谜中"。① 因此,简单地讲,儿童心灵世界的主观逻辑是一种"看"的体验,是用精神的目光凝视自己,超越"看山是山、看水是水"的物境和"看山不是山、看水不是水"的事境,进入"看山还是山、看水还是水"的意境、本真世界或"澄明之境"。正是基于澄明之境的心灵主观世界,儿童能够回到前经验意义中进行原初性的探寻,在与周遭世界相遇中体验其中出现、呈现、显现的惊异。

三、回归儿童的"主观逻辑"

儿童教育学家蒙台梭利(Maria Montessori)认为,儿童不仅是肉体存在物,更是精神存在物,儿童的"精神胚胎"是一种强大的精神能量和潜能。"一个婴儿有一种创造本能,一种积极的潜力,能依靠他的环境,构筑起一个精神世界。"②进言之,贯穿着儿童的"精神胚胎",成就儿童的精神世界或心灵世界的逻辑正是主观逻辑。那么,何谓主观逻辑? 教育何以能回到儿童的纯粹意识本身,探究儿童心灵世界的主观逻辑?

(一) 主观逻辑及其教育学意义

一般情况下,人们囿于经验领域中的普遍形式逻辑,关注儿童的思维能力与方法,探讨经验中儿童的心理反应及其行为的客观有效性,但并未追溯儿童心理表现和行为的主观逻辑基础。事实上,就主观逻辑而论,它不是对客观事实的理性验证,也不是与客观逻辑相对立的思维或反映客观世界辩证联系的思维规律、形式,而是体现人的先天能力、纯粹意识的内在的、主观的、质的心灵形式和能力,它"研究'意识',研究各种体验、行为和行为相关项"。③ 主观逻辑具有如下四个特征。

第一,具有内在超越性。主观逻辑是逻辑的前理解或内在体验之流,是逻辑的隐秘源头。现象学家胡塞尔认为主观逻辑关涉人的主观方面和理解与明证的主观特征,及其获得的主观条件,因此它"是非实在的内在的东西,是超时间性的东西",④必须把主观逻辑既当作一种内在的主观活动来研究,也当作在内在意识中超越纯形式的判断活动。

第二,具有整体性和原初性。在胡塞尔现象学看来,纯意识这条"赫拉

---

① [加] 范·梅南.实践现象学:现象学研究与写作中意义给予的方法[M].尹垠,蒋开君,译. 北京:教育科学出版社,2018:4-5.
② [意] 蒙台梭利.童年的秘密[M].马荣根,译.北京:人民教育出版社,2005:50.
③ [德] 胡塞尔.纯粹现象学通论[M].李幼蒸,译.北京:商务印书馆,1996:43.
④ [德] 胡塞尔.经验与判断[M].邓晓芒,等译.北京:生活·读书·新知三联书店,1999:39.

克利特河流"是整体的、绝对的被给予性的领域,有其自明性,只能通过直观来把握;纯意识的存在意味着人的纯粹的精神世界的存在;纯意识不仅是一个独立的意识行为,而且是任何一个独立的意识行为所必然具有的奠基性的和伴随性的因素,是任何一种意识行为在其进行之中的对于自身的前反思的、非对象的自身意识,即"原意识"。

第三,具有直观的明证性。主观逻辑具有明证的被给予性或自身被给予性,是"一个对象在其被给予中如何能够在意识上被标明为'自身在那里''亲自在那里'的那种方式和方法","明证的就是指任何一个这样的意识,其特征在于它的对象是它自身给予的,而不是去追问这种自身给予性是否符合"。①

第四,具有奠基性。主观逻辑不仅不同于形式逻辑,因为后者是实证的、客观的自然科学形式,其本身需要设定与论证,而且与后者相反,一切形式逻辑或客观逻辑需要回溯到主观逻辑,以其为发生和论证的基础。因此,儿童心灵世界的探究应回到人之纯粹意识的明证性、明证的被给予性等主观逻辑特性,研究儿童的"主观构造成就以及贯穿在这些构造成就之中的本质规律性"。②

在教育史上,主观逻辑历史悠久,并直接关涉教育的本义。在柏拉图"理念论"中,教育必须直接转向并指向人的"灵魂"的本性,"'教育'在此至关重要,在教育中这些学问担负着把灵魂由变化的世界'引向'存在的世界,并让灵魂习惯于观看理想事物的重任"。③ 因此,在柏拉图看来,教育使人的整个灵魂"从朦胧的黎明转到真正的大白天,上升到我们称之为真正哲学的实在"。④ 针对此后以形式逻辑为主导的教育学传统,自然主义教育转向人的主观精神世界,探究人的天性,尤其儿童的精神世界。例如,卢梭发现儿童有独立的、不同于成人的生活,他们有着丰富的天性,其成长是自身的"内在自然"朝向"自然的目标"的展开,是朝向"自然的目标"的"内在的发展",其实质是儿童有自己内在的、独立的精神世界。此外,存在主义教育哲学家批判形式逻辑只是幻象,教育需要在对客观逻辑的"去蔽"中"敞亮"生命,唤醒儿童的精神生命,展现儿童心灵世界的主观性及其创造性意义。总之,理论上讲,教育应当推进到儿童的纯粹的或普遍意识的领域,思考是什

①　[德] 胡塞尔.经验与判断[M].邓晓芒,等译.北京:生活·读书·新知三联书店,1999:34.
②　倪梁康.胡塞尔现象学概念通释[M].北京:生活·读书·新知三联书店,2007:283.
③　[德] 弗里德兰德,[美] 克里格,[德] 沃格林.《王制》要义[M].张映伟,译.北京:华夏出版社,2006:33.
④　[古希腊] 柏拉图.理想国[M].郭斌和,张竹明,译.北京:商务印书馆,2011:282.

么东西使儿童心灵的自身意识成为客观的、一般的东西;从儿童思维能力的研究转向纯粹意识及其发生的研究,包括意识活动及其构造对象的研究,"探讨对形式逻辑构成物的主观构造成就以及贯穿在这些构造成就之中的本质规律性"。① 这"是一种最终的科学理论,一种一切科学之最终的、最普遍的原则理论和规范理论"。②

(二) 回归儿童主观逻辑的探索

第一,回归儿童的心灵世界,摆脱理论和预设的概念,搁置成见与已有看法、观点,承认儿童自己的纯意识世界和成人的精神世界一样,不仅是第一哲学的先天纯形式,而且具有不同于成人精神世界的独特性。只有在此意义上,我们才能理解为什么儿童是天生的哲学家,理解卢梭自然主义的儿童哲学,理解为什么儿童生来是好的,具有坦率、好奇、自觉的天赋能力与美德;才能"把人当成人看待,把儿童当儿童看待"③。在具体的儿童教学活动中,为了让儿童体验存在本身,我们必须在存在中给予儿童更多的关怀、信任,赋予其责任,让儿童发现自己与生俱来的意向性,在对生活的独特体验和理解中显现存在本身,因此,儿童教育"包含的不是一种自给自足的精修(retreat),而是一种对世界的解释,一个朝向自身的可能性的运动"。④

第二,儿童的纯粹意识取代了过去有关儿童的任何抽象概念,进入儿童原始的、前反思的、前理论的精神领域,强调儿童的显现方式是儿童的存在方式,儿童如其所是地显现,而且如其显现那般存在,也就是生存哲学意义上的自为存在。儿童的"自为存在"指儿童的真正存在就是自我存在,它充满了儿童的主观意识,不同于儿童自我以外的世界的存在,即"自在存在",后者指偶然、荒谬的存在,它既独立于上帝又独立于精神,既不可解释、不可知又不可改变,因此是一种多余的、令人恶心的存在。因此,基于儿童的自为存在,虽然儿童还未完全摆脱与父母肉身情感共在的状况,但是,只有儿童的自我存在、主观意识才使人与人、人与物之间建立起主客体关系;只有儿童按照自己的意识和意志体验、辨识事物的差异,才能认识和塑造自身。

第三,基于儿童的纯意识,儿童的主观逻辑就是显现儿童心灵世界的先验主体性和积极意向性,探究儿童心灵的主观能动性,"就是一些人类试图在他人的精神意向的结构上产生持久的进步的活动,是人类试图保留他们

---

① 倪梁康.胡塞尔现象学概念通释[M].北京:生活·读书·新知三联书店,2007:283.
② [德]胡塞尔.形式逻辑和主观逻辑[M].李幼蒸,译.北京:中国人民大学出版社,2012:12.
③ [法]卢梭.爱弥尔[M].李平沤,译.北京:商务印书馆,2002:74.
④ [美]肖恩·加拉格尔.解释学与教育[M].张光陆,译.上海:华东师范大学出版社,2009:156.

认为是积极的能力的活动,或者阻止形成那些他们认为是消极的意向的活动"。① 因此,马克斯·范梅南在《教学机智——教育智慧的意蕴》中开篇就讲"何谓儿童,看待儿童其实就是看待可能性,一个正在成长过程中的人",继而儿童主观逻辑不仅是蕴含那些有意向性的活动或交互作用,更重要的是,指向儿童积极的"生存和成长"(being and becoming)之诸多偶发可能性的"意向",从而鞭策广大教育工作者充满活力地心系孩子们,进行优秀教学。②

四、探寻儿童心灵之时间、自我和语言

今天的儿童哲学无疑应当以儿童为本位,关注儿童的心灵世界。它出于儿童,为了儿童,通过儿童,是"从本有而来",让儿童是其所是地显现自己。当然,儿童心灵的教育必然避免灌输与说教,需要融入儿童的内在时间意识中,与儿童一起建构自我,进行意义的表达。因此,时间、自我和语言是儿童心灵世界主观逻辑的三个重要方面,需要进一步探究。

(一) 儿童内在时间意识的分析

儿童心灵世界的主观逻辑把我们带回到内在时间意识之中。从康德以来的哲学,都把时间当作人的内意识,在胡塞尔现象学中时间完全与人的纯意识同一,是一条永不停歇的"赫拉克利特河流"。它是立体的,在每个当下时段都有一个唯一对应的原初印象、当下之前的原初印象和之后的原初印象,分别指向当下、"刚才"和"将来",也就是,在心理上作为刚刚过去的被意指的意识、在当下的意向和即将发生阶段的不确定的意向。内在时间意识的分析之于儿童心灵的主观逻辑而言,它表明儿童的心灵世界首先不是在客观的、线性、进化的时间中生长,而是以儿童内在的、体验的、纯直观的时间为基底,进行其生命时间的主观的、精神的显现和成长。

第一,内在时间意识寓示儿童生命时间的"绵延"。教育学家乌申斯基曾言:时间恰好有这样一种特性,即我们越是聚精会神地测量它,它就拉得越长。③ 而且,其他教育学家也在时间的生命变化中关注到时间的主观体验,并认识到这种主观体验的"绵延"(during)正是时间本身,蕴含了时间的主观性、人文性及其与生命的同一性。正是因为时间的主观性和生命性,儿童的生命才不会成为客观时间的规定者,接受线性时间的安排,进行重复

① [德] 布列钦卡.教育知识的哲学[M].杨明全,宋时春,等译.上海:华东师范大学出版社,2006:39.
② Van Manen. Phenomenological pedagogy[J]. Curriculum Inquiry, 1982,12 (3):283-299.
③ [俄] 乌申斯基.人是教育的对象(上)[M].郑文樾,张佩珍,等译.北京:人民教育出版社,2007:437-448.

的、机械的、单一的、无情的客观时间进程及其控制下的生命活动,产生儿童生命的异化。因此,在现象学看来,儿童的真正的时间应当体现儿童的生命和价值,是儿童生命的"赫拉克利特河流"式的"绵延",是在立体的、永不停息的意识世界里面充盈、闪耀和显现儿童丰富的内心世界。只有融汇到儿童的内在时间意识或生命时间里面,才能进行意义的交流,触及儿童的灵魂,进入儿童的心灵世界。

第二,内在时间意识强调儿童生命时间的意义完整性,及其奠基于儿童生命时间展现形式的多样性、丰富性和变化性。现代社会的人们已经意识到现代工业时间对儿童生命时间的渗透与控制,使儿童的生命时间碎片化、线性化、精确化,儿童自己无法成为时间的主人,因此,努力探究儿童的内在时间意识的特性、功能和作用,通过带有审美体验的互动、游戏、叙事、活动课程等方式享受完整的生命时间,才能让儿童体验自己的时间性存在。

第三,当下的显现和选择是儿童生命时间的本质。内在时间意识的流动表明,内在时间意识的本质是当下的永不停息的、是其所是的显现,它将过去与将来置于并服务于纯粹意识自身的当下显现(present),一个自我维系的永恒当下是时间的本质,[①]即使记忆与想象都是奠基于不断涌现的当下。从生存意义上讲,儿童生命时间充分体现于当下的显现和充实的意向活动中,其意义在于当下的体验和选择,"这就要求教育者看到现在的情境和孩子的体验,并珍惜它们的内在价值"[②]。进而,从个体存在论角度看,由于时间性是时间之所以为时间的特性,即人的当下存在,因此儿童的个体生命时间体现在儿童作为"在-世-中"的"偶在",需要提问、解释、选择和行动,也就是"抓紧""领会",在"到时"的"瞬间"呈现儿童自己,体验有别于成人时间、工具时间、抽象时间的个体自由时间,体验到个体生命的美好与真实,"生命的每一次瞬间闪烁都是美的,即使是一次无聊的闪烁"。[③]

(二)儿童自我建构的透视

从发生现象学的角度看,儿童的自我源于儿童的纯粹意识。"我思故我在"中那个并不思考经验性内容,只思考意识自身的纯思就好像一面镜子,让人在纯意识中自然地产生了自己的影像,也就是"我",因此"纯思"与"我"同在、共现,"我"即主体和实体。康德提出的"(我)能,故我在",把"自我"置于整个认识论结构中最高原理的地位,它是一切表象的本质,具有

---

① 陈巍,李恒威.胡塞尔时间意识结构的神经现象学重释[J].哲学动态,2014(10):101-108.

② [加]范梅南.教学机智:教育智慧的意蕴[M].李树英,译.北京:教育科学出版社,2014.

③ 尚杰.消失的永恒与瞬间之力量[J].世界哲学,2016(3):32-41.

自发性。黑格尔主观辩证的"我"经历了否定与统一的过程,认为社会我必然经历抽象法(客观的)—道德(主观的)—伦理(主客观统一的)的过程,良心的道德律必然影响抽象、普世的我与个体、民族性的我。在胡塞尔看来,意识是一条意向体验之流,它作为一个统一体就是那个体验主体——自我;用自然的态度看,体验之流的主体是作为世界一分子的自我;以现象学的态度看,它就是先验的自我。后来胡塞尔不仅承认了经验的自我,也认可了"纯粹的自我"的合法地位,把它视为一个"关系中心",是时间中延绵的自我。即使心理学、社会学、文化学探究自我,它们都关涉自我认同的意识或意向性,也就是自我认同的主观逻辑,例如,达米特(Daniel C. Dennett)首先认为自我奠基于人的意向性系统;在意向性系统中,人的行为归因于关涉人的信仰、欲望、期望、恐惧等因素的意向性谓词;英国哲学家帕菲特(Derek Parfit)则主张自我建立在任何心理的或/和身体的连续性和联系性之中。

第一,正是由于儿童自我建构于儿童心灵世界的主观逻辑,因此,儿童自我认同的教育首先是率性教育,也就是尊重儿童的自身意识,尊重其天性、自然性和天赋,在此基础上培养人的个性,发展人的社会性。在儿童自我形成和发展过程中,儿童内心经常面临自我认同的焦虑,甚而在消极、阴暗、恐怖的心灵世界受到无法辨识的自我的困扰。但正是在心灵世界的内在超越中,儿童超越幻象,回到心灵世界的纯意识中,明晰了自我。进而,在社会、文化的意识形态中,自我概念仍属于作为道德社会成员的儿童努力塑造的目标。他们通过儿童特有的意识系统、理性能力、交往能力、言语能力、道德理念共同作用,寓居于儿童自己和日常话语、生活、学习和工作之中,逐渐形成与认同自我。因此,儿童的自我认同"是建立在个体对生活事实的主观看法的基础上。个体对客观事实的观念和看法绝不是事实本身。因此,人类虽然生活在同样的事实世界之中,但却各自以不同的方式来塑造自己"。①

第二,在主观逻辑看来,儿童的自我主要是精神自我。美国实用主义哲学家詹姆斯(William James)用意识流来定义自我,认为我们就是我们的意识,而自我包含经验的自我、社会的自我和精神的自我。儿童的自我发展经历了从前认同阶段向自我区分阶段转变的过程。在梅洛-庞蒂(Maurice Merleau-Ponty)看来,儿童对自己身体的最初意识是一种内感受式的意识,它感觉到的"我"是一个主观上的我。例如,孩子会用一只手触摸另一只手,能够看到以及感受自己的身体,逐渐形成一种内感受。当孩子在镜子中发

---

① [奥]阿尔弗雷德·阿德勒.儿童的人格教育[M].彭正梅,彭莉莉,译.上海:上海人民出版社,2011:3.

现自己的身体时,意识到自己是可见的,这时,自己真实的身体与之前内心感受到的身体之间产生的疏离感进而导致了自我感觉的出现。"镜中我"的体验会引发两种类型的分离意识,一种是自我与他人的分离,一种是真实的自我与内心的自我的分离。换言之,这里似乎出现我们感受到的非连续性自我,同时感受到自我的连续性和自我的同一性。然而,无论是从心理学、社会学、生理学的角度,我们都是一个不断变化着的自我,但是自我之中又包含着一个不变的核心,也就是儿童心灵的纯意识或主观逻辑。

第三,虽然基于经验分析来看,儿童的自我发展有阶段性,但是,儿童自我的形成不需要还原为多个实体或阶段,而需要根据儿童内在意识的整体性、关系性和连续性,把握儿童自我认同的决定性因素。从儿童的人格培养和成长阶段来看,儿童的自我认同教育是对人格蔑视的反抗,需要在家庭教育中充满爱,在学校教育中尊重规范,在社会教育中奉行友好互助;从道德人格成长的阶段来看,儿童自我认同应当体现基本自信的儿童之爱,表现自尊的儿童权利,建立为了自尊的儿童共同体;从儿童自我认同教育的人性化方式来看,情感上支持儿童的特殊需要和情感,认识上尊重儿童的社会化需要,社会交往中重视儿童游戏活动,培养语言表达的特性和能力。

(三) 儿童语言意义的澄明

从现象学的角度看,儿童心灵主观逻辑的语言主要是先天的而不是经验的,是本质的而不是事实的,而且是从"作为客体的语言符号出发,回溯到作为主体的语言行为上"。[①] 因此,儿童心灵世界的语言作为非直观的行为,必须以直观行为为依托;作为客体化行为,它又为非客体化行为奠基;围绕"意义"或"含义"展开,关注儿童心灵世界的意义给予的行为和意义充实的行为。在现象学看来,儿童拥有的纯粹意识赋予自己天生的语言能力,因此,儿童的语言是其纯粹意识的直观显现,包括叙事、游戏、对话的呈现方式,表述其意义。

第一,儿童的语言世界是以意义为核心的表述世界。本质上,儿童主观逻辑意味着语言不能简化为工具或符号,而是在人与事物、人与人的沟通与交流中,来自儿童生存世界的事物的话语,来自与各种事物的外在交流。也就是说,儿童表述的力量不是来自外在的言说者,而是来自自己的力量;不是习得于言说者,而是来自语言自身。虽然儿童的语言可以脱离表述的人及其语境,根据语言的音、形等客观形式来理解其意义,但是儿童的语言及其表述在本质上必须根据儿童的境遇、语境及其体验赋予和决定语言当时

---

① 倪梁康.现象学的始基[M].广州:广东人民出版社,2004:36.

的意义。虽然儿童语言的主观性可以被其客观代替,但后者无法完全代替前者,因为儿童语言及其表述的意义来自自身的体会,是主观的、模糊的、有偏差的,而且其意义的客观性只有其意义可识别时才具有。

第二,儿童的意义表述是其心灵的再发现。儿童的语言就是儿童心灵的"镜子",具有直观性、描述性、模糊性、情感性和率真性,是儿童心灵世界的映照。详言之,儿童的语言一方面是人的纯粹意识本身或其显现的一种方式;另一方面,其具体的言语行为不能被定义和概念化,而是以非客体化或直观的方式进行,即使单纯被思考的同一个对象,在直观中也是被具体呈现出来的。因此,儿童的语言显现其心灵世界,使其语言为"心灵的再发现"。①

第三,儿童的语言体现为各个平等主体之间的叙事、游戏与对话,是主体与主体之间展开的个体经验与意义整体之间的叙事、游戏与交互言说,是指向意义的生成和概念的解释,因此叙事、游戏与交互言说是儿童语言的"意义发生"之域。其中,美妙的游戏与对话"最终归于沉寂","所获得的不仅是对事实的洞察,而是对生存状态的洞察,在沉寂的过程中,他们能感受到自己的存在并进一步深化"。②

总之,儿童心灵世界的主观逻辑是显现儿童的内在时间意识、自我主体和意义表述的态度和方法,是基于儿童主观逻辑的心灵世界,通过本质直观、先验直观等方法,发现儿童心中作为唯一决然确定之存在的纯意识与纯粹自我,以及内在时间意识的永恒流动,并以之为基底,发现儿童自身意识和自我同一性,因此我们完全可以模仿柏拉图的语气说:很清楚的是,儿童的主观逻辑——一切有关儿童教育知识中最神圣者——是"很难看到的",而关于儿童心灵的对话只有上升到它的顶点才能看到这道儿童心灵世界的美丽风景。

第三节　身体的教育人学研究

正如现代西方哲学有一个"身体转向"的过程一样,教育人学研究正在经历一个"身体转向"的过程,把"沉默中被忽略"的身体及其体验置于教育人学研究的舞台中心。改革开放以来,中国教育学界一直高呼重视学生身

---

① Levering. The language of disappointment: On the language analysis of feeling words[J]. Phenomenology and Pedagogy, 1992 (10): 53 - 74.

② [加]范梅南.生活体验研究:人文科学视野中的教育学[M].宋广文,等译.北京:教育科学出版社,2003: 132 - 133.

心健康、身心和谐发展。但是,在现实教育过程中,总是重"心"轻"身"。甚而在应试教育中,为了争取好成绩,压制身体的表现与冲动,过度透支和牺牲身体。当然,以往的教育学对教育中人的身体的认识也有偏差,或者把身体当作一个机械的、生理的或者机能性的东西,或者把身体与心灵二元对立。例如,"身体是革命的本钱"这样的话语似乎没有问题,但它意味着,"心灵是目的,心灵是一切";把身体"物化",当作心灵的载体。然而,身体问题在现代西方哲学已经发生质变,"从近代哲学到现代哲学再到后现代哲学的过渡,就身体问题而言,存在着由机械的身体到身心统一的灵化身体再到物质性欲望身体的演化"。① 在此背景下,教育人学必须从哲学的、学科互涉的、身体实践的综合的角度认识身体本身,认识到身体的本体地位、认知功能和人本价值,了解身体在社会、文化,尤其是话语中的建构机制等。只有这样,才能真正确立正确的教育人学身体理论。

一、身体的形而上学和具身化含义

何谓"身体"?"身体"概念显然不是经验性概念和活动结果,必须在形而上学和具体的肉身活动过程中寻找。

> 在拥有世界的反思知识之前,"身体-主体"(body-subject)已经与"世界肉身"(the flesh of the world)交织在一起。或者换一种说法,我们对世界、他者和事物的知识是身体的,而不是智性的,我们通过身体理解这个世界,通过我们的具身化(embodied)的行动来理解这个世界。在某种意义上,这是一种前知的知(a preknowing knowing):我们首先通过我们具身化的存在来理解这个世界,而不是直接以一种离身化(disembodied)的智性方式。②

(一)身体的形而上学含义

第一,可以给身体一个形而上学的定义:身体是最在先的、更本原的,是以一个意义发生的结构场形式存在。现象学、存在主义哲学和后现代哲学反对笛卡儿和康德之无身体的先验主体,批判身体的观念化、表象化、机械化及其客观性,提出了"我欲故我在"这个与笛卡儿经典命题相对立的命

---

① 杨大春.主体形而上学解体的三个维度——从 20 世纪法国哲学看[J].文史哲,2002(6):79-86.
② [加]范梅南.实践现象学[M].尹垠,蒋开君,译.北京:教育科学出版社,2018:150-151.

题,主张让"思"沉浸在身体里,进而提出"我在,故我思",我不仅在思维,更是在生存,是有生命的。

第二,身体不是灵魂的栖居地或"容器""机器",而是灵魂本身。晚年胡塞尔把只有心灵才具有的纯意识迁移到身体的思考里面,发现身体的意向性能力。这无疑为"身体即灵魂"这个命题,以及以后的现象学家指明方向。他发现,身体意向是本能意向的一种,是由单子直接发出的,"身体及其个别器官是在这样和那样的类型中能—做之能力的沉淀"。① 而且,在自我中还存在着另一种调度能力:动觉(kinesthese)。这种调度能力的特殊性在于,它不是行为,也不是意志,更不是来自各种行为能力的沉淀,而是先天的本能,是自我自身就具有的能力,甚至可以说,是沉淀下来的能力的原型或基础。简言之,"我"的躯体并不单纯是一个空间事物,它实际上是一个身体,在当下不停地进行着"原创建"(Urstiftung)或原构造,而主宰这一活动的是自我或单子。相应地,主体间性中的另一个躯体也是一个实施各种构造活动的身体,其主导者也是一个自我、一个与"我"身体中的自我不同的另一个自我。这另一个自我及其体验流是无法原原本本地呈现给"我"的,否则,这两个自我就合二为一了。不过,尽管如此,它们仍可以在"原初的结对"中以类比或联想的方式被给予。也就是,自我首先在意识中让自身和另一个自我的身体凸显出来,然后通过类比或联想这种被动的方式在两个身体及其表现方式之间"建立起一个相似的统一体",从而使两个自我结成对子。

第三,身体构造一个世界性关系。海德格尔将身体意向性置身于"在-世-中"结构,将身体内涵拓展到"物-人-他者"的互动关系里面。他认为,身体现象与世界现象处于动态的相互促进的结构中。从这个角度上看,身体维度凭借其大地式的特质成为海德格尔哲学中的一个关键枢纽,其中隐含着重大的思想契机。"人类的整体的存在方式只能以这样的方式来把握,它必须被把握为人的身体式的在世界之中的存在。"②在自我感受中,身体自始就已经被扣留在我们自身中了,而且身体在其身体状态中充溢着我们自身。通过情绪,我发现自己处在其他存在者中间,并且这不是一种无区别的杂处,是处于能相感相及的紧密联系之中。总之,人是身体式的在世界之中的存在,人首先通过身体和感官才接近于大地。

---

① 引自:方向红.从"幻影"到"器官":胡塞尔 C 手稿中的身体构造学说[J].哲学研究,2012(4):65-73+128.
② 引自:王珏.大地式的存在——海德格尔哲学中的身体问题初探[J].世界哲学,2009(5):126-142.

（二）身体的具身化含义

法国哲学家梅洛-庞蒂是身体理论的集大成者。他从生理学、心理学、生物学、哲学、神经科学等角度充分论证了身体的发生、建构与作用机制，使身体和人的知觉联系，出现具身化，并使身体现象学在学理上完全独立出来，成为系统的理论。

第一，梅洛-庞蒂通过对幻肢与疾病感缺失症的研究证明，身体是物理规律和心理规律的会合处，是意义的纽结和发生场。梅洛-庞蒂发现，身体并不是一个简单地接受刺激的被动传导器，而是拥有一个属己的相对独立的体验领域，是刺激得以发生的场所。例如，"正常的功能应被理解为一个整合过程，在这种结构中，外部世界的原本（texte）不是被复制的，而是被构成的"，"感觉场的外部条件并非一部分一部分地决定感觉场，而仅通过使原有结构成为可能起着作用"。①

第二，身体的本源性。身体是不变的，因为身体"是出于作为时隐时现的物体的相对不变性的基础的绝对不变性。外部物体的呈现和隐匿只不过是在一个最初呈现场之内，在我的身体支配的知觉领域之内的各种变化"。② 而且，"我的身体始终为我呈现，并通过许多客观关系处在物体中间，使物体与我共存，使它的时间搏动在所有的物体中跳动"。③ 例如，在运动中，"我不需要寻找身体，身体与我同在——我不需要把身体引向运动的结束，身体一开始就达到结束，是身体参与运动"。④ 而且，身体是空间的原点（zero-point），"对我而言，我的身体在我看来不但不只是空间的一部分，而且如果我没有身体的话，在我看来也就没有空间。"⑤

第三，"身体图式"及其建构能力。所谓身体图式，是指在世界之中的身体姿态的整体，是一种完形。它"根据身体各部分对身体计划的价值主动地把它们联系起来"。⑥ 身体图式是我们在世的方式。它通过一种处境的空间性，包住自身。它也是背景和图形结构之间一个始终不言而喻的第三项，任何图形都是在外部空间和身体空间的双重视域（double horizon）上显现的。⑦

第四，身体的综合统一性。梅洛-庞蒂认为，身体好比艺术品，是以个体

---

① ［法］梅洛-庞蒂.知觉现象学［M］.姜志辉，译.北京：商务印书馆，2001：30，32.
② 同上书：128-129.
③ 同上书：129.
④ 同上书：131.
⑤ 同上书：140.
⑥ 同上书：137.
⑦ 同上书：138-139.

的方式存在,其意义只有通过一种直接的联系才能被理解,在向四周传播时离不开其时间和空间位置的存在。"我本身就是把这些腿和胳膊联系在一起的人,用莱布尼兹的话来说,身体就是其变化的有效规律……是我的手的动作的某种方式,包括我的手指的动作的某种方式,以及构成我的身体姿态的某种方式,把我的手的各种'触感觉'联系在一起,并把它们同一只手的视知觉和身体的其他部位的知觉联系在一起。"①而且,世界的统一性是通过身体的运动习惯而实现的,"一般的习惯也指出了身体本身的一般综合"。②比如,手杖可以成为我们身体综合的一种延伸,通过手杖,我们总是被引向一个物体,而不是引向在一系列的视角中作为不变者而被构造出来的物体。

第五,梅洛-庞蒂讲,作为运动能力或者知觉能力的体系的我们的身体,不是我思的对象,而是"我能",是被体验(lived through)着的意义趋向平衡的整体。他动态地描述:一旦新的意义纽结形成,我们的自然能力突然被聚集到一个更丰富的意义中,而这个意义之前在知觉场还是被模糊地预示着,或者仅仅通过一种缺乏才被体验到,然而,随着这个意义的到来逐渐清晰起来,我们的知觉场突然达到新的平衡。

二、身体的特性

身体具有不同于意识哲学或心灵哲学中心灵的特性和意义,主要表现在以下五个方面。

(一) 身体的先验性

法国哲学家亨利(Michel Henry)是梅洛-庞蒂同时代的哲学家,他批判"我思故我在"中主体、纯思的不完整性,认为"情感性才是自我性的本质",并把身体推到先验哲学阶段。在他的哲学中,存在着三种不同的身体概念。

第一,作为本己的身体。一般而论,人们常常认识到三种身体:作为生物学实体、有生命的存在、作为人体的身体;他们分别是科学的对象、日常知觉的对象和新形式的构成要素的身体。但是,哲学研究的身体应当是先验的身体、本己的身体,而不是物,"它感觉靠近它的每一客体,它知觉它的每一性质,它看它的各种颜色,听它的种种声音,吸它的味道,用脚测度大地的硬度,用手测度某一材料的柔软"。③ 亨利把身体向内回溯,赋予物质性躯体以生命,"生命不是某种东西,比如生物学的对象,而是一切事物的原则"。④

---

① [法]梅洛-庞蒂.知觉现象学[M].姜志辉,译.北京:商务印书馆,2001:188-189.

② 同上书:201.

③④ 杨大春.肉身化主体与主观的身体——米歇尔·亨利与身体现象学[J].江海学刊,2006 (2):31-36+238.

第二,肉身化身体。亨利直接从身体出发来理解人,把身体与纯粹意识辩证统一,把人与世界都理解为肉身化存在者。肉身化就是"拥有肉,进而,成为肉",身体是有生机与生命的,"身体,就其本性,属于生存范畴,是主体性自身的领域","人乃是一个肉身化的主体,它的认识定位在宇宙中,事物以透视的方式提供给它(而透视从它的本己身体出发调整方位)"。①

第三,主我的身体。不同于梅洛-庞蒂的经验的身体,亨利主张:

> 论及先验的身体,绝不意味着要作出一个可疑且无端的肯定。它要求我们理解这个问题的必要性时,作出坚定的回答:身体,这个属于我们的身体,即为我们与自我生命中任何其他意向性一样所知的身体吗? 此外,在现象学本体论中,身体存在必须承认自身与一般意向性的存在具有同等地位,与自我的存在具有同等地位吗? ——这意味着,我们只有认识到这些条件,才能考虑到一个居于人类实在之核心的身体存在——作为"主我"(I)的身体。②

也就是说,主我的身体用身体取代意识的主导地位,其广延不再是身体的本质;主我的身体必须从"我能"中探究主观身体的能力,尤其是运动和感觉活动。而且,身体的运动和感觉活动证明身体脱离了外在因果链条,"绝对主体性的个体在这个理论中找到其基础。根据这一理论,主体性的存在正是自我的存在。当自我的生命乃是身体的具体生命时,这一个体变成一个感性的个体。感性个体不是经验的个体,因为它不是一个感觉的个体,而是一个感觉活动的个体"。③ 亨利的先验身体主张存在论先于生存论,在此点上区别于萨特、海德格尔等生存哲学,提出,我们的身体生命不过是绝对主体性生命的一种样式;"我能"优先于具体活动,对本己身体的直接认识优先于它的表象的或客观的认识。并且,主观的生命把作为器官的身体维系在其统一中,超越的身体之统一乃隶属于主观的身体的绝对生命之统一本身。④

总之,亨利认为,先验的身体表现出的先验生命,是以各种形式表现出来的主体性的实际生命。⑤ 因此,"主观身体的源初存在,是在运动的

---

① Michel Henry. Philosophy and Phenominolgy of the Body[M]. Hague: Martinus Nijhoff, 1975: 8.
② 同上书: 8.
③ 同上书: 103.
④ 同上书: 163 – 167.
⑤ 同上书: 250.

先验内在经验中显示的绝对身体。这一源初身体的生命乃是主体性的绝对生命"，①它决定了器官的身体、客观身体等外在载体。"我就是我的身体"表明身体绝不受制于处境，而是其基础，表示我们与身体处于内在关系之中，是把肉放入主体而非客体之列，是绝对生命的"原理智"或"野性精神"，是混沌未分的原初状态。

（二）身体的文化性

第一，身体行为是符号化行为。梅洛-庞蒂和日常语言学派的奥斯丁（John Austin）、后期维特根斯坦一样认为，语言是一种真正的行动，是身体行为；反过来讲，身体具有符号化功能。人通过自身的身体，以及手杖、目光，在世界中达到意义的平衡。正是因为身体的符号化作用，儿童学习语言时，通过其身体的意向性，回到儿童的具体化生存中，仿佛语言不需要教授。但是，事实上，语言的密码包含在身体投射的言语活动之中。本质上，语言是一种身体行为、意向行为，向周围投射"在世界中"的处境。"含义给予言语以生机（animate），就像世界给予我的身体以生机一样：它通过一种隐隐约约的在场来唤醒我们的种种意向而不用在它们面前展开。"②言语即行动，言语的意义是一个世界。因此，语言的意义是语言与"身体世界""世界身体"发生关系后产生的，是与说话的主体，与某种存在方式，与会说话的主体指向的"世界"建立联系的。③

第二，身体书写是身体与身体之间的互动。在"作者死了""人死了"背景下，意识主体被身体主体替代。同时，结构主体对身体主体提出挑战，使身体主体变为"游戏"中欲望的表达。其结果是，一方面，身体理论发生了"文化转向"，例如，身体的功能性代替了主体性；另一方面，回归唯物主义的身体，例如，德勒兹的"无器官"的身体。具体而言，在德里达看来，阅读与文本就是身体与身体的关系。"结构产生愉悦，因为它产生欲望。解构一个文本就是揭示它如何作为欲望，作为对没有止境的延迟的在场和满足的追求而起作用。一个人不可能阅读而不向语言的欲望，不向始终不在此的、异于自身的东西开放自己。没有对于文本的某种爱，任何阅读都是不可能的。在每一阅读中，都存在着读者和文本的身体对身体关系，读者的欲望融入文本的欲望中。"④对应于心灵写作，身体写作主张，写作是留"足"而不是

---

① Michel Henry. Philosophy and Phenominolgy of the Body [M]. Hague：Martinus Nijhoff，1975：175.
② ［法］梅洛-庞蒂.哲学赞词[M].杨大春，译.北京：商务印书馆，2000：92.
③ ［法］梅洛-庞蒂.知觉现象学[M].姜志辉，译.北京：商务印书馆，2001：237-240.
④ ［法］德里达.书写与差异[M].张宁，译.北京：生活·读书·新知三联书店，2001：126.

"心"的痕迹,是欲望的弘扬,而不是心灵的思想舞台。它用触觉代替视觉在西方哲学中的核心地位。视觉中心主义哲学本身无法消融视觉哲学,而触摸的相互性就是"身体技巧"中文本嫁接和目光接触的无休止的游戏。这时候,文本成为身体消费的对象,探究文本的"我"成为文本拼贴的处所或一个功能要素而已。

(三) 身体的生产性

身体理论将身体视为本原,认为欲望具有心灵哲学、理性主义的"欲望自主性",能够进行生产和再生产,是相对于理性主义形而上学的颠倒的形而上学。

第一,身体从权力控制中回归其审美化生存的本原。福柯研究身心的权力策略,让身体回归自身。福柯关注围绕着身体的新的权力技术,研究对身体的矫正训练,以及如何把暴烈的身体力量转化为驯服的工具。包括监狱、学校在内的规训机构针对个体的身体进行权力控制与改造,"权力触及个体的细胞,通达他们的身体,并将寓于他们的姿势、他们的态度、他们的话语、他们的培训、他们的日常生活之中"。①

第二,身体是原始欲望的显现和生产。德勒兹认为,一方面,身体是野性和欲望的极度张扬,"无意识到处在动,有时不停地,有时不连续地。无意识喘息,无意识发热,无意识吃东西,无意识拉屎,无意识接吻……"。② 另一方面,身体是欲望机器,而不是意识形态的产物。德勒兹(Gilles Deleuze)和迦塔耶(Felix Guattari)认为,欲望的本体性体现在,欲望是一种生产,并能生产实在。欲望和它的客体是相同的,这就是"机器",作为"机器的机器"。"欲望产生实在,或表达成另一种方式。欲望生产和社会生产是一个同样的事情。它不可能给欲望以特殊形式的实在,并且假定精神的或心理的实在不同于社会生产的物质实在。欲望机器不是幻想机器或梦幻机器,而是应该可以区别于技术的和社会的机器。相反,幻想是次要的表达,源于在任何给定的情况下两种机器的共同本质。"③

(四) 身体性欲的原初性

梅洛-庞蒂试图通过对身体作为有性别的存在方式的描述,为我们而存在的时间或他人才能显现出来。传统上认为,在快乐和痛苦的经验之外,主体是通过其表象能力而确立自身的。胡塞尔在《逻辑研究》中仍然认为情绪

---

① [法]福柯.规训与惩罚[M].刘北成,杨远樱,译.北京:生活·读书·新知三联书店,2012:162.
② Gilles Deleuze and Felix Guattari. Anti-edipus: Capitalism and Schizophrenia[M]. Minnesota University Press, 1983:8.
③ 同上书:30.

(feeling)要建立在表象的基础上才能获得其意向性。海德格尔开始将情绪看作是mood(德语 Befindlichkeit),即此在存在的根本方式。与他们相比,梅洛-庞蒂则进一步强调性欲的原初性。

第一,身体有置身处境的意向性和意义。梅洛-庞蒂通过"在世界中的"意向性,明晰任何性欲减退都不能归结为某些表象或快感的减损。他认为,欲望的知觉不是指向笛卡儿意义上的纯思,而是通过一个身体指向另一个身体,是"在世界中"而非在意识中形成的。因此,身体表明我们总已经预先向他人、向世界敞开,这种"在世界中"的意向关系一直都自在自为着,不需要不依赖自我的主动筹划,而且,自身意识或纯思都是在这种情境中建构的。

第二,性欲与生存相互依存。在弗洛伊德看来,性本能是心理和生理主体置身于各种情境、通过各种体验确立自己和获得行为结构的一般能力。人正是通过视觉、听觉,通过性欲关注他人的身体。梅洛-庞蒂则把性欲纳入人的存在,认为,身体之所以能表达着生存,是因为身体直接实现着生存。一方面,身体是生存的现实性,身体生存至少建立了在世界上真正存在的可能性,缔结了我们和世界的第一个条约;另一方面,身体和生存互为前提:身体是固定的或概括的生存,而生存是一种持续的身体化。

第三,性欲将不同的主体连接,实现人的自由。例如,人的欲望、爱情与害羞事实上都与作为意识的人和作为自由的人发生关系。性欲与生存一样,是主动与被动的统一,是主动处理被给予的处境。

(五)身体性别的平等性

身体有生理性别的差异,却有社会性别之平等,后者在身体理论中具有决定性作用和地位。美国女性主义哲学家巴特勒(Judith Butler)提出著名的"酷儿理论"(queer theory),认为身体首先是作为生理性别表征场所而被建构,解剖学上的身体决定了生理性别,而社会性别像镜子一样反映生理性别,最后社会性别(gender)决定了性欲(sexuality)。

第一,"性"有自身内在的属性和法则,它是"不同于身体、器官、躯体定位、功能、生理解剖系统、感觉、快感的东西"。它被权力和知识话语生产和繁衍。进而,性别构造身体。身体经由性别分类机制的运转而被生产,因而"身体的物质性不应被视为理所当然,在某种意义上,它是通过形态学的发展而被获取、构筑的"。① 但性别的管制与规范物质化了身体的性别与差异,生产了可理解的有生命的身体,并且,权力话语通过二元性别体系最终

---

① ［美］巴特勒.身体之重［M］.李钧鹏,译.上海:上海三联书店,2011:52.

遮蔽了这个过程,例如初生婴儿被称作"他"或"她"。18世纪以来性的知识和权力机制是"女人肉体的歇斯底里化""儿童的性的教育学化""生育行为的社会化""反常快感的精神病学化"四种伟大的身体战略集合。

第二,身体与性的关系从对立走向相互依存。从生殖角度看,"女人被认为是贡献了物质;男人则贡献了形式"。柏拉图在《蒂迈欧篇》中将女性视为容器,女人既是物质的本源,又是孕育生命的场所。女性在政治上和精神上臣服于男性的等级关系。男人理性的身体试图将他的肉身去物质化,却"要求女人和奴隶、儿童和动物成为身体,履行它自己所不具备的身体功能"。① 然而,从时间的角度而言,身体与性之间的关系表现为主奴辩证法式的相互依存关系,身体的物质性在性话语当中积淀而成,没有先在的身体;从空间角度来看,物质性的身体和性之间是"域外"的关系。也就是说,一些知识范畴在空间上并不同存于一个位置,它们互为外在但互相影响;域外还可以成为一种思想策略,对事物的探究可以从外部进入内部,通过对可见物的考察来探寻不可见物。身体正是性的域外,是性的外部和可见的场所。

第三,在社会建构中,性别与身体"重复"或统一。巴特勒认为,仪式化使一个女人在这种大规模的、强制性的重复中创造历史和社会的现实,对规范的被迫重复,因而建构也具有限制性和约束性。总之,社会性别的平等表现在物质化身体的表达过程中:将身体重塑为动态力场以便从权力控制(regulatory)中脱离;述行不是由主体执行的行动,而是由话语来重复生产规范和限制;生理性别是文化规范作用于物质化身体的产物;主体作为言说的我(speaking I)来参与整个过程;异性恋规范在生理性别的形成及身份认同(identification)过程中起着重要作用,最终将非异性恋的性别身份排除。

三、身体教育人学:"杜威身体教育学"研究

在传统教育学中,身体首先是一种悖论性存在,因为教育试图在身心对立中强调意识、心灵的主体性,抹杀身体的教育作用、地位和价值,但在实际的教育教学中,教育离不开身体。简言之,在理论上教育和身体是对立的,然而在现实中是统一的。现代教育重新发现身体,关注身体,以身体为探究的对象,视之为教育的"栖居"之所。但是,综观目前的教育实践,身体的教育人学意义在理论上还未被充分认识,在实践中仍未完全获得解放。

(一)何谓身体教育学

当我们思考身体与教育关系的时候,自然会想到"身体教育学"这个词,

---

① [美]巴特勒.身体之重[M].李钧鹏,译.上海:上海三联书店,2011:31.

而且在国内有关"身体教育学"的提法以及相关的理论文章和实践也在
1990 年代末发端。① 国内相关的学术研究也渐次展开,出现了一批代表性
的论著。② 当然,在教育史上,从教育学诞生那天起,身体教育学就有"实"
无"名"地存在着。在教育思想史上,柏拉图的《理想国》在谈论哲学王的教
育时,主张开展体育,培养哲学王的勇气,然而柏拉图在理论上却抑"身"扬
"心",主张克制和摒除身体欲望,追求精神理性的理念世界。

在西方教育思想史上,首先真正重视身体教育,将身体置于教育学中心
地位的是卢梭。卢梭自然主义教育奉行在"自然的教育、事物的教育和人的
教育"三种教育中发展自然教育,即内在器官和才能的发展,其他两种教育
都是为了适应自然的教育。本质上,这种自然主义教育强调人的身体的动
物属性,也就是以身体为教育的中心,颠覆了柏拉图以来的以灵魂为中心的
教育学。

> 卢梭自然状态说的主要思想来源,是从其他动物行为中得到的证
> 明。使得卢梭把人的自然状态与动物状态等同的前提,在于近代自然
> 科学提供的对于自然和人在自然中地位的理解。人类不是永恒不变
> 的,不是神创的产物;人类的产生是机械的因果进程运作的结果,在长
> 时间的演进过程中,从较简单的生物演进出了更复杂的生物。……卢
> 梭关于自然人的看法与他对于更完善的政治秩序的看法之间的联系,
> 并不在于人的自然倾向(如同情心)指向人类社会,而在于人的天性的
> 最原始本性,这种最深层的东西才会为人类技术所选择。③

卢梭的身体教育学主要通过劳动来进行。"劳动和节制是人类的两个

---

① 福州华南实验小学校长张嘉泉曾在 2003 年《北大论坛》发表有关身体教育学的论文,但在
期刊网上无法查阅到该文。不过,张嘉泉提倡的身体教育学(somapedagogy)的观念颇有
新意。他主张,在教育过程中始终坚持把每个人的身体作为教育的出发点和中心点,而不
是以知识、技能或其他功利化的如应试等为目标;通过身体培养品格,又针对身体培养体
格;既成之以兽身,又养之以人心;既野蛮其体魄,又文明其精神;既保护孩子随心所欲的
天性,又通过教育习得做人处世的契矩之道;通过动静结合的身体训练,最终达到孔子自
述中所谈到的教育目标:"从心所欲不逾矩。"(http://baike.sogou.com/h69866710.htm)

② 相关文献有:刘良华."身体教育学"的沦陷与复兴[J].西北师大学报(社会科学版),2006,
43(3):43-47;李政涛.身体的"教育学意味"——兼论教育学研究的身体转向[J].教育理
论与实践,2006(21):6-10;闫旭蕾.论身体的德性及其教育[J].教育研究与实验,2007
(4):7-12;李忠,尹春玲.论身体教育——教育人学视域的身体及身体教育[J].当代教育
科学,2018(10):3-7+16.

③ [美]普拉特纳,等.卢梭的自然状态[M].尚建新,余灵灵,译.北京:华夏出版社,2008:
102-105.

真正的医生：劳动促进人的食欲，而节制可以防止他贪食过度。"①他主张，身体实践的道德教育才是真正的道德教育。例如，爱弥儿打破了门窗，那么就要接受惩罚，站在那扇门窗前，体验风吹雨打的滋味，从中体验和树立道德责任意识。在卢梭那里，与理性根据相比，选择欲望驱使的东西才是道德的东西；道德教育顺从人的自然本性，而不是服从外在的道德法则。

杜威的教育哲学，尤其是儿童中心说带来的哥白尼式教育革命是卢梭身体教育学的继承与发展。杜威首先非常直接地表达了身体的本体论。"学生有一个身体，他把身体和心智带到学校。他的身体不可避免地是精力的源泉；这个身体必须有所作为。""可以郑重地说，希腊教育所以取得卓越成就，其主要原因在于希腊教育从来没有被企图把身心分割开来的错误观念引入歧途。"②

（二）身体的本体地位

杜威的身体教育学表现了身体在教育行动中的基础性、根本性和彻底性意义，以及身体的生物性、社会性和语言性等特性。

第一，杜威深受生物进化论的影响，重视生物性身体在教育哲学中的奠基性地位。教育中的人的生物性身体具有其独特的生命，它"能为它自己的继续活动而征服并控制各种力量，如果不控制这些力量，就会耗尽自己"，"生活的延续就是环境对生物需要的不断的重新适应"。③ 因此，身体的积累和更新是人类社会及其经验的延续与更新，成为人类生活的发展基础，也成为教育的题中之义。"信仰、理想、希望、快乐、痛苦和实践的重新创造，伴随着物质生存的更新。通过社会群体的更新，任何经验的延续是实在的事实。教育在它最广的意义上就是这种生活的社会延续。"④

第二，杜威还强调身体通过沟通、游戏等获得并体现精神与身体的统一性。他认为，身体是能动的身体，是实现从非正规教育向正规教育转化的桥梁，"一个在身体和精神两方面真正单独生活的人，很少机会或者没有机会去反省他过去的经验，抽取经验的精义"；⑤身体体现了人的生成和知识发生的过程，"参与实际的事务，不管是直接地或间接地在游戏中参与，至少是亲切的，有生气的"，"低级社会所积累的知识，至少是付诸实践的，这种知识被转化为品性；这种知识由于它包含在紧迫的日常事务之中而具有

---

① ［法］卢梭.爱弥儿［M］.李平沤，译.北京：商务印书馆，2002：37.
② ［美］杜威.民主主义与教育［M］.王承绪，译.北京：人民教育出版社，2001：150.
③ 同上书：2、3.
④ 同上书：3.
⑤ 同上书：7.

深刻的意义"。① 同时,杜威发现,身体和语言之间有直接联系。"在文化发达的社会,很多必须学习的东西都储存在符号里。它远没有变为习见的动作和对象。"②

第三,杜威深知身体的社会功能就是人的社会化教育过程。在杜威看来,身体不是孤立的、物质化的身体,而是与周围环境和世界融为整体,具有连续性的"身体世界"和"世界身体";它们"不仅表示围绕个体的周围事物,还表示周围事物和个体自己的主动趋势的特殊的连续性","一个人的活动跟着事物而变异,这些东西便是他的真环境","环境包括促成或阻碍、刺激或抑制生物的特有的活动的各种条件"。③ 因此,在杜威看来,身体世界和世界身体的融汇,"不仅仅意味着消极的存在(假如有这样的东西),而是一种行动的方式,环境或生活条件进入这种活动成为一个起着支持作用或挫败作用的条件"。④更准确地讲,身体世界是依赖于"世界身体",也就是自然环境、社会环境和文化环境,进行适应、创造或变化的,完成学习和人的发展之教育目的。例如,杜威分析身体的冲动、痛苦、快乐与社会环境的关系时认为,正是因为后者,身体的冲动、痛苦与快乐才成为习惯、文化、知识的要素和动力。"要得到快乐或避免失败的痛苦,他必须以别人同意的方式行动。在其他情况下,他真正分享或参与了共同的活动。在这种情况下,他原来的冲动被改变。他不仅以同意别人的行动的方式行动,而且,在行动中,在他身上引起了激励别人的同样的思想和感情。"⑤因此,杜威的身体教育学要求,"第一步是设置一种环境,激起某些看得见和摸得着的行动方式,使个人成为联合活动的共同参加者或伙伴,使他感到活动的成功就是他的成功,活动的失败就是他的失败,这是结束的一步。一旦他受群体情感态度的支配,他将警觉地认清群体的特殊目的和取得成功所使用的方法"。⑥

归结起来,从卢梭到杜威,都认识到"身体"既是一个特殊存在,又是一个普遍存在;教育必须基于这样一个形而上学理论:"身体"是一个身体,身体的一切都是从身体出发的。详言之,身体的特殊性在于,身体的生物属性不能忽视,它的情感性、冲动性等特性会在具体的教育活动中显现出来,而且身体的意义体现在人与世界之关系中构成特殊的社会环境,即"世界身体"。"世界身体"体现身体的普遍性,人的身体与他者的身体的联合、沟通的形式和方法具有普遍性,而且每个人的身体都有与他者身体的相等地位

---

①② ［美］杜威.民主主义与教育［M］.王承绪,译.北京:人民教育出版社,2001:9.

③④ 同上书:13.

⑤ 同上书:15.

⑥ 同上书:16.

的体验,并经过有目的、有意识的选择,形成个人身体的特有经验。然而,更重要的是,那个产生于沟通与行动中的"世界身体"一旦形成,就具有超出个人身体经验和体验的普遍性,具有具体的个人无法意识到的巨大作用。"我们很少认识这种有意识的估计在多大程度上受我们根本没有意识到的那些标准的影响。但是我们一般可以说,凡是我们不经研究或思考而视为当然的东西,正是决定我们有意识的思想和决定我们的结论的东西。这些不经思考的习惯,恰恰是我们在和别人日常交际的授受关系中形成的。"①

（三）身体与人的发展

在身体教育学的意义上,杜威的著名命题"教育即生长"可以理解为"教育是身体的生长"。

第一,杜威认为身体的未成熟状态、未完成状态是儿童教育的先决条件。他认为,人类婴儿身体软弱无能,但还能继续生活下去,正是因为他们有社会的能力。也就是说,儿童生来就有的机制和冲动,有助于敏捷的社会反应。同时,这种彻底的无依无靠性质,暗示着身体具有补偿的力量;未成熟的人为生长而有的特殊适应能力,构成他的可塑性。人的可塑性乃是以从前经验的结果为基础,改变自己行为的力量,就是发展各种倾向的力量。没有这种力量,获得习惯是不可能的。②

第二,杜威肯定身体的本能和冲动的客观必然性及其教育意义。杜威认为,本能不是由分割的各个部分组成的,也不能还原为某一种心理或社会因素;它就是人的本性活动在社会情境中积极创造的过程和产物,即使明确的、独立的、原始的本能在一一对应的特定行动中都是自我明证的。恐惧、愤怒、仇恨、支配欲、自卑、母爱、性欲、合群、嫉妒都是一种事实,它们都是相应行为的结果。③ 另外,杜威认为,冲动是各种活动的始发点,这些活动按照冲动被运用的方式,分为各种各样的类型,根据它与周围环境的相互作用方式,任何冲动都可以组织为某一种性格。因此,冲动是一个活动再组织所倚靠的支点,冲动的存在是为了便于给旧习惯以新的方向,改变旧习惯的品性。④

第三,杜威认为,习惯是生长的表现。"习惯的重要性并不止于习惯的执行和动作的方面,习惯还指培养理智的和情感的倾向,以及增加动作的轻松、经济和效率。"⑤杜威总结说,生长就是教育目的。"学校教育的目的在

---

① ［美］杜威.民主主义与教育［M］.王承绪,译.北京：人民教育出版社,2001：21.
② 同上书：44－48.
③ Dewey, J. Human Nature and Conduct［M］. New York：The Modern Library, 2002：149.
④ 同上书：93－95.
⑤ ［美］杜威.民主主义与教育［M］.王承绪,译.北京：人民教育出版社,2001：52.

于通过有组织保证生长的各种力量,以保证教育得以继续进行。使人们乐于从生活本身学习,并乐于把生活条件造成一种境界,使人人在生活过程中学习,这就是学校教育的最好产物"①例如,教育中"重要的事情是注意儿童哪些冲动在向前发展,而不是注意他们已往的冲动"。②

第四,在杜威看来,教育的过程是基于儿童身体与世界的相互关联性、连续性和相互作用,而进行的一个不断改组、不断改造和不断转化的过程,"教育的过程,在他自身以外没有目的,它就是它自身的目的"。③

(四)身体与人的学习

第一,杜威的身体教育学强调身体是学的官能。他说,"教育并不是一件'告诉'和被告知的事情,而是一个主动的和建设性的过程","只要有东西加入人类的行动,就能提供日常上有教育意义的环境,就能指导智力和道德倾向的形成"。④ 为此,杜威强调不同于赫尔巴特从思辨心理学角度提出的兴趣。杜威认为,兴趣有三种含义,即活动发展的状态、预见的和希望得到的客观结果,以及个人的情感倾向。某种程度上讲,兴趣更多的是身体与世界的联合过程中的不断适应与发展,"从英文词源上说,含有居间的事物的意思——即把两个本来远离的东西联合起来的东西"。⑤ 而且,兴趣归根结底是为了每个人身心的协调发展和个性发展,"承认兴趣在教育意义的发展中的能动地位,其价值在于使我们能考虑每一个儿童的特殊的能力、需要和爱好"。⑥ 不仅如此,杜威并未从尼采的权力意志出发,强调身体与意志是学习中的形而上学基础,转而重视身体和意志的理智及其对学习的影响。"所谓意志,就是对待未来、对待产生可能的结果的态度,这种态度包括一种努力,清楚地和全面地预见各种行动方式的可能结果,并主动地认识某些预期的结果。"⑦

第二,杜威认为,身体活动就是学习本身。以往的理念论、机智主义、心灵主义等理论认为学习仅仅与心灵、灵魂或精神相关,甚而认为学习就是在灵魂中的回忆。杜威反对这种观点。他首先批判身心二元论及其产生的罄竹难书的不良后果,批判身心二元论者在某种程度上把身体活动变成一种多余的、阻碍认识的东西。"身体活动在某种程度上变成一种干扰。身体活

---

① [美]杜威.民主主义与教育[M].王承绪,译.北京:人民教育出版社,2001:55.
② 同上书:56.
③ 同上书:54.
④ 同上书:42.
⑤ 同上书:135.
⑥ 同上书:138.
⑦ 同上书:142.

动被认为和精神活动毫无关系,它使人分心,是应该和它斗争的坏事。"①杜威其次认为,一切视为用"心"学习的课程,必须有身体活动的参与,甚而身体活动本身就是学习的训练和过程。感官,包括口、眼、耳、手等器官的训练必不可少,一方面,感官是神秘的"管道",并通过它们把信息从外部世界引入大脑,从而使感官成为知识的入口和通道;另一方面,读、写、算等重要的学科必须进行肌肉的或动作的训练,这是把身体的感官视作知识从大脑带回到外部的行动管道。

第三,从身体教育学的角度,杜威反对把身体物化或机械化,并不是把身体视作物质世界的"通道""入口",而是认为身体本身就有超越于人与物、人与世界相互孤立、对立的能力,能够通过建立联系建构意义,让学生的身体成为"世界身体",在"世界身体"的联合、连续、改造中学习领会。杜威举例,"一个放风筝的男孩,必须注视着风筝,注意放风筝的线对于手的不同的压力。他的感官所以是知识的通道,并不是因为外界的事实不知怎么地'传达'到大脑,而是因为它们被用来做一些有目的的事情。他所看见和接触到的东西的性质和所做的事情有关,这些性质很快被理解,也就有了意义"。② 更彻底地讲,杜威认为,身体不仅具有生物性、动物性、社会性,而且具有精神性。这种身体的精神属性一旦形成,就会使身体具有自动学习能力。因此,杜威反复强调,"我们再说一遍,任何把身体活动缩小到造成身心分离即身体和认识意义分离开来的方法,都是机械的方法"。③

(五) 身体的规训与教育的民主

第一,杜威的身体教育学试图用身体活动,尤其是身体活动的纠错能力,建构和化解身体的规训。杜威反对身体能通过直观确立善恶,认为,"人类原始冲动本身既不是善的,也不是恶的,原始冲动或善或恶,就看我们怎样使用它们"。④ 这一点,与福柯的"身体教育学"有异同之处,福柯同样反对道德用外在的超验性标准来衡量,主张道德是从身体内部的生物学冲动出发,基于个体的规范,进行身体活动的结果,因此,身体是历史来源(Herkunft)、历史事件的"处所",铭刻着冲突和对抗,以及过往事件的烙印。

第二,就学校教学而论,杜威关注教学方式对身体规训的解放作用。他认为,身体与学生的切身体验、幸福目的相一致;必须批判身心对立,导致身体成为教学的额外负担。"学生的身体活动,并没有用来从事能产生有意义

---

① [美]杜威.民主主义与教育[M].王承绪,译.北京:人民教育出版社,2001:150.

② 同上书:151.

③ 同上书:152.

④ 同上书:121.

的结果的作业,却被视为令人蹙额的东西","学校中'纪律问题'的主要根源,在于教师必须常常花大量时间抑制学生的身体活动,这些活动使学生不把心思放在教材上","学生的身体受忽视,由于缺乏有组织的、有成效的活动渠道,突然爆发出无意义的狂暴行为,而不自知其所以然","所谓虚心谨慎的儿童,把他们的精力用在消极地压制他们的本能和主动倾向的工作上,而不用在积极的建设性的计划和实行计划的工作"。①

第三,杜威尝试用民主的理念和行动从制度及其伦理上克服教育中身体的规训状态。杜威认为,民主就是教育中身体获得自由的"良药"。其理由在于,民主与身体的情感倾向是一致的,"民主的社会既然否定外部权威的原则,就必须用自愿的倾向和兴趣替代它,而自愿的倾向和兴趣只有通过教育才能形成";②同时,民主作为一种共同交流经验的方式,能够发挥身体活动的作用和价值,也就是说,在身体交往中,"这些数量更大、种类更多的接触点表明每个人必须对更加多样的刺激作出反应,从而助长每个人变换他的行动。这些接触点使各人的能力得以自由发展,只要行动的刺激是不完全的,这种能力就依然受到压制,因为这种刺激必须在一个团体里,而这个团体由于它的排外性排除了很多社会利益","一个流动的社会,有许多渠道把任何地方发生的变化分布出去,这样的社会,必须教育成员发展个人的首创精神和适应能力";③此外,教育目的出于身体的需要,通过身体的活动,实现身体的解放。在杜威教育哲学中,因为教育是出于身体本身,而不是外在于身体的活动,因此教育本身无目的;只有教育中的具体获得者,即家长和教师才有目的,而这些具体教育者的身体活动就是教育目的和价值之所在,"一个教育目的必须根据受教育者的特定个人的固有活动和需要(包括原始的本能和获得的习惯)","一切知识都是一个人在特定时间和特定地点获得的",④"一个教育目的必须能转化为与受教育者的活动进行合作的方法"。⑤

四、身体教育学的反思与发展

当今的身体理论已经日趋成熟和完善,这与身体教育学研究的起步或初级阶段形成鲜明对比。这里,我们继续通过对杜威身体教育学的"过度诠

---

① [美]杜威.民主主义与教育[M].王承绪,译.北京:人民教育出版社,2001:150.
② 同上书:92.
③ 同上书:93.
④ 同上书:114.
⑤ 同上书:115.

释"，探讨身体教育学在身体理论的新视域、新方法和新理论下的反思与发展。

（一）身体教育学的比较研究

从身体理论的角度解读杜威教育学，无疑给我们打开了理解杜威教育学的另一扇窗户。在杜威的身体教育学中，身体肯定不是仅仅占有时空的、广延的生物体，而是具有生命的、整全的肉身。杜威最成功的论述是，从身体出发来论述身体，超越身心二元对立。他认为，身体是生物体和社会、文化的连续、互存、互动，甚而，身体是社会、文化和构成物。并以此理论为基础，树立"儿童中心"的教育理论，通过"教育即生长"等命题重新理解教育和开展教学。

当然，杜威身体教育学必须经受时间的考验。在杜威晚年及去世之后，哲学界出现了"身体理论"转向的浪潮，尤其是后结构主义和后现代理论的身体理论观。它们看到了身体在非理性方面表现出来的分裂、裂隙、否定、差异、间接、中介、延异等现象，为身体的野性思维正名。也有精神分析学派看到身体蕴藏的巨大能量，发现现代社会的生产与生活方式让身体的力比多服从于欲望经济原则，其产生的压抑机制抑制了身体的本能，或让本能受挫，产生恐惧与颤栗。哈贝马斯等哲学家研究克隆人等新的基因技术带来的伦理问题，担心在当代科学技术的干预下，未来的身体与人性将不再是真正属于人内在本质的东西，而是科学技术发明的产物。福柯将学校视为被"全景监视"控制的监狱，其微观的权力分析采用系谱学、话语分析等方法，剖析权力对身体的控制和生产。诚然，杜威身体教育学未像上述理论那么精致，对教育与社会的批判也没有那么深刻。但是，倘若回归、比较和重新解读杜威的身体理论及其身体教育学，我们会发现，他们之间有共识，在某种程度上，杜威身体教育学恰是杜威的身体理论和身体教育学的延续和发展。

（二）身体教育学的发展

第一，杜威和现代大多数哲学家一起，都反对身心二元论，主张身心的统一性。杜威在某种程度上也是一位心理学家，懂得心理意识的重要作用，因此，当时他是否尝试通过心理意识的活动和功能实现身心的统一性呢？这里不得而知，只能比较在他之后的理论是如何发展的。梅洛-庞蒂强调身体知觉中身体意向、身体图式的重要性，反映了身心的同一。甚而，澳大利亚哲学家纪登斯（Moira Gatens）提出融合二者的"想象身体"，也就是说，身体总是想象性的构造物。具体表现为：一方面，我们每个人都有一种身体形象，也就是无意识的身体形象或图形；另一方面，在幼年时，幼儿开始建构包含大量幻想元素的身体形象，幻想自己有超越现实的自控力和竞争力；此外，人们习惯于评估身体不同部位，赋予各自不同层次的情感意义，例如，大多数女性或许关心胸部和腹部胜过脚趾或脚关节。此外，在形成身体形象过程中，自然而然地使用公众对待身体生物特征的观念，因为这种有关身体的公众观念构成了社会性想象，反过来，社会性想象又构成了我们身体的"形象"。① 总之，想象的身体和身体意向、身体图式等一起，将身体从纯粹的物质性、生物性提升到精神性或本体性存在的地位，进一步佐证和解释了杜威的"教育即生长""教育即社会""教育即生活"等命题中的身体本体论。

第二，杜威身体教育学的核心是强调身体的社会性，包括语言在内的社会环境对身体的理性构建作用，然而社会和语言在杜威心目中就是出于沟通、通过沟通和为了沟通的功能性组织，因此试问：杜威是否有社会决定论的倾向？沟通与身体有关吗？梅洛-庞蒂的"世界身体"明确地说明社会就是"世界之肉"，而沟通就是身体的本能，"沟通的含义在深层次上总是情感性的，它仍然扎根于经验的感性维度，诞生于身体与其他身体协调的本能"。② 杜威强调超越人体器官的物质性，将其与周围环境的互动作为教学的真正目的，并详细阐述了具体情境下的具体活动过程，归纳起来就是身体的具体化活动。这里，能否用一个新的概念，即"具身化"，来概括呢？当然可以，"具身化"的前提是身体在创造具体空间时具有核心地位，"身体是知识嵌入的中心"。③ 所谓"具身化"，指身体具有双重的意义，既体验到世界上的生活，又成为知道世界的语境；在此意义上，身体不是一个客观对象，而是一个不断变化的、经历过的生活意义的集合，这是内在的、获得的和依赖于文化的。④ 杜威身体教育学的核心概念之一是"经验"，认为教育是经验的继承、改组与改造。根据具身化理论，经验就是文化，就是文化在身体中的铭刻。

第三，杜威的身体教育学在教育教学的各个方面都秉持积极的态度，主张建构性活动，在方法论上吸纳了社会达尔文主义的主张，有类似于波普尔的批判理性主义的实验主义精神。如果站在批判教育学的立场上思考，那么我们提出如下问题：身体是否有阶级对立的烙印？身体社会化过程中，意识形态是否使身体的本真性受到遮蔽？在消除了笛卡儿的身心二元论之

---

① Alison Stone. An Introduction to Feminist Philosophy[M].Cambridge：Polity Press，2007：74.

② Abram，David. The Spell of the Sensuous[M]. New York：Vintage Books，1996：74-75.

③ Meyer，M. A. Indigenous and authentic：Hawaiian epistemology and the triangulation of meaning. In N. K. Denzin，Y. S. Lincoln，& L.T. Smith（Eds.），Handbook of Critical and Indigenous Methodologies[C]. Thousand Oaks of Canada：Sage，2008：223.

④ 参阅：Heather Ritenburg，Alannah Earl Young Leon，Warren Linds etc. Embodying Decolonization[J]. Alter Native，2014(1).

后,身体教育学中的自我、主体在什么意义上与身体保持同一性? 基于身体本体论,大脑作为身体的一部分,是否意味着智力发端于身体的机能? 有关身心的问题已经在本章第一节有了相关论述,此处不表。批判教育学认为,有关身体的知识在本质上是有关儿童学习的社会化进步和实践的知识,其中身体蕴含的意识和欲望被赋予了具体的形式,被衡量、分配、挑战和改变;事实上,身体知识反映着更广泛的经济利益,文化导向和主题。另外,学校培育的、合理化的和授权的知识主要来自各个学科领域,并被理所当然地认为是来自"真理王国"的授权,是客观的、中立的,从而让教师和学校接受。继而,批判教育学通过批判话语分析,追问:谁说话? 谁的话语在编织"真理",主导和编造教育目的、课程与教学内容,从而影响身体的社会化知识和过程? 换言之,"真理王国"不断强化身体的规训,主张自我修养,保持完美品德,强调自主与责任,进行自我监督和控制,维护身体的愉悦状态等。对此,批判教育学认为,意识形态和权力的本性是利益和阶级在现实中的不对称性和占用性,因此教育是规训身体的重要工具,即使教育似乎具有超越现实的艺术性、道德理想和幸福原理,但也难以逃脱精致的、微观的、无孔不入的权力控制。

第四,杜威身体教育学的理想主义色彩与批判教育学的身体观并不矛盾。杜威在《民主主义与教育》中专章论述了劳动教育的重要性,而劳动在阿伦特、哈贝马斯等哲学家看来,仅仅反映人占有自然的主奴关系,是人为了自身的需要,遵从和利用自然的必然性,改造自然和征服自然,实现身体欲望的原始发泄。同时,杜威注重身体的社会性意义,并主要依靠沟通,也就是交往行动来实现,然而,批判话语分析,尤其是福柯、墨菲(Chantal Mouffe)、拉克劳的话语理论和霸权理论认为,沟通只是理想语境的身体处置,没有注意到语言在现实活动中的肉身化,也就是话语的意识形态建构。不过,幸运的是,目前已经出现较为成功地反驳上述两个方面批评的身体理论。一方面,法兰克福学派第三代领军人物霍耐特(Axel Honneth)认为身体在劳动的主奴辩证法中存在着追求承认正义,反映人与人之间关系平等,实现自爱、自重和自尊的承认伦理,同时,意大利哲学家阿甘本(Giorgio Agamben)在考察了亚里士多德的劳动、思考等概念之后,直截了当地说:"奴隶的劳作仅仅在于'使用身体',从这个角度来看,它与看、沉思和生命形象本身处在同一个档次上。"[1]另一方面,杜威的沟通理论和哈贝马斯的交往行动理论有共同之处,他们主张的话语民主是身体教育学的核心价值

---

[1] Giorgio Aganben. L'usage des Corps[M]. Paris: Seuil, 2015: 38.

观,虽然墨菲、拉克劳质疑话语民主的理想性,提出话语的领导权问题,但是杜威在身体社会化过程中强调理智与身体行为是一致的,借用哈贝马斯的话讲,身体的理智行动能力在现代社会还没有终结。即便阿尔都塞认为意识形态已经遮蔽了身体主体的显现,但是,巴迪欧用唯物主义的身体观重新证明,身体、语言与真理是一致的。"真理是无形的身体、无意义的语言、类属的无限、无条件的增补,它们像诗人的良心那样,'在空无和纯粹事件'之间悬延",因此,"除了真理存在之外,只存在身体和语言。"①

---

① Alain Badiou. Logics of World[M]. New York：Continum, 2009：4.

第六章　教育人学的时空论

　　一般情况下，人们认为，教育是人在具体的时间、空间中的一种社会活动，时间与空间是教育、经济、社会等活动进行的客观条件。本书提出，教育人学首先肯定时间、空间是人的活动，包括教育活动的必要因素和前提条件，无论人学研究、教育学研究和教育人学研究，都无法脱离时间与空间。然而，教育人学的原理性研究表明，时间、空间不仅仅是自然科学研究的主题，而且是人文科学、社会科学研究的永恒主题；它们不一定是具体的，它们可能是抽象的；它们不仅是客观的，而且是人的先天的、主观的能力和表现，充满了人文性、属人性，是社会生产和再生产的重要形式，关涉人的价值的实现，因此时间和空间具有重要的教育人学意义和价值。

第一节　教育人学的时空问题

　　乌申斯基曾言："时间和空间概念在我们身上形成的问题始终是形而上学和心理学中非常困难的问题之一。"①难道说，教育活动是在"一维时间＋一维空间"或"一维时间＋三维空间"中进行的？这似乎非常合乎人们对教育的日常看法。然而，这种始终从外在的、客观的时间和空间来理解教育活动及其要素、价值，偏离了教育的人文价值，简化了教育时空的理解。当然，在教育现代性问题中，线性的或工具的时间观和单向度的空间观不仅仅是人们看到和体验到的现象，而且是工具理性、资本逻辑、权力统治等产生作用的结果。

一、遮蔽心灵的线性化教育时间

　　育人活动进行于"一维时间＋一维空间"还是"一维时间＋三维空间或多

---

① ［俄］乌申斯基.人是教育的对象（上）［M］.郑文樾，张佩珍，等译.北京：人民教育出版社，2007，437.

维空间"这样的提问始终以外在的、客观的时间理解教育及其内容、方法和价值,简化和扭曲教育时间。当然,线性的或工具的教育时间观和单向度的、凝固的教育空间观不仅使人们停留于观察和经验的时空现象,而且是工具理性压倒价值理性,资本逻辑异化教育劳动,权力宰制生命产生的结果。

现代教育出现教育时间与自由时间对立。马克思曾言:"时间实际上是人的积极存在,它不仅是人的生命尺度,而且是人的发展的空间。"①教育作为育人、发展人的活动,其时间必然是育人、发展人的时间,因此不以育人为手段和目的的活动和时间,不是教育和教育时间。工具时间(或客观时间)和人文时间(或主观时间)有别,它是普遍的、可量化的、精确的、可交易的、不可逆的线性化时间。它利于教育时间结构的优化,调节教育时间密度和节奏,强化教育时间管理、提升教育时间功能、效能和效益。②工具时间主导下的教育时间以钟表和精密计时器作为标准测量工具,以钟点制、星期制、学年制等作为主要载体,以线性指向现实与未来,每一时间刚性嵌入另一时间或更大范围时间,具有同步性和区隔性等基本特点。③它尽力减除闲暇时间,进行精确、高效的规范和管理,成为一种现代制度安排。一方面,它产生积极影响,尽力让教育时间的节律与工具时间的节律保持一致,提高人的发展空间,"不仅提供了个体所需要的各种知识和能力基础,还帮助人们认识自我,发掘生命个体的潜能,从而使生命的力量得以凸显";④另一方面,这种精细规约的教育时间与现代工业社会和消费社会之效率社会、应试教育和功利社会的特性相吻合,去除人的自由时间,使教育参与者的时间碎片化、标准化;人的身心,甚而人的私人领域的生活与行为透明化;遮蔽和肢解教育参与者内在的、主观的体验、价值和意义。

教育时间的工具化、线性化带来教育生活世界和精神世界的危机。根据胡塞尔的理解,由工具化时间主宰的实证主义科学的理念还原为纯粹事实的科学,它们的危机表现为科学丧失其对生活的意义,与它的精神性、主观性、内在性、整体性、历史性等人性特性相悖逆。因此,必须奉行这样的态度和理念:尊重并实现对生活世界和生活世界中的对象之主观给予方式的"如何"进行首尾一贯反思的态度。⑤也就是重建生活世界及其源头的精神

①　马克思恩格斯全集(第47卷)[M].北京:人民出版社,1979:532.
②　孙孔懿.《教育时间学》出版十年反思与前瞻[J].江苏教育学院学报(社会科学版),2003(5):12-13.
③　胡振京.论现代性教育时间构建[J].教育研究,2014(8):135-141.
④　王栩.学校教育时间和空间的价值研究[J].教育科学研究,2019(11):93-96.
⑤　[德]胡塞尔.欧洲科学的危机与先验现象学[M].王炳文,译.北京:商务印书馆,2001:172-173.

世界或心灵世界。现代教育时间的工具化、线性化及其产生的危机,主要体现为客观时间裂隙处爆发的"瞬间时间"。其中,教育参与者难以追求"诗与远方",难以维系总体时间,难以追求富有诗情画意、充满人文情怀、充盈价值意义的、内在永恒的时间,沦陷于单向度的、效益最大化的、即时的、琐碎的时间。其中,人无暇追问"时间从哪里来,会向哪里去"这样的教育形而上学问题。受此影响,人追崇短暂停留的快乐、瞬间爆发的欲求,并以此代替长久的、内在的幸福体验。

主导教育时间的社会进化论或社会达尔文主义推波助澜,使心灵世界牢牢地受控于客观时间,似乎人的时间完全是线性发展的,只有顺从客观时间,我们的明天才会一定比今天好。① 教育时间应当是主体交互的、社会的、历史的发展空间。就社会时间而论,马克思通过研究社会必要劳动时间,发现创造剩余价值过程中现代时间的异化,发现并提出时间的本质是掌握和实现自由时间。现代教育时间观的异化在于,这种压缩的、速度的、效率的工具时间与人们主观内在具备的和感受的时间,即漫长的、宁静的、总体的主观时间的矛盾,它"改变了教育时间的利用方式,改变了教育的共时性特征,改变了教育的即时性特点,改变了学生对自由时间的支配权"。② 其重要后果是,现代教育时间压制教育空间,使二者的对立愈加激烈,推动教化向"规训"的转化。与传统教育中"师徒关系"相比,现代教育中的师生关系必然走向师生情感关系的疏离和对抗,显现为占有与反占有的单向度关系;教育的目的、手段、方法,以及教育内容、教育过程、教育评价具有功利化、碎片化、划一性、标准化等特性。这种无"人"的教育时间观意味着,它用"强的"工具化、线性化时间排斥教育时间的异质、多元和个体性,排斥他者,将人的时间意识拉平、失忆、无情,使人之本真流逝。

由是观之,从教育与人的发展关系看,现代教育时间遮蔽心灵,危及人的权利、幸福和自由,使人沦为追求"利益最大化"的"劳动力";从全球化进程来看,线性的、进化论的教育时间观把全球"扁平化",浓缩为"地球村",造成价值危机、生态危机、社会危机;把人的思想和行为高度"同一化",遮蔽了人的多样化、个性化和创造性,危及人类生存与正义。因此,客观的、外在的教育时间"既是我们强大的源泉,也是我们苦难的起点"。③

① 相关文献有:[英]齐格蒙·鲍曼.流动的现代性[M].欧阳景根,译.上海:上海三联书店,2002;[法]利奥塔.非人:时间漫谈[M].罗国祥,译.北京:商务印书馆,2000;[法]斯蒂格勒.技术与时间:爱比米修斯的过失[M].裴程,译.南京:译林出版社,2019.
② 谭维智.互联网时代教育的时间逻辑[J].教育研究,2017(8):12—24.
③ [西]萨瓦特尔.教育的价值[M].李丽,孙颖屏,译.北京:北京大学出版社,2012:18.

二、教育空间的非人性化问题

在非形式化教育阶段,教育空间的主要职能是为儿童提供庇护,回归到空间的"容纳""家园"及其延伸义"安全"等,传授一定的、基本的生存、生活技能。进入形式化和制度化教育阶段,教育空间的庇护功能让位给知识传授、社会教化、道德规训等工具性和社会性功能。同时,教育空间经历巨大的变化,从流动不定的、小规模的处所(space)到固定的、规模宏大的建筑群;从单一功能的学习场所到集学习、生活、工作、研究、生产等功能于一体的、分工精细的、交互联系的、体系复杂的"空间王国"。在工业化、信息化社会的影响下,教育空间的机械性、客观化功能逐渐占重要地位,同时也带来了现代性批判视野下的教育空间异化问题。也就是说,教育空间既是文化传承、礼仪教化的地方,是客观知识传授之所,又是意识形态灌输的场所,是权力/话语主导下的"监视"、社会阶层与权力再生产的特定区域。马克思的劳动"异化"理论、卢卡奇(Georg Lukacs)的"物化"理论、布尔迪厄的"区隔"、福柯的"圆形监狱"等,本质上是阐释空间异化的系列理论。把它们直接沿用到当今的教育空间分析,都是中肯的、适用的。直言之,教育空间的情感性、主观性等人文本性和情怀被其工具性、客观性以及权力监控淹没,处于空间现代性的危机之中,逐渐失去了空间的人学意义,面临丧失殆尽的命运。

在教育现代性的非人性化生产问题中,教育空间的生产,无疑是工具理性、资本逻辑、意识形态支配的结果。学校是文字出现后的产物,其中知识的抽象性与教育对象的独特性需要学校空间独立出来,成为一个相对独立于社会的空间。随着信息化、数字化时代的到来,教育资料的社会性、教育对象的日趋独立性,以及空间的交互性,使学校空间与社会空间交互渗透。① 同时,出现极端的现象:学校空间游离于教育的育人功能,变成类似于工厂—社会的场所,推进教育的产业化与商业化,使学校空间碎片化、效率化,因此学校成为社会机会、阶层的分配机构和调节劳动力市场平衡的储备装置,成为社会统治阶层和被统治阶层、城乡二元空间对立的再生产、再分配空间;通过空间的等级化排列,传输和生产社会等级观念与制度等。

现以家庭教育空间这个最富有原生态意义的空间为例。在古代社会,家庭空间是社会生产与消费的基本单位,强调家庭空间的血缘亲和性、相互

---

① Phil Hubbard and Rob Kitchin (Eds.). Key Thinkers on Space and Place(2nd ed.)[M]. London: Sage, 2010: 1-18.

关怀和共同谋生。在现代社会的教育中，家庭空间进入社会分配空间领域，逐渐受到资本逻辑的支配，变成可以资本化的空间、移动的空间，其经济化、社会化、公共化功能挤压、排斥家庭教育空间，或者说，家庭教育空间的诸多人性化职能被公共空间、社会空间取代，其作用和影响日益式微。在空间分配的影响下，无产阶级、工人阶级等底层阶级的家庭的空间甚而解体。在此情况下，马克思的人的全面发展理论主张给那些失去家庭空间的童工以一个公共空间，使儿童重新获得空间的整体意义。当然，教育空间的工具化使更多的家庭脱离庞大的血缘控制关系，成就自己的独立生活空间，使教育能够更有效地传递到每个家庭的私人空间。而且由于信息化和数字化的革命，家庭空间的范围超越了传统空间的束缚，使家庭空间的精神交流更加通畅，对反抗制度化教育中学校空间的威权和异化颇有助益。但是，极端的信息化、数字化助长了空间的工具性功能，改变了家庭固有的情感性、个体性、独立性，因此出现诸多自闭症、抑郁症乃至犯罪行为。

总之，教育人学的时间、空间问题是一个综合的问题，包括政治、经济、文化与社会等各方面。从个体的角度看，关涉个人权利、幸福和自由；从教育全球化的角度看，教育人学的时空问题关涉人类共同利益的正义问题。因此，"世界在变化，教育也必须变化。社会无处不在经历着深刻变革，这种形势呼吁新的教育形式，培养当今及今后社会和经济所需要的能力。这意味着超越识字和算术，以学习环境和新的学习方法为重点，以促进正义、社会公平和全球团结。教育必须教导人们学会如何在承受压力的地球上生活；教育必须重视文化素养，立足于尊重和尊严平等，有助于将可持续发展的社会、经济和环境方面结为一体。这是人文主义教育观，是根本的共同利益"。①

第二节　敞亮并忠实于心灵本身的教育时间

时间"是我们最具特色、最具决定性也是最让人恐慌的发明"，②不仅是自然科学研究的主题，也是人文科学、社会科学研究的永恒主题；既是具体的，也是抽象的；不仅是客观的，而且是主观的，充满了人文性、属人性；是社会生产和再生产的重要条件和形式，关涉人的社会价值的实现。时间是教

---

① 联合国教育、科学及文化组织.反思教育：向"全球共同利益"的理念转变？[R].北京：教育科学出版社，2017：3（序言）.
② [西] 萨瓦特尔.教育的价值[M].李丽，孙颖屏，译.北京：北京大学出版社，2012：17.

育的重要的条件、手段和内容，"从教育这一角度看，我们不是随着世界诞生，而是随着时间成长"。① 而且，在教育现象学看来，"教育即时间"，教育是作为人的先天形式和先验能力的时间的显现和生成，育人的本质就是使时间之所以为时间的时间性存在。在此背景下，"教育时间"不是现实世界中教育经验和活动持续的、具体的、可计算的周期或长度，而是教育参与者心灵世界的永恒显现和育人活动中历史时间意识的主体生成过程。当今，教育时间的境遇和危机呼求回归教育时间的人性特性和本质，解放心灵，让心灵敞亮。

一、转向内在灵魂的教育时间

现代教育是有计划、有组织、有意识地以影响人的身心发展为直接目的的社会实践活动。这至少说明，教育应该直接指向人的身心发展，特别是统一身心的灵魂。因此，在教育现象学看来，教育时间首先是转向人的灵魂的内在时间。

（一）"灵魂转向"的时间

在自然科学发展史上，客观时间是将时间和物质运动联系起来，指在一切物质运动过程中的持续性和不可逆性等共同属性。其中，持续性包括过程的因果性和不间断性；不可逆性则指过程不能重复，无法折返。牛顿（Isaac Newton）把时间最终定义为数学上的量，同时描述其为一个被神秘气息覆盖着的客体，是独立于任何物体，在一切之上的绝对存在，颇有宗教神学之意。爱因斯坦（Albert Einstein）将时间描述为一个为了完整地而不是模棱两可地描述的事件，而且这个事件应置于一个参照系中。若然，现代科学的时间观已经发现客观时间是相对的、偶然的、不确定的，它并不是线性的、封闭的、永远进步的。

在哲学发展史上，本真的时间观始于从客观时间观向人性的时间观的转变。古希腊哲学从自然哲学转向"人的哲学"，意味着，时间的意义必然从属于"事物"的"物性"转向属于"人"的"人性"。芝诺（Zeno）悖论揭示时间是作为无穷连续统的根本问题，还有自然哲学的意蕴。然而，柏拉图认为时间是神制造的一个运动着的、依数运行的永恒影像，并且它与存在不具有对称性，因为后者是永恒的，而前者把生成、变化和消亡带入存在之中。亚里士多德认为时间虽然离不开运动，但其本身不是运动；灵魂是时间出现的前提，因为时间通过计数者心里的理性能力进行计数；时间不是存在的事物，

---

① ［西］萨瓦特尔.教育的价值［M］.李丽，孙颖屏，译.北京：北京大学出版社，2012：17.

例如现在既是永远同一的，又是始终不同的（悖论）。因此，奥古斯丁总结，时间的不确定性证明时间的精神性。

启蒙时期，哲学家们发现时间不仅为了人的意义而生，而且就是人的先天形式和先验能力。莱布尼茨（Gottfried Wilhelm Leibniz）曾言，时空是现实的规定或关系，时空分别是"一种关系，一种次序"，从事物的关系得来的经验表象就是时空表象，它们分别代表事物的并存关系和连续关系。但真正把时间提升为人的主观先验能力和超验形式的，是康德。他定义时间为归属于人心的主观性状的直观形式。"时间只是我们（人类的）直观的一个主观条件（这直观永远是感性的，即限于我们为对象所刺激的范围内），它超出主观就其自在来说则什么也不是。"①时间和空间是人的感性认识的先天必然条件。时间不是经验性概念，不是独立存在的东西，也不是附属于物的客观规定，因而不是抽掉物的直观的一切主观条件仍然还会留存下来的东西；而是先天被给予的，为一切直观奠定基础的必然表象，是内部现象（我们的灵魂）的直接条件。更通俗地讲，时间只不过是内部感官的形式，即我们自己的直观活动和我们内部状态的形式；它不是什么推论性的，或如人们所说普遍性的概念，而是感性直观的纯形式。

在康德看来，时间和空间都属于人的纯粹直观，其中时间属于内直观，空间则是外直观。内直观是内在的、整体的、一般的、普遍的、形式的，它包含统摄不同表象于一个表象之下的无限能量。外直观也是内在的，但它是观念的。相比较后发现，在康德哲学中，时间首先优于变化，"变化的概念以及和它一起的运动（作为位置的变化）的概念只有通过时间表象并在事件表象之中才是可能的"。② 其次，时间优于空间。外感官的一切大小的纯粹形象是空间；而一般感官的一切对象的纯粹形象是时间。③ 最后，时间具有构造能力。在体现"先验的时间规定"的先验图型中，康德认为时间既非形象也非概念，只有回到再生的和先天的想象力，才好领会到时间的构造能力，包括直观中领会的综合、想象中再生的综合和概念中认定的综合。

（二）主观世界的教育时间

教育学史上，教育学家已经体验到时间的主观性。乌申斯基曾言：时间恰好有这样一种特性，即我们越是聚精会神地测量它，它就拉得越长，于

---

① Immanuel Kant. Critique of Pure Reason[M]. London：Macmillan St Martin's Press, 1970：78.

② ［德］康德.纯粹理性批判[M].邓晓芒，译.北京：人民出版社，2001：35.

③ 同上书：141.

是紧张等待中的分分秒秒就会变成整个的小时,而在积极的活动中整整几个钟头都会觉得好像是几分钟一样。① 然而,教育现象学主张,主观性恰是教育时间的本性。

第一,教育时间超越客观时间。通过康德对时间概念的描述,可以看出,时间是认识一切客观事物的基础。它作为人类知识的可能性条件的特殊地位,不仅仅是数学之所以可能的、直接的先天条件,而且是自然科学之所以可能的、间接的且不可缺少的先天条件,也就是作为时间图型而使知性范畴能够作用于经验对象上的中介条件。相应地,教育作为人类重要的认识和实践活动,并不排斥客观时间,而是通过客观时间的先天普遍条件,还原到不可量化的时间体验,发现客观时间之外的时间经验,体现教育的超越性本质。

第二,教育时间孕育于理性或灵魂。柏拉图认为教育作为"爱智"的活动,必需"灵魂的转向",脱离欲望,实现理性统治下的"时间正义","如果作为整体的心灵遵循其爱智部分的引导,内部没有纷争,那么,每个部分就会是正义的,在其他各方面起自己作用的同时,享受它自己特有的快乐,享受着最善的和各自范围内最真的快乐"。② 深受康德哲学影响的发生认识论创立者皮亚杰(Jean Piaget)认为,教育的时间是主体之灵魂同化经验的系统结构和理性发展过程,也就是学习过程,"经验决不简单地是'阅读'或被动的记录。他总是被主体同化到他自己的结构图式之中","至于这种结构,不单是语言的表达方式,而是来源于主体自己动作的最普遍的协调系统","结果形成经验知识的客观性","反省抽象,导致逻辑数学结构的建立"。③

第三,教育时间呈现人的自由意志和价值意义。康德没有在内直观的时间观基础上论述教育的时间意义,而是从实践哲学出发,阐明教育作为让人成其为人的规训和教导活动,发挥主观时间与灵魂的转向功能。他认为,规训使人摆脱、超越人的动物性和经验性,教导则基于人的自由意志范导人的行动,专心致志,铸造灵魂,养成人性,显现教育的时间意义,发现它"早已暗含于视觉、听觉、触摸、被触摸,以及与世界的接触的前反思性的反思中,早已暗含于对以上所经验的现象性的反思之谜中"。④

①　[俄]乌申斯基.人是教育的对象(上)[M].郑文樾,张佩珍,等译.北京:人民教育出版社,2007:437-448.
②　[古希腊]柏拉图.理想国[M].郭斌和,张竹明,译.北京:商务印书馆,1986:377.
③　[瑞士]皮亚杰.皮亚杰教育论著选[C].卢濬,选译.北京:人民教育出版社,2015:15.
④　[加]范梅南.实践现象学:现象学研究与写作中意义给予的方法[M].尹垠,蒋开君,译.北京:教育科学出版社,2018:5.

第四,教育时间融会本真的、生成的存在。如果说灵魂是时间的"深层语法",那么时间则是教育的本真体现。倘若育人活动完全接受客观时间的控制,不仅使人物化、异化,而且背离时间的本质。线性、工具性时间观主导下的教育需要"提问""唤醒""领会",追问:"人主观体验的'绵延'(during)是否就正是时间本身呢?"倘若如此追问,时间的人文性、主观性才了然于胸,教育中的人才会作出自由选择,解放自身于线性时间的蒙蔽,避免成为客观时间的规定者,不再接受线性时间的安排,沉沦于重复的、机械的、单一的、无情的客观时间。

二、面向完整心灵的教育时间

"教育是人与人精神的契合",①教育参与者进入人的时间里面,进行意义的、灵魂的交流。其间,时间作为人的价值体现,是人的意义的"赫拉克利特河流",是在宽阔、深厚的、永不停息的意识世界里面,充盈、闪耀、显现人的丰富的、完整的内心世界。

(一)"面向内在时间意识本身"

在"教育"的拉丁文 educare 中,前缀"e"和词根"ducare"分别指"出""引导",合起来则为"引导出"。它预设了先天的、完整的心灵的存在及其无限创生的能力。在教育现象学看来,教育发生于"绵延的""赫拉克利特河流"般奔腾不息的内在时间意识。如果说现象学必须"面向实事本身",那么教育时间必须"面向内在时间意识本身"。

在教育现象学看来,教育时间主要是先天的而不是经验的,是本质的而不是事实的。胡塞尔认为,时间并不是某个特定事物的时间,而是人的纯粹内在时间意识,是完整的、持续的、立体的、无限的、运动的、形式的内在时间意识。内在时间意识作为一条永不停歇的"赫拉克利特河流",包含三重结构:原初印象(primal impression)、滞留(retention)和前摄(protention)。它们在每个意向活动中共同发挥作用(见图 6-1)。② 例如,以倾听一段旋律为例,对于旋律的每个当下时段、每一个现在发声的音符,都具有一个唯一对应的原初印象指向它。同时,存在着在当下之前原初印象和之后的旋律的原初印象。内在时间意识伴随的滞留是刚发生阶段的意识,如刚刚消逝的旋律和的音符,前摄则是将要发生阶段的不确定的、开放的、预期的、令人惊异的意向。三重结构汇聚成立体的、生生不息的内在时间意识"洪流",其

---

① [德] 雅斯贝尔斯.什么是教育[M].邹进,译.北京:生活·读书·新知三联书店,1991:2.
② [丹麦] 扎哈维.胡塞尔现象学[M].李忠伟,译.上海:上海译文出版社,2007:88.

中的任何一点都是三重结构的立体叠加,寓示任一时刻都孕育或涵括人的
记忆、呈现和想象等能力,而且内在时间意识是永不停息的、当下的显现,
"当下"的英文 present 即"显现"(present)。它意味着,内在时间意识只是一
个自我维系的永恒的当下(见图 6-2)。①

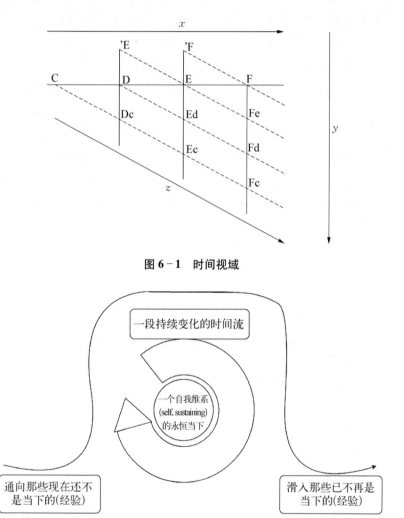

图 6-1 时间视域

图 6-2 一个自我维系的永恒当下

　　教育人类学的时间观即使发现了时间的主观性,也没有完全脱离时
间的经验性,并认为,"从人的生活中具体度过时间的方式出发","它随
着生活着的人的精神状况的不同而不同","学习正确地利用时间,精明地

①　陈巍,李恒威.胡塞尔时间意识结构的神经现象学重释[J].哲学动态,2014(10):101-108.

珍惜时间"。① 在教育现象学看来,教育时间是用哲学思维方式把握的,具有绝对被给予的、自明的、自给自足的纯意识,具有绝对的普遍性和先天形式。奠基于此、始基于此,"一切都在一切之中,正是此意,它是指导力量的自我循环",②才使教育成为可能,"作为一种深思熟虑和具有社会必要性的传输集体记忆和创造性想象力的方式,教育与时间有内在的联系","任何学习都会与时间意识相关联,或是对时间意识的回应"。③

(二)"忠实于教育内在时间意识本身"

第一,在教育现象学看来,教育时间的完整性在价值意义上指生命总体或"总体人"。"生命是完整的,它有着年龄、自我实现、成熟和生命可能性等形式,作为生命的自我存在也向往变得完整,只有通过对于生命来说是合适的内在联系,生命才能完整。"④正如海德格尔所言,时间性就是时间之所以为时间的特性,时间性即人的存在。这里的时间性强调了人的存在价值的完整性,虽然作为经验的、部分的、事物的时间的展现形式是多样的、变化的、可观察的,但是,就作为体验的、存在的、价值的时间而言,其意义的内在性、主观性和整体性不可见、不可知,更不可分割。在工业社会迅猛发展时期,卢梭毫不吝惜当时颇为珍贵的手表,恨不得扔掉它,让人类自己重新成为时间的主人。也就是说,卢梭意识到当时的工业时间对作为总体的人的时间性的渗透、分裂与控制,因此主张将儿童放回到具有完整时间的自然中接受教育,独立体验自己的时间性存在。

第二,教育时间的完整性意指教育时间的丰富、多元和独特。教育人类学比自然科学更能把握时间的属人性,认为真正属于人的自由时间是人处理好人与时间的关系之后"'给自己留下时间',给教育'留下时间',让每件事情'得到一段适当的时间'"。⑤ 但是,其时间观的实质,仍是具有具体内容的、现实的、客观的时间。教育现象学不止于此,它突破客观时间,在"到时"的"瞬间"绽出人自己的永恒的、自由的时间,呈现出循环的、可逆的、多方向的、非线性变化的特性,体验和发现生命的美好与纯真,如斯,教育时间"更像是一个闪烁不定的幽灵。生命的每一次瞬间闪烁都是美的,即使是一次无聊的闪烁",⑥故此,"时间哲学问题是在'瞬间哲学'问题中凸显

① [德]博尔诺夫.教育人类学[M].李其龙,译.上海:华东师范大学出版社,1999:90.
② [法]朗西埃.无知的教师:智力解放五讲[M].赵子龙,译.西安:西北大学出版社,2020:37.
③ [西]萨瓦特尔.教育的价值[M].李丽,孙颖屏,译.北京:北京大学出版社,2012:18.
④ [德]雅斯贝尔斯.什么是教育[M].邹进,译.北京:生活·读书·新知三联书店,1991:37-38.
⑤ [德]博尔诺夫.教育人类学[M].李其龙,译.上海:华东师范大学出版社,1999:90.
⑥ 尚杰.消失的永恒与瞬间之力量[J].世界哲学,2016(3):32-41.

出来的,而'瞬间'中的哲学问题,其实是关于区分、差异的哲学问题,或者说,是关于多样性的哲学问题"。①

第三,完整的教育时间性必有人的主观能动性,具有的无限生命力。教育现象学具有唯心主义或观念论的本质,"和唯物主义相反,唯心主义却发展了能动的方面,但只是抽象地发展了,因为唯心主义不知道真正现实的、感性的活动本身的"。② 这里,马克思对唯心主义的批判恰好揭示了唯心主义的主观能动性。当然,在教育现象学看来,不能忽略教育时间意识具有构造本己的东西或内在于意识的对象,将它看作陌生的或超越意识的存在,并在现实中发挥具体作用。虽然现实中的教育时间似乎表现形式多样,但是,其本质不仅是"抓紧",更是一种当下的"选择",即显现人的选择性存在,正如萨特所描述的那样:人活在这个世界上,只能以某种方式生活,你必须有所选择;人看起来似乎有选择的自由,但是人没有免于选择的自由,而且,"所有的显现、所有的了解和意欲,过去和将来将成为永恒语言的历史当下的范围。属于当下的只是它自身"。③

三、诞生于历史处境的教育时间

教育现象学主张,"教育是在每一个体身上重演的过程",④教育时间是在具体的、历史的、现实的世界中心灵与心灵的相互影响、交相辉映,"重新找回这种与世界的自然的联系","是对'自然的世界概念'和'生活世界'的一种解释",⑤以及置身这种历史处境中主体的绽出、出离和创生。

(一)此在的教育时间

在历史处境中,"此在"(dasein)从终极的意义上就是时间性。何谓时间性?海德格尔认为,时间性是异于时间(包括空间与空间性)的时间本质。在历史处境中,此在存在只能在时间中展开自己,"在世界中"必须通过时间展开其结构性,因此时间是阐释存在的地平线,时间性就是存在本身。生存或此在通过时间中的追问发现生存的条件和生存论关系,并表现为抓紧和耽误两个特性。人的个体性存在,即此处的此在,是一种可能性、选择性、整体性。而且,此在=能在=本真的存在,此在的决断奠定在良知的基础上,而不是认知基础上,不是建立于认知的完整的条件基础。决定的本真含义是

---

① 尚杰.消失的永恒与瞬间之力量[J].世界哲学,2016(3):32-41.

② 马克思恩格斯选集(第一卷)[M].北京:人民出版社,1972:16.

③ [德]雅斯贝尔斯.什么是教育[M].邹进,译.北京:生活·读书·新知三联书店,1991:39.

④ [德]雅斯贝尔斯.时代的精神状况[M].王德峰,译.上海:上海译文出版社,2003:117.

⑤ [法]梅洛-庞蒂.知觉现象学[M].姜志辉,译.北京:商务印书馆,2001:1.

在不知道结果的基础上的一种选择类型,其前提和结构都不清楚、不明朗。这里的良知(conscience)是和道德相联系的,凭借内心就知道并能够判断好坏,不介入推理而先天就知道的。此外,时间性包括本真的时间性与流俗的时间性。本真的时间性作为人的本质,意味着,此在是有限的、在时间中展开的,因此此在是历史性的,是让历史成其为历史。

在历史处境中,此在之时间性、历史性的教育时间意义在于,教育时间首先是主体诞生的事件。在历史处境中,教育时间突破连续的、加速的、均质的客观时间的控制,在事件而非事实中显现人的存在,表现为"属于这类事件的有威胁生命的重大危机,突发的对新的高级生活的向往,使人摆脱无所事事状态的号召和告诫,以及对今后生活起决定性作用的遭遇等"。① 这种非连续性形式的教育时间意味着,教育主体无法在客观时间的教育过程和教育实践中成就自己,必须意识到"教育之弱",意识到任何教育活动都有风险,"只有接受这种风险并视其为积极的事物——它恰恰属于'名副其实'的教育"。② 在此过程中,教育参与者必须打开主观世界的大门,与客观世界、社会世界交互作用,在"例外"状态、惊异、选择引导下,体验和探寻教育时间的奥妙和意义,领会人自身的奥妙和意义。更重要的是,教育参与者遭遇新的、出乎预料的、重大的、令人痛苦的生活存在经验,经受考验,必须突破客观世界中存在的客观的、显性的知识,逼迫教育参与者陷入各种可能的冲突中,"有义务"作选择,体验生存的艰难,渡过难关,成为他自己,"一种认真对待自己使命的教育必须引导成长着的一代人与精神世界的人物进行这种决定的遭遇,所有的教学都要以此为方向"。③

(二) 出离的教育时间

在历史处境中,"被抛"于世的个体偶在在感性时间结构中出离(excendence)。就海德格尔的死亡哲学而言,此在与死亡勾连,其可能性受到死亡的限制,标志着可能性的整体是以死亡为标志,所以死亡的可能性整体就是此在,此在从死亡、悬欠等可能性整体进入真正的时间。海德格尔把烦/此在的领会、现身与沉沦三个环节与时间的曾在、将在和现在三重结构一一对应。烦必须在时间的三重结构中展开,但每一个基本环节都有两个样式:本己的、固有的或真正的、本真的状态;非本真的状态。本真的时间状态为"到时"(德语 zeitigen),指某某东西发生、造成(的时机),具有涌出、

---

① [德] 博尔诺夫.教育人类学[M].李其龙,译.上海:华东师范大学出版社,1999:56.
② [荷] 比斯塔.教育的美丽风险[M].赵康,译.北京:北京师范大学出版社,2018:3.
③ [德] 博尔诺夫.教育人类学[M].李其龙,译.上海:华东师范大学出版社,1999:8.

出现等意义。更准确地讲,"到时"指出离(德语 das auevsich)、绽出(德语 ekstasea),永不停息地出离自己,朝向他者运动,不断绽出的创造性过程。

在历史处境中,教育时间是主体"到时""出离"中的询唤。在教育现象学中,"教育"(educare)的"引出"之义不仅意指内在时间意识之真理、良心和正义的"询唤"(interpellate),心灵世界之本质的"唤醒",而且意指在教育的不可能性事件中对谬误、堕落和犯罪的"告诫""号召"。教育时间意味着"我们就是自由,我们是被命定为自由的人",①需要"灵魂的眼睛抽身返回自身之内,内在地透视自己的灵肉,知识也随着整个的灵魂围绕着存在领域转动,因此教育就是引导'回头'即顿悟的艺术"。② 同时,历史处境中的人无法知道自己的本质和能力,必须去尝试,应付各种处境,明晰选择的严峻性和必要性。"没有一个人能认识到自己天分中沉睡的可能性,因此需要教育来唤醒人所未能意识到的一切。"③此外,在历史处境中,教育时间是有限的、历史的和独特的存在,它正是个体在面对各种可能性,包括消极的可能生活、多元和差异的世界时,对自己行动的开端的呼喊与后果的谆谆告诫,以及对个人勇气的、积极进取的号召,因此教育时间的主体是在"断裂的""中断的"事件中的询唤,它"不应该把教育的创造'行动'理解为让本质得以存在——一种形而上学的运作——而是为本质带来(或者更好的表达:呼唤来)生命"。④

(三) 创生的教育时间

在历史处境中,此在的时间性是一种忠实于事件的非连续性存在,"在人类生命过程中非连续性成分具有根本性的意义,同时由此必然产生与此相应的教育之非连续性形式",⑤个人因此才成为历史的、教育的主体。不同的时间观是忠实于事件(非事实)的历史现象学和生命意志的涌现。历史上,尼采提出类似佛教的永恒轮回,但他更注重现在,认为是现在努力把过去与将来关联起来。康德、胡塞尔注重时间脱离于经验的、在意识中的构造。海德格尔注重"将在""到时",认为"将在"的降临或显现使此在瞬间"生存""生成",这与中国农业社会和传统儒家重视过去是完全不同的;"到时"可以与传统马克思主义革命理论的时间观联系起来,革命试图打破目前的"工具时间"秩序在现实的、特定的、具体的、历史的"在世界中"爆发,并视"革命"为未来(代表真理、共产主义理想社会)的降临。梅洛-庞蒂将时

---

① ［德］雅斯贝尔斯.什么是教育［M］.邹进,译.北京:生活·读书·新知三联书店,1991:41.
② 同上书:14.
③ 同上书:65.
④ ［荷］比斯塔.教育的美丽风险［M］.赵康,译.北京:北京师范大学出版社,2018:196.
⑤ ［德］博尔诺夫.教育人类学［M］.李其龙,译.上海:华东师范大学出版社,1999:8.

间理解为将来与过去的双向运动,虽然将来与过去都是一个活生生的"呈现场"的活动,但不具有同时性和遮蔽性,不构成循环。

在历史处境中,教育时间忠实于非连续性事件,表现为"介入"。历史处境意味着,倘若教育时间是客观的、普遍的,不需要人的介入,那么教育时间就是自我运行的、与人不相关的事物。然而,巴迪欧认为,介入是时间理论的硬核。"当时间被认为是两个事件之间的间歇,假如时间和结构有不同外延,假如时间不是法则的意义形式,那么时间就是介入本身。"①当然,这种客观现象学适用于教育时间的主观现象学。教育时间首先不是介入的必然的历史性中可衡量的环境,而是建立在人的介入能力基础上的,表现为欲望、恐惧、高兴、焦虑等身体现象和"人类来到当下的存在和持续来到当下的存在之方式"的理解和行动。身体的显现,以及描述、理解、行动等人的介入能力通过把自己建基在历史性事件之呈现的循环上面,从而把教育时间的主体从世界中区离出来,而且在介入之间不断涌现的、足够数量的非存在,以非连贯表现的、不可表现的和非法则的形式造就了存在自身之为存在。因此,历史处境中的教育时间意味着,"为了存在的事件,人们必须能够把自己安置于其他事物的结果之中",②教育时间是"一种针对'正常'秩序进行中断并使其尽可能保持开放的教育","不是'强'教育,在任何意义上它都不能保证自己的'结果',它甚至在面对主体化问题时承认自己的软弱性",③因为,没有事件的天使般征兆发生,没有介入能够按照原始事件或者彻底的开端来进行,任何新的事物都是相对的,都是作为现存秩序的"灾难",整个努力都在于听从事件的结果,而不是夸大其诞生。若然,教育时间的原则自始至终围绕矛盾表现,从而知道它怎样内在一致于教育命运、教育行动,而不是教育客观、教育宿命。

最后,在历史处境中,忠实于非连续性事件还意味着,教育时间在主体现实的、公共的、社会的时间中得以解放。时间无论如何都具有社会性,"时间是人类在深层次上集体形塑和刻画的符号产品,服务于人类的协调与意义赋予的需要",④因此,教育时间的社会性和公共性意味着,"教育正是借助个人的存在将个体带入全体之中"。⑤ 然而,社会历史中,虽然社会时间

①② Alain Badiou. Being and Event[M]. London:Continuum, 2005:210.

③ [荷] 比斯塔.测量时代的好教育:伦理、政治和民主的维度[M].张立平,韩亚非,译.北京:北京师范大学出版社,2019:88.

④ [奥] 诺沃特尼.时间:现代与后现代经验[M].金梦兰,张网成,译.北京:北京师范大学出版社,2011:3.

⑤ [德] 雅斯贝尔斯.什么是教育[M].邹进,译.北京:生活·读书·新知三联书店,1991:54.

涵括持久的时间、欺骗性的时间、不规则的时间、迟滞的时间、交替的时间、超前的时间、爆发性的时间，①但是，现代教育时间必须对自身所处的自由资本主义时代的超前时间、创造性的爆发时间、大型管理性组织中的欺骗性时间进行批判和反思，反对欺骗性时间对人的心灵和行动的钳制，包容迟滞性时间，被延缓的、开放的与长久持续的人性化时间，维护人性的轮回性时间，尊重社会时间的多元性。无论是线性的科学时间观、逆向流动或"倒退"的历史时间观、强调未来与进步的时间观、注重当下生存的时间观，还是循环的时间观，在现实的、多样化的教育文化中都存在，具有自己特有的价值。"对于发现和认识其他世界观保持更加开放的态度，世界各地的社会可以相互借鉴，相互学习。例如，……许多农村社会的时间观念是环形的，而非线性的，这与农业耕种、季节更替以及增进社区精神愉悦的节日和仪式有关。"②此外，教育时间之主体解放的伦理学意义在于，教育时间"应该重视每一个作为个体的人的新开端，重视其是如何从无到有地逐步'入场'（come to presence）的"，③"肩负两个责任：一是教育者有责任使每个独一无二的个体得以'进入世界'，二是教育者有责任守护这个世界的多元性和差异性"。④

　　总之，教育时间不是有关事物运动或生产、再生产的时间，而是把教育重新放回人的心灵世界，关注人的存在与生成的时间。基于内在时间意识和历史时间意识的纯粹意识及其意向性共性，教育时间是在意义世界中探究时间的共时性和历时性、总体与个体、理想与现实，将它们一起"带回体验的所有活生生关系"⑤中去的"心灵现象学运动"。其实践价值在于，教育时间之本质是让人的心灵从线性化客观时间的"装置"中解蔽、敞亮和生成，回归人的本真性存在。

第三节　心灵栖居和生成的教育空间

　　通常情况下，教育空间似乎是二维、三维或"一维时间+三维空间"的物

①　[法]乔治·古尔维奇.社会时间的频谱[M].金梦兰，朱红文，等译.北京：北京师范大学出版社,2010：28-32.

②　联合国教育、科学及文化组织.反思教育：向"全球共同利益"的理念转变？[R].北京：教育科学出版社,2015：30.

③　[荷]比斯塔.超越人本主义教育与他者共存[M].杨超，冯娜，译.北京：北京师范大学出版社,2020：12.

④　同上书：13.

⑤　[法]梅洛-庞蒂.知觉现象学[M].姜志辉，译.北京：商务印书馆,2001：11.

质的、客观的空间。然而,从外在的、几何的空间理论理解教育空间,必然忽略教育空间的人文历史性及其创生性。从现象学,尤其是先验现象学、生存现象学、身体现象学和以施密茨(Hermann Schmitz)为代表的新现象学看,教育空间并不是一种不以人的意志为转移的、外在于人的客观必要条件,而是关涉心灵的先天的、主观的形式,及其在现实性上通过切身体验和具身成为心灵诗意栖居、探索和成长的居所、位置和处所。因此,教育空间的现象学研究不仅是解决人与物、身与心、思与行之对立的辩证法,而且把心灵乃至人本身从空间的"间隔""筑居""封闭""循环"中解放出来,其研究意义深远。

一、"空间""教育空间"的现象学意义

"空间"英文有"space""room""roomage"等。其中,"space"较为常用,它意指"区间、容纳、位置""置于……之间"等,主要指在无限的三维区间诸多客体和事物都有各自的位置。① 人们日常经验的和思考的空间是客观的物理空间和数学空间。② 然而,在现象学看来,空间的意义应当超越空间科学在客观意义上的"容纳""堆集"(动词 room)等含义,不是指填充、容纳、堆集物体的容器,而是人类意识、心灵、精神的居所或"家园"(home)。根据法国哲学家巴什拉(Gaston Bachelard)的解释,空间是人在世界的角落,反映亲密、孤独、热情的意象;我们在空间之中,空间也在我们之内;我们诗意地建构空间,空间也灵性地建构我们。③ 事实上,人文地理学早已转向非物质的文化空间,包括情感空间、消费空间、女性主义空间等研究领域或方向,其研究方法关涉跨学科、多学科、学科互涉;空间理论研究不仅需要自然空间与人文空间的双向连接,把看似客观的空间的理解,建立于人文科学和社

---

① 另:在现代汉语中,"空间"指物质存在的一种客观形式,表现为长、宽、高度,或者泛指天地之间的宇宙空间;在代数中,指质点存在的位置,并依质点位置的不同而有一维、二维、三维乃至 N 维空间的不同;也指几何之集合,如位置空间、测量空间等。空间与时间互存,按照宇宙大爆炸理论,宇宙从奇点爆炸之后,宇宙由初始的"一"分裂,产生不同的存在形式、运动状态等差异,对物与物的位置差异的度量即为"空间",而位置的变化则为"时间",等等。

② 物理空间泛指使事物具有变化的性质或属性的空间。正因为空间的存在,事物才得以发生变化。数学空间,主要指几何空间,包括现代几何学,以及当今以二进制为代表的数字空间。黑洞、暗物质、黎曼几何、N 维空间等现代物理空间、数学空间和以元宇宙为代表的数字空间已证明空间的相对性、开放性、不完全性和不确定性。物理空间和数学空间是空间科学的典型代表,它们已经证明,即使客观空间自身也绝不是静止的,而是多种进程的、充满内在矛盾的运动的延展。

③ Gaston Bachelard. The Poetics of Space[M]. New York:Penguin,2014:13(foreword).

会关系的发展与互动中。①

在现象学中,空间有属人性、观念性和文化性,因心灵的充盈、交互和成长而有意义。教育空间也不例外。何谓教育空间？它不仅是"教育资源的空间生态分布"②,而且"从本体论的角度来看,教育空间是在一个包含了物质实体、交互关系、实践活动与意义建构等'互嵌空间'之中来显现自身的存在"。③ 教育空间虽与表示心灵持续运动的教育时间不同,但与之互存,是心灵在同一时间框架中的多样表现形式,④即"在同一时间中描述多样性存在之可能性的先验条件"。⑤ 亦即,它是人的精神的、社会的、现实的和物质的呈现和延展的形式或能力,并成为教育活动的先天的、现实的、社会的和具身的条件。人们常言"每一堂课都是有生命的。学生不是容器,而是一个个鲜活的生命体",⑥它阐明,具体的教育空间是以生命的持续、绵延,以及同一时间内多样性生命的生长、绽放为根本目的;教育空间敞亮和忠实于心灵空间本身,打开自己的身体空间,交互建构社会世界。

二、面向心灵本身：教育空间的先验现象学

在先验现象学看来,空间作为人的感性中的外直观,是认识何以可能的两个先天条件之一。据此分析,教育空间不是教育内容、方法、目标,以及教育制度、教育规训的规定范围和心灵世界的外部景观,而是作为教育主体之人的自我意识之绝对被给予、发生和构建的形式或能力,是教育认识何以可能的先天条件。

(一) 面向心灵本身的空间意识

如果说古希腊哲学和基督教哲学还是用隐喻和叙事的方式表达空间的心灵本质,那么康德是面向心灵本身探究空间意识并把空间和人的能力直接关联的哲学家。他认为,空间是人内在的纯粹直观,是人感性认识的先天必然条件。首先,空间是主观的,认为"空间和时间是一些仅仅依附于直观

① Daniel R. Montello, Karl Grossner and Donald G. Janelle. Concepts for Spatial Learning and Education: An Introduction// Daniel R. Montello, Karl Grossner, and Donald G. Janelle (Eds.). Space in Mind: Concepts for Spatial Learning and Education[C]. MIT Press, 2014: 3 – 33.

② 宁云中."教育空间"与"空间教育"：教育的空间可持续发展研究[J].湖南社会科学,2019 (2)：161 – 165.

③ 刘旭东,王稳东.儿童美好生活与教育空间的重构[J].西北师大学报(社会科学版),2019, 56(2)：95 – 102.

④ 肖绍明.儿童心灵世界的主观逻辑[J].教育研究与实验,2020(2)：1 – 7.

⑤ [美] 爱莲心.时间、空间与伦理学基础[M].高永旺,李孟国,译.南京：江苏人民出版社, 2015：56.

⑥ [加] 范梅南,[中] 李树英.教育的情调[M].李树英,译.北京：教育科学出版社,2019：133.

形式,因而依附于我们内心的主观性状的东西,没有这种主观性状,这些谓词就根本不可能赋予任何事物"。① 其次,空间是人的先验形式,不是什么从外部经验中抽引出来的经验性的概念,而是一个作为一切外部直观之基础的必然的先天表象;绝不是关于一般事物关系的推论的概念,或如人们所说,普遍的概念,而是一个纯直观的概念,因此,空间被表象为一个无限的给予量,没有任何概念本身能够被设想为仿佛把无限数量的表象都包含其中的;空间表征的绝不是某些自在之物的属性,或是在它们的相互关系中的属性,绝不会是依附于对象本身的那些属性的规定性,似乎即使我们把直观的一切主观条件都抽掉,它们还会留下来一样。最后,空间只是外感官的一切现象的形式,亦即唯一使我们的外直观成为可能的主观感性条件。

胡塞尔现象学通过探究"现象空间",即意识空间,阐明内在的空间意识是与自然研究中的客观空间不同的、人的直观形式。意识空间以直观的方式展示自身,并作为现象的统一、空间事物的描述性展示方式的统一而构造起自身。其过程是,意识在自身中将现象空间构造出来,而后将其理解为客观的。例如,几何学的空间直观,可以追溯到事物性、空间性的领域,与视觉和触觉等有关,与动感有关。在胡塞尔现象学中,意识空间如何构造呢? 其一,空间意识以外感知或事物感知为前提,随着外感知的产生而产生,并以想象的方式又超越于对事物的感知或感知的事物。其二,空间意识从对空间事物的感知,变为对空间本身的想象。亦即,空间事物从感知的显现变为想象的显现。如,对空间事物的回忆,或被感知的空间事物变为被想象的空间事物,如此,空间事物才能完全从空间意识中脱离,即空间意识成为纯粹空间形式的展示场所。其三,客观空间的形式化是作为意识对象而被构造的空间形式本质,而意识空间的形式化是构造空间的意识活动本身的形式本质,不同于几何学研究课题的空间现象学的研究课题。② 概言之,现象空间阐明只能从人的立场及心灵哲学谈论空间及其广延的存在物,如果我们脱离唯一能使我们只要有可能为对象所刺激就能获得外部直观的那个主观条件,那么空间表征③会失去任何意义。

(二) 出于心灵世界的教育空间

"教育"的英、法、德和拉丁文分别为 education、éducation、Erziehung、

---

① Immanuel Kant. Critique of Pure Reason[M]. London: Macmillan St Martin's Press, 1970: 68.

② 倪梁康.关于空间现象学的思考[J].新建筑,2009(6):4-7.

③ 空间表征指"构想的空间"或参与者的概念化空间。它是教育与人、社会、文化、政治、经济等的关系和"秩序"的表现,以知识、记号/符号(sign)、代码,以及正面的(forcade)关系表现出来。[法] 列斐伏尔.空间的生产[M].刘怀玉,译.北京:商务印书馆,2021,51,59.

educare(引出),意味着,"引出"先天设定了形而上学之心灵空间的存在,需要超越客观的、物质的空间,显现或转向整体的、无限的、形式的心灵空间,包括人的纯粹意识、交互意识,及其呈现、成长的精神空间和社会空间,具体呈现为内在体验中的精神生长、文化生长,以及个体成人过程。柏拉图"洞穴隐喻"指明教育空间应当从欲望、身体控制的黑暗洞穴转向理智、理念和灵魂敞亮的阳光空间,从可见的欲望空间转向不可见、可知的理性空间。卢梭是颠倒的柏拉图,强调人的教育和物的教育都必须顺应儿童的器官与官能的发展,儿童欲望和身体的发展,及其与大自然的内在联系是最自然、最基本的空间本质和空间关系。赫尔巴特的 Erziehung(教育)包含 Zucht(训育、育)与 Ziehen(牵引、教),以及管理、训练、陶冶、指导等,强调教育转向、建构道德空间的根本意义;赫尔巴特提出的描述性动词 Unterich、Lehren,指在规范的、道德的教育性教学中,心智空间之方向、位置和结构的积极变化和生成。简言之,教育是转向心灵,使灵魂上升、敞亮,以及"得道"之后,回到或下降到"洞穴",救赎普通大众的空间转变过程;是在精神空间"一个灵魂唤醒另一个灵魂";在过去、现实和未来的社会空间中人类经验的承继、改造和创造,"个人不再固守一隅,他进入世界,于是,他狭隘的此在通过与所有人的生活发生联系而获得了活力"。①

在教育实践中,教育空间常常被视作教育活动的客观背景,被视为一个在时间停滞下、有广延的、对象性存在。然而,在现象学看来,教育空间不仅是人编织的意义之网,而且在根本意义上,教育空间超越物质空间之客观意义和空间表征那样的符号所指,具有不可见的、居于人内心体验中的、个体的、生成的表征意义,包括人们在其中工作、学习、生活留下的不同感受和记忆。他们各自心中拥有和当下给予不同的、有关教育空间的体认,在流动的、瞬间的表征空间和记忆空间中重新规定和书写自己有关校园、课室、操场、小径、食堂、宿舍的"温度",以及人际关系、教育制度和法规的体验、感知、想象和价值意义。

三、朝向身体本身:教育空间的身体现象学

先验现象学重"心"抑"身",为身体及其空间的地位和价值奠定基础。以梅洛-庞蒂为代表的法国现象学研究关注身体的本体论、认识论和价值论,认为先验现象学中作为外直观的空间,"其实是身体发生中的一种特殊情况",②

---

① [德]雅斯贝尔斯.什么是教育[M].童可依,译.北京:生活·读书·新知三联书店,2021:54.
② [德]赫尔曼·施密茨.无穷尽的对象[M].庞学栓,冯芳,译.上海:上海人民出版社,2020:265.

因此,在身体现象学和新现象学看来,教育空间必须关涉心灵的切身性、具身性和处境性,关注当下的真实的知觉体验,置身于身体的"出身"和"入身"。

(一)身体"完形"的教育空间

教育空间不是与人的灵魂对立的物质性"肉身"(corp)空间,后者把身体视作器官构造的物质机器或欲望机器,与物理-心理空间无异。新现象学家施密茨认为,"身体"是人在躯体上感觉到又不限于躯体皮肤边界的知觉经验,如激动、疲劳、振奋、紧张、舒适、恐惧等,它们是人自身所能直接感知到的,对某个人来说是当下的、真实的、切身性的,具有绝对空间性的特征。① 杜威曾言,学生有一个身体,他把身体和心智带到学校;他的身体不可避免地是精力的源泉;这个身体必须有所作为。② 梅洛-庞蒂则通过"世界身体"概念明确空间与身体的直接关系。在他看来,身体是最在先的、更本原的,以一个意义发生的结构存在;与物相比,身体具有不变性,是有感情的物体,具有认知功能和身体运动的独创性;身体图式表明身体是大量表征的联合,它们牢固地建立,能随时发挥作用,而且是在感觉间的世界中对我的身体姿态的整体觉悟,即"完形"。他认为,如果说身体图式是我的身体在世界上存在的方式,那么身体空间不是位置的空间性,而是处境的空间性。"成为身体,就是维系于某个世界,我们已经看到,我们的身体首先不在空间里:它属于空间",③"作为可能活动系统的我的身体,其现象'地点'是由它的任务和它的情境确定的一个潜在的身体。哪里有要做的事情,我的身体就出现在哪里"。④

在现象学看来,教育空间关涉人自身直接感知到的切身性体验,也就是身体被触动状态,从而显现原初生活经验。⑤因此,教育空间不仅仅是容纳师生、教学设备与工具,以及相关活动和管理的场所,更重要的是,它是从"主观事实"出发,如何去观察、感知、体验、充盈一种有关主观世界、客观世界和社会世界相互交融的"场景"(landscape)。从参与者来看,教育空间是基于身体空间、通过身体空间和为了身体空间的辩证过程,是给予其一种知觉体验的限度,通过思想、体验和梦想在其实在与梦幻中体验、生长出这个"处所"。按照新现象学的分析,参与者个体的身体性就是教育教学活动的具体体现。具体分析,身体性由狭窄和宽广及介于二者之间的身体方向构

---

①⑤ [德]赫尔曼·施密茨.无穷尽的对象[M].庞学栓,冯芳,译.上海:上海人民出版社,2020:18(序).

② [美]杜威.民主主义与教育[M].王承绪,译.北京:人民教育出版社,2001,150.

③ [法]梅洛-庞蒂.知觉现象学[M].姜志辉,译.北京:商务印书馆,2001:196.

④ 同上书:318.

成。狭窄包括由沉闷压抑产生的压迫感、焦虑烦恼产生的沉重感等,愉快包括由愉悦、舒畅产生的放松、轻松等。身体方向则由狭窄向宽广不可逆地展开,如平时的呼气、眼光瞥向外面等。相应地,身体知觉中的紧张和膨胀、狭窄和宽广的对立和相互作用,构成身体动力学结构,进而产生身体交流,使人的所有知觉和社会行为成为可能。①

(二) 身体情感的教育空间

在身体现象学看来,身体的空间性在具身运动中实现。运动不仅限于被动接受空间和时间,还以情感的方式主动接受时间和空间,在其最初意义中再现空间和时间。"身体的空间性是身体的存在的展开,身体作为身体实现的方式,身体的统一性蕴含着,身体各部分只有在它们的功能发挥中才能被认识,它们之间的协调不是习得的。"②在教育现象学中,参与者的情感在教育空间中延伸。"人的情感流动是唯一的变量,它没有严格的科学化的测量标准,却与学生个体、学生生活密切相关。它以学生的身体、情绪为主导,构筑一个可以让学生感知自我的存在空间。"③这种情感有方向、深度(如敬畏、钦佩)和结构(包括宽度空间、方向空间和位置空间等)。它本质上具有空间性的氛围,包括纯粹的情绪(如绝望与满足)、模糊的激动(如害怕)和有中心指向的情感(如愤怒、羞愧)等层次。

教育空间的情感方向、深度、结构、层次无疑有助于推动参与者之间身体交流,有利于提供教育活动空间,建立教育之宽广空间、方向空间、位置空间和外在环境的联系。一般而论,具体的教育空间的情感体验经历了呈现、网络、物质性、进程、情绪和情感六个阶段(见图6-3)。

```
教育空间的体验:
    呈现(presentation)
            网络(networks)
                物质性(materiality)
                        进程(process)
                                情绪(emotion)
                                        情感(affect)
```

图6-3　教育空间体验的六个阶段

---

① ［德］赫尔曼·施密茨.无穷尽的对象［M］.庞学栓,冯芳,译.上海:上海人民出版社,2020:266-278.
② ［法］梅洛-庞蒂.知觉现象学［M］.姜志辉,译.北京:商务印书馆,2001:197.
③ 潘跃玲.教室空间构造的现象学研究［D］.宁波:宁波大学硕士学位论文,2013:40.

详言之,教育空间始于身体打开自己或"出身",并同时置身于"在-世-中"的任意的、不可逆的位置和网络关系之中。此时,身体意向性和身体图式发挥重要作用,既凸显身体构筑空间的肉身性或物质性,而且,将当下境遇和自身历史性绽放出来,弥散并超越学校、课室等物质的、几何的空间,以及书本的表征空间的气氛,分享表征空间带来的情绪,产生情感,浸入隐秘或秘密的社会生活,也产生对每天日常教育生活的艺术体验。因此,"这个氛围是模糊的、无规则的、无秩序的,它仅仅因为个人的体验而膨胀或紧缩,空间的形貌就在个人的感知中不断变换","知觉来自身体的最原初的感受,它裹挟着一股原始的身体震颤,将学生的情绪释放,并且重构以体验为中心的现象空间"。① 从具身学习角度看,基于情感和氛围的具身学习的喜悦在于"身体的方向,特别是目光和坠落的方向,都无任何理由地进入深度之中,被它吸引,而不会出现伙伴式的彼此协调,就像在交互式入身过程中出现的那样,因为这种深度就是沉思的、出身的、恍惚的、呆呆地陷入狂喜中的宽广"。②

(三) 身体表征的教育空间

身体置身教育情境,必然打开自身或"出身",显现身体原初结构中的空间结构,包括身体空间、情感空间和外部事物空间的层级。这就是身体表征的过程。身体现象学认为,身体空间具有视域性,身体本身是图形和背景结构中的第三项,而且,任何图形都在外部空间和身体空间的双重界域上显现。身体空间具有辩证性。身体空间何以转化为客观空间呢?只有当身体在其特殊性中包含能使身体空间转化为一般空间的辩证因素。"我的身体在我看来不但不只是空间的一部分,而且如果我没有身体的话,在我看来也就没有空间。"③进言之,身体空间是通过视域性和辩证法再现自身的过程,是通过符号、文字等表征身体空间的过程,也是成为教育空间的文本及其描述、解释和批判的过程。在此过程中,无论是表意文字、象形文字、字母文字还是二进制的数学语言等都必须通过表象的方式反映,在空间上延伸,"身体行为和肌动控制进入概念定义中了吗?既然我们具有身体动作的概念,那么身体动作的可能范围,如果不进入世界上的语言的身体动作概念的可能范围,这就非常奇怪"。④

---

① 潘跃玲.教室空间构造的现象学研究[D].宁波:宁波大学硕士学位论文,2013:53.
② [德]赫尔曼·施密茨.无穷尽的对象[M].庞学栓,冯芳,译.上海:上海人民出版社,2020:295.
③ [法]梅洛-庞蒂.知觉现象学[M].姜志辉,译.北京:商务印书馆,2001:140.
④ [美]乔治·莱考夫,马克·约翰逊.肉身哲学:亲身心智及其向西方哲学思想的挑战[M].李葆嘉,孙晓霞,等译.上海:世界图书出版公司,2018:601.

正因为教育空间的身体表征性,源于原初生活体验的身体空间有可能通过身体图式发挥具身心智(embodied-mind)作用,完成概念化与推理的任务,不仅在学习生活中产生切身的知情意,成为人生的宝贵财富,成为一生中历久弥新的记忆,而且运用"视觉能力与穿越空间的能力可用于构建空间关系概念及其逻辑","肌动图式与身体运动参数可用于构建这些概念及其逻辑","身体运动控制图式的一般结构可用于描述'体'结构,即我们在一般动作与事件中所发现的结构"。① 因此,教育空间是"依照行动、表征和动态关系形成的概念","身体和环境通过一系列实践与关联相互融入和共建"。② 换言之,教育空间是一个有机体,一方面,人居于其中,受到其特定的几何意义、象征意义、社会意义、文化意义、历史意义等属性的规定,形塑自己的身体、习惯、技能、知识、方法和精神;另一方面,人的价值、精神通过一定的方式塑造出情感的、知识的、意志的和行动的教育空间,因此教育空间是"居留的象征性实践——在-世-中的生存性实践,在其中自我和场景相互融汇、共生共现"。③

四、为了生成:教育空间的生存现象学

在生存现象学中,教育空间超越教育世界中心灵-身体、唯心-唯物、有限-无限等二元对立,"存在先于本质",要回到人类生存的实质问题,就要关注教育主体的生活空间和生存状态,体验现实境况下人的实在或被抛到世界中的偶在,因此,教育空间是人与人相遇和交往中处身状态的、切身体验到的具体空间,是先验现象学和身体现象学的教育空间的现实的、历史的、社会的综合体现。

(一) 在居所(house)栖居的教育空间

在生存现象学看来,教育空间并不是"流俗空间"中的"筑居",亦即:不是操劳于遗忘存在之客观的、工具化的空间,而是关注、追问和展开对人的存在的此在分析,即人的在世存在的分析,追问人"被抛于世"时提问、沉沦、领会、选择、责任等问题,即人之心灵居所的栖居问题。海德格尔在词源上将人的生存与空间统一,空间的基本特征是保护,"所谓人存在,也就是作为终有一死者在大地上存在,意思就是:居住。古词 bauen 表示:就人居住而

① [美]乔治·莱考夫,马克·约翰逊.肉身哲学:亲身心智及其向西方哲学思想的挑战[M].李葆嘉,孙晓霞,等译.上海:世界图书出版公司,2018:39.
② John Wylie. Landscape(Key Ideas in Geography)[M]. London:Routledge, 2007:143.
③ 同上书:15.

言,让你存在;但这个词同时也意味着:爱护和保养"。① 生存的空间包括:个体人之在世存在的意义空间,历史性存在中生成和开放的空间,回归天、地、人、神四元游戏的栖居空间。概言之,空间即保护、持留和栖居。"在大地上""在天空下"无非意指"在神面前持留""向人之并存的归属",或者天、地、神、人"四方"归于一体,终有一死者通过栖居而在四重整体中存在,也把四重整体保护在其本质之中,由此而栖居。②

在现象学看来,教育空间是人在具体的、特定的教育居所集聚、组织和探究的切身体验和成长。居所"不是某种长期内在化的历史,而是基于这样的事实:它是社会关系中一类特定群体的形成,在一个特定地点的集聚、编织"。③ 教育居所源起于人被抛入世,脱离于世界的任何其他关系,处于无家可归、无所依附的状态,可在世界的任意位置,因此,人在无限世界中寻找固定的位置、安全的居所,保证外在环境、个体生命和精神之间的平衡,保证人类经验和生命的延续、更新和创造。进而,当作为空间表征的符号、语言、文字产生后,向儿童解读、传播和创新它们的特定人群成为教师,产生真正意义上的学校。学校既是传授知识而在此集聚的场所,也是哺育、养育、成长儿童的居所,还是保护和引导儿童个体"到场"于自由交往的公共领域,参与公共空间的建构和发展,保证人自由言说和积极生活,成为政治公民的存在空间。概论之,教育空间即从生存空间向意义空间、表征空间、社会空间发展,又回归到人的生活世界,展示个人体验的、艺术的空间表征。

(二) 于位置(location)求索的教育空间

何谓"位置"?"位置"的英文词 location 也可翻译为"定位",与"localization"(在地化)拥有相同的词根,指空间的具象化、处境性,比较贴合海德格尔的理解。他认为,只有那种本身是一个位置(或"定位")的东西才能为一个场所设置空间,因此空间本质上是被设置或定位的东西,被释放到其边界中的东西;各种空间是从诸位置或定位那里探究的,而不是从"这个"空间那里获得其本质的。"空间意味着为定居和宿营而空出的场所,是某种被设置的东西,被释放到一个边界中的东西。边界并不是某物停止的地方,相反,正如希腊人所认识到的那样,边界是某物以开始其本质的那个东西。"④

---

① [德]海德格尔.演讲与论文集[M].孙周兴,译.上海:上海三联书店,2005:154.
② 同上书:157.
③ Doreen Massey. Space, Place, Gender [M]. Minneapolis, MN: University of Minnesota Press, 1994:153.
④ [德]海德格尔.演讲与论文集[M].孙周兴,译.上海:上海三联书店,2005:162.

在生存现象学看来,教育空间则是人自身在历史活动中不断突破看似不可能的边界,不断探究、知觉、体认和创新充满"主观事实"的世界。具体的教育空间是绝对的,又是相对静止的,既是课室、教学楼、操场、走廊、宿舍、食堂等物理空间之间的区隔和连接,也是对这些关系的再现和超越。即使随着数字技术的介入,教育空间走向多感官参与的融合性空间,但现象学意义上的教育空间主要指超越这种内与外的界限的灵魂的流淌、充盈和相互影响,其本质是一种多元的、沉浸式的、辩证的、交互的精神空间。其中,正是由于人的纯粹意识、情感意识、想象力在时间的意识绵延中流动与延展,所以教育空间从边界开始的探险是一种具体的辩证法。也正如巴什拉所言,"常常通过缩小到内心空间本身的最小化本身,内与外的辩证法获得其全部力量",①同时把所谓的物理空间、几何空间等客观空间"悬搁","重新回到'无动于衷'的空间","在对存在主体的沉思中,我们通常把空间放进括号里,换句话说,我们把空间'留在身后'"。②

教育空间的探索需要克服由抽象空间、工具性空间③支配的同质的、透明的空间表征,突破抽象的、形式逻辑的空间符码藩篱,表现为表征空间。它们不仅使人体验到其安全有序,还体验到教育空间的温馨可人、生机盎然、朝气蓬勃;它既成为每个人情感、梦想、体验的混合物,又成为具有历史关联性的、不同解释学意义的、不同历史叙事的"教育的历史"和"教育性历史";它不但具有家庭空间的安全、宁静、和谐,还是儿童走向风险和竞争的外部空间的行动开端,"既然青少年无法向统治体制的专横跋扈的架构或者是其符号的部署发起挑战,他们的唯一的反抗即使用任何一种想象去复原千姿百态的差异化世界:自然的、感觉/感官的、性的与娱乐的,等等的世界"。④

(三) 于处所(place)生成的教育空间

生存现象学中的空间不是一个凝固的内在体验和沉思,而是"置于……之间"运思的处所(动词place,或动名词placing),并不断生成的过程。海德

---

① Gaston Bachelard. The Poetics of Space[M]. New York: Penguin, 2014: 244.

② 同上书: 246.

③ 抽象空间、工具性空间是列斐伏尔发展了黑格尔、马克思的空间理论之后提出的,它们是资本主义空间取代历史空间之后的新型空间,是通过一种思想来抽象地把握、体现资本逻辑的空间。一方面,它以均质化趋势实施压制和压迫,按照多维透视和多元化模式,强行把分散的碎片或要素归纳起来,形成一个整体;另一方面,它的所有组成部分是可交换的,因而无物保存,并且由于它在社会意义上是真实的、可被定位的,因此它们是一个同质的然而同时被割裂成碎片的空间。([法]列斐伏尔.空间的生产[M].刘怀玉,等译.北京:商务印书馆,2021:XII.)

④ [法]列斐伏尔.空间的生产[M].刘怀玉,等译.北京:商务印书馆,2021:46.

格尔认为,当我们说"一个人",就已经用"人"命名了那种寓于物的四重整体之中的逗留。① 终有一死者在栖居之际根据他们在物和位置那里的逗留而经受着各种空间,同时穿行于各种空间。栖居的真正困境却在于:终有一死者总是重新寻找栖居的本质,他们首先必须学会栖居。因此,人只有思考无家可归状态,正确地思之并好好地牢记,这种无家可归状态乃是终有一死者召唤入栖居之中的唯一呼声。② 终有一死者努力尽自身力量,由自己把栖居带入其本质的丰富性之中,当他根据栖居而筑造,并且为了栖居而运思之际,他们就在实现这种努力。③

在生存现象学看来,教育空间是心灵的"聚集""召集",是把儿童带入公共领域的"到场",得到心灵的庇护、交流和认同的"成长";是公民摆脱透明空间的环形监视,在"异托邦"之现实的、差异的空间本真地生活的"整全""成人"。在现代社会,技术、资本和权力的规训力量渗透到教育组织、教育管理中,"被维持在一种教学组织中,这种教学组织再现它的权力和'在一种永恒的和持续的领域中对个体进行分类'","它无所不在,而且总是保持警惕,通过它的每一条原则,它没有留下任何的阴影地带,并且经常监督那些委托给它管理的每一个个体"。④ 具体而论,它们不仅通过精致入微的监管,提供系统的规训技术,能在一天又一天的运转中规范化和条理化,⑤而且,其分类、命名、装置、目标、评价等是政治、历史、经济、文化争夺的对象,造就"客观化的、被记录的和被完全描述的主体"。然而,教育空间作为一个特定的辖域,包含空间实践、空间表征和表征的空间,是异质因素的交织与生产。它既是空间的感知、概念和艺术的"三位一体",也是作为异质因素交织和生产的"游牧"空间,必然反对教育空间的"同质化""中心化"或"中心性",在裂缝的、褶皱的曲折空间链接、关联、延展和突破,实现多样化的、独一的、绽放的生命生长。进而,教育空间的流动和变化,以及教育的观念、资本、劳动、知识和文化形式的流动与循环发展已经不能轻易地被限制,⑥释放其"保护""居住""聚集""召集""交互"功能,提升其亲密性,维持"对世界、对生活的最终信赖,简而言之,即'存在的信赖'"。⑦

---

① ［德］海德格尔.演讲与论文集［M］.孙周兴,译.上海:上海三联书店,2005:165.

② 同上书:170.

③ 同上书:171.

④ ［美］加尔格尔.解释学与教育［M］.张光陆,译.上海:华东师范大学出版社,2009:242.

⑤⑥ Kalervo N. Gulson and Colin Symes. Knowing one's place:Space, theory, education［J］. Critical Studies in Education, 2007(1):97-110.

⑦ ［德］博尔诺夫.教育人类学［M］.李其龙,译.上海:华东师范大学出版社,1999:88.

五、走向综合实践和生命力的教育空间辩证法

生存现象学的教育空间融合了人的心身,但是,在方法论上,还需要把教育空间的思想、意识、表征和存在归结到"原基础的基本原初实践",①其理解方式也必然是实践的,因此教育空间是实践现象学意义上多元空间的辩证统一。

第一,教育空间是基于超越物理-心理空间的、面向心灵本身的先天感性形式或感性直观能力,它既是教育发生认识论的先天条件,是意义给予何以可能的形式,也是栖居于身体意识和身体发生的一种特殊形式,是身心融合的辩证统一(见图6-4)。只有在此意义上,教育空间才能"回到原初的个人经验。我们在特定情境中的生活方式的经验,我们在空间中个人存在方式的经验"。②

图6-4　教育空间的"三位一体"

图6-5　空间的生产

第二,教育空间是先验空间、具身空间和生成空间,感知空间、空间表征和表征空间"三位一体"(见图6-4、图6-5),综合体现共时的、普遍的、形式的先验空间,具身的、处境性的和创造的身体空间,以及历时的、具体的、现实的生存空间,归根结底,交融于教育空间中人的生存、创造等生成性实践活动中,"致力于培养和加强具身性(embodied)的本体论、认识论和实践论,为充满敏思和机智的实践服务"。③

第三,教育空间的目标是最终走向差异的、个体的、审美的、生存的"异托邦"空间。教育空间依赖于人的生产、生活方式及其产生的生产关系、社会关系、文化关系等,并随着文字、声音、图像、概念的变化而变化,既产生了多元的、差异的生产、生活空间和个人体验空间,也推动人与人之间交往,创造教育流动空间,以开放的精神和创新的工作,维护和培育教育空间的人文

---

① ②　[加]范梅南.实践现象学[M].尹垠,蒋开君,译.北京:教育科学出版社,2018:1.
③　同上书:2.

社会精神,促进教育空间中每个心灵的自由和生长。① (见图 6-5)这也就是带有情感的、意志的"空间的真理",它"可是你们有追求真理的意志,这种意志或许意味着:能让一切变成人能想到者、人能看到者、人能摸到者!"②。

第四,教育空间辩证法的目的是呈现人的生命力。多元的教育空间的辩证法既揭示了先验现象学的空间、身体现象学的空间和生存现象学的空间之间的差异,也呈现其共同之处。它们没有裂缝,但存在距离。纯粹的空间意识、具身的空间图式、生存的空间生成都统一于实践的生命力,体现人的权力

图 6-6
空间的生命力

意志(will to power),不仅生成为抽象空间,而且呈现为生命多样性、复杂性、差异性和创造性的矛盾空间和差异空间。"没有能量的集中、没有焦点或中心,也就没有'现实',从而也就是没有辩证法,即中心-外围、增生-消散、凝聚-辐射、溶合-饱和、浓缩-爆发、收敛-扩张"③。(见图 6-6)因此,教育空间始终探究教育在可能世界中何以能让心灵"安身立命"和蓬勃生长,"展示出生活里那些丰沛的希望和多姿多彩的可能性,以及生活必将更加美好的愿景"。④

第四节　教育空间的社会文化再生产

在现代化、全球化背景下聚焦教育空间的人性化实践,需要理解空间的社会文化性,解释教育空间的社会文化再生产特性,集中关注教室空间的社会文化特性及其再生产过程和正义价值。

一、空间的社会文化生产

相对于启蒙时期重视时间甚于空间(例如康德),现代西方哲学有一个"空间转向"。它从重视时间转向重视空间,从重视乌托邦这样的理想主义空间向重视异托邦这样的现实主义空间转变。马克思、福柯、哈维、索亚(Edward Soja)等人是这次转向中的重要代表人物。

① Michael Glassman, and Jonathan Burbidge. The Dialectical Relationship Between Place and Space in Education: How the Internet is Changing Our Perceptions of Teaching and Learning [J]. Education Theory, 2014, 64(1): 15-32.
② [法] 列斐伏尔.空间的生产[M].刘怀玉,等译.北京:商务印书馆,2021:589.
③ 同上书:588.
④ [加] 范梅南,李树英.教育的情调[M].李树英,译.北京:教育科学出版社,2019:15.

（一）空间的"异托邦"：现实的空间的生产

何谓"乌托邦"空间。福柯认为"乌托邦空间"是一个在世界上并不真实存在的地方。根据他的分析,中世纪的定位空间是乌托邦式的理想主义空间,它是一个被分成等级的场所的集合,其全部的等级和全部的位置相对和交错,组成定位的空间。此后,伽利略用广延性代替了定位,强调无限的空间。例如,某地点是无限运动中的一点。今天,我们使用位置代替广延性。位置由点和元素间邻近的关系确定。例如,一些系列、一些树、一些栅栏等。无论是当代技术,还是人类统计学位置都表明,"我们的空间是在位置关系的形式下获得的"①。乌托邦空间注重内部空间,包括第一感觉的、幻觉的、情感的空间,以及高空或低空、流动的或凝固的空间,等等。事实上,它是没有真实场所的空间,强调其总体的关系,只是"镜子"的映照而已。

针对乌托邦空间,福柯提出了"异托邦"(heterotopia)空间。"异托邦"空间是真实的、现实的和异质的空间,是指我们所生活的、在我们之外吸引我们的外部空间;对我们的生命、时间和历史进行腐蚀,并使我们生出皱纹的、其本身是异质的空间,"我们生活在一个关系集合的内部,这些关系确定了一些相互间不能缩减并且绝对不可叠合的位置"②。异托邦是空间网状物,是有效实现了的乌托邦,是真实而有效的场所,是个确定性存在的代表。比如镜子,一方面,镜子里的影像就是一个乌托邦;我照镜子看见了我自己的模样,像看到了一个幽灵,镜子里的我与周围的一切构成乌托邦。另一方面,福柯认为,镜子里的影像也是异托邦。虽然镜子完全是真实的,我在镜子平面占有位置,镜子里的影像是我照镜子时产生的效果,但是真实的镜子构造了一个不真实或虚拟的空间。此外,镜子是乌托邦与异托邦合成的双重体,镜子里的我绝对不真实,但又不置身于世外桃源,因为镜子是真实可靠的。

异托邦空间的特征在于：其一,它是真实的场所。镜子的反作用"使我占据的地方既绝对真实,同围绕该地方的整个空间接触,同时又绝对不真实,因为为了使自己被感觉到,它必须通过这个虚拟的、在那边的空间点"③。其二,它是想象的、非普遍的。即使"异托邦学"研究作为一种我们生存的空间,既是想象的又是虚构的争议的描述,但是世界上一定存在异托邦,例如,原始社会的危机异托邦④及其在现代社会的偏离与消失。其三,异托邦从未停止在社会中的作用。例如在城市中不断漂移的公墓。其四,

①②③　［法］福柯.另类空间[J].王喆法,译.世界哲学,2006(6)：52-57.
④　危机异托邦指相对处于危机状态的个体保持开放,经历人生、社会的事件的状态。福柯认为,危机异托邦"为处于危机状态的社会和人类环境中的个人保留",是不断从社会中消失,并被随之而来的偏差异托邦取代。

异托邦有权力将几个相互间不能并存的空间和场地并置为一个真实的地方,例如电影、波斯人的传统花园等。其五,异托邦总是必须有一个打开和关闭的系统,它既将异托邦隔离又使异托邦变得可以进入其中,例如巴西人设置的房间。其六,有创造一个幻象空间的作用,例如殖民地、海上的船等。福柯认为,其结果,可能出现一个如同环视连续体的异托邦连续体(continuum hétérotopique)。由此看来,难道环视监狱或环视建筑不正是一种异托邦吗? 在此出现的"环视-异托邦"(panoptico-hétérotopie)概念,是环视监狱和异托邦共同生成的,处于共同格局之中或处于"内在平台"(德勒兹术语)之上,即自然将异托邦与环视监狱连接起来,它们之间有个连字符"-",连字符充当了桥或中介。

(二) 空间的生产①: 社会空间的生产

法国哲学家列斐伏尔(Henri Lefebvre)将马克思主义理论运用到社会空间批判理论中。一方面,他批判空间科学,认为,空间科学表达知识的政治(在西方的条件下,新资本主义的条件下)使用,意味着一种被设定为能使用的隐藏起来的思想,并包含着一种技术上的乌托邦,一种未来的计算模拟,或者可能是实在框架或现存的生产方式的框架中的东西;另一方面,他认为社会空间理论应当关注逻辑-认识论的空间、社会实践的空间、被感觉现象占有的空间,包括诸如方案与计划、象征与乌托邦的想象等。其中,精神的空间和社会的空间达成一致。

第一,社会空间是社会发展的产物。随着人类社会的发展,社会空间的作用和影响超越了(物理)自然空间,因为每一种社会及其生产方式(伴随其亚变量),生产出自己的空间,即社会空间。社会空间包括: 社会的再生产(繁殖)的关系,主要是具体的家庭组织化之间的生物-物理关系;生产关系,即在等级性的社会功能中的劳动分工及其组织化。与此相对应,在"现代"新资本主义中,有三种互相关联的层面: 生物性的再生产(家庭);劳动力的再生产(工人阶级本身);社会的生产关系的再生产。

第二,空间的生产过程包括空间实践、空间的表征与表征的空间。列斐伏尔认为,空间实践包括生产和再生产,以及特殊的场所和每一社会形态的空间设置的特征。空间实践确保了连续性和一定程度的凝聚。就社会空间及特定社会的每一社会成员与那一空间的关系来说,这一凝聚指示了一种有保证的能力的层面和一种具体的表达的层面。列斐伏尔还认为,空间的

---

① 相关文献有: Lefebvre, H. The Production of Space [M]. Oxford: Blackwell, 1991; Lefebvre, H. Writings on Cities[M]. Oxford: Blackwell, 1996.

表征关联于生产关系和这些关系施加的"秩序",因此关联于知识、记号/符号(sign)、代码,以及"正面的"(facade)关系。列斐伏尔最后提出,表征的空间呈现了复杂的象征(主义),有时是被编码的,有时则没有,关联于社会生活隐秘或秘密的部分,亦关联于艺术[最终被解释为(define)一种再现空间的代码而不是一种空间的代码]。

第三,空间与生产方式有重要勾连。生产力(自然、劳动和劳动的组织化;技术和知识)和生产关系在空间的生产中起着重要作用。每一生产方式都有其特殊的空间,从一种到另一种的变换必然存在一种新的空间的生产。具体体现于绝对空间—历史的空间—抽象空间(辩证地包含矛盾空间)。绝对空间由位于某些地点的自然的碎片组成,以宗教和政治为特征,是一种血缘、土地和语言的联结,但是从中也发展出一种被相对化和历史的空间。抽象空间趋向同质性,朝向排除所有存在着的差异和特殊性,除非它强调差异,否则一种新空间是无法被产生(被生产)的。例如:那些生产空间的人(农民和工匠)并不是同样能够管理空间的人,好比将其用于组织社会生产及再生产;是神甫、战士、文官和王子占有了其他人生产的空间,他们挪用了空间并成为其完全的合法拥有者。

第四,空间与政治紧密关联。空间不仅是一种生产资料,而且是一种消费对象,同时成为国家的政治工具。例如,阶级斗争介入了空间生产。这呈现了一种空间的政治,同时超越了政治。因为,它预示一种作为所有一般的、政治的对于所有空间政治的批判性分析。所有空间政治的批判性分析朝向一种差异的空间,朝向一种有着差异生活的空间和一种差异的生产方式。这一方案跨过科学与乌托邦、现实与理想、认识和生活之间的裂缝。

(三)空间的正义:社会空间的价值

人文地理学家、后现代地理学家哈维(David Harvey)批判资本主义空间生产的非正义。他认为,由于社会过程决定空间正义,必须从城市空间生产、全球空间生产和自然空间生产三个基本过程批判空间生产过程的不正义。首先,批判城市空间生产的非正义。他认为,资本逻辑是资本主义社会的本质,它利用资本积累的"时间修复"策略,固定资本投资,形成城市空间构型。同时,其结构导致城市空间危机。也就是,城市化过程创造出来的空间结构的物质嵌入性与社会过程的流动性(如资本积累和社会再生产)处在永久的对立之中,而且导致居住空间的分异隔离。弱势群体、劳动者的空间权益日益边缘化,产生区位歧视、社会排斥等城市问题,导致空间异化。资本逻辑下的空间重置,造成生存与发展空间受挤压,人们丧失家园感,陷入时空的孤独感等。其次,批判全球空间的非正义。资本主义通过资本逻辑控制下的"空间修复","通过别处开发新的市场,以新的生产能力和新的资源、社会和劳动可能性来进行空间转移"①。例如,"全球"对"地方"进行空间剥夺和重组,使其成为全球空间生产中的某个环节。最后,批判自然空间生产的非正义,也就是自然空间的过度利用,导致生态环境问题、食品安全问题、水汽污染问题出现。

哈维批判普遍主义的正义论,提倡特殊主义的正义论,尤其是空间生产的正义。他将资本、阶级和上层建筑(国家和表征)视作构成空间生产理论的三个要素。与此相对应,提出"绝对空间-相对空间-关系空间"和"物质空间-空间表征-表征的空间"的空间性(spatialities)矩阵,提出了具体的空间生产的正义观。首先,批判空间分配正义,主张空间生产的正义。由于资本主义城市空间生产受资本积累控制和支配,其城市化进程就是不断生产和再生产不正义的过程,需要超越分配正义,变革空间的社会生产过程,变革资本主义的空间生产方式。其次,正义理念是社会建构和生产的结果,需要批判特定社会生产方式及其产生的统治阶级的霸权话语体系。最后,根除压迫,超越私有制基础上的"非正义"。"将对劳动力的剥削减少到最低限度;将被奴役群体从这种独特的压迫形式中解放出来;赋予被压迫者进入政治权力的机会及进行自我表达的能力;对文化帝国主义的问题保持特殊的敏感;抑制日渐增强的个人和体制化的暴力;削减社会工程必然引起的生态后果。"②

另一位著名后现代地理学家索亚从地理学和空间维度理解和建构正义。他提出,如果从空间视角讨论正义问题,那么需要强调地理如何影响阶级、阶层、男权等这些社会进程和形式。而且,需要重视表征的空间分配平等,培育空间敏感性,激发社会空间运动来抵制根植于空间生产中的非正义,反抗空间霸权。同时,他从微观的地形或位置探究"城市权"。"城市权"应当具体化为普遍的人权,促进"劳工-社群-学院"之间行动联盟的建立。索亚呼吁,为了实现空间正义,必须争取地方性的民主、社区的正义发展,培育新的社区发展联盟,等等。

二、教育空间的人性化生产

教育空间是在社会、文化、政治等背景下的建构与重构过程,"学校教育

---

① [英]大卫·哈维.新帝国主义[M].初立忠,沈小雷,译.北京:中国社会科学文献出版社,2009:90.

② David Harvey. Social Justice, Postmodernism and the City[J].International Journal of Urban and Regional Research, 1992,16(4):588-601.

空间即指学校各种教育活动发生的场所,以及由此产生的各因素之间的相关影响共同构成的一种存在样态。教育学更加关注学校空间的宜人性、发展性和差异性"①,因此,教育空间不仅描述一种性质或状态,是一个"名词",而且教育空间是一个"动词",是社会文化实践中的空间创造和发展,主要表现为教育社会化过程中的人性化生产。

(一)教育空间的社会生产

教育空间是"一种特定的环境安排"②。某种意义上讲,教育空间是一个公共空间,尤其是大学空间。这里是呵护生命的养护地,言语交往、观念论争的场所,思想的实验室、避难所和发源地。其根本的原因,就是教育空间具有充分的保护性、交往性和人文性。按照杜威的理解,"学校即社会",学校空间与社会空间之间具有内在一致性,是出于交往、为了交往和通过交往的特定环境。进言之,学校空间一方面构筑适合"school"③的特定环境,传承人类文化,提倡过纯粹的沉思、学习、实践、研讨的生活,以区别于外面的社会、经济、政治、文化环境;另一方面,学校空间必须延续家庭空间的部分功能,具有养育、亲密、安全、栖居等特性,同时构建适合学生未来个人与社会生存与发展的交往空间,包括把学生从赫尔巴特式"课室中心""教材中心""教师中心"中解放出来,在交往行动中以语言为媒介进行沟通,以身体的"做"构筑属于自己的意义空间,成为未来民主社会的建设者,"无论是可见的还是移动的,我的身体都是世界中的身体,它在世界的编织中被捕捉到,它的际会就是它本身"。④

从列斐伏尔的空间生产理论来看,教育空间是在特定空间进行的空间生产,包括空间的实践、空间的表征和表征的空间,它主要通过语言符号构筑社会空间、文化空间、制度空间等。例如,图书馆似乎是一个凝固的空间,但其中的语言符号蕴含、表征、生产的无限空间,使其成为一个象征、表征、阐释、批判等各种空间显现方式的集中地。当然,更重要的是,教育空间的生产逻辑不同于工厂、家庭与商场等空间的生产逻辑之处在于,这里的空间是基于非物质性空间,以文化资料为内容,以语言为媒介,生产流动的、立体的、多维的情感空间、文化空间和意义空间,同时包容和生产断裂的、异质

---

①② 王梽.学校教育时间和空间的价值研究[J].教育科学研究,2019(11):93-96.

③ School,本义"闲暇""自由"。希腊语 skhole,拉丁语 scola、schola,德语 schule、瑞典语 skola、荷兰语 school 和丹麦语 skole。其中,拉丁语 scola 和 schola、希腊语 skhole 和现代英语 leisure 相近,表示研讨学问的空闲空间。

④ Merleau-Ponty. The Visible and the Invisible[M]. Evanston:Northwestern University Press,1968:163.

的、独特的个体情感空间、文化空间和意义空间。此外,学校空间是"思想自由,兼容并包,百花齐放,百家争鸣"之地,其中各种观念、概念与理论在这里交汇、显现、竞争和生产。虽然它们有时只能停留在实验室里或人的观念里,但这里的空间是多元的、富有情感的和创造的。因此,更直接地说,学校空间"都可以看作是一个特定的、独特的交汇点,事实上,它就是人的聚会之所","可以被想象为在社会关系和沟通理解网络中的表达时刻","绝不是静态的,它们进行着,充满内在的矛盾","空间是更多更广的当地社会关系进行不同交汇的亮点"。①

(二) 教育空间的文化生产

从文化生产的角度看,代表文化的语言及其传播、生产信息的形式和能力"不仅是教育行为得以发生的前提,也是衡量教育发展过程的最重要的测量器"②,因此它们影响和决定教育空间的生成与发展。当人类社会最早使用无文字的声音之时,那时的教育是非正式教育,受到空间的严格限制。离开口耳相传的教育者,就无法进行教育。只有当文字出现时,语言脱离具体的事物、具体的人的存在而存在,能承载大量文化信息,摆脱空间和时间的限制,产生了专门进行教育的空间,进行正式的和制度化的教育。进入信息化、数字化时代,教育空间数字化和虚拟化,产生开放、平等、共享和创新的新时代教育形式和制度。它们正在迅速突破形式化教育和制度化教育带来的时空局限,让学习无边界,让每个人能在不同场所分享和传授教育成果,满足个性化发展的需求,同时人与世界、人与人的相互依存日益增强。正如西班牙大提琴家和指挥家卡萨尔斯(Pablo Casals)所言:"我们应将全人类视作一棵树,而我们自己就是一片树叶。离开这棵树,离开他人,我们无法生存。"③同时,教育空间的全球化也不可避免,联合国教科文组织2015年发表的最新报告称:"这是一个动荡的时代,世界变得越来越年轻,对于人权和尊严的渴求正在上升。不同社会之间的联系比以往任何时候都更加密切,但不宽容现象和冲突依然层出不穷。"因此,教育空间的全球化意味着,教育空间的人文性既得到发展,也面临危机。

《反思教育:向"全球共同利益"的理念转变?》还指出,当代教育空间发展的显著特征之一是在互联网连接飞速发展和移动技术迅速普及的推动

---

① Doreen Massey. Space,Place,Gender[M]. Minneapolis:University of Minnesota Press,1994:153-156.

② 陈桂生.教育原理[M].上海:华东师范大学出版社,2000:79.

③ 联合国教育、科学及文化组织.反思教育:向"全球共同利益"的理念转变?[R].北京:教育科学出版社,2017:12.

下,获取知识的途径拓宽了,在教室、学校、大学和其他教育机构之外出现了新的学习空间,这给以课堂为中心的学习带来了挑战。例如,社交媒体可以为协作和共同创作等活动提供机会,将课堂工作延伸到教室以外。移动设备让学习者能够在教室内外获取教育资源、与他人建立联系或是创建学习内容。同样,高等教育中出现了大规模开放式在线课程(MOOC),一些大学联合起来,共享院系资源,提供课程内容,为惠及世界各地更加广泛的高等教育受众开辟了新的途径。目前教育格局发生的变化为协调所有学习空间创造了良机,可以在正规教育和培训机构以及其他教育经验之间产生协同作用,并且为试验和创新提供了新的机会。① 然而,在教育网络世界发展壮大的同时,出现私人空间受侵犯等问题,因此在这个新的教育网络世界里,教育工作者需要帮助新一代"数字国民"做好更加充分的准备,应对现有数字技术乃至今后更新技术的伦理和社会问题。

(三)教育空间的权力生产

教育空间既是由人这个教育的中心或主体建构的,也是一个知识、权力和话语的生产过程,关涉人的公民、身份、主体等的生产。下面以教室空间为例,阐释教育空间的权力生产。从育人的目的与活动过程来看,教室空间的分布不是物理性的或自然地理学的,而是制度性建构的结果。例如:讲台就是一种制度设计的空间,它安静地站在那里,作为一个位(position)置(location),空置在那里,虚位以待,等待着那个被称作老师的人来"表演""充实",成为这个制度性认同的主体,成为教室空间的中心,实现英国文化地理学者威利(John Wylie)所言的"在主体性塑造过程中象征、实践和表演的制度性认同"②。在教育史上,教师的身份及其中心地位的塑造显然由来已久,并成为一种制度预设在那里,那么我们会进一步问:谁给予讲台上的人以身份、主体?学生站在讲台上,为什么必然是由于受罚或感受老师的"恩惠",才能来这里?

作为社会文化再生产的空间,教室空间显然不是个体的机械性累积,而是个体能力形成和表演的"舞台",它"不是个体的连接(衔接线),而是个体化过程(飞行线),它给予和产生个体发展新的运动模式和社会交往模式的能力,而且给予和产生一块领地,在其中,个体发展新的运动模式和社会交往模式"③。进而,

① 联合国教育、科学及文化组织.反思教育:向"全球共同利益"的理念转变?[R].北京:教育科学出版社,2017:41.
② John Wylie. An essay on ascending Glastonbury Tor[J]. Geoforum, 2002 , 33(4):441-454.
③ J. D. Dewsbury. The Deleuze-Guattarian assemblage:Plastic habits[J]. Area, 2011, 43(6):148-153.

根据列斐伏尔的空间生产理论,教室空间的生产包括教室的空间实践、空间的表征与表征的空间三个阶段。与之对应,教室空间的生产也经历场所、空间的符号/记号和表征的空间三阶段。同时,按照哈维的空间正义,教室空间是分别代表资本、阶级和上层建筑(国家和表征)的"物质空间-空间表征-表征的空间"的空间性(spatialities)矩阵结构。以教室空间的文化再生产为例,社会中的阶级意识和结构是如何在教室空间中经过不同阶段生产出包括身份、性质、权力和控制等在内的教师意识、学生意识等空间表征的(见图6-7)。

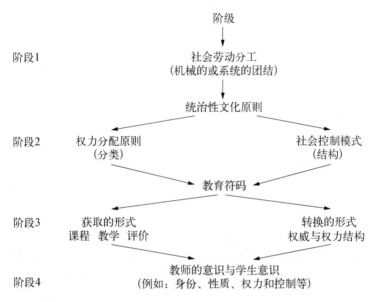

图6-7 伯恩斯坦(Basil Bernstein)的文化再生产模式①

图6-7主要从批判教育理论的角度,勾画了社会空间中的阶级划分、社会劳动分工、统治性文化原则、教育符码如何在教室空间中把权力分配原则、社会控制模式转化为课程、教学、评价、权威、权力结构,最后形成身份、性质、权力和控制等。不过,这里存在诸多值得商榷之处。例如,学校空间和社会空间是否存在完全同质的结构,能够顺利地把社会空间的阶级、权力结构等复制为教室空间的身份、权力等,乃至学校空间没有批判、反思和抵制的形式和能力。至少,在批判教育学家吉鲁(Henry Giroux)、阿普尔(Michael W. Apple)、麦克拉伦等人的著述里能见到他们对学校空间的独特

---

① Colin Brown, Heather Cathcart, Ben Cosin, etc. The Curriculum and Cultural Reproduction [M]. Milton Keynes: The Open University Press, 1977: 29(Unit 20, Revision Ⅱ).

性、自主性、反思性和建构性的探究和努力,对学校空间的相对独立性的思考和研究。此外,图6-7只是表达了空间的表征,也就是教室空间如何再生产或再现社会文化空间,还未具体描述表征的教室空间。也就是,在教室这个"异托邦"空间中,一方面不同的空间象征形式将产生不同的教室文化和价值空间,另一方面各种教学方法、手段、内容和组织形式生产不同的教育空间,生产出异质的、多样的、延异的、变化的、丰富多彩的意义空间。

　　就具体的教室空间的组织构造来看,一般分为两类:权威主义空间和自由主义空间。它们各自反映自己的社会阶层状况及其权力样态,体现自己的价值观念和利益诉求。以常见的教室空间布置为例,从物质表征来看,权威主义空间和自由主义空间两种表征空间的表征分别体现为以教师的讲台为中心、以学生面向讲台的学生桌椅矩阵为主体的单向度空间和无讲台的、以桌椅圆形围成的圆形空间(见图6-8)。从空间的符码表征看,不同的教学组织形式反映、表征和产生不同的空间表征、形式和内容。那种在课程内容、教学组织、学生组合与选择等方面符合集体性符码编制原则的空间是单向度空间,而符合综合性符码编制原则的空间则是综合空间。显然,为

图6-8　教室单向度空间(上排图)和圆形空间(下排图)

了空间的自由和自由的空间,实现空间表征中的自由和正义原则,我们坚决主张改变单向度空间,向综合空间发展(见表6-1)。为此,在自由的教育空间中,课程内容从各自科目的教学转向面向社会的调查活动的参与式教学;教学组织形式从遵从严格的时间表进行教学到遵从灵活的时间表进行教学;学生的组合和选择从同质的、单一的、受限的组合选择到异质的、多元的、广泛的组合选择;教学评价从单一模式发展为过程性、多样化模式;学生从权威主义空间和单向度空间的等级地位中解放出来,实现自由主义空间和综合空间中的个人独立与自由的关系;教师从教育的单向度空间中独立的、孤立的地位转变为与学生、社会、家庭之间相互依存的、互动的关系。当然,教育空间的自由、多样还反映在如何复归人性,遵从学生身心发展规律和教育教学规律,并根据教育内容和手段的特点,灵活地进行教育空间生产。例如,在集中传授复杂的、间接的、深刻的知识内容时,不能完全摒弃权威主义空间和集体性符码生产方式,而是以其为辅助手段提高教育空间的生产质量。总之,教育空间的人学意义在于,它"应以生命的节律为依据,与自然变化相适应,按学生年龄阶段的不同而区别,并顾及生命安全和多方面发展、交往与表达的需要"①。

表6-1 单向度空间与综合空间的表征②

维 度	集体性符码 (单向度空间)	综合性符码 (综合空间)
课程内容	各自的科目	调查活动
教与学的组织	严格的时间表	灵活的时间表
学生的组合	同质的、单一的	异质的、多元的
学生的选择	受限的	广泛的
评价	单一模式	多样化模式
学生的基础	等级中的地位	个人关系
教师地位	独立的、孤立的	相互依存的、关联的

---

① 王枬.学校教育时间和空间的价值研究[J].教育科学研究,2019(11):93-96.

② Colin Brown, Heather Cathcart, Ben Cosin, etc. The Curriculum and Cultural Reproduction (Unit 20, Revision Ⅱ)[M]. Milton Keynes:The Open University Press, 1977:24.(括号内为笔者添加的内容)。

第三部分
教育人学的实践哲学

第七章 教育人学的行动论

教育人学的行动理论是教育人学的身心理论、时空理论的具体的、历史的、社会的综合实践活动。一方面，教育作为一种社会活动，最早也始于人在与自然、社会的劳作、交往等有关人的行动；另一方面，从"人的生成""人是做成的"①等角度看，行动是人的本质，因此教育人学必须研究行动理论，追问何谓行动、行动的类型及其属人性、教育行动的人性化意义等问题。

第一节 人 的 行 动

在教育人学看来，人的行动就是人的实践，甚而用行动代替实践，在理论上可以免去一些实践极端化、神秘化的问题。

一、"行动是专属于人的活动"

"行动"可译作"action""conduct""to do"等词。它不同于"行为"（behaviour）。行为指人受到外界刺激产生的机械反应，或者人的本能性举止，行为之前没有计划，过程之中没有选择。行动最大的特征是具有人的目的性，"是见之于活动而变成一个动作的意志，是为达成某些目的，是自我对于外界环境的刺激所作的有意义的反应，是一个人对于那个决定其生活的宇宙所做的有意识的调整"②。正是因为行动的目的性、意志或选择性，决定了行动区别于行为，区别于动物反应，专属于人的活动。③ 而且，行动构

---

① 谚语：人是做成的而并非生就的（a man does rather than is）。
② ［奥地利］米塞斯.人的行为（上）［M］.夏道平，译.台北：远流出版事业股份公司，1991：53.（作者在该书中的"行为"应为"行动"，因为英文原文为 action，而不是 behaviour。）
③ "他不仅是异于其他动物的人（homo sapiens），他也是作为行为人的人（bomo agens）。那些由于先天或后天的缺陷而不能有任何行为的人，在这个意义下，他不是人。尽管法律和生物学把他看作人，但从行动学的观点看，他缺乏人的本质。"［奥地利］米塞斯.人的行为（上）［M］.夏道平，译.台北：远流出版事业股份公司，1991：57.

建了人与环境的关系。杜威认为,行动都是人性各要素和自然的、社会的环境之间的相互作用过程,它是自由和人类进步的基础,因为它提供了一个环境,在这个环境里面,人的欲望及其选择能够发挥重要作用。①

快乐、冲动等是人的行动的先决条件。罗素认为,人类的一切活动源自冲动和愿望,虽然冲动是盲目的、疯狂的、固执的本能性需要,但人类只有科学地辨别冲动类型,遏制占有性冲动,发展创造性冲动,才能保持自己的生机与活力。愿望也控制着人的行为,它是有意识的、与人的理智相关的,对一定目的的追求,它源自冲动又超越冲动,表现为艺术、文化和伦理生活等。冲动与愿望之间的矛盾根源于人性中的个体性和社会性的冲突,人的行动就是不断调整二者之间的矛盾。因此,这种冲突在生活中表现为各种层次的需要,在政治上就表现为占有欲、竞争心、虚荣心和权力欲。② 米塞斯(Ludwing von Mises)认为人的本能不能成为人的本质,因为人不同于受本能支配的动物,能够设身处地地思考和选择,也就是做出行动。然而,杜威肯定人的冲动的客观必然性,是人性发生的动力,而且它既是行动发生的先天条件,又受到行动的改组和改造。

人在行动中作为参与者必须面临行动的风险,并从风险中试错、实验、学习和创造人本身,"只有在有机体和环境的交互作用中断的情况下我们才能学习和获得新习惯。在这种情形中找到恰当对策的一个方法就是试错","利用反思性实验解决问题的过程就是杜威所称的探究,也就是杜威论述知识获得的模型"③。

行动(to do)不同于存在(to be)和理论之处就在于,它基于"万物皆变化"世界观,发挥人的实践智慧,建构人行动的规则和规范,过好的社会生活。杜威和马克思都是黑格尔"行动理论"的忠实拥趸,但是他们二者分别用行动或沟通和侧重劳动的实践来诠释黑格尔的发展哲学,分别创造出行动哲学和劳动实践哲学。相应地,前者具有建构性,后者侧重批判性。但是,如果尝试从行动哲学的角度去理解马克思的实践哲学,分析马克思主义批判教育理论的民主观、正义观,无疑意义重大。我们惊喜地发现,在经济学、人类学、政治学等其他学科领域,以及英国分析马克思主义学派早已系统地开始了这样的工作。④ 因此,重新认识人的行动至关重要。

---

① Dewey, J. Human Nature and Conduct[M]. New York:The Modern Library, 2002:10.
② [英] 罗素.伦理学和政治学中的人类社会[M].肖巍,译.北京:中国社会科学出版社,1992:162-164.
③ [荷] 比斯塔.测量时代的好教育:伦理、政治和民主的维度[M].北京:北京师范大学出版社,2019:39-40.
④ [英] G. A. 科亨.卡尔·马克思的历史理论:一个辩护[M].岳长龄,译.重庆:重庆出版社,1989.

二、行动的解释和批判

从行动哲学的角度分析,行动的内在理由才是行动的决定性因素。这证明了人的行动才是人的本质。英美的行动哲学(philosophy of action)关注"行动的理由"研究,通过该行动能够得到理解的东西,即解释性理由(explanation)(见图 7 - 1):回答"为什么做那个行动"和辩护性理由(justification):为他的行动做出合情合理的辩护。一般来说,内在于行为者的动机(motivation)、欲望(desire)、信念(belief)的组合能够同时用来解释行动者的行动和作为行动的辩护。英国哲学家威廉斯(Bernard Williams)①证明行动的发生来自内在理由,在理论上为行动的人学意义奠定了理论基础。因为,人的行动必然出自人的欲望;行为者的主观动机集合应该能够以一种动态的方式理性地发生变化,这个变化取决于行为者的想象力、经验、生活环境等因素;行动的经济原则,即一个人有理由做某事是因为那是满足他某个动机的最好(最方便、经济、舒适)的途径;外在理由必须在它的理由陈述与行为者的行动之间,建立起一种心理的联系(psychological link)或相信(belief),但这个"相信"无法成为行动的决定性因素(some determinate consideration)。②

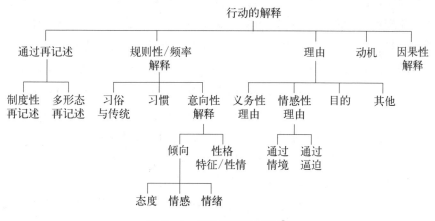

图 7 - 1　行动解释类型表③

---

① ［英］伯纳德·威廉斯.道德运气［M］.徐向东,译.上海:上海译文出版社,2007:144 - 161.

② 相关文献有:［英］休谟.人性论［M］.关文运,译.北京:商务印书馆,1980; Donald Davison. Essays on Action and Event［M］. Oxford:Clarendon,2001;Alfred R.Mele (Ed.). The Philosophy of Action［M］. Oxford:Oxford University Press, 1997. G. Harman. Thought ［M］. Princeton, NJ:Princeton Universtiy Press, 1973.

③ P. M. S. Hacker. Human Nature:The Categorial Framework［M］. Oxford:Blackwell Publishing, 2007:219.

在人的实际行动中,行动表现了人的理智或理性能力。米塞斯认为,人的行动必然是合理的,因为行动的最终目的总是满足人的某些愿望,为此人会选择工具、手段等,最为重要的是,人会运用手段－目的关系中的因果关系;而因果关系的确定性与不确定性决定了人行动的科学性与不可预测性。杜威认为,理智是行动在处理欲望、冲动、习惯中自然地产生的必然要求,一旦聚集那些偶发事件并认定它们的意义或影响,那么理智的作用和地位就被详尽地考虑到了。在行动中,由冲动引起的反思性想象力的刺激、对旧有习惯的依赖、转变习惯的效果和组织冲动的形式等是我们的首先考虑的主题。因此,慎思是一种行动实验,它试图发现不同的、可能的行为究竟会怎么样;它也是习惯和冲动的选择性因素的不同联合的实验,这个实验试图发现假如一个行动开始了,那么行动结果将会怎么样。但这种方法是在想象中进行的,而不是明显的事实。实验在思维的试验性演示中进行,并不影响身体之外的物质事实。思维提早预测结果,因此避免实际的失败和灾难的指示降临。①

人的行动充满了偶然性、差异性。从行动的逻辑来看,个体事物是行动的对象,而个体事物是由各种不可通约的、异质的属性构成的复合,虽然任何行动常常仅仅涉及其中某一个或某些属性,但是,在具体行动中,该事物之其他属性出人预料地出现,成为干扰行动的因素。这是我们下面将论及的行动理论的"事件"。不难理解,若将理论完全地或直接地指导具体的行动,必然出现问题。因为由抽象符号构成的理论是系统的,其本身是对事物本身的类及其各种属性的抽象的、普遍的概括,因此符号系统与实际的对象、理论与具体行动之间,永远存在着抽象与具体、普遍与个别的张力。不过,这种张力的存在正是人的行动存在的必要条件。行动的作用在于将各种不可通约的符号系统非逻辑地综合起来,共同作用于对象,将个别事物的各种属性综合到某一理论之下。进而,由于这些符号系统、理论必然与事实或价值相关,所以必然关涉行动的成败与善恶问题。

人的行动充满了"事件",需要进行不停的、不同的行动解释。人的行动的变化性以及作为行动者的人的限定性,决定了人无法把握所有行动的要素,在自身知识之外的存在将以一种完全偶然的、不可预料的方式发生,因此,客观地讲,人的行动就是"事件"。从准确的意义上讲,事件产生于行动的不确定性,因为行动情境的不可预测性、行动者的主客观局限性、外部的干涉、行动对象的内在差异性等构成的矛盾,使人明白:行动超越人的知

---

① Dewey, J. Human Nature and Conduct[M]. New York: The Modern Library, 2002: 190.

识;事件不是一个奇迹,是必然会出现的;事件是人的存在的一些碎片;事件具有不可辨识者,因此,行动者只有充分利用不可辨识者,把它转化为动力,才能激发作为主体的人的活力,从而把人重新归到存在论范围来进行讨论。更精确地讲,事件是行动的本质,同时也证明或创造了人的意义与价值。从亚里士多德到马克思、哈贝马斯、阿伦特等西方哲学家,以及中国古代诸多哲学家都发现了这一点。

行动的本质是"对于人的行动之意义和关联求理解"①。阿伦特把人类活动分为劳动、工作和行动三种类别,并认为,劳动维护的生命是无意义的,行动不同于制作(或劳动)之处在于它需要周围他者的在场,他人的言行之网环绕行动和言说(也就是对话,本章第三节将专门论述有关言语行动的对话教育),并持续地对其发生作用。正是行动及其相关的言说,让我们自己转化为人类世界,它无疑是人的第二次诞生。与劳动受制于必然性和工作受限于有用性不同,行动必然需要他者的在场和在世间的此在的展开(见图7-2)。因此,它既离不开他人,依靠自己最初身体的显现、劳动和工作,获得他者的认同,又以自身的主动性创立自身的世界,"去行动,在最一般的意义上,意味着去创新、去开始,发动某件事","由于人的被造,开端的原则才进入了世界,当然这就等于说,在人类被创造之时,才出现了自由原则"②。

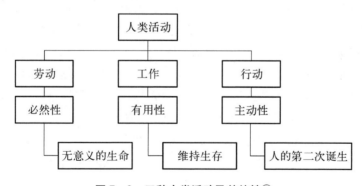

图7-2　三种人类活动及其特性③

---

① ［奥地利］米塞斯.人的行为(上)[M].夏道平,译.台北:远流出版事业股份公司,1991:101.
② ［美］阿伦特.人的境况[M].王寅丽,译.上海:上海人民出版社,2009:139.
③ 阿伦特将劳动与亚里士多德的"制作"相等同,也就是古希腊的"技艺"。同时,阿伦特也批判马克思的劳动理论。但哈贝马斯的后期作品,以及法兰克福学派第三代领军人物霍耐特回到黑格尔耶拿时期的"承认理论",都重新发现了劳动并不仅仅体现人与自然界、人与物的征服、占有关系,事实上,一方面,人使用自然工具的同时,社会、文化、政治等因素同时也发挥作用,很难把它们各自区分开来;另一方面,在劳动中人改造自然物的终极目的不简单地为了获得物质,满足物质需要,更重要的是,通过自己的劳动产品获得自我认同、社会承认,从而具有规范意义。

阿伦特发现了人的行动的人学意义,同时批判现代社会走向另一个极端:行动、行动、再行动,缺失行动中人的慎思的重要作用,盲目地、狂热地行动,从而失去了古希腊亚里士多德那里的实践智慧传统。实践智慧强调行动中对具体事物的好的判断力与执行力,但在阿伦特看来,更需要看重行动中知识、反思的作用,提醒行动者需有慎重的态度。这无疑给中国的实用主义实践哲学提出警告,"别'摸着石头过河'上瘾了"。

上述人的行动理论,强调人的行动之于人的基础性地位,强调行动中人的个体完整性、内在性、特殊性,反对行动之外的规范性强制;主张一种更加现实主义的理论,在具体的行动中确立条件、方法、目的与规则,调动人的主观积极性,反对强加抽象的规则、目的等;主张人的行动关涉人的欲望、信念、需要等一切人性的要素,既相信人的理性能力,也明确理性能力的局限性,反对将人的行动客观化、规律化、说教化、标准化、应试化等。

第二节　教育人学的行动理论

从教育对人的发展的意义上探究,它具有解放人性潜能,创造和丰富人性,实现"总体人"的重要理论价值。在中西方哲学史上,无论是亚里士多德提出的、区别于理论知识的行动知识,还是王阳明"致良知"强调的知行合一,乃至现代英国哲学家波兰尼(Michael Polanyi)提出的个人知识,都是行动理论的理论依据和来源。它们和当今的批判性行动理论一样,试图表明"人是做成的而并非生就的"①,只有通过行动,人才能创造出人特有的属性,才能把抽象的生命问题转化为现实的生活问题。因此,行动理论是以人性为依据,其每个环节须付诸人性化考量的探索与发展过程。

一、源自教育中的日常生活和事件

行动理论是在不排除人的原初情感、欲望和理性基础上,在参与者的日常生活中,在学校、教室等,而不是在控制变量的客观世界中,把人性的所有要素当作行动理论的材料和反思的对象。行动理论的结果首先必须返回研究者的实际生活世界,产生更大的效用。所以,行动理论是"源自和归属于

---

① 赵汀阳.论可能生活:一种关于幸福和公正的理论[M].北京:中国人民大学出版社,2004:42.

生活世界和人们居住其间的独有居所的一个复杂而又全景的视域"①。与机械行动相比,行动理论克服了理性人、经济人等片面的人性假定,脱离了本质主义、中心主义藩篱,抛弃了对普遍真理、统计数据、因果逻辑等的片面执着,理解和解释行动在独立的、原初的、完整的生活世界中的意义,捕捉具有地方性的、个体的知识和线索,最大可能地解决教育教学中的实际问题,从而促进教师专业发展,提高儿童的学习与生活质量。

　　行动理论不是对事实的消极反应,而是对事实的切身体验或历史诠释,更是对事件的积极探索,从而展示丰富多样的人性。按照人们通常的理解,行动理论的对象是行动中发生的现象,行动理论必须根据这些现象呈现出来的事实,寻求其背后的规律或本质。但在现象学、批判理论、后现代主义看来,不需要把现象与本质、事实与规律对立起来,现象本身就是本质,因为现象不一定受本质的支配;事实本身就是规律,因为事实不一定受规律的制约。因此,理论只需回归现象,面向事实本身。就行动理论而言,由于行动理论必须反身到行动这一原点,着眼于具体的行动过程和偶然事件,触及具体生活经验的体验与形塑过程,因此,行动理论不仅是面向事实本身的理论,它还关注事态的生成和发展过程,尤其是事件在行动理论中的作用。也就是说,"行动"不仅可能以一种偶然的、不可预料的方式发生,而且也将面临和处理那些发生的事件,包括行动事件、言语事件等。因为任何行动并不源自过去或未来的规定,仅仅是当下的即刻显现,是超出客观规律和本质的不可能性的呈现。用通俗的话说,就是"一切皆有可能"。而且,行动并不发自单一的事件,而是由数个事件构成的解构过程。所以,更准确地讲,没有事件,就没有行动;没有研究事件,就没有行动理论。

　　行动理论是源自日常生活、关注事件的理论,但是这并不意味着行动理论是随意的、无目的、无效率的。由于在行动的当下时刻,过去被记忆拉到行动者的面前,想象把当下当作通向未来的通道,因此行动首先关涉人的记忆和想象。正是在人的记忆和想象中,行动者需要进行选择,这种选择既是目的论指导下的手段或策略选择,包含知识上的因果认识和解决实际问题的方法和手段,又是人的意志的抉择,包括自由意志的展示。自由意志更能体现行动哲学的复杂性、主观性、实用性和创造性,因为人的意志的抉择不但要求行动者成为行动的主人,而且行动的选择必然趋向善,把愿望转化为价值和效率最大化的结果,实现德性价值和经济价值的最优化。

① Peter Reason, and Hilary Bradbury (Eds.). The Sage Handbook of Action Research [M]. London: Sage Publications, 2008: 17.

二、反思和建构的教育行动

在字面的意义上,何谓"行动"?这里的"行动"显然不同于生物学或生理学意义上"刺激-反应"的"行为",它是人有意识的、有目的的活动,是人与自然、人与人之间相互交往,尤其是通过对话实现其社会和文化意义的过程,因此"行动"根本上是合作、参与、互动意义上的人类活动。但在教育学界,尤其是中国教育学界,片面强调教育行动的现象较为严重。虽然强调了教育行动中个体方面与社会方面,但在理论上片面强调现象学中人的主观意向性在个体方面的决定性作用;在社会方面片面强调教育的社会化、政治功能等;在品德教养方面,个体与社会分别注重规范化或形式的教养理论和具体化或实质的教养理论;在教育学的制度理论方面,个体与社会的关系或者是直接结合,或者完全脱离(见表 7-1)。

表 7-1　教育学的行动理论的错误形式①

	个 体 方 面	社 会 方 面
教育理论	意向的教育理论	功能的教育理论
教养理论	形式的教养理论	实质的教养理论
教育学的制度理论	把个体方面从社会方面中脱离出来的理论	把个体方面与社会方面直接结合起来的理论

对此,德国教育学家本纳根据从个体到社会、从具体行动到行动理论及其配套的教育制度的教育行动辩证发展过程,从普通的行动理论、教育行动和教育思想的基本概念、教育行动理论到专门的教育行动形式和教育维度的理论等四个层面,分析教育行动的实质内容与对应的理论或形式(见表 7-2)。

表 7-2　普通教育学论证层面②

第 1 个层面:普通的行动理论	人的实践的肉体性、自由性、历史性和语言性	人体分化的领域和形式:劳动、伦理、教育、政治、艺术和宗教
第 2 个层面:教育行动和教育思想的基本概念	可塑性、主动性要求、教育转变、非等级秩序	教育实践的个体方面,教育实践的社会方面

---

① ［德］底特利希·本纳.普通教育学:教育思想和行动基本结构的系统的和问题史的引论 [M].彭正梅,等译.上海:华东师范大学出版社,2006:102.

② 同上书:270.

续　表

第3个层面：教育行动理论	主动性要求、教育转变、可塑性、非等级秩序、教育行动的个体方面和社会方面的结合	教育的理论、教养的理论和教育机构的理论
第4个层面：专门的教育行动形式和教育维度的理论	作为对非成熟者的、自我否定的强制关系的教育行动，作为通过教学的教育和教养的教育行动，作为引入社会领域的教育行动	管理措施的一般理论，普通教学论，普通社会教育学

　　进一步分析后会发现，行动理论首先并不把行动的行动者与其行动对象对立起来。在教育行动中，行动者自身是行动的参与者，行动者的主观意识、思维和判断都是重要的行动理论对象。其次，这里的"行动理论"不仅仅是探索客观规律的科学的行动理论，更应当是在行动中解决实际问题、获取行动智慧的知识建构过程，是行动者在不断理解和反思的过程中，逐渐形成区别于客观世界的个体知识或地方性知识的过程。就"行动"和"理论"的关系而论，一方面，由于在知和行的关系上，行动理论强调行先于知，在行动中创生知识，所以这里的"理论"作为一种建构知识的过程，必然决定于行动；另一方面，行动理论强调一边行动、一边反思，二者不是机械的连续，而是同时的、交互的、不断重构的，即使我们讲行动理论是独立于行动的自我意识反思和理论建构，但这种反思和建构是更高意义上的行动，其产生的独立意识和理论体系更是行动的更高级建构与重构。

　　如此看来，所谓"行动理论"，就是参与者在一定的社会背景中，使用多元的、互动的方法，通过不断建构与重构，打破行动者与被行动者的界限，全面论证和反思诸多社会现象与事件，在参与中体察自我生命的成长。[1] 行动理论一般包括计划、行动、观察和反思等环节，这些环节既是连续的，又几乎是同时的、交互的和高度个人理论的（见图7-3）。[2] 例如，就行动和反思的关

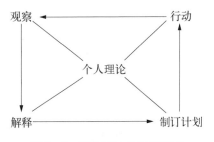

图7-3　行动理论的理想模式

　　① Catherne Marshall, Gretchen B. Rosssman.质性研究设计与计划撰写[M].李政贤,译.台北：五南图书出版公司,2006：3.

　　② 杰夫·米尔斯.教师行动研究指南[M].王本陆,潘新民,等译.重庆：重庆大学出版社,2010：20.

系而论,按照法国社会学家布尔迪厄的观点,由于教育中的任何行动必然关涉社会、政治、文化等方面的条件、过程和性质,必然和权威、意识形态或权力发生关系,是在社会现实中被权力支配的集团或阶级之间交互作用的行为,因此行动和对行动中的语言、意识和方法进行批判性反思必须是同时的或交互进行的。

在发生学的意义上,由于行动离不开肉身参与,无法遮掩行动中人的情感,因此行动理论的反思对象必然包括肉身的自主性和情感的表达,进而在社会或文化结构的意义上,行动理论是由参与者在一定的社会背景下进行的对话和行动不断建构和重构而成的。英国教育分析哲学家谢弗勒(Israel Scheffler)认为,由于"人类的行动并非单纯的物理运动或生理反应,其在性质上是一种符号活动",亦即:"理解一个人的行动,不仅要求我们把该行动置于它所发生的概念环境之中加以分析,而且要求我们去理解行动主体是如何看待客体以及如何组织发生的领域的。"①因此,行动的进行不一定受人的期望的影响,其结果也不一定受因果推理的限制,但它必然是借助符号系统实现每个行动者的主客观意向性的社会行动活动。

在行动理论中,借助符号系统进行的对话是参与者在行动中的计划和反思、行动与观察、计划与行动、反思与观察的辩证发展过程,体现参与、合作的民主精神,提高了行动者的自我独立意识与理性自主能力。同时,行动者在交往共同体或行动共同体中的行动不断改善,而交往共同体或行动共同体也在对话与行动中构建、改善本身。对话与行动的互动的结果是个体与群体,行动与行动者通过计划—行动—观察—反思的方式批判社会与个人日常中的权威和意识形态,建构起行动的教育理论或教育学。综合起来,这样的行动理论就是"批判的行动理论"②(见图7-4)。

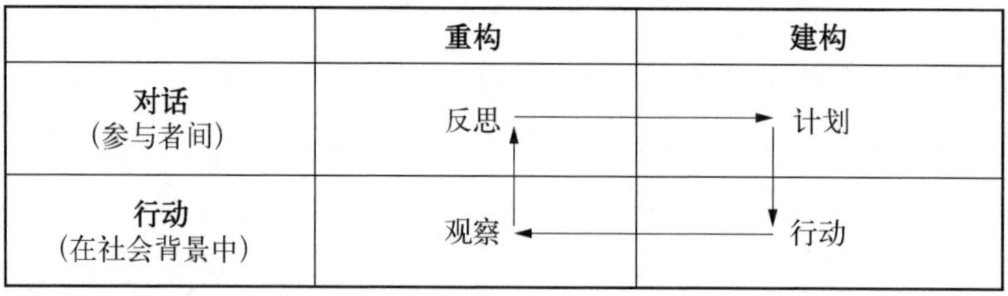

	重构	建构
对话 (参与者间)	反思	计划
行动 (在社会背景中)	观察	行动

图7-4 批判的行动理论

---

① [英]谢弗勒.人类的潜能——一项教育哲学的考察[M].石中英,涂元玲,译.上海:华东师范大学出版社,2005:18.

② 唐莹.元教育学[M].北京:人民教育出版社,2002:374.

三、追求"人的解放"的教育行动

在行动理论中,任何一个环节都不单纯是为实现某种特定目的而进行的一种技术或工具活动,而是在和他者的对话与行动中,提高批判反思能力,极力发挥人的潜能(见图7-4)。在计划、行动、观察和反思的过程中,行动理论肯定不是封闭的、无休止的循环过程,也不是为了在更高阶段实现绝对真理,而是把自身置于更具体的、历史的和现实的社会、政治、经济和文化背景中,通过对意识形态、权力、生产与生活方式等方面进行批判性认识或理解,全身心地把自己投入认识世界和改造世界的活动中,"使自己变成更具有人性的本体和历史使命中的人"①。

第一,从某种意义上讲,由于行动理论的动力来自行动者的不断自我解放,所以行动理论首先是为了个体的解放,而不是在宏大叙事背景中社会的解放。在行动理论中,行动者通过参与意识到自己是行动的主体,在行动、反思和评价过程中把客观的知识转化为个体主观的知识。同时,通过与他者的交互关系,意识到自我的独特身份、独立人格和独创能力,努力获取自我成就和自我认同。而且,行动理论者通过不同层次不同方面的对话,不仅把我-他关系转化为我-你、我们-我们关系,而且超越现实矛盾,通达人性的自由。"对话是一种创造活动。对话不应成为一个人控制另一个人的狡猾手段。对话中隐含的控制是对话双方对世界的控制,对话是为了人类的解放而征服世界。"②

第二,行动理论也是为了肉身的解放和自由。在异化的行动中,肉身作为"欲望机器",是行动的机械对象或像欲望那样被尽量排除于行动之外的"废料"。然而,行动理论关注偶然事件中迸发的情感和肉身。并认为,肉身存在于客观规律和本质断裂之处,是寄居其中的习性、场域、象征体系和权力的显现。因此,行动理论静待它们的迸发,尽力激发、监测、反思肉身和情感表现出来的直觉和灵感,用非逻辑的语言描述一种先于认知的、前对象性的、非设定性的现象和意义。

第三,行动理论克服理论与行动的二元对立,在自由的行动中实现行动的自由。虽然理论与行动不对称,一个理论可以适用于不同的行动,而一种行动需要多个理论来解释,但是他们的真正统一是在行动中完成的,尤其是在行动与反思的统一中达成的。一方面,行动是生成和检验理论的试金石,"凡是把

①　[巴西] 弗莱雷.被压迫者的教育学[M].顾建新,等译.上海:华东师范大学出版社,2001:34.
②　同上书:38.

理论导致神秘主义方面去的神秘东西,都能在人的行动中以及对这个行动的理解中得到解决"①;另一方面,反思不仅是一种对自身形成过程中的相互关系的认识和理解,还是批判过程,这种批判就是一种历史的、现实的行动,是"对理论进行抵抗,使理论向历史现实敞开,向社会、人的需要和利益敞开,指向取自处于阐释领域之外或边际的日常生活现实的那些具体事例"②。因此,行动打破了外在与内在之间、意识与无意识之间、身体和话语之间的区隔,"捕捉没有意图的意向性,没有认知目的的知识,捕捉行动者通过长期沉浸于社会世界之中而对其所处社会世界获得的前反思的下意识的把握能力"③。

第三节　教育的行动探究

如果说理论只有彻底才能说服人,那么行动只有彻底才能创造人。因此,彻底的行动理论最能充分展示教育人学。

一、教育寓于积极变化的行动

"行动"是人类和教育的本质,但是,在教育理论中却易被忽视。在阿伦特那里严格区分劳动、工作和行动,此外还需要区分劳动与活动、运动、生产、实践等概念。虽然马克思本人大量论述了劳动中的技术训练、综合技术训练、综合实践活动等概念,但是,马克思没有论述行动,似乎失去了与亚里士多德实践(to do)的联系。马克思主义理论重视"劳动教育",把劳动教育列入与德育、智育、体育和美育并列的教育活动形式,但是没有行动教育的影子。在中国古代,倡导"知行合一",重视行动的地位和作用。中华人民共和国成立后,倡导"五育"并举,"五育"融合,但是,回答如何实现不同类别教育融合的时候,也没有强调行动是"五育"融合的根本途径。针对这些现象或问题,教育人学转向行动理论或行动哲学,主张"为行动而教育,在行动中教育,由行动者教育",建立人性化的教育行动理论。这是教育人学研究的重要使命和任务。

(一)教育的"积极变化"内涵

拉丁文"educare"的"引出"或中国古代文字中的"棍棒下的教""棒喝"等

---

① 马克思恩格斯选集(第一卷)[M].北京:人民出版社,1972:18.

② [美]斯潘诺斯.教育的终结[M].王成兵,等译.南京:江苏人民出版社,2006:329.

③ [法]布迪厄,[美]华康德.实践与反思:反思社会学导引[M].李猛,李康,译.北京:中央编译出版社,1998:21.

词义,以及德语中的"教化""启蒙",不仅意指使人转向灵魂,心中充满光亮,摆脱未成熟状态,呼唤理性、情欲的解放等,而且意味着"教育"是一个动词,意味着人在发生积极的变化,是积极变化的行动。柏拉图《理想国》第七卷开篇讲,受过教育者和未受过教育者的区别在于是否有灵魂的转向。虽然教育和灵魂的联系成为教育的核心含义,但是"转向"的意义才是关键。这种转向在洞穴隐喻中表现为一个囚徒挣脱枷锁,转过头颈,看见火堆、土墙、器具和周围环境,视听并判断现实的回声和影子,爬向洞穴的出口,俯视水中太阳的影子,仰视真实的太阳,忍受火堆和太阳发出的刺眼的光芒,沿着洞口的小径下降,回到洞穴,救赎被困的大众,……是行动的行进变化揭示教育如何转向灵魂,揭示其中包含着的努力、观察、计划、行动和反思,以及其中人的内心挣扎、痛苦和磨难。当然,在柏拉图及柏拉图主义者眼中,教育转向灵魂,是超越性行动,是使用精神的目光,超越事实(现实经验),在灵魂的"阳光"下让灵魂的光亮(思维)敞亮,超越可见的现实世界和可见的世界,进入不可见的永恒真理、理性思维之中;超越虚假的"洞穴"世界,见到代表真、"至善"和美的"太阳"。

教育的"积极变化"归根结底是求"善"的行动,而真正的善的行动是追求个体的善(goodness)、社会的善,最终实现社会中个体的善。善最早的意思是"德性",其原初的意义是"人尽其用,物有所值",顺从人与物的本性行动。如,杯子的本性是用来装水的,如果杯子用来盛其他东西,就没有充分运用其本质,尊重其本性(property)。现在,"善"过于讲求效果,以结果、效率而论其价值,忽略其内在价值或德性。如,desire(欲求)和 demand(需要),在传统社会中这两个词是统一的,但是,现代商业社会制造一些人们本来并不需要的"需要",让人们无法辨识自己的真实欲望和现实需要之间的陌异,已经不按自己的实际需求而满足自己。教育的"积极变化"无疑从追求道德人格转向追求身心的美与善,追求物质生活、社会生活和精神生活的完满、丰富、和谐、幸福和正义。在孔子时代和中国士文化时期,社会要求人不仅有知识而且有德性,现代社会则将"德"放到技术之后,知识、技术决定人的地位和价值而非"美德"。但是,教育的"积极变化"在现代社会的终极目的是公平,教育公平是制度化教育时期的首要价值标准。作为社会人,每个儿童都有受教育的权利和机会,平等享有教育资源和教育成果,获得教育与社会中的自尊、自重和自我实现的自信。教育公平是教育行动的法则,需要从数量平等到比例平等,从比例平等到形式平等,最终实现特定社会、具体历史阶段、关涉每一个人的实质的平等。

(二) 教育是有"内在价值"的行动

教育的行动特性意味着,教育行动是有机的、体现人的生命价值的行动。教育与行动的内在一致性,已经被广大教育学者接受并尊奉。尤其是杜威的实用主义教育学和本纳的普通教育学,就是行动的教育学。现代教育学必须不断落实到人及其社会的行动策略与现实实践层面,实现从机械行动到能动行动的变化,体现当代教育理论的实用化转折,把知识和行动的关系定位为现代教育学的研究主流和核心论旨,体现和克服行动主体或认知主体与特定的知识观念分裂的窘境。

教育行动具有不同于教育劳动的人的自由的特征。汉娜·阿伦特主张用"行动"来代替"实践",她认为只有行动才能真正地体现自由,因为相对于生产来说,行动的结果更具有不确定性,是追求自由的行为,同时意味着人与人的交往充满了很多不可控的因素,也是自由和创造的体现,而马克思裹挟了劳动的"实践",将劳动具有的私人性和手段性带入了自由领域,这会导致公共生活的衰微和极权主义,因此用带有劳动性质的"实践"是无法理解政治的。哈贝马斯将人的活动分为劳动和相互交往,认为,马克思的实践概念中对"相互交往"的定位是不准确的,他同样反对了马克思具有劳动意义的实践概念,认为,相互交往如果归于劳动,那就变成低级的工具活动,也就丧失了自由的基础,这也进一步反映出马克思对"交往活动"的研究是其实践哲学中缺失的一部分。

教育行动具有不同于功利主义或效率主义的美德或内在价值。麦金太尔(Robbie McIntyre)认为,美德是一种获得性的人类品质,对它的拥有与践行是我们能够获得那些内在于实践的利益,而缺乏这种品质就会严重妨害我们获得任何诸如此类的利益。把一种行动中获得的利益分为内在利益和外在利益,内在利益只能通过某种特殊的行动而不可能以任何别的方式获得,外在利益存在于那些由于社会环境的机缘而外在地、偶然地附系于行动的利益,如名声、权势、地位、金钱等。① 伯纳德·威廉斯进而提出,并非任何具有价值的事物都由其效果来决定它的价值,有些行动具有非效果的内在价值。行动的意义仅在于产生有价值的事态,有些活动具有非效果的内在价值。如,为了活动本身而从事的活动,是因为活动本身是有内在价值的活动。

教育行动的内在价值恰在于其不确定性、过程性和多元性,其经济性原则不是其内在价值的唯一原则。正确的教育行动,是追求具有内在价值的最大效果的行动,是在可选择的行动中能最大限度地增进善的行动。功利主义以行动的因果属性,即最大限度地导致好事态为标准评判行动的正确性,并不具有充分的说服力,因为,世事纷杂多变,很多情况下,行动和好事

---

① [加] 麦金太尔.寻美德[M].刘东,译.南京:译林出版社,2003:242.

态之间的关系并不是因果关系。不仅某些具有好效果的行动不一定是正确的行动,而且,在某些境遇中,尽管一个人采取该行动导致的事态比他可实现的其他事态更坏,这种行动仍然是正确的。威廉斯说,即使我们可能知道一项行动的所有后果,我们也不能计算这些后果,就像不可能计算出最大幸福一样,后果之间缺乏可比较的标准。

教育行动的主观意向性意味着,教育行动中人的主观意志在道德观念、道德认识、道德判断和道德行动中具有重要作用。教育行动者的道德同一性承诺是道德行动的重要构成要素,正是道德同一性承诺决定了道德主体的道德一致性,它与行动及其结果一样,都是道德行动不可分离的组成部分,与行动者构成了统一的整体,不可分离。这决定道德行动不可能像功利主义要求的那样,随着结果改变,毫无定性。

教育的专业性行动"是人以言行为媒介、直面相对并相互影响的活动,具有包容各种异质性因素的品格,使之得以在边界内富有个性地生长"①。在行动中人与其境遇之间相互形塑,"人是被处境规定的存在者(conditioned being),因为任何东西一经他们接触,就立刻变成了他们下一步存在的处境"②。正是在处境中,行动和言说揭示人和其他生命体的差异,人使自己与他人区别开来,而不仅仅显得与众不同。当然,更重要的是,行动把人带到公共领域,诞生"复多性"意义上的人,有了"开端"。开端的本质是某个新的东西出现了。它完全不能从以前的事情中预测出来。"新事物总是以颠覆统计学规律和概率的形式发生,而对于一切现实的日常目的来说,规律和概率就等于确定性,因此新事物总是以一个奇迹的面目出现的。人能够行动的事实,意味着可以从他身上期待未曾预料的事情,他能够完成不可能完成的任务。"③因此,行动即意味着去创造、去开始,更自信地说,人能够去创造奇迹!

总之,正如阿伦特所言,教育行动、行动在"积极变化"的积极生活的等级中居于最高位置,作为一个非常宽泛的人类活动范畴,行动用于与他人的互动,因而,行动预设了人类的复多性。这里的"复多性"类似于马克思劳动理论中人的"类本质"。但是,阿伦特在一般的、普遍的意义上规定"复多性",是超越个体和群体本位,上升到类本位的概念,指个体的存在不以物为中介,而是以他人的存在为条件,通过主体间的平等对话,表现出人类的平等和差异的

① 刘旭东.行动:教育理论创新的基点[J].教育研究,2014(5):4-10.
② [美]阿伦特.人的境况[M].王寅丽,译.上海:上海人民出版社,2009:3.
③ 同上书:139-140.

双重特征。平等使人们理解前人的历史、规划后人的未来,差异则使人们通过言说或行动让他人理解自己,组成公共领域,"公共领域是为个性保留着的,它是人们唯一能够显示他们真正是谁、不可替代的地方"①。(译文有改动)

二、教育行动的规程与"生产"

教育行动是教育参与者在沟通与合作中,在行动和言说中彰显自身。其探究的过程、性质和意义具有人性化教育意义。

(一) 教育行动探究的规程

普通的教育行动包括问题、假设、计划、观察、行动、反思、结论等步骤或环节,形成不断循环的、开放的探究过程。教育行动无疑始于具体情境和各种关系中的矛盾或问题,进而作出假设和计划,包括总体设想和每一个具体行动步骤,同时,保持计划的充分的灵活性、开放性。教育参与者,包括实际工作者和研究者,按计划采取有目的、负责任的实际步骤。在此过程中,重视实际情况的变化,不断调整修正自己的假设和计划,不断验证和判断。具体地讲,就是观察,包括本人观察和其他人观察,对行动过程、结果、背景以及行动者自我意识的观察、判断和反思。其中,鼓励使用各种有效手段、技术和方法,对问题、计划、观察、验证的结果进行整理和描述,作出评价解释或反思,作出相应的结论。当然,这里的结论是暂时的,它是下一个行动的条件或验证、修正的前提(见图7-5、图7-6)。

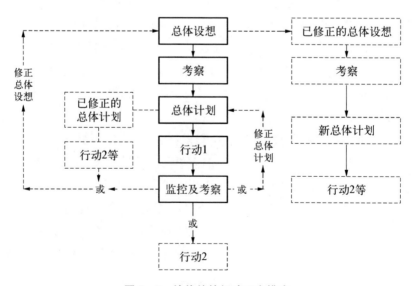

图7-5 埃伯特的行动研究模式

---

① [美] 阿伦特.人的条件[M].竺乾威,译.上海:上海人民出版社,1999:32.

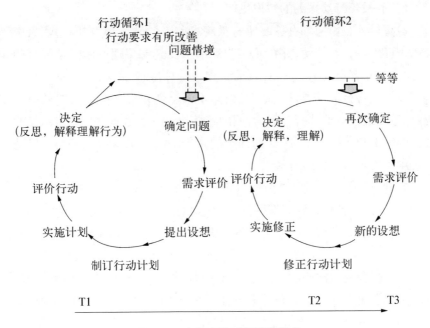

图7-6　麦柯南的时间进程模式

在此过程中(见图7-7),每个教育参与者都是知识生产者,探究过程透明、合作、完整和有效,融合理论与实际。每一次问题的解决都是新的出发点,也提出新问题。教育参与者成为反思者与研究者,从贬抑的教育规训到自觉的教育解放,形成一个自下而上的思考与行动过程。

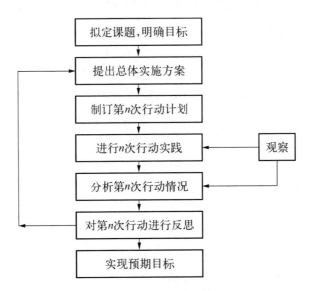

图7-7　教育行动探究的进程模式

（二）教育行动探究的知识生产

教育行动是由问题有关的所有教育参与者共同参与,在问题情景全程介入、判断、综合和行动,并在此实践活动中找到有关理论依据及解决问题的方法,是教育参与者实施的准实验探索。杜威、阿伦特和比斯塔都认识到,行动、教育行动具有不确定性,而且不确定性仅仅是行动遭遇的第一个挫折,也是最根本的挫折。因为,不确定性代表行动由于自身的目的而遭受挫折的方面;在这个挫折中受到伤害的是行动的揭示性质,若无它,行动和言说则不再对人有任何意义。

教育行动使教育主体"到场"(come to presence),出于、通过和为了言说和行动,处于各种人际关系网的"之间",构成人类事物、事情的领域。其中,包含着无数相互冲突的意志和愿望,所以行动从来都无法达及它的目标。但是,正因这个媒介,行动才有意或无意地"生产"与人相关的历史和故事。在诞生和死亡之间的个人生活,最终能被描述成为一个完整的故事,构成真正的历史。一个人在双重意义上是故事的主角:它既是行动者,又是行动的遭受者,但是没有人是故事的作者。尽管历史的存在要归因于人,但是人显然不能"创造"历史。故事唯一揭示出的"某人"是它的主人公,故事也是通过对言行的事后追溯,让一个与众不同的"谁"从最初的不可见变为可见的唯一媒介。人的行动需要并产生出勇气,表现为一个人愿意行动和言说,愿意把自己切入世界,开始一个属于自己的故事。勇气和无畏已经体现在愿意离开自己私人的藏身之处,追求自我彰显,揭示和袒露自我当中。

教育行动的现象学显现人的境况中人类事物、事情的风险性和教育主体之弱。行动受限具有无限性,因为,无论行动的特定内容是什么,总是建立着关系,从而内在地冲破所有限制和跨越所有界限,以及它特有的生产力,也就是建立关系的强大能力。行动的第二个特征是不可预见性。行动只把自己充分揭示给讲故事者(storyteller),任何行动的完整意义只有在结尾时才透露出来,而且人类的政治体中的限制与界限可以在一定程度上防止行动内在的无限性,但无助于抵御其不可预见性。因此,建基于人类行动的人类经济、体制和法律,以及一般而言的所有与人们共同生活有关的事务,都具有脆弱性,完全无关乎人类本性的脆弱性,却都来自人类行动中的诞生性条件。

（三）教育行动的权力生产

教育行动维护和发展教育的权利,是一种权力生产,正如限制人的行动自由是非法的,限制教育行动是反教育的。

教育行动首先表现为,它显现和创造自由的教育公共空间。阿伦特认为,行动和言说在参与者当中创造的空间,几乎在任何时间地点都能找到它的恰当位置,即最广义上的显现空间;公共空间,如城邦,使人们尽管受到某些限制,也能持续地活动;增加了每个人在言和行中显示他是"谁",彰显个性的机会;同时,为言行的空虚无益提供补救之道,它跟行动者在行动形塑为故事之前体验到的危险密切联系。

教育行动是一种使公共领域得以存在的、无限的权力。教育行动不像体力那样受人的本性和人的身体存在的物理限制,他人的存在是他唯一的限制,但这种限制不是偶然的,因为人的权力首先相应于人的复多性。在权力中显现的教育的言和行,为教育政治赋予了一种尊严,教人们如何去展示伟大和荣耀的东西。概言之,在行动的政治哲学中,行动和政治、公共领域是三位一体的;人只有在行动中才能实现自由。按照阿伦特的解释,行动只能以是否伟大来衡量,突破所有通常接受下来的标准而达到非同寻常的程度,在它那里,任何普通和日常生活以为真的标准不再适用,因为凡存在的都是独一无二和自成一体的。"为此,我们不需要因果律的教学法,那种只是意在生产预先规定的'学习结果'的教学法。我们需要一种事件教学法,那种积极地导向教育之弱的教学法。一言以蔽之,这是一种甘冒教育的美丽风险的教学法。"①

三、对话教育的言说自由

语言与行动的关系是教育人学绕不过的问题。为什么行动和言说的联系如此紧密? 阿伦特认为,因为原初的、特定的人类行动,必定同时包含着对"你是谁?"的回答,而对某人是谁的彰显,隐含在他的言和行之中。详言之,"人是语言的动物",而语言是一个一般的、普遍的、总体的、静态的概念。与语言相对的是言语,它指个人的、具体的、无限的、动态的语言现象。无论语言还是言语,其核心在于意义。语言和言语都可以用描述的方式表达意义,通常称作"以言表意"。但是,语言学家奥斯丁发展了语言的意义理论,认为,人的语言,尤其是言语,可以"以言行事",也就是说,言语和行动一样,都是在具体情境或语境中施行某事,达到实际行动的效果。例如,在结婚典礼上,新郎新娘回答说"我愿意"时,它意味着"我愿意(也即我愿意与这名女子/男子结婚)",并且其施行效果是"使之成为我的合法妻子/合法丈夫"。进而,哈贝马斯综合了语用学的成果,发展出言语行动理论或交往行动理论。哈贝马斯分析,言语中沟通的主体间通过言语交往达成共识,形成

---

① [荷]比斯塔.教育的美丽风险[M].赵康,译.北京:北京师范大学出版社,2018:197-198.

规范的一致性,共享客观知识的真实性、社会世界的正确性和相互信任对方的真诚性。本书第四章有关主体间性的论述已论及,不再赘述。

这里需要补充说明的是,由于人的行动是人的本质,人的言语即行动,因此言语也是人的本质。在交往行动理论中,言语的沟通与策略行为相对(见图7-8)。策略行为仅重视语言的工具性、目的性,用以言表意的命令式影响对方,体现占有型主体的意志或利益,在教育中体现为灌输式教育、意识形态教育等形式。

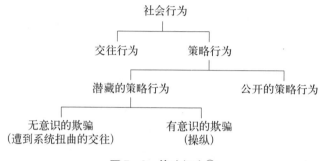

图7-8 策略行为①

进言之,对话教育是教育行动的表现形式,不仅解放人的思想,而且实现思想自由、言论自由和话语民主制度,维护社会正义。对话教育不仅仅是一种教育理论或教学方法,更重要的是,它是关乎人性自由与解放的教育人学信念和理论,是关乎公民自由和社会自由的政治生活方式。在教育史上,苏格拉底的"对话教学法"是探索民主理念和制度的"法宝";孔子述而不作,在与学生的对话中析理出重整家国、天下的仁义纲领。此后,夸美纽斯、卢梭、杜威等教育学家重视对话在社会思想和制度禁锢中的解放作用。在现代教育中,弗莱雷把对话教育视为解放被压迫者的最重要手段。当然,就对话教育本身的政治哲学意义而言,对话教育何以可能的先天条件是,每个人都有语言表达的能力,也有发表自己意见和建议的权利,更有参与各种社会讨论维护自己权益的权利,它们关涉个人自主和公共自主及其相互关系的话语民主问题。目前,国内教育学领域较为全面、深入地对对话教育进行了理论研究和行动探索,但还需要在对自由主义的对话教育观,以及批判教育学对自由主义教育学进行的反思和批判中,揭示对话教育的自由的人学精神。

---

① [德] 哈贝马斯.交往行为理论(第一卷)[M].曹卫东,译.上海:上海人民出版社,2004:316.

第八章　教育人学的伦理价值论

由于教育人学自身的复杂性和学科互涉性,所以教育人学的伦理价值体系较为复杂。归结起来,教育人学的伦理价值观是研究人自身的伦理如何通过教育建立,如何从"认识你自己"到"我是谁"。也就是人格、自我的伦理学及其如何发展为他者的伦理学。

第一节　人　格　教　育

培养健全人格是教育人学的伦理要求和目的。因此,教育人学需要研究有关人格和自我的诸多问题、理论和实践。

一、人格与人格同一性

人的一生肯定会经历数个阶段。无论如何,我们都在有意地思考这样的问题:我们一生中一直都是同一个人吗? 我们如何成长? 简言之,这类问题就是有关人格的问题。对哲学家、教育哲学家而言,他们有义务去解答、探讨是否可能,怎么可能,以及有什么后果或价值。

(一)人格

"人格"的英文为"personality"或"person",其古拉丁语为"persona",古希腊语为"πρόσωπον"。它们原指舞台上戴着面具的演员。而且,舞台戏剧中不同的面具代表不同的"人"。换言之,在起源上,"人格"强调人的角色,尤其是与社会、地位、责任相关的角色。公元四五世纪,基督教使用"prosopon"指称"人"这个概念,并与"自然"(nature)相对,指代基督教中的上帝、基督徒和普通百姓等。"personality"主要是心理学意义上的"人格",指人类心理特征的统一体、整体,指人在不同生存环境中保持意识同一性的能力,也就是一个相对稳定的结构组织。本书主要从"教育的人的哲学"角度,探讨"人格"的存在论、道德论或伦理学等,因此"人格"仅使用"person"

一词,并和"self"(自我)一起作为教育人学的核心概念被探讨。

教育人学研究"人格",是因为人格是人之所以成为人的东西,是与我们自己,以及我们的本性、道德、法律关系、主体的本质等人学思想有内在的、必然的联系。人格"是如何做人这个人的根本表现的缘由,人的理性、言语表达、自我意识、控制或施事、值得尊重或赋予的道德等都被认为是区别于人的其他生活形式的重要特征"①。因此,倘若教育人学不探究"人格",那么教育人学研究是不完整的。我们经常听到"人就是人"这样的命题。它显然不是同义反复的命题,而是指人与人格的同一,指人和人的道德地位、人的特性在自然秩序和社会秩序中是一致的。正如康德所言:"人,是主体,他有能力承担加于他的行为。因此,道德人格不是别的,它是受道德法则约束的一个有理性的人的自由。"②

归结起来,"人格"主要指理解个体的一种特定方式。作为个体的人是被其他人认识的个体,因此被认作人格的个体是一个公共的实体。在这个意义上,人格是一个第三人称的实体。同理,个体作为一个人的身份,是由这个第三人称决定的,是由其他人给予个体的某些规定、特征来表示和命名的。例如,"同学,我就叫小王吧"或"我是小王";这里,"小王"是宾格,它代表其他人对主格(我)的共同规定。其实,这进一步说明人格是一种社会性存在,是在社会中创立和建构的,包括身份、权利等。③

(二) 人格同一性

我们追问诸如此类问题:什么标准是人之所以为人的标准?"人就是人"命题中,人如何与人格、道德、特性等要素在自然秩序和社会秩序中达成一致?某人在什么时空下具备哪些特征才能成其为某人?也就是说,我们必须追问人格同一性(personal identity)问题。也就是,什么使单个人在同一时间或不同时间保持同一性的问题。英国哲学家洛克最早提出这个问题。他针对笛卡儿身心二元论将灵魂的永恒性、普遍性与身体的有时性、可分性对立的人格问题提出,人格的同一性不同于实体或人的同一性,也不同于笛卡儿超越经验的抽象同一性,它是在不同时空中经验地认识自己之所以为自己,自己与自己同一的思想观念,可以通过人的记忆和心理特征来体验或检验到。但是,洛克似乎又回到笛卡儿的自身意识来建立人格同一性,

①　Simon Blackburn. The Oxford Dictionary of Philosophy[M]. Oxford University Press, 2016:356.

②　[德]康德.法的形而上学原理——权利的科学[M].沈叔平,译.北京:商务印书馆,1991:34 - 35.

③　Catherine McCall. Concepts of Person[M]. Aldershot:Avebury, 1990:12 - 13.

而且陷入循环论中。也就是说,人的记忆之所以成为检验同一性的标准,是因为它预设了一种同一性,从而使记忆与意识之抽象的、纯粹的形式产生了联系。以后,休谟提出的"知觉束"和康德的"先验论"分别从纯粹经验和纯粹形式两个方面论述了人格同一性的标准。他们为以后的人格同一性论证奠定了基础。例如:英美的心灵哲学认为,人格同一性奠基于脑神经的物质性条件;生命政治学认为,人格同一性与人的生物属性有关;心灵哲学中的功能主义将人格同一性与人的认识功能联系起来,并认为,大脑的精神活动和机器,尤其是计算机的软件的功能有吻合之处。

当然,上述假设或学说都备受诟病。但是,通过这些探讨,人们基本上明晰了人格同一性的心理的、思辨的、社会的、文化的条件。美国社会心理学家米德(George Herbert Mead)强调,自我是社会经验积累的结果,人在环境的影响下形成"社会自我",而且提出,符号互动在人格同一性形成中发挥重要作用。英国社会学家吉登斯(Anthony Giddens)明确认为,人格同一性是一项工程,是由维持自我叙述的能力构成的,因为这种能力建立了传记性延续的持续感情;个体努力建构一种内在协调一致的叙事方式,从而形成一个自我从过去到未来发展的轨迹,但是这种同一性不具有个体具有的明晰的或集中的特征。吉登斯的贡献在于,人格同一性就是通过他的传记进行反思性理解的过程,是人在时空中从一种情境向另一种情境的创造性设计。① 总之,这种从社会的、文化的,以及更具体的社会心理的、语言的角度认识人格同一性的方法,强调同一性的标准一方面取决于个体借助语言、行动进行社会化过程的能力,另一方面在特定文化语境中,我们从文化资格中获得的现实能力,包括在社会、文化中先天具有的能力和条件,如语言、肤色、种族、血缘、出身等。

人格还是一个规范性概念,因此人格同一性需要讨论道德性人格。达米特(Michael Anthony Eardley Dummett)像其他心灵哲学家一样认为,人格同一性奠基于人的意向性系统;在意向性系统中,我们可以将人的行为归因于关涉人的信仰、欲望、期望、恐惧等因素的意向性谓词。然而,达米特更主要关注道德人格。首先,他列举了规定人格的六个条件:作为理性的人、作为意向性系统的人、作为交往性存在的人、二阶意向性系统②、口头交际的

---

① Chris Barker. Cultural Studies: Theory and Practice[M]. London: Sage, 2000: 166-168.
② 一般而论,一阶意向性是主体反思自我的欲望、需要,二阶意向性是主体形成关于他人心智状态,三阶意向性是个体推断一个人如何思考另一个人的想法,四阶意向性是个体推断一个人怎样揣测另一个人如何思考第三方的想法。达米特提出二阶意向性系统是人区别于动物的重要特征,因为,一阶意向性系统是动物也具有的能力,二阶意向性系统则注重交往,三阶意向性系统重视语言。

能力和道德能力。其次,达米特认为,即使人具有了人格的上述六个条件,人格同一性也不能完全实现,因为人格概念是一个规范性理念,转引美国政治哲学家罗尔斯(John Bordley Rowles)的话讲:"认可他者为人,你就必须以一定的方式回应他,对他采取行动;这些方式直接关涉各种自明的义务。在某种程度上承认这些义务,并因此拥有道德的要素,并不关涉选择的事情,或者直观的道德品质的问题,或表达感情或态度的事情……,它只是追求行为的诸多形式中的一种,在那里,对他者人格的认同是明显的。"①因此,"人格概念自身不可避免地是规范的或理念化的,一定程度上正义并不在人物交往和事务中显露自己,某种程度上他们不是人"②。

现代西方哲学较为经典的人格同一性论证是英国哲学家帕菲特(Derek Parfit)的论证,他和其他哲学家一样认为,人格同一性关系到合理性、道德的信念,非常重要。他反对人格同一性建立在单独存在的实体的基础上,也反对设置严格的同一性观念,主张同一性建立在任何心理的或/和身体的连续性和联系性之中。"当从道德上考虑的时候,更少地聚焦于个人——经验的主体,代之以更多地聚焦于经验本身,变得似乎更加令人信服。就像我们忽略人们是否来自相同的还是不同的国家是正确的一样,我们忽略诸经验是否来自相同的还是不同的生命也是正确的,此点变得似乎更加令人信服。"③

正如帕菲特总结的那样,人格同一性关系到我们生命与生活中的连续性和联系性以及作为一个人的继续存活,而且对人格同一性的看法会影响人的情绪,影响合理性和道德观念,以及平等原则和其他有关分配原则的信念。

二、人格认同教育

人格教育是教育人学的重要内容。在教育人学看来,培养健全人格的人不仅仅是教育的目的,更是教育本身的伦理要求。

第一,人格教育表现了教育人学的本质。因为人格概念归根结底是属于人的,尤其是作为道德社会成员的社会人,因此,它表明,人的科学不同于自然科学,不同于通过观察人的行为来研究人的行为主义心理学等;人的教育不同于物的教育;人格教育属于道德科学,是研究作为道德的、社会的和

---

① Catherine McCall. Concepts of Person[M]. Aldershot: Avebury, 1990: 79.
② Dennett, D. C. Conditions of Personhood//A. O. Rorty (Eds.). The Identities of Persons [M]. Oakland: University of California Press, 1976: 190.
③ [英] 帕菲特. 理与人[M]. 王新生, 译. 上海: 上海译文出版社, 2005: 488.

文化的存在的人；人格教育是通过人类特有的意识系统、理性能力、交往能力、言语能力、道德理念共同作用，寓居于我们自己和大众的日常话语、生活、学习和工作之中，逐渐形成的。"在考察人格的建构时，需要加以注意的是，人格的整体及其独特的生活目标和生活风格并不是建立在客观现实的基础上，而是建立在个体对生活事实的主观看法的基础上。个体对客观事实的观念和看法绝不是事实本身。因此，人类虽然生活在同样的事实世界之中，但却各自以不同的方式来塑造自己。"①

第二，人格教育是教育的目的。在某种程度上讲，人类的各种形式的教育只有赋予人格教育才能得到理解，因为即使人作为特定的有机生命体具有各种能力，包括语言表达、创造文化、自我意识，能综合人的身与心、智力和生理与心理等各方面的物质与力量，发挥人的自组织的能力，克服单一的或机械的实体，但是正如斯特劳森（Peter Strawson）所言，所有这些能力都只有在赋予人这个概念的基础上才能得到完整的、有意义的理解，而这个人的概念就是人格。同理，在教育理论与实践中存在各种各样的教育，无论是学科教育、道德教育、职业教育、社会教育，还是大中小学教育、知识与能力教育等，都是以人为出发点，属于人、通过人、为了人的教育。进而，健全的人格教育主张，人格教育是培养人的创造力的教育，而不是培养非创造性人格。例如，弗洛姆将人格分为非创造性人格和创造性人格，前者包括接受型、剥削型、囤积型、买卖型、恋尸型；后者则指，人不是一个只能接受自我非理性控制和主宰的动物，也不是一个服从权威的机械人，而是能够领悟到自己作为创造者的潜力；基于爱的能力和特征，人必须为赢得他所爱的东西而劳作，具体表现在关心、责任、尊重和了解行动中，所以爱的行动和态度是一致的和难以分离的。

第三，人格同一性教育就是让人获得自我认同、社会承认的教育。即使自我理论在后现代哲学中遭遇挑战，但自我的自身意识、主体地位等内涵在挑战中得到了丰富和发展，因此人格教育首先应当尊重自我的自身意识，也就是尊重人的天性、自然性和天赋，在此基础上培养人的个性，发展人的社会性。根据米德的社会心理学，儿童的人格教育应当经历模仿阶段（准备阶段）、游戏阶段和团体游戏阶段；根据科尔伯格的前世俗水平、世俗水平和后世俗水平，儿童的人格教育是智慧教育和道德教育的有机结合；根据帕菲特的人学思想，人格的形成不需要还原为多个实体，只是人格，就可以了，而且

① ［奥］阿尔弗雷德·阿德勒.儿童的人格教育［M］.彭正梅，彭莉莉，译.上海：上海人民出版社，2011：3.

人格的连续性和关系性存在是自我认同的决定性因素。根据霍耐特的承认理论,人格同一性的教育是对人格蔑视的反抗,需要在家庭教育中充满爱,在社会教育中尊重法律,在国家教育中奉行团结;从道德人格教育方面来看,人格教育应当体现基本自信的爱,表现自尊的权利,为了自尊的团结;从人格教育的人性化方式来看,情感上支持人的需要和情感,认识上尊重道德义务,社会交往中重视人的特性和能力。

因此,儿童的健全人格意味着个体人格与整体人格各自具有相对独立性,但二者又在发展过程中实现辩证统一。正如阿德勒(Alfred Adler)所言:整体人格内在于每个人的存在之中;每一个体代表了人格的整体性和统一性;同时每一个体又为其整体人格所塑造;每一个体既是一幅画作,又是画作的作者;个体是他自己人格的画作者。①

第二节　教育人学的他者伦理学

在教育人学看来,自我不仅是教育的主体,而且是教育中人格(person)理论的关键。自我首先以人的意识形式出现,但它遭遇到无法通过人的纯粹意识、语言等来完全理解和把握那个陌生的、同样作为主体的他者,因此他者的观念与形式出现了,并逐渐发展成社会主体,并成为伦理主体。他者伦理学的出现,标志着教育人学的伦理学成为较为完备的体系。

一、"自我"的诞生

在哲学、心理学中,"自我"研究以精神分析学派的相关研究最为著名。前精神分析时期,边沁(Jeremy Bentham)、康德、亚当·斯密(Adam Smith)、穆勒(John Mill)、孔德(Auguste Comte)等哲学家或经济学家,从人的最大限度的快乐或最小限度的痛苦,以及直观、他者、积极的善行、心性发展等角度研究自我。鲍德温(James Baldwin)、麦独孤(William McDougall)、米德等心理学家则从个人成长的辩证法、本能和社会心理,尤其是符号等方面研究自我。精神分析时期,弗洛伊德、荣格等心理学家从意识、潜意识和无意识等心理图式解释自我。弗洛伊德认为,自我的功能是控制,其本身是包括超我、自我与本我的组织;三者之间的斗争就是自我的控制与反控制过程。

---

① 彭正梅.自卑而超越:阿德勒教育思想研究//[奥]阿尔弗雷德·阿德勒.儿童的人格教育[M].彭正梅,彭莉莉,译.上海:上海人民出版社,2011:6.

荣格从意识、个人无意识和集体无意识的自我组织结构出发提出,自我是包括无意识的一切方面,并将整个人格加以整合,使之稳定;集体无意识包括人格面具、阴影、阿尼玛和阿尼姆斯①等四个主要的方面,代表不同的人格系统。新精神分析时期,20世纪心理学家沙利文(Harry Stack Sullivan)、埃里克森(Erik H Erikson)等从自我体系、自我同一性、自我发展等角度研究自我。弗洛姆认为,自我经历了共生、尊奉与自主三个阶段。心理学家卢文格对自我的发展阶段和内容的分析尤为精致(见表8-1)。

表8-1　自我发展的简化表②

阶　　段	发展的具体内容	人　际　风　格
前社会的	自我与无生命的客体无法区分开	单向思考
共生的	与母亲、玩具等具有共生关系	共生的
冲动的	本能,说"不",受到惩罚或奖励的制约	接受,依赖,私利
自我保护	自我控制冲动,"不要挨打"	谨慎,操纵,私利
尊奉	按照概念、规则行事	归属感,表面的友好
公正-尊奉	有良心,有长期的自我评价的目标和理想	意识到与群体有关的自我,帮助人
公正	承认和处理冲突的需要,以及处理冲突的责任心	实质,责任性,互惠,热心交际
个体化	自我同一性概念进一步加强,强调"自我实现"	作为一种情绪问题的依赖

在哲学史中,自我主要与自我意识相关联。在古希腊哲学和中世纪哲学中,"自身""自我""自我认识"等并不是一个明见的论题,作为本原和基础的个体主体性还未出现,而且探究的方法也未成型。③ 笛卡儿之"我思故我在"命题揭示了"自我"的诞生。那个并不思考经验性内容,只思考意识自身的纯思就好像一面镜子,每一个人在纯思过程中自然地产生了自己的

---

① "阿尼玛"(anima)、"阿尼姆斯"(animus)由荣格提出,源于拉丁语"灵魂",一起被称为人的精神的"内部形象"(inward face)。前者的原型是男性心中的女性意象,即女性潜倾;后者的原型则是女性心中的男性意象,即男性潜倾。

② [美]简·卢文格.自我的发展[M].韦子木,译.杭州:浙江教育出版社,1998:25-26.

③ P. M. S. Hacker. Human Nature: The Categorial Framework[M]. Oxford: Blackwell, 2007: 257.

影像,也就是"我"。也就是说,"我思故我在"可解读为"思维着的我存在着"。其中,"我"与"纯思"同在、共现,必须排除经验之思与经验的我。因此,"我"即主体。用黑格尔的解释来理解,这个主体即实体。不过,这个主体是认知主体,是主体客体二元对立中的主体"我";是普遍的、先验的我;没有特殊性的、经验性的我;奠定了个体的我的基础之大写我;是导致对象意识、自身意识和反思意识的三重划分,并直接把握到的"我",无前提的"我"。康德将"我思故我在",发展为"(我)能,故我在","自我"在整个认识论结构中具有最高原理的地位,它是一切表象的本质,具有自发性;其先验统觉决定了纯思和自我的相互规定性,以及自我的终极性;在纯粹意志中自我是自由的"我",是启蒙哲学的最高点。黑格尔的主观辩证的"我"经历了否定与统一的过程。他的自我意识有三重含义:意识-自身意识-理性/精神/宗教/绝对精神。其中,自身意识的"异化"及"我"的形成性和过程性体现了大写我与具体的、小写我的关系。遗憾的是,这里没有发展出真正意义的他者。

上述有关"自我"概念几乎都与心理学或心灵哲学的内意识相关,是关于意识或意识体验的连续状态的主体或一种内在实体,或第一人称的代词。如本书第四章第一节有关主体解构的描述那样,它在后现代哲学中遭到批判,尤其是作为第一人称的、内在的或私有的自我,无法走出单向度主体的困境。因此,这需要在本书第四章的主体间性、他者主体性,以及本章第二节的他者伦理学等相关章节中进一步探析解决"自我问题"的进路。

二、绝对的他者

胡塞尔是笛卡儿和康德的先验哲学的继承者,也是创新者,因为他发现了自我人格的不完善性,提出了他者问题。首先,胡塞尔对原意识与反思的研究,确立了自我的统一性,认为自我作为人格,不是超越出体验之上或从体验中推导出的东西,而是"一个统一的内容总体","体验自身的联结统一",是意识活动中的复合体,是代词而不是名词。而且,自我作为纯自我,是内在中的超越,它是绝对被给予的,是与体验流相关的纯粹主体,是纯粹观念或纯粹本质。自我是被构造的,是人格自我、诸习性、诸能力、诸特征的自我。纯粹自我是"在时间上延续的"的东西,是"内在时间的统一";自我的时间化过程就是习性的自我。自我极与客体极,造就自我世界与客体世界的不同,并产生关系,构成世界。因此,胡塞尔提出"本我"的根本性。"本我自身是存在着的,并且它的存在是自为自身的存在,它的存在连同所有从属于它的特殊存在者也都是在它之中被构造的,并且继续为它而构造自身。"①虽然胡塞尔细化了纯粹自我或自我形式的来源、内容、功能、机制，但这与笛卡儿和康德的研究相比没有新意。其次，胡塞尔是在"另一个自我"（alter ego）的名义下引入他人问题的。他曾言"一方面，他人的心灵生活不是本原地被给予我；另一方面，他人又可以被我意识为'自身在此'的，并且是以当下化的方式（以类比的共现的方式），这种方式重又隶属于直观，因此而又是本原给予的"②。他人是一个自然的观点，但是这对胡塞尔而言同时是一个需要还原、需要构建的事实。胡塞尔发生现象学从"单个主体"向"复数的主体"转变，试图摆脱"唯我论的自我学"，向"交互主体学"转化。他发现，在各个主体之间存在共同性。它使一个"客观"的世界先验地成为可能，尤其是"同感""共现"等。在这些现象或意识中，会体验到他者。

海德格尔最先将他人问题引入存在领域，进行讨论。"此在的在世本质上就是由共在组建的"，"他人只能在一种共在中，而且只能为一种共在而不在"，"独在是共在的一种残缺的样式，独在的可能性恰恰是共在的证明"③，"他人并不首先作为飘飘荡荡的主体现成摆在其他物件之侧，而是以他们操劳于周围世界的存在方式从在世界之中上手的东西方面显现出来的"④。相应地，"自己的此在正和他人的共同此在一样，首先和通常是从周围世界中操劳的共同世界来照面的，此在消散于所操劳的世界之际，也就是说，在同时消散于对他人的共在之际，并不是它本身"⑤，此时，此在是以常人的名义出现。常人是 anybody，同时又是 nobody。

他人问题引起现象学、存在主义、西方马克思主义、后现代主义的重视。萨特承认，他人也是世界的存在，是世界经验地向我的意识存在的一种恒定的条件。但是，也批评："他人是虚空意向的对象，他人原则是被拒斥和逃逝着的，保持着的唯一实在，因此就是我意向性的实在。"⑥其他的批评也都类似于萨特的批评：另一个自我只是一个空洞的设定而已，并不能真正建立起来；并且即使他人能够获得某种地位，也不是与先验自我相等的地位，因而也不能建立真正意义上的主体间性。事实上，萨特从自为与自在、为我和为他的关系的角度探讨他人问题。在某种意义上，萨特倒退到意识哲学的

① 倪梁康.自识与反思[M].北京：商务印书馆，2003：444.
② 同上书：375.
③ ［德］海德格尔.存在与时间[M].陈嘉映，王庆节，译.北京：生活·读书·新知三联书店，1987：148.
④ 同上书：152.
⑤ 同上书：154.
⑥ ［法］萨特.存在与虚无[M].陈宣良，等译.北京：生活·读书·新知三联书店，1997：307.

二元论,倒退到海德格尔之前。在另一个意义上,在他的思想中,不再存在着抽象的"我们"(笛卡儿和康德意义上的普遍理性主体、海德格尔的变相的普遍主体);他人是与我打交道者,是我的存在的某个层面的构造者,具有独立的地位。如,羞耻从表面上看,是我和我自身之间的关系,但"羞耻按其原始结构是在某人面前的羞耻"①,他人是我和我本身之间不可缺少的中介。于是,我的存在就有了两个方面:"自为的内在性"与"为他所是的自在存在"。因此,他人对我的存在的某一方面是具有构成意义的,"他人不只是向我揭示了我是什么:他还在一种可以支持一些新的质定的新存在类型上构成了我"②。总之,经过萨特之后,他人才成为在"我之为我"中直接起作用的要素,成为始终不能为自我吞噬的另一个极;在萨特这里,关键的问题不再是对他人的认识,而是阐释"他人的经验"对我的生存来说意味着什么。故此,萨特的结论是,冲突是为他的存在的原始意义,"为他的存在只是在通过一个自我消失以便涌现出来的整体而被存在时才能存在,这导致我们去建立精神的存在和激情","另一方面,这个为他的存在要能存在就只有包含一个不可把握的外在非存在,任何整体,哪怕是精神,都不能产生和建立它"③,所以,萨特总结说,意识间关系的本质不是共在,而是冲突。

　　梅洛-庞蒂认为,意识哲学的抽象主体在思想上留下一个可怕的"空洞"(hole)。也就是,如果把每一种意识都看作一个所有哲学家的观点,那么纯粹意里面似乎没有什么差别,犹如一个人的死亡和一百个人的死亡相差无几。梅洛-庞蒂批评萨特式的他人观,认为在萨特那里,他人只能作为我的纯粹否定而出现,因而在萨特那里存在着主体的多元性,却不存在着主体间性。在某种意义上,萨特的解决方式与胡塞尔的解决方式是殊途同归,都把主体看作是纯粹意识,而后才将身体看作意识之间的过渡媒介,身体相对意识而言是第二位的、对象性的存在。意识与身体之间仍然存在着内外之别,"他人为我所是的对象和我为他人所是的对象都表现为身体"④,就此而言,胡塞尔在认识论中碰到的问题换了个方式在存在论中出现。

　　梅洛-庞蒂通过身体存在的含混性(非内非外)消解了意识问题,去除笛卡儿主义、理智主义,把胡塞尔的主体间性理论从意识间性转变为身体间性。对胡塞尔而言,他人意识只能"侧面地"作为"空白"呈现,通过一种"类

---

① ［法］萨特.存在与虚无[M].陈宣良,等译.北京:生活·读书·新知三联书店,1997:356.
② 杨大春.主体形而上学解体的三个维度——从20世纪法国哲学看[J].文史哲,2002(6):79-86.
③ ［法］萨特.存在与虚无[M].陈宣良,等译.北京:生活·读书·新知三联书店,1997:386.
④ 同上书:387.

比的间接统觉"而被共现。梅洛-庞蒂的解决方式就是限制先验维度,凸显某一含混维度的首要地位。这种在他人问题上去先验化的倾向,也可在社会现象学家舒茨(Alfred Schutz)的思想中找到回应。

梅洛-庞蒂通过身体图式显现他人,例如,在儿童形成身体图式的时候,对他人知觉也就同时形成了。因此,我们不需要首先知觉五官而后才能认出他人来,他人直接通过他的面孔而对我们显现其活生生地在场。比如,婴儿模仿的是他人的行为,而我们总是不由自主地模仿他人的表情。"面孔是人的表情的一个中心,是他人的姿态和欲望的透明包装,是显圣之处,是各种各样的意向的几乎非物性的支撑点。这就是在我们看来不可能把一张脸甚或一个已经死亡的身体当作一个物对待的原因。它们是神圣的实体,而不是'视觉与料'。"①

进而,梅洛-庞蒂认为,身体场的相互过渡将两个主体联系起来,因此,我们总是可以自然滑入他人的身体场中,而不需要意识的中介(比如看电影);并且这种滑入也总是已经发生着,不受意识控制的(比如相视而笑的情形)。"如果我们体验到我的意识内在于他的身体和世界的这种特性,那么对他人的知觉和意识的多样性便不再有困难……,如果我的意识有一个身体,为什么其他的身体不能有意识? 当然,这假定身体的概念和意识的概念能完全转换。"②在梅洛-庞蒂这里,问题不再是另一个自我如何被构建出来,而是我与他人如何在身体场中相互转换和过渡。我的身体场永远不能闭合起来,它永远是"开口"的,而他人就在这个"开口"的边缘隐含着(implied)。具体而言,一方面,他人可以看作是从我自身中分化出来的:他人与其说出现在对象那一边,不如说出现在我这一边,他人是被加到我的无限性之上的,如"发芽一般,我分身为二,我分娩,他人从我的血肉中造出,却不再是我"③;另一方面,他人悄悄地进入我的知觉,在我的知觉之初就已隐晦地形成了,而且我把控世界的经验正是使我能够知觉另一个自我或他人的能力,他人始终处于反思的边缘,不能被建构,但始终是已经构成的。④用《知觉现象学》中的话来总结,我与他人的关系就是同一现象的正面与反面的关系。

是我的身体在感知他人的身体,在他人的身体中看到自己的意向

① 〔法〕梅洛-庞蒂.行为的结构[M].杨大春,张尧均,译.北京:商务印书馆,2005:249-250.
② 〔法〕梅洛-庞蒂.知觉现象学[M].姜志辉,译.北京:商务印书馆,2005:441-442.
③ Merleau Ponty. The Rose of the World[M].Evanston:Northwestern University,1973:134.
④ 同上书:136,137.

的奇妙延伸,看到一种看待世界的熟悉方式。从此以后,由于我的身体
的各个部分共同组成了一个系统,所有他人的身体和我的身体是一个
单一整体,一个单一现象的反面和正面,而我的身体每时每刻都是其痕
迹的来源不明的存在(anonymous being),从此以后寓于两个身体中。①

梅洛-庞蒂重新恢复移情的原初地位及其建构他者的重要地位。他认
为,移情不只是一个主体构建起另一个主体的认知方式,而且根本说来是所
有主体分享着的存在方式;存在一种普遍化的移情,也即侧面的而非正面的
移情。交错(chiasm)、世界之肉(法语 chair)正是由此生发出来。"主体间
性的交错延伸到我们与我们的身体、与动物、与植物的关系,一种普遍的存
在论,不再是作为我们构造的本质和意义的确定,而是作为我们与他者的未
知存在论的亲密关系的共在。"②

三、他者伦理

列维纳斯无疑是"他者伦理学"的旗帜性人物。他反抗传统形而上学总
体对个体、对他者的侵犯,认为"他者"具有本体地位,证明他者不可还原为
内在,从而证明他者具有绝对外在性及其与形而上学关系的不可消除性;说
明他者是真正的无限。列维纳斯最为经典的论述之一,就是论证代表他者
的"面孔"之不可消逝性;它表现出来,但不能客观化。

他者伦理学主张,他者与自我的伦理关系先于他者与自我的存在关系。
与胡塞尔、哈贝马斯等人提出的主体间性不同,列维纳斯强调,他者与自我之
间关系的差异性和不可还原性,二者面对面的、相互不可同一的关系具有伦理
意义,因此是终极的关系和意义。列维纳斯也论及主体,认为,"主体性是作为
对他人的迎接,作为好客的主体性。无限的观念即在这种好客中完成"③。

列维纳斯也是现象学家。例如,他分析无限的观念,认为它就是无限的
无限化,也就是无限的存在方式;它不像传统二元论,先有存在,然后经过启
示,再显现出来,而是直接作为启示,或置其观念于自我之中发生的。但是,
列维纳斯显然不同于以往的现象学家,他通过现象学方法发现了自我与他
者的关系中的差异性,以及他者在显现中的多重不可消解的矛盾。例如,他
认为,无限的观念就是典型的不相即性(inadequate),因为意识不完全像胡

---

① [法]梅洛-庞蒂.知觉现象学[M].姜志辉,译.北京:商务印书馆,2005:445.
② 杨大春.感性的诗学——梅洛-庞蒂与法国哲学主流[M].北京:人民出版社,2005:376.
③ [法]列维纳斯.总体与无限[M].朱刚,译.北京:北京大学出版社,2016:8(前言).

塞尔现象学谈论的意识的指向性（即意向性），也不完全是海德格尔现象学意义上的"解蔽"或"敞亮"，而是超出人的能力所及的溢出，"任何时候都打破所思内容的框架、跨越内在性的障碍"①，"被遗忘的经验对那赖之而存活的客观化的思想的溢出"②。

列维纳斯认为，尊重他者，尊重外在性，就是真理，也是真理的伦理学。"对彻底的（因此被称为形而上的）外在性的渴望，对这种首先必须'让存在'的形而上的外在性的尊重——构成了真理。"③仅此还不够，需要在超越的意向中发现伦理的因素。但是，由于思想超越包括存在之总体的能力，以及主体性总能包含其能够包含的更多的东西，因此，伦理的本质不在胡塞尔现象学的"意向行为-意向相关项"结构里面，它"就其自身来说，已经是一种'看法'"④。所谓"看法"，列维纳斯认为，就是人与人之间直接的"面对面"，也就是人与人之间的"视见"（vision），表示人与人之间的特定社会关系，也表示人的精神性看法，人从某个角度透视或看出去。它超越了任何总体的终结，是面对面的率真的工作。

他者伦理学的核心之一是面容。面容具有绝对的本己性，一方面，从现象学角度理解，它是据其自身显示自身或自行表达，个体突破了抽象、普遍之存在，在其"形式"中呈现所有的"内容"；另一方面，它是事件的高发之地，表现为溢出的状态，因此，面容是"他者越出他者在我之中的观念而呈现自身的样式"，"这种方式并不在于（他者）在我的目光下表现我为一个主题，也不在于（他者）将其自身展示为构成某一形象的诸性质的集合"，"他人的面容在任何时候都摧毁和溢出它留给我的可塑的形象，摧毁和溢出与我相称的、与其 ideatum（所观念化者）相称的观念——相即的观念"⑤。

自然地，我们会问：他者伦理学中的自我是什么？列维纳斯认为，以前的自我与总体相关，指拥有同一性内容，其实就存在于同一化，在于穿过所有可能世界而重新发现它的同一性，例如，笛卡儿普遍之思映照出的大写的我。但正如克尔凯郭尔发现的那样，人的思想、信仰，乃至人的想象能保证完全认识、支配、占有外在的他者吗？事实上，自我的权能无法跨过他者的他异性所标示的距离。也就是说，自我与绝对的他者无法通过占有、数的统一或概念的统一等方式连接在一起，相互转化、相互还原。而且，我向他者的追问，我与他人的社会关联，"向他人说"先行于任何关系，因此它是存在

---

①　［法］列维纳斯.总体与无限[M].朱刚，译.北京：北京大学出版社，2016：8（前言）.

②③④　同上书：10（前言）.

⑤　同上书：23.

中的最终关系。

他者伦理学展示了自我的欲望伦理学和人的自由。存在者是通过欲望走向他者,倒过来讲,基于绝对的他者产生的欲望,才会有幸福降临;在宗教中,有了绝对的他者的降临,才会有上帝的知识;甚而,在他者与人的关系中,绝对的他者才让人享有真正的自由。"绝对陌异者单独就能给我们教益。而只有人对于我来说才能是绝对陌异者……,他人的陌异性,他的自由本身! 唯有自由的存在者才能彼此陌异。"①

法国哲学家巴迪欧也重视他者及其产生的伦理学。他认为,他者始终存在,表现为事件、不可辨识性、不可决定性等,它们是存在产生的条件,而且,正是他者的存在,真理及其伦理学才产生,并与他者不断保持相对的关系。虽然在真理规程中真理既指总是无处不在、永恒不变的不变量(invariant),又指通过规程进行的建构,但是,在真理中,不变量造成了不可辨识性,因为除非在存在与显现的法则中存在裂缝(也就是事件),真理会毫无察觉地逝去。正是在流逝的瞬间,真理变得无法识别。因此,"真理规程发生于额外的非存在的不可决定性事件中"②,真理的不可辨识性和不可决定性、不确定性构成了真理规程的特性。"在艺术、科学、真正的(罕见的)政治和爱(如果它存在)中发生的事情,乃是时代的不可识别之物的澄明,因此既不是已知的或识别出来的多,也不是不可名状的单一性,而是在多的存在中保留所论集体的所有共性的东西:在这个意义上,它就是集体的真理。"③

英国哲学家、伦理学家威廉斯在分析规范伦理学、道德哲学时常常强调,他者的影响一直都存在,并且,正因为他者的不可消逝性,道德哲学存在局限性;这正是道德哲学的特点,也是道德哲学不断发展的动力。他首先举例:看到有人落水,救人比不救更好,但是,如果被救起的人恰是 15 岁的希特勒呢? 这似乎还要盘算落水的这个人将来做的好事多,还是做的坏事多? 该不该救? 再据此给救人事件定性。依照威廉斯的说法,"不可思考"的他者是一个道德范畴。一个人的道德观的特征是,在他还没有接受某些行动的前提下,他会认为这些行动过程是不可思考的。虽然某些行动发生的境遇在逻辑上甚至在经验上是可想象的,但是在道德上却是不可想象的。它并不是其道德世界中的实际问题,与道德世界无关。道德理性的推理能够

---

① [法]列维纳斯.总体与无限[M].朱刚,译.北京:北京大学出版社,2016:49.

② Alain Badiou. Being and Event[M]. New York: Continuum, 2005: 285.

③ 同上书:17.

回答在这些境遇里如何行动的想法是不合理的。威廉斯说,对任何一个严肃认真的人来说,思考不可思考的事情都是一项合乎理性的要求,这是一个理论应该满足的基础条件。

四、教育人学的他者伦理

某种程度上,他者伦理提高我们对个人的认识和尊重。"维护和增强个人在其他人和自然面前的尊严、能力和福祉,应是21世纪教育的根本宗旨。"①因此,他者伦理是教育人学的题中之义。目前,他者伦理研究的完善与发展无疑给教育人学理论和实践研究提供了新领域、新视域和新方法。

第一,它对克服教育中的唯我论有直接的、颠覆性的作用,把对人自身的认识和把握、人的自身价值和意义的理解和实践推进了一大步。教育人学一直致力于打破唯我论的樊篱,排除占有性个人主义,进行个性教育。但是,在理论基础上,还囿于同一论、同质化的思维方式,粗俗地使用历史唯物辩证法,探讨人的个性如何在个人与社会的关系中实现个性教育,始终不能彻底地认识到他者的不可化约性、绝对独立性,及其产生的责任空间。因此,无法脱离唯我论的阴影和约束。他者伦理无疑让我们放弃了以我为主、为中心的伦理底线,承认他者之于我们的异质性及其绝对地位,从而使我们从伦理上彻底地尊重他者,履行对他者的责任和义务,从更高的角度理解和把握自我。也就是说,他者伦理学明确了个体他者,也就是存在者的异质性、不可划一性、个性等特征,是一种"异质伦理学",从而,使人认识到,即使是儿童,他也是一个与我们对等的,不能被教师、学校和社会等客体化的绝对存在,从而更加客观地理解和实践"以生为本""以儿童为中心"等命题的客观依据。

第二,他者伦理在方法论上证明了教育中矛盾关系的绝对性存在。列维纳斯讲,"历史本身——同一的同一化——不能要求把同一和他者总体化"。② 这意味着,教育中的人处于各种交互生成的矛盾之中,只有看到各种矛盾关系中差异性存在和运动,并在尊重差异性、独特性基础上理解和实现人的自由全面发展,才能更好地认识和把握教育实践活动本身。联合国教科文组织发布的最新报告《反思教育:向"全球共同利益"的理念转变?》指出:"技术、经济和社会变革引发的多种矛盾,其中包括:全球与地方之间

---

① 联合国教育、科学及文化组织.反思教育:向"全球共同利益"的理念转变?[R].北京:教育科学出版社,2017:28.
② [法]列维纳斯.总体与无限[M].朱刚,译.北京:北京大学出版社,2016:11.

的矛盾;普遍与个别之间的矛盾;传统与现代之间的矛盾;精神与物质之间的矛盾;长远考虑与短期考虑之间的矛盾;竞争的需要和机会平等的理想之间的矛盾;以及知识膨胀与人类吸收能力之间的矛盾。人们今天依然可以通过这七种矛盾来审视当代社会变革趋势。某些矛盾有了新的含义,新的矛盾也正在出现。""当今世界相互联系,相互依存,各种变化使得复杂性、紧张不安和矛盾冲突达到了前所未有的程度,并由此产生了不容忽视的新的知识前景。"①

第三,他者伦理意味着,教育中的每个人都应该有责任去认识和理解他者,有包容、尊重他者的义务。历史证明,在当今世界,人与自然、人与世界,包括人和动物的关系,不再是以人为主体,无限度地占有自然、世界等他者,并向它们无限度地索取的关系。只有当我们把外在世界作为绝对的他者,我们相互之间没有了占有、控制、消灭等关系或结果,只有相互尊重、相互交流的时候,人与自然、世界才构成和谐的、友好的关系。就人类社会而言,承认人的不同个性,尊重不同民族的特性,爱护不同的文化、善待不同的语言;在人的思想和行为,乃至人类社会的制度与价值观念中尊重和包容多元思想、多元文化,才是理想的人类社会,才有普遍的人权,因此"普遍人权是对于共同理想的集体愿景,期待人类享有尊严,获得尊重,不受其他差异和差别的影响,并且可以获得充分的机会来实现全面发展"。② 就教育的本义而言,教育始于他者的差异性存在。理论上,始终有一个我们无法用知识去把握到的意义;实践中,始终存在一种无法用人的行动能够征服的现实世界;"三人行,必有我师焉",表明知识有高低、学习有先后,这是学习产生的先决条件;制度化教育体系中,教师不得侵犯学生的权利,包括剥夺学生的受教育权,这在某种程度上是说明学生的身体、个人意识等是教育手段无法同一化的,需要得到尊重和包容,才能体现他者的绝对价值。

第四,国内著名学者金生鈜先生认为,好客精神是他者伦理的精髓,他者的好客面容体现了教育主体之间的本体关联。作为绝对好客的实践领域,我们教育和教育者应当具有"好客"精神,需要考虑和实现如何尊重和对待儿童及其他教育者,体现自己对儿童和其他教育者的绝对责任。面容的在场、让儿童作为新来者入场,体现我们对他者真诚相待的善意与热情;把儿童当作纯粹的他者迎接与款待,让他们在教育中找到自己成长的独特方

---

① 联合国教育、科学及文化组织.反思教育:向"全球共同利益"的理念转变?[R].北京:教育科学出版社,2017:12,13.
② 同上书:25.

式;让好客柔和的面容自身显现,践行好客与柔和的伦理,和儿童的灵魂成长感通与共鸣,是教育的本质,也是教育者的无限责任。①

第五,方法论上,他者伦理学的教育人学意义在于,它提供了多元决定论的范式,希望我们使用对话教育的方式来尊重这种多元性。正是自我与他者的不可还原性,以及他者在具体个体关系中的不可完全控制性,以及自我与他者之间的话语、"视域"、"理解"距离,认识到教育培养的人应当是多样的、富有个性的、独一的人,其教育的方式、内容、评价应当是多元的、具体的、独特的。而且,他者的伦理学在教育方式上应当体现为在具体处境的"相遇"中一起进行思想探险、行动探险的对话教育。例如,哲学家、神学家布伯主张用"我-你"关系代替以工具主义为特征的"我-他"关系,因为"我-你"关系是相互的双向关系,不把他者当作工具而是当作目的;"你"告谓"我",对"我"说话,而"我"则对"你"的告谓作出回应,这就是对话;对话的本体论就是"关系""相遇""经验""沟通";人的本质就在人与人的关系领域中去把握。②

> 正如布伯和弗莱雷鼓励人们采取对话方式来进行学习,我们还必须摒弃异化个人和将个人作为商品的学习体系,弃绝分裂民众和使之丧失人性的社会做法。要想实现可持续性与和平,我们必须用这些价值观和原则来教育学生。以这种方式来扩大教育范围,可以让教育成为推动变革的力量,有助于实现人人共享的可持续的未来。在这个道德基础上,批判性思维、独立判断、解决问题,以及信息和媒体素养是培养变革态度的关键。③

当然,这里的对话不是代表理性的共同体说话,而是在独特的处境中用自己独特的方式对他异性的他者作出反应,进行言说,"最重要的是,你,说点什么,这种情形就是要求你在那里,你不能走开或让别人替代你,你被'选中',用自己独特的声音而不是通过代表的声音,来创造一种独特的应答"。④

---

① 金生鈜.教育好客的伦理面容[J].教育发展研究,2020(6):1-6.
② [德]马丁·布伯.人与人[M].张见,韦海英,译.北京:作家出版社,1992:1-4.
③ 联合国教育、科学及文化组织.反思教育:向"全球共同利益"的理念转[R].北京:教育科学出版社,2017:30.
④ [荷]比斯塔.测量时代的好教育:伦理、政治和民主的维度[M].张立平,韩亚菲,译.北京:北京师范大学出版社,2019:85.

第三节　教育人学的积极价值虚无主义

在教育现代性的背景下,教育人学的价值研究必须批判教育中的价值虚无主义,因为虚无主义批判是对教育现代性的反思和批判,是对教育非人性化的社会、文化、心理的分析和揭示,其目的在于重塑教育人学的积极价值意义。教育的虚无主义主要包括教育存在的虚无主义、教育认知的虚无主义、教育实存的虚无主义、教育道德的虚无主义、教育政治的虚无主义等。从教育价值哲学的角度来看,由于它们都是对人性价值的反思和批判,无论是批判出发点还是批判目的,都是为了发现或重塑人性价值,具有教育价值虚无主义的积极价值取向。当今的教育价值虚无主义批判存在着把教育价值虚无主义与教育价值的消极虚无主义或颓废的、绝对的、彻底的虚无主义等同的现象。事实上,无论在尼采哲学还是在其他现代哲学流派中,价值虚无主义都有积极虚无主义和消极虚无主义之分。积极虚无主义不仅是精神权力提高的象征,而且是对精神权力下降或没落的消极虚无主义的积极克服和扬弃。为此,我们必须厘清虚无主义、价值虚无主义、教育价值虚无主义以及教育价值积极虚无主义的谱系,辨析教育价值积极虚无主义的历史和现实逻辑,揭示教育价值积极虚无主义的积极人性意义。

一、教育价值消极虚无主义的人性消解

从价值虚无主义的发生历史来看,虚无主义首先是指最高价值的虚无。自称是欧洲第一位虚无主义者的尼采认为,虚无主义就是"最高价值的自行贬黜。它了无目的。探问其由,则无可奉告"。① 虚无主义的公式是,没有什么东西是真的,一切都是允许的。当虚无主义关涉公认的最高价值的时候,它就宣判了生命、权力意志等绝对不确定性存在的罪行,而且使人认识到,我们无丝毫权利去规定似乎神圣的和真正道德的彼岸世界和物自身,我们的这些认识是"真理"塑造的结果,因此也是道德信仰的结果。虚无主义的悖谬在于,假如我们信仰道德,那么我们必将谴责生命。

尼采批判虚无主义妄用良心、真理、自由意志等形式化概念掩盖道德的虚伪性,扼杀人的生命力。"我们为一切事物设定了目的和价值,我们因而在自身积蓄了一团巨大的潜在力。但是,价值比较告诉我们,被认为是有价

---

① Friedrich Nietzsche. The Will to Power[M]. New York: Random House, 1967: 9.

值的事物是相反的东西,货物价目表比比皆是(这就是说'存在'二字是毫无价值的)。"①"有人认为,人类总是超越自己内心世界的基本事实,这有多么虚伪、多么荒谬啊! 这里没有了眼睛,这是信口雌黄……"②"我指的是其中一个替换,就是'习俗道德'术语的替代。甚至良心改变了它自己的范围,因为过去它是畜群良心的剧痛。"③"'自由意志'这种道德的结果乃是装腔作势。人创造了自身的高级精神状态(人的完美性),这就是权力感本身发展的步骤……,因此人们立即决定愿意这样做……"④

最后,尼采宣告"上帝死了"。它意味着,"死亡"不仅意指柏拉图以来的形而上学没有作用力和生命力了,而且它必须被一种新设定的价值来代替。亦即,上帝曾经占据的位置留下印迹,它留下的影子或空白无时不影响着人,因此它产生两种虚无,一种是上帝死了之后留下的价值真空,另一种就是人的价值地位力图替代它,只不过令人遗憾的是,人的总体性存在目前还没有建立,甚而继续被不断地消解着。

在后现代哲学中,价值虚无主义走向普遍的、彻底的虚无主义。福柯宣告的"人死了"意指,由于人是特定话语秩序建构起来的一个历史主体概念,而不是普遍适用的形而上学主体,因此,当特定话语秩序崩溃之时,"人"这一概念也就是解体了。当然,它还指在现代社会,人的意识和灵魂、主体性和人性遭遇到知识和权力的限制,人的意义和价值也跌入前所未有的困境。另一位后现代哲学家鲍德里亚立足于再生产时代,认为现代社会是真实世界消失的时代,人类社会由真实过渡到"超真实",即由符码统治的拟真统治的时代。在拟真时代里,意义、真实、以真实为对象的辩证法都死亡了,人们生活在冷漠、透明、非价值、非真非假、幻觉的世界里面,因此每个人都是虚无主义者,此时的虚无主义不再具有尼采主张的权力意志的创造性和积极性,虚无主义的代名词是"消失的逻辑"。在消失的逻辑中,人们受资本统治的单向给予的逻辑支配,不断追逐由社会持续制造的欲望、需要和幻象,生命意志消失于拟真的世界。⑤

在教育现代性中,教育价值的消极虚无主义不仅体现在终极价值的虚无化,而且通过教育本身的虚无化来生产新的价值需要和"虚无人",因此生

---

①　Friedrich Nietzsche. The Will to Power[M]. New York: Random House, 1967: 260.

②　同上书: 264.

③　同上书: 265.

④　同上书: 289.

⑤　Jean Baudrillard, and Sheila Faria Glaser. Simulacra and Simulation[M]. Michigan: University of Michigan Press, 1994: 159－163.

命的最高价值也被废除了。这意味着教化功能向规训化功能的畸变,人的自由发展受到了压制。其结果表现为人文精神的失落、创造冲动的消解、自由意志的压抑、个性的丧失、人格的扭曲、道德的失范等。究其缘由,科技至上的文化霸权、工具理性的施虐、功利主义的肆虐、教育的唯意志主义、教育者的强权意志等无不与之相关。从教育价值的消极虚无主义的角度分析,一方面,教育没有了终极价值,就只有功利的价值和世俗的价值,而且任何人都可以出于自我生存与保存,以自己的欲望的满足为目标,教育也可以服务于任何特定情境中的任何目标;另一方面,教化精神的衰落意味着人们的精神和人格湮灭在庸俗的毫无节制的欲望之中,落入专门化的训练和社会化控制之中。①

在绝对的、彻底的价值虚无主义迫近甚或降临之时,历史上也出现了各种拯救教育人性价值的方案。斯特劳斯(Leo Strauss)等自由主义教育哲学家希望树立传统的权威,重塑或返回古典自由主义整全价值。科学主义教育思想家者则继续挖掘和颂扬技艺在建立自由与民主价值过程中对人的潜能解放的重大作用。此外不乏中道论者,希望整合科学与人文价值,使教育适应日益分化的各类知识类型和价值需求。然而,教育价值虚无主义还需溯源于教育价值虚无主义蕴含的各种人性意义,从何谓虚无、虚无主义,如何理解教育价值虚无主义等问题开始探究,追问"虚无"之否定性存在的人性创生意义,厘清价值虚无主义、存在虚无主义、技术虚无主义和伦理虚无主义之间的辩证逻辑,探究教育价值积极虚无主义的"扬弃"之径。

二、教育价值积极虚无主义的人性解放

现代教育价值虚无主义是否已经完全成为彻底的、绝对的虚无主义?教育价值消极虚无主义的"幽灵"统治了整个教育生活世界吗? 事实上,教育价值虚无主义从诞生那天开始,就具有对立、否定、批判等辩证性质,它既使人感受到教育现代性的幻象和恐怖,也使人充满了另一番幻象和希望。例如,福柯虽然提出"人死了",否定人在现代性中的存在,但他强调经验和审美主体,强调它们是现代性进程中的构成物——知识主体、权力主体——通过掩饰个体的身体经验而得以诞生的产物,但是,从最终目的来说,福柯似乎要提供某种替代的选择:超越现代性,向关注原始身体经验的个体,即自我关怀的伦理主体回归。② 巴迪欧则昭示世人:无论怎样,至少可以说,

---

① 金生鈜.规训与教化[M].北京:教育科学出版社,2004:220-223.
② 杨大春.别一种主体:福柯晚期思想的旨意[J].浙江社会科学,2002(3):169-173.

"'虚无主义'是一个并不太坏的能指"。① 换言之，"就'虚无主义'而论，我们承认我们的时代见证了虚无主义的诞生，恰恰通过虚无主义，我们明白了虚无主义怎样打破传统的束缚，明白了只有解开束缚才是所有假冒属于这种束缚之人的生存形式"。② 换言之，教育价值的积极虚无主义并未消失，它关注生命、实存和真理的人性价值，蕴含着人性解放的意义。

第一，教育价值的积极虚无主义蕴含着生命的形而上学，相对于传统的形而上学而言，它是一种颠倒的形而上学。也就是说，教育应当把生命视为一种存在者的存在，把感性世界当作真实的，把生命意志力归属到人的主体性之下，代替理性在传统形而上学中的位置。面对价值消极虚无主义，我们和尼采、萨特等存在主义者一样，坚决否定一切使人软弱和使人衰竭的东西，肯定一切使人强壮、使人积蓄力量、为力感辩护的东西。③ 因此，积极价值虚无主义既是对人性的没落厌恶的表现，又是生命意志或权力意志的表现，它在虚无的无底深渊之上重建人的生命力，体现出个体的差异、肯定、能动和创造的精神和勇气。

第二，教育价值的积极虚无主义反对技术虚无主义，关注存在的存在。在从非形式化教育、形式化教育、实体化教育到制度化教育的教育现代化进程中，教育价值虚无主义不仅是知识理性发展的伴生物，而且是技术统治的必然结果。技术虚无主义把存在归于永恒不变的东西，对存在进行遮蔽，使人们根本遗忘了对存在的生成流变性的探讨，特别是在人们对真理和技术的痴迷中，歪曲语言和思想范畴，导致最庸俗和最野蛮的欲望占统治地位。因此，它必将促使人体验神秘和奇迹，处于无物持存或混沌的深渊。从海德格尔的存在哲学来看，一方面，科学构成了形而上学的硬核，在现代虚无主义与思想中立化立场视野下，科学的技术万能论设置了存在的忘却之忘却，它直接产生诸神的逃逸、世界的毁灭、人类的大众化、平庸之徒的优越地位等诸问题，因此应当转向诗性存在论；另一方面，在存在论中，存在不同于存在者，存在应当是置自身于时间之流，通过人的历史性存在即"此在"，唤起一切思想、范畴和秩序的诧异。

第三，教育价值的积极虚无主义回归柏拉图主义的数学存在论，着力于

---

① Alain Badiou. Manifesto for Philosophy[M]. Albany：State University of New York Press, 1999, 58.

② Friedrich Nietzsche. The Will to Power[M]. New York：Random House, 1967：9 - 33; Alessandro Tomasi. Nihilism and Creativity in the Philosophy of Nietzsche[J]. Minerva—An Internet Journal of Philosophy, 2007(11)：153 - 183.

③ Alain Badiou. Manifesto for Philosophy[M]. Albany：State University of New York Press, 1999：55.

改造世界的真理。从巴迪欧哲学的视域来看,放弃技术、回归大地的诗性存在论是怀旧情感的浪漫主义表达,与之相反的是,由于技术的潜力是无限的,技术发展远远不够,人类社会还处于技术的基础阶段,因此我们应当解放被资本逻辑简化了和束缚了的技术。例如,马克思在《共产党宣言》中有关资本统治终结封建社会乡村家园的论述,既说明技术发展的社会历史作用,也阐明资本逻辑的祛魅并没有"虚无主义"的意味,与之相反,它不仅是一种揭示真理的思想方法,而且表明人类进入真理学说的新阶段。而且,当代物理学中的测不准定理、数学中的连续统假设等科学新进展都证明了技术的潜力及其在真理发展中的重大作用。因此,为了解决"存在论终结"的危机,教育价值虚无主义的形而上学必须重新回到作为科学技术基础的数学之中,凭借数学的最新成果——集合论,通过最难辨别的或捉摸不定的包括进来的因素的集,建立打破现状的真理。这种教育价值虚无主义的真理观体现了"重要的不是理解,而是获得真理"的创造性真理观,而且是包括爱、艺术、政治、科学的真理规程(process)。即使教育价值虚无主义的存在论在诗中寻找资源,这也是为了把所有语言的想象力都用于完整数学知识的重构,因为对诗人的凭靠也只因数学证明被诗人的创造性作品无休止地眷顾。① 因此,那些把克服教育价值虚无主义的希望仅仅寄托在浪漫主义诗学、纯粹的友爱教育、科学教育、政治教化的某一个方面,都无法认识和把握到教育价值的真谛。

三、教育价值积极虚无主义的人性创生

由于任何对教育价值虚无主义的任意褒贬,都一定程度上使自己难以把握当今虚无主义尚存的诸多积极方面,所以教育价值的积极虚无主义恰是从"虚无"概念本身的剖析开始,努力打破传统束缚,发现教育价值中"虚无"或"虚空"存在论的创造性力量。

(一)"虚无":"否定"的创生性存在

教育价值的消极虚无主义如何走出绝望的死胡同。萨特告诉我们说:"应该紧紧抓住虚无的问题不放,直到完全把它弄清为止。"②我们首先不能忽略"nihilism"(虚无主义)的词根"nihil"的英文意义"nothing",它的直接意义是"无",英语词典解释其为"无;(尤作比赛中的)零"。③ "虚无"的法

①　Alain Badiou. Being and Event[M]. Continuum of London, 2005: ⅩⅣ(preface).
②　[法]萨特.存在与虚无[M].陈宣良,等译.北京:生活·读书·新知三联书店,2007:76.
③　牛津大学出版社、商务印书馆.牛津高阶英汉双解词典(第四版增补本)[Z].2002:993.

语词为"néant"，它不同于另一个法语词"rien"（没有什么，什么也没有，或乌有），因为后者蕴含着"虚无的虚无"的意思。亦即："néant"应当等同于萨特解释的"存在的虚无"，是存在被考问之后出现的结果，是自在存在向自为存在辩证发展的起点，也是非存在的代名词。"人为了能够提问，就应该能是他自己的虚无，这就是说，只有当他的存在从虚无，通过他自身而越过为他本身时，他才能在存在中的非存在的起源处。"①概言之，萨特揭示了虚无的两层含义：虚无首先是非存在，而且它具有动词意义，即否定。在海德格尔看来，这里的"not"是"无"，这个命题表明存在不是所有存在者，所有的存在者之和也不等于存在，"存在者"与"存在"无关，存在者是"有"而不是"无"。那么为什么在者在而"无"反倒不在？尤为关键的是何谓"无"？海德格尔进一步解释说，"存在"就是"无"，它在所有存在者之外，而所有存在者之外正是对存在者的否定，因此在所有存在者之外就意味着"无"，"无始终不是存在者的不确定的对立面，而倒是揭示自身为归属于存在者之存在的"。②

巴迪欧更综合地诠释了"虚无"的积极内涵和创新力量。根据康托尔（Geory Ferdinand Ludwig Philipp Cantor）以来的集合论，巴迪欧提出，应当从虚无作为"零"的"虚空"（void）意义上探究虚无的存在地位，也就是说，用"虚空"替代"虚无"，而"虚空即存在"。它意味着：一方面，本质的"一"只是一个数字，是计作"一"（count-as-one）的运算结果，因此，作为现象的多绝对优先于一，存在是从现象的多之中构建和表征自己本身，从此，存在论进入"没有一的多的阶段，破碎的、无限的和不可辨识的总体性的阶段"；③另一方面，根据空集公理，虚空也是现象的多，虚空是第一个多，任何多的现象由虚空发端，而且，由于虚空无法被辨识，这个无法辨识之物产生于表现的力（forcing），这种力把无法辨识之物当作虚空，从此"无中生有"，万物得以创生，其结果必然是虚空之名成为纯粹的专名，它指示自身，不在其指称中表示任何差异，并以多的形式自主断言自身，因此"这个指代虚空并作为其标识的名称，是存在的专名，在一定程度上总是神秘的"。④

巴迪欧并没有走向神秘主义，他认为，由于多的表象中的要素必然有再次表象的状态（state）无法计数的部分，所以表象中有不可识辨者，只有通过对境况（conditions）的增补或缝合，才会改变其状态（state）或中断其连续

①　[法]萨特.存在与虚无[M].陈宣良,等译.北京：生活·读书·新知三联书店,2007：77.

②　[德]海德格尔.路标[M].孙周兴,译.北京：商务印书馆,2009：138.

③　Alain Badiou. Manifesto for Philosophy[M]. Albany：State University of New York Press, 1999：58.

④　Alain Badiou. Being and Event[M]. London：Continuum, 2005：59.

性,如此一来,事件就发生了。也就是说,一方面,"从准确的意义上讲,事件产生于无";①另一方面,事件超越存在,它是在存在的缝隙和"过剩"(excess)中进行缝合,并通过集合表明公理性决定超越了定义性结构,类的划分取代了因果推理。因此,主体(subject)是对于一个不确定的事件的忠诚或对事件的发生和结果的肯定,如果人们给那个事件命名,那么他们就成为主体;而真理就是在事件中作为改造的规程和力量显示出来的力量。"存在本质上为多,神圣的此在只是一个纯粹的此在,假如真理存在,它也和其他事物一样,不是神圣的启示,更不是几乎达到自身隐退的状态,真理是产生于增补的多的一个调节规程。"②

(二)真理伦理学:教育价值"虚无"存在论的重构

这种"虚空即存在"的虚空存在论意味着,教育价值的积极虚无主义反对本质为一的本质主义,主张回归到现象的多的存在,把教育视为事件哲学,因为教育事件是存在的缝合,真理在教育事件中作为改造的过程和力量显示出来,教育主体是对于一个不确定的事件的忠诚或对事件的发生和结果的肯定。进而,从教育价值的消极虚无主义手中拯救"真理""主体"等概念,实现教育存在与教育事件、教育主体、教育真理的缝合,成功地展示具有否定性内涵和创造性作用的"虚空"的积极意义,③从而开始教育价值的积极建构。

第一,教育价值的"虚空"存在论拒斥抽象主体主导的"一般"的教育伦理学,建立创造性主体的教育真理伦理学。详言之,人作为一种特殊的动物,是在特定现象的表现和再表现的缝隙中召集而成的一个生成主体,他的一切肉身和行动都被召集起来沿着真理规程前行,因此,在某种程度上讲,人是趋向单一性的永恒不朽者。这种作为教育主体的人超越动物之处在于,他无时不需要事件的发生,需要每个人在教育事件中尽可能表现最好,而且激发教育主体的东西不能被现象的表象来阐释,是发生在现象的表现和再表现的缝之处,但又无法追问缘由的东西。此外,事件、真理、真理规程是促使教育主体的人生成的重要条件,因此,教育主体是忠诚于教育事件作出的存在决定的承载者,是承载教育真理规程的人,他没有任何先前的

---

① 此处提及的"无"应当是巴迪欧意义上的"虚空".[斯洛伐克]斯拉沃热·齐泽克.敏感的主体:政治本体论的缺席中心[M].应奇,陈丽微,等译.南京:江苏人民出版社,2006:148.

② Alain Badiou. Manifesto for Philosophy[M]. Albany:State University of New York Press,1999:57.

③ Canor Cunningham. Genealogy of Nihilism[M]. London and New York:Routledge,2002:242-244.

"自然的"存在,例如,学生们和老师们进入教育之"爱"的主体的构成过程,但这个教育主体超越了师生这个总体。总之,如果说教育事件有不可化约的单一性,是教育现象的表现和再表现的缝隙中发生的东西,而每一个忠诚的真理规程都完全是对教育现象表征的内在的、创造性突破,那么教育主体就是真理规程的具体的、局部的发生,是特殊的、无法比拟力量的催生。

第二,教育价值的"虚空"存在论是对教育事件、教育忠诚和教育真理的回归。其具体理由在于,其一,教育存在论是教育事件哲学。教育事件既是某个具体环境的事件,也绝对脱离任何环境的规则,因此,教育事件就是给虚空命名,给教育环境中的未知要素命名。例如,我们把社会转型时期城市教育群体中重要的虚空命名为"进城务工人员随迁子女",因为"进城务工人员随迁子女"是由于被剥夺城市教育而被排除于城市教育之外的虚空,它的周围是户籍、城乡二元对立等规则和现状确立的富足城市教育资源。其二,教育虚空存在论是对教育事件的忠诚,教育忠诚的特点是它绝不是必然的或必要的,而是不确定性的。这给教育价值的真理伦理学留下了空间。例如,一次师生之爱的相遇,老师朗读的一首诗突然使你产生了一种情感,一个科学理论最初的那种模糊的美突然占据了你的身心,或参与社区或班级选举的一个行动催生了你的政治发明等。其三,教育虚空存在论必须强调,教育真理是一种力量(power),一种突破的力量,是对教育知识的有力推动,因为只有打破既定的和流通的知识,教育真理才能回归直接的环境,为舆论、社会和交往重构便利的百科知识。

第三,教育价值的积极虚无主义的真理伦理学是一种从"伦理学"中分离出哲学、从教育价值虚无主义中独立出真理勇气的抉择。根据虚空存在论,"真理"是忠实于事件的真理规程,是在政治、科学、艺术和爱等四个条件之间划定一条对角线,对这四个真理领域进行辨识和缝合的结果,因此,它"既不是已知的或识别出来的多,也不是不可名状的单一性,而是在多的存在中保留所在集体的所有共性的东西","在这个意义上,它就是集体的真理"。① 而教育价值的真理伦理学是使真理过程得以持续的原则,更准确地讲,就是在真理规程引发教育主体形成的过程中,给某一人(some-one)的到场以普遍一致性的原则。这里的"某一人"不同于海德格尔的"此在",在教育事件中,"某一人"诞生于教育事件,因为他的超越过程既属于真理规程,又属于生成的真理,他在不了解生存情况下的突破和生存。此外,这里的"一致性"或"主体一致性"就是"不要放弃","不要放弃你不了解的你自己

---

① Alain Badiou. Being and Event[M]. London: Continuum, 2005: 17.

的那部分", "不要放弃一个真理规程对你自身的占有", "尽一切努力在超越了你锲而不舍的东西中坚持下去,在介入中坚持下去,在你的存在中掌握住已经占有和已经突破自身的东西",①故此,教育价值的真理伦理学"在每一次爱的相遇中,在每一次科学重建中,在每一个艺术发明中,在每一个序列的解放政治中",②通过真理抵抗虚无的欲望,"'继续下去',继续作这个'某人',动物中的人类动物,然而却发现被真理的事件性规程所占有和代替。继续作你碰巧生成的真理主体的主动部分吧"。③

总之,从教育理论上讲,只有认识到教育价值积极虚无主义中"虚无"或"虚空"的存在论意义,才能发挥教育价值积极虚无主义的创造性力量。就教育实践而论,教育价值的积极虚无主义是基于脱离一切关系的"虚无"的再创造,因此,它"既不是让世界服从于律法的抽象规则,也不是与外部的、激进的恶作斗争,而要努力通过对真理的忠诚而避免恶"。④

---

①   Alain Badiou. Ethics: An Essay on the Understanding of Evil[M]. New York: Verso, 2000: 47.

②   同上书: 39.

③   同上书: 91.

④   同上书: 91.

第九章　教育人学的育人目的论

教育"培养什么样的人"以及"怎么培养这样的人"是教育人学研究的重要内容。它意味着，整个教育活动都直接或间接地围绕这个教育目的，推动人的健康、全面、积极、自由的发展。哈佛大学教育研究院埃尔金（Catherine Z. Elgin）教授曾如是说。

> 为了发展和维护一种令人满意的教育体制，我们需要追问基本的哲学问题：好的教育由什么构成？教育在好的生活中扮演何种角色？这些问题像哲学一样古老。柏拉图在《理想国》中问道：什么生活值得去过？并且他认为，对这个问题的回答，不能脱离开让人接受的那种教育，正是它决定着人们过好的生活所需要的能力、愿望及动机。只具备能力是不够的。如果有人想过好的生活，而好的生活需要阅读，那么他们就不仅能够阅读，他们还必须想要阅读并热爱阅读，所以愿望和动机是关键。如果一种好的生活需要为良好的社区作出贡献，他们就应该有作出贡献的意愿。此外，各种技能、愿望、动机还需要整合。它们必须被恰当地编织在一起，以便于彼此支持而不是损耗。①

也就是说，在人的意义上来看，教育目的是整体的。同时，"培养什么样的人"还必须思考在教育现代化背景下人的素质，尤其是公民社会下的人的政治素质问题；"怎么培养这样的人"思考教育在什么制度伦理中培养，才能实现人的自由全面发展。二者结合起来，就是研究教育人学的育人理念、目的与民主制度。

---

① ［美］凯瑟琳·埃尔金.教育的目的［J］.李雁冰，译.教育发展研究，2016（18）：1-6.

第一节　教育人学的育人目的论

今天，我们在中国语境下探讨教育人学，会发现，教育人学颇具中国特色①。教育现代化的理念、理论与实践是从本土经验逐步上升到一般理论，对人的教育与认识也逐渐从现实性上升到普遍性。当然，对教育人学的育人目的，始终是基于国民性培育，进行现代公民的培养，但终极目标是培养自由全面发展的"总体人"。

一、国民性批判与改造的启蒙育人目的

由于教育中的"人"是具体的、现实的人，因此，在具体的民族或国家、历史发展阶段，必然表现出民族性或国民性，并具有那个时代的烙印。"国民性"在英文中为"national character""national stereotype""national trait"等，是有关某一特定民族或国家成员的典型特征的系统观念，也包括国民的地位和社会与文化规范，其目的是保持民族或国家的认同。国民性研究关涉心理学、政治学、人类学、社会学、教育学等学科。中国的国民性研究在近代才出现。在中国奴隶社会、封建社会，只有受制于奴隶主的奴民和效忠皇帝的臣民。1840 年鸦片战争之后，在西方强势文化入侵后，出现被动的思想启蒙和主动的维新变革，同时开始主动进行中西对比和自我反思，产生自己国家、民族、个人的独立意识，并产生国民性观念的萌芽。但是，当西方物质文明、制度文明和精神文明突然侵袭而来，我们从自恋和自大的心态瞬间转向自卑甚或自虐的心理，使"国民性"几乎成了"国民劣根性"的代名词，这时，我们思考如何根除"奴性"，培育独立、自由精神，建立现代伦理价值；何以从行为方式、社会心理到文化，从物质生产方式、政治制度到文化价值，逐项深入，相互促进，建构丰富、完美人性；怎样才能激发国民的"野性""理性"和"精神性"，用科学开新民智，用自由、民主树新民德，等等。

何谓"国民性"？有论者认为，"国民性本是中性概念，所指乃是一个国家由于地理环境、政治制度、社会组织模式、文化体系、风俗习惯等方面的独

① 这既有改革开放政策开启的思想启蒙之历史原因，有国内理论界对马克思主义理论的本真性回归和发展的理论动因，更与国内教育理论界自身成长，尤其是出现教育生态学、教育人学等新兴学科、研究方向和研究领域有关。而且，中国教育理论界对教育与经济、文化、政治关系的重新定位，发现教育的相对独立性，不仅利于自身发展，还有利于自身与国际教育的交流与融合。

特性,所形成的民族性格特征和国民性格特征"。① 照此定义,国民性批判的任务就是像《中国人的气质》《中国人的精神》等书所讲的那样,通过描述中国人制度环境、心理素质、行为方式、精神面貌等方方面面内容即可。但历史证明,事情远未如此简单。无论辜鸿铭、梁启超、陈独秀、鲁迅、周作人等历史名家,还是冯骥才、邓晓芒等当今学者,不管他们使用什么研究方法,主张塑造什么样的国民性,他们都有意识或无意识地从人性的不同方面触及国民性改造问题,他们主张的国民性改造的实质是张扬人性,把人当人看待。换言之,必须把国民性批判上升到人性批判的高度,把国民性改造的问题视为人的发展问题。回顾国内 20 世纪八九十年代以来有关"人道、人性与人性异化"的大讨论,虽然对人性是否有共性、普遍性或抽象性存在歧见,但在某种程度上,反对普遍、抽象的人性,承认人性具有自由、正义、人权等普遍性价值,是达成共识的。详言之,无论从当今的社会哲学、政治哲学、教育哲学视野,还是国民性批判的历史来看,国民性改造的目标是人性的丰富和完善,以人为本,以精神自由为前提,以个性自由为出发点,至少让人活得有尊严。当然,这里的"人"不是抽象的人,而是在现实的、具体的社会活动中的人,是通过思想、制度、教育等实现自信、自尊、自重的人。

就现实状况而言,假如"国民性批判"是一个真命题,那么"国民性批判"的使命远未完成,是我们未竟的任务。自严复译介密尔(John Stuart Mill)的《论自由》始,我们就认识到,"国民性改造"的首要任务是"国体改造",改造国民为公民,维护公民权利,用公民权利抵制国家的威权,包括封建主义、专制主义、法西斯权力、极端乌托邦主义的肆虐,但我们的历史却总是惊人的重复和不幸。因此,正如美籍华裔教授孙隆基在《中国文化的深层结构》中的论述。他认为个体、权利和尊严乃是中国国民性之最需。亦如学者伍国的分析,教育、思想、制度的改革与创新成为当今国民性改造的时代任务。"'批判'并不是国民性论述的主流,也不应当是主流,停留在单纯地罗列不良现象上,而忽略对熔铸过程和根源的剖析,那么'国民(劣根)性'的发现到最后除了用来互嘲和自嘲以外,不可能有其他用处。今人怕只有绕过遮蔽视野的'国民性'现象描述,重新回到制造国民性的本源——不论是环境、教育,还是思想和制度,才更有意义。"②

进而,如何进行国民性教育与改造呢? 虽然以往的国民性改造展开对

① 摩罗,杨帆."国民性批判"百年反思(后记)//摩罗,杨帆编选.人性的"复苏":"国民性批判"的起源与反思[M].香港:时代国际出版有限公司,2010:408.
② 伍国.重思百年"国民性"论述[A]//摩罗,杨帆,编选.人性的"复苏":"国民性批判"的起源与反思[M].香港:时代国际出版有限公司,2010:153-154.

传统文化的批判与重构,触及对国家、民族的"集体无意识"和个人品行中的劣根性的批判和反思,具有深刻的社会、文化和政治意义。但是,还应当从西方现代性发展的视角来看待国民性批判的语境,因为现代性不仅是西方人的命运,而且它通过西方人影响了我们。尼采的权力意志恰是对现代性发生之后人的"庸众化"的无比忧虑,用生命的形而上学代替理性的形而上学,重拾人类的精神自由。鲁迅无疑是尼采的拥趸者。但是,在中国学者刘小枫看来,鲁迅没有理解尼采对现代性批判的良苦用心,只是拿着尼采的"毒馒头"来批判吾国之国民劣根性,丧失了对精神自由、个性自由的真正塑造。① 也就是说,在现代性命运面前,在被动接受现代性的境况中,我们不仅需要"补课",完成各项现代化任务,而且需要"治病",治现代性本身带来的精神缺失、消极价值虚无主义等诸多毛病。

就当时的教育而论,教育被视为国民性改造的"利器",被赋予了"救国(国家与国民性)"的重任。在当今形式化和制度化的现代教育背景下,上述教育国民性改造的问题不仅仍然存在,而且在具体的个体、国家和社会关系中,教育国民性改造的任务更加迫切。为此,如何保证人的精神发展和个性自由,让学生获得自我、社会、法律的承认,确立教育的制度伦理,从而实现人的自由全面发展,是当前教育国民性改造的根本任务。因此,教育国民性改造应当在总结历史上各种国民性批判的基础上,从人性的思想精神、语言文化、行动实践等方面保证思想发展、话语民主、个性自由和正义,以促进人积极、健康、全面、自由地发展。在教育现代化进程中,人的现代化、人的自由全面发展以及教育制度改革与发展等都是教育国民性改造的延续与展开,具有重要的理论意义和现实价值。同时,教育的国民性改造应当注意中国的具体情况与语境,处理好共性与个性、普遍与特殊的关系,实事求是地实现中国的国民性改造目标。目前,在国内国民性改造的相关文献的行文之中,处处使用西方哲学的话语议论中国国民性批判与改造问题,不仅有西方话语中心主义之嫌,而且在价值上似乎重新预设了西方文化的优势。

二、"人的现代化"的现实育人目的

中华人民共和国成立后,教育之"人的现代化"成为教育的现实目的。它主要围绕现代人的内涵与标准,以及如何实现展开。在历史上,这首先需要考察西方现代社会对之形成的内涵与标准。在工业革命以来的教育现代化背景下,包括美国社会学家英格尔斯(Alex Inkeles)在内的国内外专家、

---

① 刘小枫.尼采的微言大义[J].书屋,2000(10):4-22.

学者几乎都主张：现代化的根本标志是人的现代化；人的现代化是社会现代化的先决条件。因此，本质上，人的现代化是顺应从器物、制度到文化现代化的发展顺序和彻底变革的需要，实现国人文化的革新及其思想、心性的转型。① 教育为立人之本，人的现代化、现代人的培育离不开现代化的教育，因此，教育与环境和人的先天条件一起，在形成现代人的知识、才能、思想、品德以及性格、爱好等过程中具有重要影响，教育水平的高低决定了人的现代化成败与水平。②

在人的现代化过程中，"现代人"的标准是什么呢？英格尔斯这样定义"现代人"的含义：它是一种精神状况，是很多性质的综合体，而不是某一种单独的特质。"现代人的特征"是：接受新的生活经验/思想观念/新的行为方式（一种心理倾向）；准备接受社会的改革和变化，可以接受周围的人和各种社会关系；思路广阔，头脑开放，尊重并愿意考虑各方面不同意见、看法；注重现在与未来，守时惜时；强烈的个人效能感，对人和社会的能力充满信心，办事讲求效率；重视有计划的生活和工作；尊重知识；可依赖性和信任感；重视专门技术；对教育的内容和传统智慧敢于提出挑战；相互了解、尊重和自尊；了解生产和过程等 12 个特征。③ 从客观标准角度看，人的现代化必须以经济的现代化作为基础。但是，如果从人的主体性角度看，实现人的现代化，是推进人从传统向现代的转型，即推进包括人的思想观念、素质能力、行为方式、社会关系等方面的现代转型。归结起来，一方面，现代经济、政治和社会文化生活的实践，是造就现代人的土壤，我们应该全面、正确地理解这种在现代化过程中人与物之间的辩证关系；另一方面，在现代化进程中，人既是实践主体，也是价值主体，更是终极目的。

作为事实判断，人的现代化是一个民族国家在现代化转型过程中的一个基本内容，它为社会现代化建设提供主体支撑和动力源泉；作为价值判断，人的现代化是人们推动本民族国家现代化发展应当追求的一个根本价值目标。只有坚持事实判断与价值判断的统一，才能实现合规律性与合目的性的统一。④ 因此，在教育现代化背景下，从人的现代化的事实判断来

① 程天君.从"社会转（zhuǎn）型"到"社会转（zhuǎn）型"：教育与人的现代化引论[J].湖南师范大学学报教育科学版,2014,13(4)：63-69.
② 相关文献有：叶南客.中国人的现代化[M].南京：南京出版社,1998；郑永廷.人的现代化的理论与实践[M].北京：人民出版社,2006；褚宏启.教育现代化的路径：现代教育导论（第3版）[M].北京：教育科学出版社,2021.
③ [美]英格尔斯.人的现代化：心理·思想·态度·行为[M].殷陆君,译.成都：四川人民出版社,1985：22-35.
④ 郭德侠.教育现代化的核心是实现人的现代化[J].河南社会科学,2000(4)：111-113.

看,它的理论基础在于是否符合人性、发展人性与为了人性;若背离人性,就很难实现人的现代化。从价值判断角度看,人的现代化的价值内涵是"以人为本",目的是培育现代学生完整的人格,表现为教育目的的人性化、教育过程的人性化、教育制度的人性化、教育评价的人性化等。

在中国语境下,梁启超在 1901 年最早提出中国现代人("新民")必备的公德、冒险、自由、自治、进步、自尊、毅力、政治能力、合群和尚武等 10 种人格和行为特征。"五四"时期及以后,人们逐渐把道德革命提到第一高度。此后,各个时期的领袖人物和社会改革家、教育家,也先后提出了种种"现代人"的标准。周恩来、邓小平同志提出的"四有"新人,以及当今中国社会倡导的社会主义核心价值观,都成为我国现阶段人的现代化的理论与实践的指导性标准。[①] 美国劳工部、"面向 21 世纪的教育"国际研讨会及国内教育专家从现代化的意识、素质与能力三大方面提出了人的现代素质指标体系,包括:有现代化的理想与进取精神、社会公德和现代人格、现代法律意识和理性精神、有科学文化知识和现代化时空观念等。[②] 2015 年联合国教科文组织发布的《反思教育:向"全球共同利益"的理念转变?》阐明,在可持续发展的核心关切下,现代人应当如何塑造人文价值、多元价值等,以及现代人如何在教育治理过程中实现价值重构等。也就是说,在教育现代化过程中更应该全面培育核心素养的前提下,人的现代化需要有坚实的认识基础,在人的现代化观念、素质和能力等方面细化出各种指标体系,并通过直接与间接评价来对人的现代化进行可操作性评价。[③]

概言之,在培育现代人的育人目的论视野下,人的现代化首先注重与之相关的经济现代化、制度现代化、文化现代化等,当然,社会、制度与文化的现代化是人的现代化的前提条件,经济的现代化是人的现代化的保障。同时,人的现代化具有时代性,必须回应教育现代化过程中人的异化、人的危机等问题,并且在"人的解放"目的和全球化、国际化背景下,"现代人"的培育必须向文明高度发达国家学习人的现代化经验,吸取其中的教训。

三、"总体人"的终极育人目的

改革开放以来,无论从历史、现实还是逻辑上看,教育之"总体人"的培

① 王茜.人的现代化述略[J].中国教育学刊,1998(3):6-9.
② 张智.人的现代化:内涵、动因、规律及经验:从历史唯物主义的视角看[J].理论探讨,2016(2):19-23.
③ 褚宏启.教育现代化的本质与评价:我们需要什么样的教育现代化[J].教育研究,2013(11):4-10.

育应当是育人的终极目的。

（一）培养自由思想的人

第一，现代人的首要特征是他们拥有独立思考、自由思想的能力，因为自由思想是人性的精神属性所特有的创造性和超越性的具体体现，是"总体人"的理论前提。许多有关中国国民性批判、人的现代化理论的思想家、学者都提到，中国哲学推崇以"身"实践，缺乏思想精神的超越性和创造性，直接导致中国在思想、科学、艺术、制度创新等诸多领域全面落后于西方。在现实社会中，长时期存在的思想奴役和禁锢以及意识形态的蒙蔽导致思想僵化甚或僵死。因此，由于教育具有启发和引导人们思想的使命，所以人的思想自由不仅是教育的理论基础，而且是实现人的自由全面发展的"总体人"的现实的客观要求。

第二，在制度化教育中，培育人的独立思考、自由思想能力，及其影响下的创新能力，具有强烈的必要性和紧迫性。就教育的任务而言，一方面，教育传承人类优秀文化；另一方面，必然裹挟一些落后的、僵死的、机械的思想观念，遮蔽儿童生活与教育之间的纽带，把所想象的、可能的和应该的等同起来。在现代教育的育人目的论看来，现代教育需要回归儿童的日常生活、内心世界，通过儿童的体验和社会活动，逐步建立儿童的心灵世界和社会世界，而不是外在的、多数人的强制或支配。历史上，一些政治哲学家都曾为了人的思想自由，抵制"多数人的暴政"，深入批判那些在社会中压制自由思想的生活细节和奴役人的灵魂。因此，现代教育法治观念下的教育自由也主张消极的自由，也就是个人只有与他人发生关系的行为中不伤害他人的不作为。

第三，人是语言的动物，因此给予儿童自由表达的权利非常必要，也是培养独立思考，自由思想人才的必要手段和目的。换言之，人不仅是会说话的动物，而且是自由言说思想和意志的有尊严的动物。在具体的育人实践中，教育应当尊重每个人的见解，维护言论自由不受干涉的消极自由的权利。言论自由不仅表现为学生或所有公民有自由表达的自由，要求老师或教育管理者倾听他们的言论的权利，而且有助于学生或所有公民在自己的知识范围之外，质疑自己相信的事物为真的社会建构机制，发表教师或社会认为是"错误"的言论，从而理解和反思自己为什么这样思维和言说。

（二）培育自由个性的公民

第一，必须明确，教育是在"总体异化"的现代社会中培育自由的公民。美国哲学家、心理学家弗洛姆（Erich Fromm）认为，人类的历史就是人不断发展，同时又不断异化的历史；我们现代社会中发现的异化几乎无处不在，它存在于与他的工作、与他的消费的物品、与他的国家、与他的同胞,以及与他自身的关系中。① 为此,法国批判理论哲学家列斐伏尔提出通过完整活动克服社会异化、人的异化的问题,实现"总体人"的目的。也就是说,人类活动应当是人性各要素交互作用的总体化活动,是"运动的功能,整体的功能,全部生活的功能,变化的功能","把人的活动作为一个整体加以研究时,人就出现在我们眼前了"。② 为此,在教育的各类活动中,教育行动应当包括行动-反思,用对话教育代替灌输教育,通过合作、团结与组织、文化合成、解放等培育自由的公民。在我国的教育现代化过程中,应当注重和发挥劳动教育和对话教育的辩证关系,发挥劳动教育中人与自然的和谐关系,以及对话教育中人与人建立的话语民主,培育勤劳勇敢、思想自由、精神独立、追求个性的公民;培育自尊、自重与自我实现的公民。

第二,从历史唯物主义的视角看,每个人的充分发展、充分地体现出每个人的个性是人的自由全面发展的前提,而且,由于"人是目的,不仅仅是手段"的价值理性是培育总体人的道德法则,而总体人的实现也必然奉行这个律令。事实上,由于康德"人是目的,不是手段"的绝对道德律令极容易在现实中出现为了实现"人是目的"的绝对法则而牺牲个体自由的道德灾难,所以应当修改该道德法则为"人是目的,不仅仅是手段",从而维护人的自由个性。

尼采是西方哲人中主张个性自由的代表人物之一。其思想的深刻性在于,反对现代性中盛行的庸众道德,认为只有拥有权力意志的超人才是个性自由的人。尼采认为,以往的道德的历史是为权力意志效力的撒谎和诽谤的历史,是庸众或群畜意志反抗强者的历史。文明的提高是为了使某种选择得以可能而牺牲大众,这是一切其他增长的条件。和古希腊的贵族政体相对而言,一切道德和基督教价值论断就是奴隶造反和奴隶的虚伪。③

> 在我们听从群体的本能的召唤而开出处事良方、自我禁止某些行动时,我们完全有理由不用取缔"存在"和"天性"的方式,而仅仅接受这种"存在"和"天性"的一定的方向性指导和应用……,我们有着强烈的欲望,有几次我们相互间都想耗掉它——但是"群体的理性"控制了我们:请注意这几乎是道德的定义。④

---

① [美] 弗洛姆.健全的社会[M].欧阳谦,译.北京:中国文联出版社,1988:98.
② 复旦大学哲学系现代西方哲学研究室.西方学者论《1844 年经济学哲学手稿》[C].上海:复旦大学出版社,1983:199.
③ Friedrich Nietzsche. The Will to Power[M]. New York:Random House, 1967:81–82.
④ 同上书:281.

　　因此,尼采呼吁:重估一切价值,唤回权力意志,归还给人们以发展自身欲望的勇气;打消妄自菲薄,找回自然的人的欲望;要从存在中剔除过失、惩罚、正义、正直、自由、爱等社会特质。概言之,权力意志的条件是"首先人们能干什么;然后才是,人们应该干什么"。①

　　　　群畜道德的真实性:"你应是可以认识的,你的内在物是通过清楚和恒定的符号表现出来的——不然你就是危险的……"这就是说,对真实性的要求是以被认识和恒定的人格为前提的。其实,这是教育的事,尽管群畜的成员通过人的本质达到了一定的信仰。因为,群畜首先制造了这种信仰,接着才要求"真实性"。②

　　许多国民性批判中曾言及,在中国人的国民性格里面存在专制性人格,它要求全体人都拥有共性,保持从上到下的思想、言行,乃至生活方式的高度一致,排斥标新立异、意见纷争和特立独行。在当今的教育中,也出现千师一面、千生一面、千校一面的现象。某种程度上讲,"钱学森之问"正是对"自由个性"缺失的拷问。因此,总体人的实现必须以人的自由个性为现实条件,使人的心理素质、行为能力、思维方式、品德修养等方面体现出个人品质的独特性和创新性。

　　第三,由于"总体人"与"奴隶"相对立,所以"总体人"意指,育人就是培育公民,也就是在正义维护下拥有权利保障的人。在马克思主义理论看来,每个人享受的实质性权利受到当时具体的物质生产方式和水平的制约,"总体人"有可能从根本上无法享受到公民的权利。事实上,马克思主义理论提出了如何把社会权利和个体解放结合起来的问题。例如,就我们的国民性批判而论,有论者提出,"国体"改造才是国民性改造的题中之义,但他们又常常陷入"立人"与"立国"、个体自由与国家意志的矛盾之中,以为建立独立国家,实现了法治社会,就可以实现个人的自由发展和自我实现;或者以为,只要个体自我充分发展了,那么国家就充满活力,但事实上二者都不尽理想。尤其是在现代社会中,在国家和法律都已经健全的情形下,人的自尊、自重和自信在现实生活中仍无法得到保证,"让每个人活得有尊严"常常成为一种奢望。如此看来,"总体人"的终极目的应当是通过正义促进和发展人本身,相应地,教育的国民性、人的现代化、总体人和人性化的外部的正

---

　　①　Friedrich Nietzsche. The Will to Power[M]. New York:Random House, 1967:76.
　　②　同上书:277.

义,即教育的权利、机会、资源等的分配,必须根据个人发展的需要和潜能来进行分配,而不是根据受教育者的种族、出身、阶层和社会经济地位来确定,所以正义的教育是适合每个人的教育,是个性化的教育。

总之,"培育什么样的人"以及"怎么培育这样的人"无疑是国内外教育的真正目的和重要内容。进言之,我国的教育现代化应当认识到,教育目的必须体现人之意义的完整性,是总体的。"培育什么样的人"必须在我国教育现代化背景下思考人的素质,尤其是中国现代公民社会下的人的政治素质问题;"怎么培育这样的人"必须思考在我国现代教育在正义的制度伦理中如何实现人的自由全面发展。二者结合起来,就是研究我国现代教育的育人理念、目的及其相应的教育制度。

第二节　教育人学的民主论

从教育人学的角度看,民主至少是目前教育培育人的最好观念和制度之一。杜威甚至将民主与教育对等起来,阐明现代教育的民主特征及其与民主的内在必然联系。也就是说,在什么教育制度下培养人,培养什么样的人,这些都是非常重要的教育人学问题。西方中世纪宗教教育和中国明清时期科举制度的非人或非人性化教育、极端应试教育、课堂上的灌输式教育都很难让人将"民主"与之联系起来。

一、民主的育人观

民主是一个历史性概念,同时又是一种普遍的观念,建立在人性的理论和实践基础之上,是教育的基本原理之一。

何谓民主? 民主"democracy"最早追溯到古希腊文 democratia,而该词是由最早可追溯的词源 demos(意指"人",people) 与 kratos(意指"统治",rule)所组合,按照亚里士多德的定义,即赋予自由人和穷人权力;当代法国哲学家南希(Jean-Luc Nancy)则认为 kratos 意指力量的主导。以后的词义演变围绕 people 的词义展开,现代民主大致分为两种,即自由主义的代议制民主制度和社会主义的"群众力量"的人民民主。① 杜威突破民主的政治学范围,一方面,把"民主"看作是一个多重含义的词,既包括民主的信仰、思

---

① ［英］威廉斯.关键词: 文化与社会的词汇［M］.刘建基,译.北京: 生活·读书·新知三联书店,2005: 110-117.

想和制度,又包括具有道德意义的生活形式,本质上是一种合作性的实验;另一方面,"民主"的含义是变动不居的,既有广义和狭义内涵之间的持续互动,又需要密切联系社会关系不断变化的现实,推进"民主"概念持续不断的重构。①

　　教育人学的民主理论是在现代社会背景下提出来的,它在古代具有不同的形态和遭遇,但几乎都强调民主的观念和影响。柏拉图和亚里士多德的政治哲学都具有反民主性,例如,哲学王有专属性,并不强调人人皆有哲学的理念,即使"每个人做好自己的事"具有民主的正义观念,但也是基于人身上固有的金、银、铜、铁的等级属性及其神话基础、欲望与理性对立的"心理学"基础,尽量让精英、贵族和哲学王显露自身才华。然而,柏拉图、亚里士多德等古希腊哲学家基于人性考察的、等级性的权威体系至少讨论了民主观念和理论。例如,亚里士多德在《政治学》中对各种政体的比较研究,宣传贵族制是最好的制度,民主制是不适用的制度。基督教提出的"在上帝面前,人人平等"已经萌芽了民主的平等观念。在工业社会的生活中,很难考察捷克教育学家夸美纽斯提出的诸多理论与实践模式是否直接受到现代工业模式的影响,但至少他提出的"人人都可以接受教育的权利和能力"以及班级授课制等都具有现代教育的民主观念和制度形态。

　　卢梭的自然主义教育显然具有教育人学的性质,但其中充满悖论。这种悖论不仅仅表现在后来法国大革命与英国光荣革命对卢梭教育学的不同理解与运用中,还直接体现在文本中。卢梭在《爱弥儿》两卷本中论及的自然的教育,也就是让"才能和器官的内在发展"远比人的教育和物的教育重要,转向以儿童为中心的教育理念,是现代教育民主的根本原则。但是,卢梭的"教育人学"在制度层面却具有反民主性质,它表现为:脱离了人的科学定义——人是"只有在社会中才能独立的动物",需要从权力斗争走向人人拥有权利的具体民主内容作为保障;能否用抽象的"公意"取代先验的自然法,而且这种"拟人化"的跨越在逻辑上是否成功。不过,卢梭也曾提出过洛克式的自由主义民主观:"'要寻找出一种结合的形式,使它能以全部共同的力量来卫护和保障每个结合者的人身和财富,并且由于这一结合而使得每一个与全体相联合的个人又只不过是在服从其本人,并且仍然像以往一样自由。'这就是社会契约所要解决的根本问题。"②美国学者萨托利

---

①　[美] 坎贝尔.理解杜威:自然与协作的智慧[M].杨柳新,译.北京:北京大学出版社,2010:146-149.

②　[法] 卢梭.社会契约论[M].何兆武,译.北京:商务印书馆,2003:19.

（Giovanni Sartori）也为卢梭辩护道："根据卢梭本人的学说,他为民主指定位置,也就是孟德斯鸠为宪政制度指定的位置。这当然是不同的解决方式,但目标完全一样:保护个人自由,使其免受压迫。"①因此,卢梭教育人学中蕴含的"民主悖论"影响了以后的教育学的发展,"确切些说,卢梭虽未涉足教育理论框架的构建,却以丰富的教育观念武装了教育学",②具体而言,在卢梭的二重教育民主观里面,其抽象的自由民主观意外地成为此后教育学的主题之一,构造了"道德乌托邦"的幻象,泯灭了儿童本身。不过,在杜威身上,可以看到卢梭那种具体的教育民主观念,颇为欣慰。

二、反对意识形态的教育民主观

在教育人学看来,民主不是具体的制度和形式,而是以人为本、以儿童为中心观念指导下,如何使每一个人的潜能最大限度地发挥,使每个人都富有个性、生命力和创造力的具体的、现实的实践。

今天,教育人学的民主观念必须凸显人的生命力,拒绝意识形态的民主观,反对将民主视作绝对的、抽象的、唯一的社会制度形态及其对人的压制。马克思就反对作为抽象的、规范的,受到资本逻辑控制的民主制度及其理论学说,而且他希望在解放低级阶层、实现人的解放的具体实践中,体现民主的理念。在现代社会,民主常常被视作人民或公民组织管理的方式,但也被视作一种管理或治理的理念与技术。德国及英美国家的批判理论和法国的激进哲学派承继了马克思的方法论,认为民主就是赤裸裸地争夺统治权的斗争。法国哲学家巴迪欧和齐泽克、朗西埃、阿甘本等哲学家一起,认为当今的民主落入了议会制结构的僵死框架中,显得机械乏味,失去了本应当具有的活力;真正的民主应当让每一个都成为民主人士,而不是像《理想国》里面的哲学王,只有他才能拥有完全的政治自由;而且,让民主与具体的"这个世界"联系起来,每个民主人士都关注其实际生存的世界。巴迪欧认为民主完全取决于政治环境的不可推理的复杂性,在不可决定性、不可名状的状态中激发人的主观性和创新性。③

第一,巴迪欧从民主的政治角度分析政治的有效性与真理的关系,并得出结论:民主的政治之前提和条件是集合的、偶然的,因而民主是建构的。巴迪欧提出"对每个 X 而论,都存在思想"。这里的"思想"是为真理规程的

---

①　[美] 乔万尼·萨托利.民主新论[M].冯克利,阎克文,译.上海:上海人民出版社,2009:493.

②　陈桂生.历史的"教育学现象"透视[M].北京:人民教育出版社,1998:43.

③　Alain Badiou. Metapolitics[M]. London & New York: Verso, 2005: 96-100.

主体命名,真理是讲给全体的,假如思想是政治的,那么它就属于全体,亦即,认同主体的思想的可能性在政治中每时每刻都适用于全体。不过,巴迪欧把政治的主体称作规程的"斗士",它是无边际的范畴,无同一性或无概念规定的主观决定性。归结起来,"政治事件是集体的"这个命题规定,一切都是以事件为基础的思想的实际奋斗者,进而"政治是唯一的真理规程,这个真理规程不仅在结果上是类性的,而且处于主体的局部构建中"。①

第二,就民主的政治事件的集体特征的效果而论,民主政治呈现世界的无限性特征。虽然每个世界在存在论意义上都是无限的,但只有政治立刻召集无限性,视之为主观的普遍性。科学借助文字捕捉到虚空和无限,但不关心世界的主观无限性,而这恰是艺术所关注的,而政治根据同一性原则或平等原则,把有限性当作无限性,总之,政治必须把无限性当作首要条件,不同于爱、科学和艺术分别把一、虚空、有限数当作自己的首要条件。

第三,在存在论和历史意义上,政治事件是衡量世界/国家(state)②的标尺。世界是一种元结构,对世界的子集或部分行使权力,由于世界状态之和总是多于世界的元素之和,与之相应,体现民主的世界状态,即现代意义上的国家,总比表现国家或世界的要素拥有高一级的权力,从政治规程的意义上讲,就是国家(state)的权力始终高于世界的权力,高于个人的权力,但高于或超过多少,是不确定的和不规范的。反过来讲,只要发生上述的那种超出(excess),也就是政治事件,那么国家便现身,它就显示出国家过分的权力及其压抑的程度,这就是政治的真理规程。因此,巴迪欧发现了政治事件和国家权力之间的秘密,那就是,纵使国家权力是无尺度、出格和无法分配的,但可以用政治事件这个可见的标准来衡量国家过分的权力,也就是用衡量国家权力的后事件体制来对国家权力进行政治规定,因此,如果国家权力完全控制了世界的各个部分,那么这种超级权力行使的后果就是奴役、专制和暴力,如果通过政治或政治事件对国家权力进行干预,把国家置于一定的距离之外,那么政治才是民主、自由和平等的。

总之,巴迪欧认为,民主的平等原理就是对国家权力的超出或"例外"的规定或控制,可以用 1 来表示平等,ε 表示政治事件,政治功能 π 在其自己创

---

① Alain Badiou. Metapolitics[M]. London & New York:Verso, 2005:142.

② 情势状态(state of situation)中的"state"也指"国家",笔者认为,巴迪欧在集合论的存在论证明过程中,它应当指"状态",在政治规程中还指"国家",文中将根据语境进行不同的表达,但都是同一个词。值得注意的是,"situation"译作"情势",在巴迪欧的《logics of worlds》中则是具体的"世界们",但如果与"国家"对应,译为"情况""环境"等词都非常勉强,因此,笔者一直将其译为"世界",它能综合"情况""环境"等词的意义,也表现了"国家"之前的原处情境。

造的规定距离的条件下生成同一性,也就是与平等原理相一致的现实,可以用公式表示为:

$$\pi(\pi(\varepsilon)) \to 1$$

进而,可以根据平等原理,表示政治规程的三个数值:世界的无限、世界状态的无限(不确定的)和规定的无限(干扰不确定性,并允许和国家保持一段对立的距离)和1之间关系,也就是:

$$\delta, \varepsilon, \pi(\varepsilon), \pi(\pi(\varepsilon)) \to 1$$

也就是说,只要和国家保持一定的对立距离,那么政治功能就可以完成数值1,但必须保证政治规程的三种数值又派生于这种政治功能。根据笔者的理解,$\delta, \varepsilon, \pi(\varepsilon)$三个数值是$\pi(\pi(\varepsilon)) \to 1$派生的结果。因此,巴迪欧总结说:"使政治规程奇特的是这个事实:它从无限到1发展。它使平等的1作为集体真理而跃起,对国家的无限性发挥规定性作用。根据这种作用,它建构自己的自主性或与国家的距离,并在这个距离内实施这个原则。"①

第三节　回归杜威教育人学的民主观

教育民主是植根于人性的需求和变革,而不是维护人性中的什么固定不变的东西,包括风俗、习惯、制度。这对有关"人的哲学"研究而言,同样如此。"知道民主主义的性质和本质不是可由某一人传递给另一人或由某一代传给下一代的东西,而是要根据我们逐年参与的和逐年变化极剧烈的社会生活之需要、问题与情况,去重新创造的东西。"②

一、教育之"科学"与"民主"

在形式化、制度化教育的今天,教育民主不再简单地属于教育哲学家的理念,而是需要发挥科学技术在教育民主中的地位和作用,否则,教育民主就不稳定,无法体现现代教育民主的全部内涵,因此,"如果哲学家们要起着积极作用,使我们现有的科学的和技术的潜在资源能完成人生中真正自由的任务,他们在这里又有一个艰难的和细致的任务"。③

---

① Alain Badiou. Metapolitics[M]. London & New York：Verso, 2005：151.
② ［美］杜威.人的问题[M].傅统先,邱椿,译.南京：江苏教育出版社,2006：29.
③ 同上书：9.

（一）教育科学的人文性

杜威把教育学当作教育之"科学"。就"科学"而言,杜威认为其含义很广,不仅包括通常被认为是科学的一切学科,更重要的是在于,发现各种学科所赖以成为科学的特征,强调处理题材的理智方法。这种理智的方法是一种"智力工作的技术",能避免危险境地,或者偶然性,能使自己获得自由并使他发现新问题和新程序等。科学一方面是运用实验的方法找问题,做假设、验证与评价等;另一方面,科学强调实验的态度,反对形而上学的、虚妄的、无法验证的外在目的、价值与权威,因此科学不仅传授知识与技术,而且具有冒险、实干、诚实、公正、效率、精确等品性,具有事实与价值的综合性特征。

更确切地讲,杜威把"技术"（technique）视作教育之"科学"的核心,并把"技术"称为技术科学（techno science）。但问题是,现代社会对技术文化的批判从未停止过,杜威是否把技术等同于科学,对技术科学过于乐观? 马克思批判"技术"给资本主义带来巨大财富的同时,人却被"异化"为工具。法兰克福学派第一代代表人物霍克海默、阿多诺等承继了马克思对技术-工具理性的批判,甚至认为只有通过审美实践才能挣脱技术-工具理性的压制。而哲学家海德格尔认为只有通过思和诗才能摆脱技术奴役的"座架"。法兰克福学派第二代领军人物哈贝马斯的观点较为温和。他认为,科学分为三类: 经验-分析的科学、历史-解释的科学和批判的科学,它们分别被相应的技术的认识兴趣、实践的认识兴趣和解放的认识兴趣决定。[①] 而且,科学是一种理论性对话,民主是一种实践性对话。一方面,民主需要人文科学的"前科学层次"上的"前科学理解",即通过日常生活和日常语言,借助解释性科学和意识形态批判,实现自我反思和行动,从而使这种社会的公共目标得以确立;另一方面,科学使用的是人工语言,需要一个自由民主的公共领域作为科学和民主之间的中介,它主要由社会人文学家来完成。[②] 据此,哈贝马斯批判杜威的科学观,认为它囿于工具理性而无法开出民主。"对杜威来说,技术的成功使这些科学成为不容置疑的解题行为模式。当然,杜威对'把实验活动运用于每一个实践问题'是期望得太多了,如果他以为道德的或政治的价值判断也要根据一个实现价值的工具性实践而得到辩护的话。"[③]

---

① ［德］哈贝马斯.作为"意识形态"的技术和科学［M］.李黎,郭官义,译.上海: 学林出版社,1999: 136.

② 童世骏.科学与民主的和谐何以可能: 论杜威和哈贝马斯的科学观和民主观［J］.华东师范大学学报（哲学社会科学版）,1999（4）: 35－42+87.

③ ［德］哈贝马斯.论杜威的《确实性的寻求》［M］//［美］杜威.确定性的寻求.傅统先,译.上海: 上海人民出版社,2004: 3（序言）.

事实上,杜威在广义的意义上理解"技术"。一方面,他将技术视作理智的探究,一种包括社会探究在内的实验性探究,而不是唯技术意义上的经验性探究;另一方面,杜威在工具与技艺之探究的意义上,把握理解、协商、互动等交往行动的民主性质,"'技术'意味着所有用于指导能量、自然与人以及满足人之需要的理智技艺"。① 美国杜威研究中心主任希克曼用杜威的调查研究、理智的探究和哈贝马斯的交往行动、交往理性对比,认为,杜威的调查研究既包含意义的解释性和科学的实验性,又综合了哈贝马斯的三种兴趣,而且统一了科学技术活动与人文活动;杜威的实用主义技术批判同样有解放的旨趣,因为技术和目的相互支配,与技术决定论相对的是,技术也改善了大部分社会环境,决定了社会组织和解释的方式;杜威的"公众"概念胜过哈贝马斯的公共领域之处在于,它是技术选择和使用中结成的民主共同体,技术通过巨大的参与性和创造性得到民主化。②

(二) 教育科学与教育民主的统一

杜威的实用主义有多副面孔:"效率实用主义""工具实用主义""实验实用主义""生产实用主义"等。事实上,只有生产的实用主义才能展现其本质。因为,只有把行动、思维当作生产过程,才能将理论与实践、工具与目的、个体与共同体交互作用,体现实验的探究精神、效率中社会公共善的价值和不确定情境中安全或确定性的寻求,呈现科学与民主的共生共存状态。

问题 1:教育科学怎样开出教育民主

在杜威看来,教育科学是其教育之学的代名词,因为,教育科学不仅反映客观的世界,而且与主观世界和社会世界保持统一,这些世界共同构成了交往过程的关系系统。因此,其参与者不再是旁观者,每个参与者在交往中确定自己的教育目的,发挥人性中有利于社会公共善和个人成长的要素。这也就是教育科学的民主属性。

第一,教育科学是教育生活中手段和目的的民主统一。教育与生活、经验和环境的关系体现了教育的性质,并涉及教育学的三大基本理论——生物学、社会学和心理学。生物学意指"生活之科学";心理学是基于可变化人性的社会心理学,它决定教育的方法;社会学决定教育的目的。后两者都应以生物学为基础。③ 因此,"教育即生活"命题蕴含着科学,科学又体现民主的态度和精神。"教育是生活,是行为的方式。就行为言,是较科学为广

---

① [美] 希克曼.杜威著作中的实用主义、技术和真理//王成兵. 一位真正的美国哲学家:美国学者论杜威[G].北京:中国社会科学出版社,2007:31.

② [美] 希克曼,曾誉铭.批判理论的实用主义转向[J].江海学刊,2003(5):36-41.

③ 戴本博.外国教育史(下)[M].北京:人民教育出版社,1990:74.

泛的。可是科学使从事教育的人更聪明,更有思想,更晓得他们是进行什么,因此能修正他从前的进行方法,使后来更加丰富。欲知道社会所实际追求的目标及其实际得到的结果,可由研究社会科学而得到一点。这方面的智识能使教育者对于其行为更周密,明判。"①

第二,教育科学蕴含着教育民主的三个价值取向,即个人本位、社会本位和文化本位的统一。"杜威教育科学就是三种价值取向的统一:教育类似于个人的生长(教育即生长);通过教育而得到生长,个人的经验即得到改造(教育即经验的改造),而经验就是文化;个人经过经验的改造而获得对环境的适应,使个人得以生存和发展,个人的发展又离不开社会环境,即人与人之间的传达;个人有生有死,通过教育使社会积累的经验得以传递。"②民主的三种价值取向不可相互偏离,既植根于当代社会问题,又实现人的全面发展,"发展本身是唯一的道德'目的'"。③

第三,教育科学本身就是具体的民主实践。"教育学的最终现实性,不在书本上,也不在实验室中,也不在讲授教育学的教师中,而在那些从事指导教育活动的人们的心中。"④杜威认为,一方面,人的概念、判断并不仅仅是对客观规律的反映,而是人们适应环境的手段,因此,科学理论即经验,真理就是认识的工具。反之,经验即科学理论,"有用"与"有效"就是真理。教育理论是对具体的、个别的、活生生的实践经验普遍化与抽象化的过程,但又不是纯粹的抽象,是教育实践与理论、行与知相统一的互生过程。另一方面,教育学的意义存在于民主的"沟通"或"交流"过程中。杜威认为,教育既指一种状态,一种沟通与交流;也是一种工具性能力。社会不仅通过传递和沟通继续生存,而且社会在传递中、在沟通中生存。⑤ 一切社会生活都有教育性。如果社会生活完全形式化了,教育性就流失了。因为教育民主的目的不仅是一种政府组织形式,它首先是一种联合生活的方式,是一种共同交流经验的方式。⑥

教育科学推出教育民主还意味着:作为探索实验的民主自然地产生科学的需要;来自外部的、具有终极目的性的、权威的民主无论如何也不科学,

---

① ［美］杜威.教育科学的资源//赵祥麟,王承绪,编.杜威教育论著选［C］.上海:华东师范大学出版社,1981:41.
② 陈桂生.教育原理［M］.上海:华东师范大学出版社,2000:194.
③ ［美］杜威.哲学的改造［M］.张颖,译.西安:陕西人民出版社,2004:101.
④ ［美］杜威.教育科学的资源//赵祥麟,王承绪,编.杜威教育论著选［C］.上海:华东师范大学出版社,1981:275.
⑤ ［美］杜威.民主主义与教育［M］.王承绪,译.北京:人民教育出版社,2001:9.
⑥ 同上书:97.

否则,它不会产生独立思考的科学精神和民主能力。

问题2:教育科学的民主何以可能

杜威教育科学的民主性使他与同时期的桑代克、维果茨基、皮亚杰、罗素、怀特海等教育哲学家的教育科学观区别开来。① 杜威教育科学的最高目的是民主,因此,杜威在教育领域中的努力同其如下的信念是一致的,即一切理论都为民主服务,并且生活的一切方面都须在实践中能够加以民主化,因为民主意味着安全和进步。民主作为教育科学的价值理想,一方面在具体的教育实践中充分利用儿童的经验,主动把他们教育成民主共同体的参与者;另一方面,民主具有范导作用,可以逐渐唤起儿童的理性力量,克服各种自然和社会的风险,在作为生活形式的民主基础上形成生成性的政府和公众。"我们有充分的理由相信,不管在现有的民主机制中可能会发生什么样的变化,它们都将有助于使公众利益进一步成为政府活动的准则和指南,并能使公众更有力地形成和显示它的目的。在这个意义上说,克服民主的弊端的有效方法是更多的民主。"②

杜威教育科学的民主和教育民主的科学的最好评判标准是人的个体性。人的个体性是在社会关系中形成的,是试验性的协商民主下的个体性。没有个体性就没有真正的民主。"假如可以把民主的平等看为个体性,那么就能毫无拘束地将博爱理解为连续性,也就是说,理解为毫无限制的联合与互动。"③因为,杜威主张,良好的教育是以个人及其需求为出发点;良好的教育尊重个体差异,充分发展它的能力、兴趣和特长,并且学会言语的沟通和行动的合作,获得发展共同的和个人的新的兴趣的自由。"我试图建议,民主是一种道德观念、个性观念,蕴含无限的能量,构成每一个人。"④个体性还意味着言语行动破除了阶级、种族、血缘的不平等,消除了外在权威的干涉性力量,通过协商民主,建立起保障个人权利的自由社会和民主制度。

杜威之教育科学的民主和教育民主的科学的统一还意味着,教育之学

① 相关文献有:1. Stephen Tomlinson. Edward Lee Thorndike and John Dewey on the science of education[J]. Oxford Review of Education, 1997, 23(3): 365 - 383; 2. Brian Patrick Hendley. Dewey, Russell, Whitehead—Philosophers as Educators[M]. Carbondale: Southern Illinois University Press of U. S., 1986; 3. Johanna R. Johnson. Dewey and Vygotsky: A Comparison of their Views on Social Constructivism in Education[M]. New Brunswick: New Jersey, 2003.

② [美] 列奥·施特劳斯,约瑟夫·克罗波西.政治哲学史(下)[M].李天然,译.石家庄:河北人民出版社,1998: 996 - 997.

③ [美] 杜威.哲学与民主//苏姗·哈克.意义、真理与行动——实用主义经典文选[C].北京:东方出版社,2007: 376.

④ [美] 杜威.道德教育原理[M].王承绪,等译.杭州:浙江教育出版社,2003: 249.

不是寻求对目的或结果的确定性,而是社会民主探究的持续前进。"我们必须承认保守派的立场:如果一旦我们开始思想了,没有人能够担保我们会跑到什么地方去;唯一的结果,便是许多东西、许多宗旨、许多制度的命运完结了。每一思想家,都使表面上的安定稳固的世界的一部分发生动摇,至于取而代之的究竟是什么,没有人能够完全预料得到。"①

杜威把人当作"活的生物"(live creature),儿童就是人与自然、社会之间交互作用的、连续的有机体,因此,教育科学的民主现实地、具体地体现在以儿童为中心的社会性参与和文化建构过程里面。杜威的社会心理学认为儿童的兴趣是在社会性活动中持续发展的过程,促使它自由生长是教育的核心任务。儿童在经验的改组与改造中生长。这里的"经验"作为杜威教育思想的一个核心概念,实际上意指文化的继承与发展、具体情景中文化要素的交互关系、主动与被动相结合的尝试等。教育具有社会的职能,社会也是教育的结果,一切教育都是通过个人参与人类的社会意识而进行的。社会环境无意识地、不合目的地发挥着教育和塑造的影响。"我相信受教育的个人是社会的个人,而社会便是许多个人的有机结合。如果从儿童身上舍去社会的因素,我们便只剩下一个抽象的东西;如果我们从社会方面舍去个人的因素,我们便只剩下一个死板的、没有生命力的集体。"②

二、教育的民主形式

杜威被誉为"美国的黑格尔和马克思"。③ 这不仅是其地位在美国哲学史上的写照,而且,杜威和马克思都受到黑格尔哲学的巨大影响,是黑格尔哲学思想的革命者与发展者。他们都否定超验、抽象的东西,强调现实生活和实践,建构维护个人权利、促使人自由全面发展的"伟大共同体"。面对资本主义社会的"现代病"或现代性问题,杜威奉行进步批判主义,和西方马克思主义的批判理论家一样,都在一起反对权威、专制,批判滥用技术带来的社会问题,揭示科学中蕴含的话语、方法、知识和自由等民主意蕴,努力建立幸福、自由、美好的社会。

(一) 教育的"言语民主"

杜威认为,语言是工具的工具,语言是在言语行动中不断创生意义的过

---

① ［美］Joseph Ratner.杜威哲学［M］.赵一苇,等译.台北:世界书局,1960:扉页.

② ［美］杜威.教育科学的资源//赵祥麟,王承绪.杜威教育论著选［C］.上海:华东师范大学出版社,1981:24.

③ Cornel West. The American Evasion of Philosophy［M］. Madison:The University of Wisconsin Press,1989:69.

程。"语言总是行动的一种形式,而且当它被当作工具使用时,它总是为了达到一个目的而进行的协作行动的一种手段,但同时它本身又具有它的一切可能后果所具有的好处。"①在现代西方分析哲学从人工语言向日常语言转向的过程中,维特根斯坦发挥的决定性作用得到了举世公认。但杜威在维特根斯坦《哲学研究》发表之前就已提出了"交往语用学",从社会交际与互动角度阐发言语行动的含义,把语言意义和表述语境(context)、言语行为、言语效果联系起来,具有强烈的情境性、效用性、创造性、规范性和社会性等综合的语用学特征。

杜威教育之学的语言不是抽象的符号语言,而是在情景性中具体的言语行动。以往教育学的语言经历了神学语言、形而上学语言、实证主义或工具-理性语言等阶段。杜威教育学语言转向"用法即意义"的交往语言或沟通语言。它们具有独特工具性和独特终极性,意味着语言既是"使生活具有丰富而多彩的意义的唯一手段",又是"人类从他们直接孤独的状况被提升起来而参与在一种意义交流之中"所使用的。② 正是二者在经验活动中共同作用,才有了民主的智慧。"当沟通的工具性的和终极性的功能共同在经验中活动着的时候,便有了智慧,而智慧乃是共同生活的方法和结果,而且也就有了社会。而社会则是具有指导爱慕、景仰和忠诚的价值的。"③

教育之学的语言不仅反映社会,而且在言语交往中建构社会。"交往即社会",交往意味着语言不仅是人与自然、人与人的关系,而且是交往的根本性质。"语言的要点并不是对于某些原先存在的事物的'表达',更不是关于某些原先就有的思想的表达。它就是沟通,它是一种有许多伙伴参加的活动中所建立起来的协同合作,而在这个活动之中每一个参加者的活动都由于参与其中而有了改变和受到了调节。"④由于语言的参与与合作的根本性质也是民主的根本性质,所以杜威的教育语用学体现了言语民主的性质。它排斥将语言的工具性和终极性区隔开,导致"互相沟通和共同参与受到限制,是宗派性的、区域性的,局限于阶级、党派和职业团体"。⑤后来,法兰克福学派哲学家马尔库塞(Herbert Marcuse)称之为"单向度"的语言,也就是操纵语言的理性意义,使其变为单方面权力意志的统治工具。哈贝马斯将杜威的言语行动有效性条件细化为三个世界的三个条件,即主观世界、客观

① [美]杜威.经验与自然[M].傅统先,译.南京:江苏教育出版社,2005:119.
②⑤ 同上书:132.
③ 同上书:133.
④ 同上书:116.

世界和社会世界分别对应的主观表达与经历的真诚性、表达经验命题时的真实性和为行为乃至规范提出的正确性,一旦满足三个条件,言语行动就达成"理解",形成交往理性上的言语民主。①

(二) 教育的知识民主

在杜威看来,教育就是民主实践的主战场,需要行动的智慧,也就是实践的知识。杜威认为,在经验过程中,知识重要,但知识何以如此重要? 是因为知识是工具,是在情境及其变化中解决疑难问题的工具,是对具体事物的实验性操作或控制的手段。杜威还补充说,知识是在探究或批判中增长智慧、破除传统与权威、体现"一种真正人道的生活方式",也就是知识的民主价值。

杜威认为,没有普遍意义上的知识问题,知识不是实体,不能脱离实际的探究的语境。即使其具有必然性和规律性,但都只是"前辈的论述""先在的实在""习惯",是已有知识或文化的一部分,是假设、问题产生与解决的前提条件,是有待修正的认知条件。这些知识"被降格为从属的地位,在起源上成为第二位的","知识不是某种孤立的自足的东西,而是在生命的维持与进化的过程中不断发展的东西"。② 也就是说,知识是行动者作为有机体,在人与环境的交互作用中实验性探究的过程与结果,而且"成功探究的结果就不是传统意义上的知识,而是被证实了的假设、'被确保的论断',以及能成功探究未来且不断增长的能力"。③

杜威的教育学知识论在教育学史上产生重要的影响。我们可以把德国教育学家布列钦卡教育学知识的分类当作杜威教育学的进一步条理化。布列钦卡将教育学分为科学教育学、哲学教育学和实践教育学,它们的内在逻辑对应的是证实(含证伪)、辩护和反思,其知识类型对应的是经验知识、行动或实践的综合性知识、情感性或规范性知识。哈贝马斯则可视作杜威教育之学的知识民主理论的完成者。他认为理论因为和实践的统一关系而成为真正的知识,而且这种知识是批判的知识,是"治疗性知识"。

(三) 教育的方法民主

杜威认为,教育之学的方法是多元的,需要不断假设、试验和修正。"教育哲学为教育科学之资源,是在于它给进行的假设,供概括的应用,'进行的'和'假设'二者都是重要的。它所供给的是'假设',不是固定的最后的

---

① [德] 哈贝马斯.交往行动理论(第一卷)[M].曹卫东,译.上海:上海人民出版社,2006:292.

② [美] 塔利斯.杜威[M].彭国华,译.北京:中华书局,2003:64.

③ 同上书:72.

原理或真理。此等假设被用以提示及指导观察和理解之进行,必须受试验和修正。"①值得注意的是,即使自然科学的方法,也只是教育科学的方法资源,因此,教育学方法就是方法的方法,必然需要反思,需要不断地发明而不是发现。在杜威那里,所谓方法,就是被普遍地应用,而这种应用是跨越专家和民众的鸿沟,是主体间达成共识的结果;如果方法有效,就得到自由。"即更要广泛地推广民主的方法、磋商的方法、劝说、谈判、交流和合作等的应用,以使我们的政治、工业、教育及一般意义上的文化为我们所用,并成为民主思想的体现。"②但是,杜威强调,民主的生活方式需要根据实验探究方法确立公共商谈的模式,"愿意将信念悬置起来,在获得证据之前保持怀疑的能力;愿意依据证据来行动,而不是首先作出带有个人偏好的结论;保持结论中的观点并将它们当成待检验的假设来使用,而不是将它们视为待表明的教条","乐于寻求新的探究领域和新的问题"。③

"一种民主制度最终所专心致志的必须是相信某种方法可用来解决这些冲突","在一种民主制度中,如果它不被从内外双方威胁着它的危险所压倒,这种方法,就必须指向一切的问题,一切的冲突","这种方法就是明智的方法,批判的科学研究的方法","将重点放在方法、方法,还是更多的方法上的学校中训练出来的一代,简直就不可能为流行的高压宣传所影响"。④

在杜威那里,方法和目的是一体的,而且方法就是参与者的方法,而不是旁观者的方法。也就是说,每个人都是方法的建构者,目的存在于方法的建构过程中,这样,教育科学的方法就不仅具有目的-手段在实践中的统一性,而且具有它蕴含的主体间性、言语民主和探究性。这和哈贝马斯理论与实践相统一的理论没有什么不同。和解释学方法相比,杜威的经验中的反思也不乏重视学生的直接经验中体验和理解的意义之真,⑤也包含直接经验和间接经验的历史辩证运动或视域融合,只不过杜威反对内在意识中的反思,主张"内在的超越",即人的意识在行动或实践中的反思和超越。

(四)教育的自由民主

杜威说:"教育是自治的,应该自由决定其目的、标物。离开教育自身的

① [美] 杜威.教育科学的资源//赵祥麟,王承绪.杜威教育论著选[C].上海:华东师范大学出版社,1981:28-29.
② [美] 塔利斯.杜威[M].彭国华,译.北京:中华书局,2003:187.
③ 同上书:166.
④ [美] 胡克.理性、社会神话和民主[M].金克,徐崇温,译.上海:上海人民出版社,2006:261.
⑤ [美] 杜威.民主主义与教育[M].王承绪,译.北京:人民教育出版社,2001:40.

作用,而向外界找求目的、标物,殆无异于放弃教育的原因了。"①教育学的自在自为状态无疑是蕴含着自在(in itself)、自为(of itself)之后的美学综合;在交往逻辑上,意味着社会、文化、政治背景中实践性探究后的解放,而且这种解放是一种追求真理、美德与自由的德性。

杜威教育之学的民主在价值理想上就是自由,主要是科学探究获得的自由。"自由便意味一个宇宙具有现实的多变性和偶然性,即一个尚不完备的世界,它的某些方面尚未完成,正在制作之中,可以按照人们的判断、褒奖、爱好和劳动,以这种或那种方式加以创造。"②自由主要指理智上的创造性、观察的独立性、明智的发明、结果的预见性以及适应结果的灵活性。教育科学的自由也体现于发现和解决问题的探索过程中。"教育本身的性质,便是个无穷的圆圈。它是种活动,包括科学的活动。它在进程中,定出更多的问题以供研究,那些问题又使教育进程更加变化,因此更要求思想,要求科学,如此演化不已。"③

在杜威看来,教育之学是一门科学与艺术的自由之学。如果从教育之学的民主性质来看,那么杜威确信,他将判定其是一门在日常生活中追求实用之美的艺术;如果根据教育之学的经验与实践性质,那么杜威可能判定其为科学与行动的艺术。"用生活的艺术作指导,从而使文明的程度得到提高","艺术作品是最为恰当与有力的帮助个人分享生活的艺术的手段"。④ 在康德的美学那里,美学是作为现象界和物自体、知性和理性之桥梁的情感形式,服从于崇高感;黑格尔把美学视为绝对精神的外化,是崇高精神的具体化。杜威用经验美学削平了高雅与低俗之间的等级界限,在自然的完整性和连续性、自然与人的交互性、情感表现过程与情感产生过程的同一性中实现自由的美。

杜威认为,教育改变人性,培养人适应环境,按照民主的生活方式生活,这也是民主的自由品质。"民主是自由交往和导致丰富结果的交往的生活的名称","它的完善之日,便是自由的社会研究与充分的、动人的交往的艺术不可分割地结合起来之时"。⑤ 进而,杜威反驳自由并不是"摆脱特定的

① ［美］杜威.教育科学的资源［G］//赵祥麟,王承绪.杜威教育论著选［C］.上海:华东师范大学出版社,1981:40.
② ［美］杜威.哲学与民主//苏姗·哈克.意义、真理与行动——实用主义经典文选［C］.北京:东方出版社,2007:20.
③ ［美］杜威.教育科学的资源//赵祥麟,王承绪.杜威教育论著选［C］.上海:华东师范大学出版社,1981:42.
④ ［美］杜威.艺术即经验［M］.高建平,译.北京:商务印书馆,2007:374.
⑤ John Dewey. The Philosophy of Dewey［M］//童世俊.批判与实践:哈贝马斯的批判理论［M］.北京:生活·读书·新知三联书店,2007:179.

某种压迫性的力量"而成其为自由,认为这种自由观容易走向另一个极端,抬高人性或社会中的某要素到决定性地位,使其成为抽象或绝对自由的目标。事实上,唯意志论、经济决定论等给现实社会带来的危害是大家有目共睹的。对此,杜威提出"有效的自由",即"自由是一个社会性问题","一个人实际拥有的自由取决于现存的制度安排赋予他人的行动权力"。① 换言之,自由是社会赋予他人自由而充分参与的条件。其中,教育制度是重要的条件。"教育制度促进自由的作用就在于,它帮助个人更好地思考,更清晰地观察和更准确地判断。"②总之,杜威的现代教育试图打破社会等级和封闭的社会状态,建立起自由沟通的日常生活形式;强化多元民主协商,不断地探索生成性的制度和国家,而不是终极意义上的社会和国家;杜威的民主观与以科学技术为核心的文化建构、理智性方法、民主共同体等具有内在一致性,所以杜威的民主和科学相互作用,教育之学成为它们的实验场,学校教学成为民主的"科学实验中心"。最后,其现实意义在于,教育学要探究新的教育问题,"根据我们置身于其中的逐年变化的社会生活需要、问题和情况,去重新创造的东西"。③

今天,当西方民主主义教育遭遇诸多困境的时候,回眸杜威的民主主义教育观,顿然发现教育的民主育人观的光亮和魅力。正如埃尔金教授同样通过杜威的民主主义教育理论和实践研究,对教育育人观的总结:"教育的目的不是使人实现一些外在的具体的善,而是使人以适当的自由和负责的方式,设计和追求他们认为好的生活。由于人是不同的,那么人们关于可行的善的观念也不同。教育应当培育对差异的认识和欣赏差异的价值。由于人类是只有在交往中才能繁盛的社会性动物,我们需要像杜威说的那样,通过诉诸他人的洞见,形成、批判以及修改我们不断发展的善的观念。我们还需要识别,我们个人关于善的观念的领悟是如何紧密地与我们社会关于善的观念联系在一起、与我们社会其他成员对善的寻求联系在一起。与其在个人主义与集体主义之间发生争执,毋宁是个人主义与集体主义相互补充。我认为,培养鉴赏这些见解的能力以及建成这样一个社区的动机,是教育的根本目的。"④

---

① [美]杜威.艺术即经验[M].高建平,译.北京:商务印书馆,2007:159.
② [美]坎贝尔.理解杜威:自然与协作的智慧[M].杨柳新,译.北京:北京大学出版社,2010:160.
③ John Dewey. The Later Works of John Dewey(13th)//[美]坎贝尔.理解杜威:自然与协作的智慧[M].杨柳新,译.北京:北京大学出版社,2010:167.
④ [美]凯瑟琳·埃尔金.教育的目的[J].李雁冰,译.教育发展研究,2016(18):1-6.

第四部分
教育人学的艺术与话语

第十章 教育人学的艺术论

众所周知,教育是一门科学,也是一门艺术。杜威直言:教育是艺术。① 苏联教育学家乌申斯基曾讲:教育学是艺术,且是一切艺术中最广泛、最复杂、最崇高和最必要的一种艺术。从教育人学的视角看,教育是一门出于人、为了人、通过人的艺术。② 当教育传授经验知识的时候,教育被视作一门技艺。这种技艺还较为基础,是在教育教学经验的总结和一般性规律的摸索过程中的愉悦体验。但当夸美纽斯讲"教学就是把一切知识传给一切人的艺术"时,教育的崇高感和艺术感会自然地迸发出来,品尝到艺术之普遍法则的魅力。在形式化和制度化教育中,教育逐渐出现"人学空场",人与人的关系物化、异化,出现"教育丑学"现象。但教育毕竟在本质上具有抑恶扬善、追求真理、实现自由的艺术本性,因此教育艺术将在积极的人性选择和实践中回归其人学意义本身。

第一节 艺术的人学含义

艺术是一个很宽泛的概念,无法用准确的定义限定,但至少在这一点上,大家有共识,即艺术即人生,人生即艺术,因此艺术与人生、人学具有内在的、质的同一性。③

一、艺术及其境界

何谓艺术(art)？它和美(beautiful)、品位(taste)、美学(aesthetics)等概

---

① ［美］杜威.教育科学的资源［M］.张岱年,傅继良,译.北平:人文书店,1932:4.
② ［俄］乌申斯基.乌申斯基教育文选(上)［M］.张佩珍,冯天向,郑文樾,译.北京:人民教育出版社,1989:27.
③ 中国美学家朱光潜先生曾言:"离开人生便无所谓艺术,因为艺术是情趣的表现,而情趣的根源就在人生;反之,离开艺术也便无所谓人生,因为凡是创造和欣赏都是艺术的活动,无创造、无欣赏的人生是一个自相矛盾的名词。"(朱光潜.谈美谈文学［M］.北京:人民文学出版社,1988:9.)

念有什么联系和区别？虽然美学是在 18 世纪才开始使用的词,是一个更广泛的概念,但人们常常把包括所有种类的艺术(例如视觉艺术、手工艺术、表演艺术等)的总称"艺术"与美学相提并论。因此,这里我们就将艺术和美学保持一致。18 世纪前人们也常常把"美"和艺术混同,但从 18 世纪开始,"美"或"漂亮"主要与客体的客观属性相关,例如客体的明晰性、秩序性、协调性、完整性等。但从 20 世纪开始,直至 20 世纪 50 年代,前卫艺术曾经颠覆了人们的艺术观,使人们重新调整对艺术的看法,形成了较为成熟的艺术概念。目前,人们普遍认为,艺术包括主观和客观两个方面,其客观方面是指艺术作品或其客观属性,如上面提到的"美"或"漂亮",但其客观属性又是无法达成一致,无规律可循的,否则,就不是美学,而是科学技术;其主观方面指关涉人的某些类型的体验、快乐、态度、兴趣和价值等,或人的某种特别的态度、体验、快乐等,也就是说,发现事物之美似乎与美的欣赏有关,欣赏美就是欣赏主观的感受、体验、快乐、态度等,并能标示出人的主观反应的特征,解释与艺术的直观联系,否则,就不是美学,而是宗教的、认知的、实践的反映了。

具体而论,艺术包括通过人的视觉、听觉和行动去创造的美术、音乐、戏剧、电影和行为艺术等。通常,人们试图通过自己的想象、体验、技巧、构象等,激发人的美或情感的力量,因此艺术具有表现性、主观性、个体性、不可重复性等特点,这正是科学、技术等其他方面无法媲美的。由于艺术是人的主观世界的表现与表达,因此,主观世界如何构造自己的意义世界,就成为理解艺术的前提条件,而且人的主观世界的构成常常成为艺术构成的基础。

在现象学看来,人的主观性是由人的纯粹意识或者自身意识及其意向性功能构成的,纯粹意识具有绝对的自身被给予性、自明性,以及指向某物的意向性,后者具有构造认识对象的功能。因此,我们看到的外物都是纯粹意识活动构造的结果,包括语言符号。在胡塞尔看来,纯粹意指的活动以一种对准意向对象的方式在直观行为中得到充实,而且我们体验到,在符号活动中单纯被思考的同一个对象,在直观中被直观的具体呈现出来。① 胡塞尔的例子:当我们意向一棵树时,这棵树还只是纯粹的概念,随着我们对树的种种直观,树的意义得以充实,而它也就得以显现出它的同一性来。

正因为艺术是人的主观世界的直观显现,所以,当主观世界构造的世界

---

① 胡塞尔把语言与思维、意识联系起来,认为感知是奠基性的,感知和想象一起构成直观行为,他们又是语言、图像等非直观行为的基础。同时,直观行为和非直观行为构成表象行为,进而,表象行为作为客体化行为成为情感行为、意愿行为等非客体化行为的基础。(倪梁康.现象学的始基:胡塞尔《逻辑研究》释要[M].北京:中国人民大学出版社,2009:37.)

具有不同层次或境界的时候,艺术也出现相应的层级或境界。现以中国传统的三境界说为例。"老僧三十年前未参禅时,见山是山,见水是水。及至后来,亲见知识,有个入处,见山不是山,见水不是水。而今得个体歇处,依前见山只是山,见水只是水。"①也就是说,艺术的三重境界为:第一境界为物境:见山是山,见水是水;第二境界为事境:见山不是山,见水不是水;第三境界为意境:见山只是山,见水只是水。在物境中,"山""水"是物理意义上的客观存在;在事境中,"山""水"脱离了物理状态,完全以观念、拟象、符号、概念等形式,而不是具体内容,存在于人的主观世界中;在意境②中,由于人的主观意识可以通过其固有的意向性功能,尤其是充盈、充实等意向活动,表现其发生、构建意识对象的能力,所以,主观世界可以通过有关"山""水"的观念、拟象、符号、概念等形式的东西和具体的"山""水"等内容发生关系,将主观意识的绝对形式和具体内容协调一致。

进而,可以将艺术境界概括为有我之境与无我之境,二者相得益彰。王国维曾言,"有我之境,以我观物,故物皆着我之色彩。无我之境,以物观物,故不知何者为我,何者为物";"无我之境,人唯于静得之。有我之境,于由动之静时得之。故一优美,一宏壮也"。③

二、艺术的特性

艺术显然具有不同于知识、道德的特性,与人的禀赋、才能有天然的联系,与人所处环境中遭遇和事件有关,并通过自己特有的表现方式显现出来,显示出自己永远的差异性、个别性和创生性。

(一) 艺术的主观性

第一,艺术关涉人的情感。例如,在康德哲学中,艺术是属于与人的愉快与不愉快的情感相关的主观内心的全部能力。艺术是主观的、具有目的性的,通俗地讲,就是,只有无目的性的目的才能产生美,美不关涉利害关系,不需要计量,例如看电影或其他欣赏艺术的活动,你若预设了目的,例如谈恋爱或学习某种科学知识,那么在动机上就没有美了。美是情感的描述,是高度个人化的、个别性的、特殊的,因为人具有一种从这些高度个别的、特殊的情感出发,寻求可能的普遍法则的能力,从而判断对象对于主体认识能力的适合性,在形式上一般会产生愉快与不愉快的特点。进而,康德发现,

① 此句出自中国唐朝禅师青原惟信在《五灯会元》的讲解。
② 梁启超曾言:"境者,心造也"(《饮冰室专集》卷二《自由书·唯心》)。
③ 王国维.人间词话[M].上海:文汇出版社,2007:1-2.

美是无法用知识论中的概念描述的另一种形式,一方面,美与想象力有关,是想象力和知性的游戏中的那种可以普遍传达的愉快感;另一方面,美,带来更高层次的愉快,是人的想象力超越知性之后与理性达成的一种崇高的美。①

第二,艺术是情感与形式的统一。例如,在康德的艺术观里面,认为对称和谐之美、直观判断之美、比例协调之美、几何公理之合"形式"的美存在于每一个人心里,都有对美的普遍或形式追求,都希望从个别上升到"形式"的美。大海、高山、深渊之所以产生崇高的美,是因为人一旦把自己的情感与先天的形式结合起来,自然而然地产生一种崇高的感情。康德始终想告诉我们,美埋藏在人的情感里,是人的一种先天的能力,是主观的、形式的。

第三,艺术的非功利性。康德认为美的判断建立在一个特别的、明显的愉快情感中,这种愉快是非功利的,它不取决于人对客体的欲望或产生某种欲望;这种愉快不是私人的感官享受,而是具有普遍可传达性的,也就是说,在对事物进行美的判断的时候,人们假定知觉事物的其他人也应当有同样的美的判断,并一起分享其中的快乐。当然,这种美的判断不是基于某个概念,也不是基于什么规则或者某种证明,而是仅仅基于人的主观快乐。杜威就认为美的体验就是一种必然统一的体验,它是综合的,同时又与其他体验划清界限。美学家斯图尼茨(Jerome Stolnitz)认为美的态度也关系客观事物对我们主观体验是否有用,关注他们看起来或感受如何,例如:海上升起的大雾本来是令人恐惧的,但是,假如我们从这种危险或不愉快的感受中抽离出来,就能直接注意到那些从经验中可以获得的、直接的美学特征。因此,美学的态度就是无论怎样,都只是从自身出发,非功利地和同情地关注和沉思意识的客体。

(二) 艺术的超越性

第一,即使现代艺术尊重通俗文化与艺术,强调艺术来自生活,但从艺术的形成过程来看,艺术是"脱俗"的过程,需要人在艺术的体验与思考中,脱离利益的引诱,感受到无目的的、无利益的审美的愉悦,使人进入超越的崇高世界,接近真理的殿堂,同时让人在普通的生活世界或庸俗的世界中净化自身的精神,不仅获得自我生存的能力,而且获得自我升华的良机。例如:叔本华讲"远远超出观念的音乐,是完全独立于现象世界的;音乐完全无视现象世界的存在"。而且,叔本华认为音乐就是意志本身的完美体现,表现的不是具体的苦与乐,而是愉悦本身、情感本身以及生存本身。

---

① [德] 康德.判断力批判[M].邓晓芒,译.北京:人民出版社,13-34.

第二,艺术是通过表现、显现的方式完成超越的。德国哲学家哈贝马斯称艺术是一种主观表现的戏剧行为。按照法国哲学家德勒兹的理解,哲学、艺术、宗教和科学,是人的生命的四种超越形态。他认为,艺术不同于科学,它不描述这个世界"是"什么,而是通过亦真亦幻的艺术形象显现、解释、转化这个世界。艺术只有在虚拟的潜在性现实化之后,才能出现。艺术的力量在于它迥异于现实,超越停滞与静态的生活,生产出新的拟像,生成对生活的一种新的表达式。概言之,德勒兹认为艺术是在虚拟与现实之间的、一种动力学的、充满着生成际遇的联系。

第三,艺术的超越性还表现在,在艺术表现过程中,将瞬间永恒化,能够抓住瞬时即逝的印象,将眼前一晃就成为过去了的"死印象"激活,保留其鲜活性;艺术是人的灵魂与世界的交汇,是人与周围环境的积极的、活跃的遭遇,让遭遇到的"事件"成为永远活动的、有生命力的图像。

(三) 艺术的生活性

现代艺术理论认为,艺术不仅贯穿于生命的一切历程,是生命的本质表现或者生命本身的表演,而且艺术充满于生活之中。较之传统艺术或古典艺术,现代艺术强调审美艺术活动的生活基础,强调艺术来自生活,主张艺术需要尊重个人生活风格及其创造发明价值。在消费社会,消费文化及各种时尚的盛行,使艺术生活化,需要探讨审美在具体生活中的各种可能形式和性质,关涉实际生活中的技术应用、城市建筑、生活风格、工艺技巧、媒体影像表现技巧等具体问题,从而把康德所抽象探讨的艺术形式化更多地同实际生活、生活经历与体验、生活中的品位等具体地、深入地联系起来。

马克思主义艺术理论主要通过劳动理论,发现艺术的形式离不开具体的内容,尤其是劳动阶层或底层人民的日常生活,二者结合起来,艺术既能提升生活,生活也能充实和发展艺术,概言之,艺术和生活互为本质。法国哲学家、西方马克思主义理论家列斐伏尔认为,劳动是艺术实践,它创造无限的人性:"这种无限性包含、摆脱并克服处在自然生存中的无限性,因而可以称为:人类的力量、认识、行动、爱、精神——或简而言之为人性"。[1] 在工具理性支配下,日常生活日益受到殖民化的威胁,因此,回归日常生活世界,保持生活世界的艺术性,也就是日常生活世界的完整性、交往性、原初性和情感性,具有强烈的现实性。

---

① [美] 弗洛姆,等.西方学者论《一八四四年经济学-哲学手稿》[C].复旦大学哲学系现代西方哲学研究室,编译.上海: 复旦大学出版社,1983: 177.

（四）艺术的象征性

就艺术的表现而论,艺术可以表现为可视化的符号,也可以表现为有声的语言或无声的语言,总体而言,艺术都是象征,尤其是符号象征或言语象征中进行的,是人的主观意识的流动与表现,并因为"共感""移情"等人类与生俱有的能力,变成一种人与人之间互动的形式。例如,诗人海涅希望用歌声表达自己的情感,"递给我琴吧,我要唱一首战歌……那语言像燃烧着的星辰从高空射下,去烧毁宫殿,照明茅舍……我全身是欢悦和歌唱,剑和火焰";哲学家叔本华喜爱艺术中的音乐,认为音乐符号是既抽象又富有旋律创造、思想创造的最好模式。

艺术语言表现出一定韵律,它与语言学中的语言最大的不同在于,它永远是情意性的、创造性的。人们常说,一切真正的艺术创造都是在聆听、言说和书写中进行和完成的。原因在于,在人类最初活动中,先聆听,后言说,在聆听中开始了人类最基础的语言创造活动;聆听是从倾听有声的信号到学会聆听无声的语言,在无声中识别听不到的意义;学会聆听,明确了其中的意义,就开始了独特的艺术创作。正如叔本华认为的那样,即使当现象世界已经不存在的情况下,音乐也还可以继续存在,对其他艺术,则不能这样说,而且"一部作品的诞生,并不是由于意识到一种经验,而是遭遇到一种声音"。这正是因为音乐艺术可以在聆听中超越形式而永恒存在。在言说和书写中也是如此,艺术超越文字与声音,永远存留在无声、无形之处。①

此外,虽然艺术凸显人的主观价值,具有日益重要的地位,但是回顾历史,艺术却并不如此幸运。巴迪欧也是一位剧作家,但他并不把自己当作一位诗化哲学家。他首先把艺术作为人的哲学的诸多条件中的一个,把艺术视作具有自身特殊性的真理规程。哲学和艺术的关系在哲学史上有着纠缠不清的关系,柏拉图在《理想国》中直接贬斥诗歌、戏剧和音乐与人的欲望之间的直接关系,仅仅给军乐和爱国歌曲之类的东西留下地盘。进入大众社会,出现对艺术的虔诚或顶礼膜拜,人们把它视作克服技术虚无主义的灵丹妙药。因此,巴迪欧主张,艺术与人的哲学之间,虽然它们不具有直接的关系,但可以用不同的方式,通过真理这个第三者,达成一致。也就是说,哲学不产生自己的真理,但它凭靠对思想的普遍方式的生产的形式化,通过永恒达至真理,而艺术产生自己的真理,是以模糊的方式,通过处理感觉意象、客

---

① 中国古代美学强调艺术创造、生存、语言运用以及审美过程中的不同造诣及表现方式。例如,刘勰"人禀七情,应物斯感,感物吟志,莫非自然""情以物迁,词以情发""心术既形,兹华乃瞻","繁采寡情,味之必厌"。因此,"文采所以饰言,而辨丽本于情性";二者一经一纬,相得益彰。

体、肉身,或语言的物质性方面,以及似乎与真理的无限本性相对立的有限性,从而产生自己的真理。

第二节 教育艺术的异化之境

教育作为一门艺术,是因为它能发扬人性的光辉,尽显人性之美。在形式化和制度化教育中,教育艺术逐渐出现"人学空场",人与人的关系物化、异化,出现"教育丑学"现象。那么,何谓教育丑学? 教育丑学是一个全新的词。如果从道德评价上看,它与教育美学或教育艺术相对,指教育不能抑制人性之恶,给人以不愉快的感受;但从美学的角度看,教育丑学是教育美学或教育艺术的一部分,是指教育打破传统的二元论、本质论、意识形态,以不对称、去中心、异质性等形式,在不完善、不完美中获得艺术的享受。本章此节论及的教育丑学主要从现实批判的角度,揭示教育技术化、工具化等非人性化行为对艺术本质的背离。

一、教育丑学的"技艺"

教育的本义是抑恶扬善,追求"善"(goodness)的影响。也就是说,真正的善是追求个体的善的艺术。何谓善? 其最早的意思是"德性",指顺应事物与人的本性,让其自然生长与发展,例如,杯子是用来装水的,因此用其盛水,那就是尊重杯子的德性;如果装其他东西或闲置,就违背其本性(property),无德性可言。卢梭的自然主义教育回到德性的原初意义上认识和对待儿童,因此,卢梭的教育艺术正是对其论文《论科学与艺术》揭示的教育丑学的有力回答。在现代教育中,教育艺术深受工业化社会的影响,尤其是虚假欲望和需要的制约。在传统社会,人的欲望和需要统一,人的欲望可以抑制人的外在需要。但现在商业社会中,资本的力量和逻辑会通过各种手段,制造一些新的外在需要,让人的欲望受制于这种外在需要的控制,以至于,人已经不知道自己的本来欲望是什么,也无法按自己的实际需求来满足自己。在这潮流中,教育一方面成为产业化、商业化的环节,从制度、理念到师生关系、课程与教学内容等,效率代替了意义或价值,物质追求代替了精神生活和道德人格的追求,代替了身心的美与善;另一方面,教育的模式化、形式化、标准化使教育沦为一门"技艺"而非艺术,让人遵从自己的原始欲望与需要的支配,摒弃人作为行动者的反思能力与批判精神,那么,正如阿伦特认为的那样,如果生产技艺成为政治行为的模式,会出现极权主义的情况,出现暴力美学。这种暴力美学还与工业化、现代化与反工业化、反现代化之间的矛盾有关。更让人忧虑的是,教育丑学腐蚀人的心灵,甚而出现"斯德哥尔摩综合征"①的困境,让人狂热地热爱统治者,无论统治者还是被统治者都会出现"恋尸癖",塑造一种热爱死亡(原本应该是恐惧)的氛围。

在教育人学看来,教育艺术的本义是实现具有整体价值、意义和人格的"总体人",教育的每一个环节都渗透了价值整体的关怀,并充实和发展整体的价值和意义。但在教育丑学中,每一个教育环节都是碎片化的、偶然的,与总体人的教育目的没有关系;反过来讲,教育的总体价值与意义在具体的教育过程中是虚空的、漠视的或机械对立的存在。在现代教育中,教育丑学是"文化工业"的必然产物,具有"标准化""重复性"等工业化特性②,在此教育环境下的师生对于特定类型的课程与教学知识几乎都有相同的反应;学生不会将知识与社会、个人联系起来,发挥个人的缄默知识、个体知识的作用,而是思考"出售者"的动机与策略;教师则按照"产品说明书"给定的"标准答案"进行"计量性"评价。在教育艺术中,每个元素,包括学生、教育资料、教育时空,以及教育的每个细节,是具有高度的个性的,甚而,愈是具有教育艺术的教育,其每个环节、要素、细节之间愈难替换。但是,在教育丑学中的各个要素具有高度的同一性,从教学内容、学生的身体到作息时间、校园的一草一木,都高度"凝固",以利于庞大教育工厂本身的管理与社会竞争。教育丑学必然千方百计地研究如何提高对学生刺激的程度或水平,引起学生的注意。为此,如何让教育更加"自然""艺术化",甚而使学生知道,在如此教育下的教育才是最自然的教育。因此,他们吸收最新的"非人"的心理学、信息技术等自然科学技术的最新成果,变换教育手段,或者制造一种遥不可及的、至上的但又标准化的"自然",增强学生对"自然"的吸引力和感染力。

二、教育丑学的"伪个性化"

在教育人学看来,在标准化、模式化的制度化教育体系下,教育丑学提

---

① 二战后,北欧解放,被抓住的纳粹军官因其囚禁性奴而接受审判,但作为性奴而被解放的几位女性却为军官辩护。经过诊断,发现,几位性奴对军官产生一种心理上的依赖感。因此,"斯德哥尔摩综合征"指人长期钳制奴役之后会走向顺从的心理疾病。

② 美国儿童教育家艾斯纳(Elliot W. Eisner)批评美国的一些教育模式,认为这些教育范式是工厂中和流水作业上的范式,它们错误地估计和低估了教和学的复杂性,为此,他用一种从理解人性开始的生物学上的暗喻进行说明:"始终不要低估教育可挖掘的潜力。即使是在认为教育效果不错的情况下,仍然要坚持继续发展教育手段"。参阅:任钟印,诸惠芳.教育究竟是什么?——100位思想家论教育[C].北京:北京大学出版社,2008:630.

倡的"个性化"实质上是一种"伪个性化"。教育丑学意味着,教育允许学生在现代化、大众化教育的基础上进行自由选择和竞争,但它必须在标准化的基础上进行和完成。教育的目标是让学生记忆,而不是与生活、社会和个人经验的联系,因此,教育是高度重复的,每个人在"从众"的学习过程中检验自己是否与大众思想保持一致,甚而深入灵魂中检讨自己与集体的关系,并以此来评价自己的学习态度,调整自己的日常生活与学习行为。也就是说,学生的社会心理素质的培养是以社会的安全、稳定和秩序为目的,即使培养学生的个性,也是以不发生重大社会事件为底线,因此,毫不客气地讲,学生的"个性"只是一个社会的"装饰"而已。此外,正如布尔迪厄在《国家精英》中论及的那样,国家教育体系可以根据不同社会阶层的需要,开办适合各阶层需要的特色学校或特色课程,其中的一个目的是通过个性化的学校和课程,培养个性化的人;同时,借此让特殊阶层的孩子绕过严格标准控制的正式教育体系,获得文化资本。但其高昂的学费,以及资本与权力腐蚀下的具有高度商业化的"品牌"课程目标与课程,毫无人文价值可言,更谈不上真正的个性化。

在教育人学看来,教育是文化承继的主要渠道,无限的普遍性知识在有限的时空内有效地传播,迅速转化为一种劳动、互动能力,满足社会生活的需要。在此过程中,学校无疑是那些为了上班而不能照顾孩子的父母的辅助机构,也是保护儿童以免他们过早参加社会工作的庇护所。当然,这种保存功能是无可厚非的,对社会的贡献巨大。但是,这种功能很难与社会的阶层再生产脱离干系。例如,英国伯恩斯坦论及的教育实验[①]和英国文化研究的"学会做工"[②]教育研究表明,现代教育还有一种阶层地位传承的功能,大多数无产阶级或底层的孩子通过学校教育,仍然继续父母辈的工作。也就是说,无论给教育的阶层再生产功能贴上任何标签,如教育是有魅力的艺

---

① 英国解释论学派的主要代表人物伯恩斯坦通过著名的教学实验,也就是不同阶层的孩子就同一幅图讲述的故事写出不同的作文,进行比较,发现学业成绩差别可以用语言所反映的社会阶层结构来解释。他认为"言语形式即社会关系",中产阶级的"个人"社会化模式常常采用"精致的"(elaborated)或"复杂的"语言规则,而工人阶级社会化模式则采用"限制的"(restricted)语言规则,前者被称为"精密型言语变式",后者被称为"封闭型言语变式"。(张人杰.国外教育社会学基本文选[C].上海:华东师范大学出版社,1989:409.)

② 英国文化研究的代表性人物、伯明翰大学教授保罗·威利斯在《学会做工:工人阶级子弟如何继承父业》中的著名案例:跟踪调查一个工业城镇里12个出身工人阶级家庭的男孩子从毕业前18个月直到工作半年这一期间的学习生活经历。并进行对比研究,发现那些最终获得中产阶级甚至更高地位工作的孩子们,不管是否具有中产阶级的家庭背景,总是那些在学校里遵守纪律、刻苦读书的好学生;而那些出身工人阶级家庭、自己最终也成为工人阶级的男孩子们,不仅抵制学习,逃学旷课、挑战教师权威等,而且,自愿放弃了向上社会流动的资格,从事工人阶级的劳动。(吕鹏.生产底层与底层的再生产:从保罗·威利斯的《学做工》谈起[J].社会学研究,2006(2):230-242.)

术活动、教育劳动的艺术，以及"知识改变命运"等响亮的艺术性口号，但在冷酷的社会事实面前，教育很难脱离社会阶层结构的控制。虽然，在应试教育模式下，底层阶层的孩子通过军旅般的训练，例如住宿军管化、身体军训化、学习仪式化，在充满庄严而又神圣的氛围中提前透支体力与智力，毕其功于一役，增加自己在社会流动中的资本，但由于在文化符号的传承与编码上的差异，一般而论，他们的自我实现与社会成就并无大的改观。

三、教育丑学的异化时间观、语言观与身体观

在现代教育中，教育丑学可以将机械、重复的内容转化为"学习"和"知识"，并让学生接受。学生无疑是教育的主体，但在教育丑学中，学生是"容器"，不仅被动地接受"理所当然"的内容，而且通过"趣味教学""快乐学习"等方法，学生轻松忘记对自己的要求。教师会经常提醒学生联想起自己的模糊体验，暗示教学的内容在学生心目中早就存在。或者通过心理上的跳跃式思维方式，让学生联想起未来可能出现的事件要素，从而认为让学生今天接受某种知识变成"确实如此"般无可挑剔了。在传统教育中，教育只有在闲暇时间才能进行。现在，闲暇时间看起来也最能体现教育的艺术魅力，人们可以自由选择学习方式，学习或创作自己有兴趣的内容。然而，教育在闲暇时间的活动已经不是为了教育本身，它只是一种途径，一种为了提高学习成绩、找一份好工作而进行的预备工作，因此，闲暇教育充满了矛盾，一种理想与现实的矛盾，最终服务于现实，但又无比留恋的纠结。

教育丑学何以存在？在于它满足了教育作为社会黏合剂的功能，制造了儿童未来世界的美妙幻想和虚无的幻影。教育丑学的语言是高度标准化的，教师时常用自认为真实而又丰沛的情感语言、身体语言表演知识的语境与发生机制，尽力让儿童把这种标准化的、做作的语言当作真正的语言来看待，希望为学生无差别地接受所有的知识打下基础，希望教育语言包含和产生的意义是为了让学生适应社会生活机制。教育丑学中的语言可以分为以下类型："规范服从"型、"情感"型。前者遵从语言的普遍语法和发音规则，尤其是意识形态的规定，无视地方方言、底层人特有的"行话"、家庭用语等对学生表达能力的局限性，使话语平等成为虚无（见本书第十一章第一节的分析）；后者在教育丑学看来，是给予学生以尽情挥洒个人情感的语言空间，在自己在理想语境的幻想中获得快感。但学生正是通过情感语言的集体宣泄，保证了学生们思想的整齐划一。

教育丑学并不是简单地将身体与心灵对立起来，通过扬心抑身，甚或独尊心灵，贬斥身体等方式实现，而是通过现代化的"审美技术"将身体沦陷。

首先,根据福柯的理解,教育类似于监狱,它的职能是监控与驯化。就个体生存的伦理而言,除了生产技术、交流技术和控制技术之外,还有自身技术。后者是个体对自己的身体、心灵、思想、行为实施一定幅度运作的技术,从而使个体获得一种改造、修改,达到某种完善、幸福、纯洁、超自然的状态。就节欲的"生存美学"而言,让个体身体服从规范,从而成为自己的主人。倘若回到苏格拉底及其之前的哲学,就能发现对人的自我修养术从"认识你自己"向"爱护你自己"转变,"关心"构成了自身的具体形式。但是,从柏拉图、基督教开始,个体身体不再是伦理主体,而是伦理规范的奴仆,进而成为知识主体的奴婢,个体生存的艺术让位于科学。

第三节　教育艺术的人学构境

在人学看来,教育必须回到作为教育中心的人身上,关注人的自然本性、社会本性和精神本性,才能实现"为艺术而艺术"的教育艺术本质,才能表现教育艺术的自然之境、超然之境和本然之境,抵抗和消除"教育丑学"的作用与影响。

一、教育艺术的自然之境

(一) 触动灵魂的教育艺术

教育是指向学生的主观世界和情感世界,触动灵魂的艺术。理论与实践已经证明,真正的教育艺术应当洋溢着学生灵魂的波澜壮阔,同时又展示学生的情感波涛,并以特有的风格表达学生的生命意志及其审美体验。在中国传统的禅宗教育中,"棒喝"的教育方式寓示教育是直指灵魂的活动,学生的省思参悟是教育的过程与目标。柏拉图的洞穴隐喻中的"火堆""火把""光""太阳光"等都是对人之真假灵魂的比喻,既说明"教育丑学"始终与非灵魂的"黑暗"、"影子"、水中的"幻影"相伴,又阐明真正的教育艺术是在灵魂之"(太阳)光"下的"敞亮"。以后,曾有很多类似的比喻,例如,诺贝尔文学奖得主,爱尔兰诗人巴特勒·叶芝(Butler Yeats)认为,教育不是注满一桶水,而是点燃一把火;杜威强调灵魂世界的社会性或文化性:"一切教育都是通过个人参与人类的社会意识而进行的。这个过程几乎是在出生时就在无意识中开始了。"[①]

历史证明,人类文明越是发展,越显现出教育艺术和人文的一致性、一

---

① ［美］杜威.教育科学的资源[M].张岱年,傅继良,译.北平:人文书店,1932:63.

体性和同一性,表现人的灵魂在观念与实践中的生成和发展。教育始终指向人的初心。可以说,21 世纪的教育艺术就是把艺术和人文本然地结合起来,触碰人的灵魂,塑造伟大的灵魂,发扬神奇的灵魂。在教育艺术中,每个人都是有鲜明个性的人,都有自己特有的人生经历和体验;每个人都是一个鲜活的教育艺术家,都可以讲述自己的教育故事,都在教育故事中体验、反思与批判自身,成为自己灵魂中所梦想成为的那个人。

"触动灵魂的教育艺术"的描述太过理想化了吗? 在教育实践中,尤其是应试教育中,学生爬行在书山题海里,能否经受这样的质问:学生从外在训练得来的"知识"或"技力"之和,是否能够实现质的超越,达到灵魂"敞亮"的地步? 这种繁复的劳动是否能激发学生的学习兴趣,唤起内在的心灵,创造一个属于自己的精神世界? 质言之,人的灵魂是教育艺术的栖居之所,倘若脱离它,教育就机械、停滞、无趣、压抑,甚而让人癫狂;倘若触动它,教育就充满希望、生命力、幸福、快乐,自然而然地产生责任感和使命感。正如英国哲学家怀特海将教育的灵魂喻作虔诚的宗教虔诚性,说"教育的本质来自它那虔诚的宗教性"。①

(二) 追求精神自由的教育艺术

由于教育艺术必然触动人的灵魂,因此教育艺术追求人的自由,尤其是人的精神自由,而且在现实的、特定的历史境遇中成为超越现实、获得人的解放的艺术。从存在主义美学的角度看,由于教育中的人是"未定型的""未完成的",是"被抛"于世的,因此,教育中的人在生物学、哲学、社会学等方面都是可能性存在的、现实的、特定的人,这决定了教育是在诸多可能性中实现人的自由的艺术。正如美国儿童教育学家艾斯纳(Elliot W. Eisner)所言,"艺术和教育对于充实的、完整的和令人满意的生活都是不可或缺的","艺术和教育是孩子将来生活中不可或缺的组成部分。充实的人生绝不应该仅仅局限于财富、权力和享乐,而必须要有自我充实和自我实现的过程。对更高层次精神层面的生活的追求远胜于庸俗的物质享乐生活"。②

教育为了凸显人类精神内部的本质特征,从现实中抽离出来,将表现为可能性的自由。在人学看来,作为一种或多种可能性,自由不应该是现实存在和成形的东西。反过来,凡是现实的,都是不自由的,因为一切现实的,都存在于有限的时空条件中,都受到实际的各种条件的限制。现实的东西,都

---

① [英] 怀特海.教育的目的[M].徐汝舟,译.北京:生活·读书·新知三联书店,2002:26.
② 任钟印,诸惠芳.教育究竟是什么? ——100 位教育家论教育[C].北京:北京大学出版社,2008:631.

只能是自由的结果或中介。现实可以成为自由的条件,但它永远都不是自由本身。但是,作为可能性的自由,一方面脱离一切现实,另一方面又与现实相关。真正的可能性,是在多变的生活和创作风格中表现出来的。此外,教育无论是一种劳动,还是行动、互动和活动,都是作为一种可能性在行动,因此,教育艺术的自由是将教育作为可能性的自由,并基于其可能性,努力发挥出向各种方向发展的有利因素,赋予人最大限度创造自由的未来。

二、教育艺术的超然之境

(一)教育行动艺术的超越性建构

在最根本的意义上,教育是一种社会化和个性化的行动艺术。杜威直言:"就具体的动作而言,教育是种艺术(广义的包括技术和平常所谓艺术),这是没有问题的;假如科学和艺术之间确有相反,无可调和,那我不得已时,宁倾于主张教育是种艺术。"[1]在杜威看来,教育艺术需要教育科学的支持,需要将教育的法则科学地转化为教育行动。"科学研究的结论,没有一个可以直接转变为教育实施上的法则的。因为教育的实施没有不是很复杂的;即是说,没有不是含着许多别的情况或条件而为科学的发现所未含的。"[2]需要避免轻率地把科学的个别的发现应用于教育实施上,教育问题之科学的研究在相当时间内应远离直接的应用,并且避免在学校的行政和教学上作直接的应用。[3]杜威谆谆告诫,教育科学的构成不能仅将自然科学中的计算和实验的技术借用过来。也就是说,教育的艺术在于,须明白,科学的结果之作用不是直接关于实施和实施的结果的,而是间接的,经过改变后的心理态度之媒介的,需要教师和学生观察更有智慧,更为完备,从更多方面的关系上观察教育行动。因此,"当科学和艺术这样携手以后,支配人类行动的最高动机已经达到了,人类行为的真正动力将被激发起来,人类本性中可能达到的最好的事业便有保障了"。[4]

教育行动还意味着,教育是参与和推动社会改革与进步的艺术。教育艺术是通过交往并存在于交往中的艺术,而学校正是学生通过交往,实现社会化和个性化的理想场所。同时,社会通过教育能够明确地表达社会的目的,如此一来,"作这样设想的教育是标志着人类经验中所能想象得到的科学和艺术最完善、最密切的结合",[5]"这样形成人类的各种能力并使它们适

---

① 　[美]杜威.教育科学的资源[M].张岱年,傅继良,译.北平:人文书店,1932:4.

② 　同上书:8.

③④⑤　同上书:10.

应社会事业的艺术是最崇高的艺术;能够完成这种艺术的人,便是最好的艺术家;对于这种事业,不论具有任何识见、同情机智和行政的能力,都不会是多余的"。① 哈贝马斯重视教育的交往艺术,认为真正的教育应当遵守以下原则: 需要合作和共同工作;需要建立在工作基础之上的讨论;需要自主的、经验的和灵活的学习;需要协商的学习;需要与共同体相关的学习,从而使学生能够理解和质问一系列环境;需要解决问题的活动;需要增强学生运用谈话的权力;需要教师作为"有改革能力的知识分子"行动起来,去促进意识形态的批判等。②

(二) 教育语言艺术的超越性表征

在"人是语言的动物"的角度看来,教育艺术也是一门语言的艺术。教育中的语言不仅仅是教育的工具、载体、媒介等,而且,它是人在教育中的行动与表现,是富有人文性的、充满意义的,甚或戏剧般或诗一样的表现语言。这种意义不简单是科学的意义,更是文化的传递,是"话说人"和"人说话"二者兼具的意义充盈与艺术交流。它像诗一样,不再是思想之为思想的东西,而是具有非客体化、非趋向性等性质,独自呈现,朝向自己的纯粹和优美,同时表现出语言的自主性和能动性,自始至终宣告它自己的世界,无须通过理解客体来展示自己。因此,真正的教育语言与艺术一样,能把人导入动人的、韵琴悠扬的"童话世界",并在那里品尝可以随时缓缓转化的审美快感,似乎流淌着活灵活现的想象力的运作流程,就好像把天上隐含的神秘景象重新呈现在教育的交流话语中。

从语言存在论的角度看,教育的语言不是用来灌输某种知识,而是更多地用于"追问、追问、再追问"。如是,教育艺术的本质才显现出来了。也就是说,教育的语言艺术就是提问的艺术(非技术)。在追问中,人发现了自身存在与现实中的诸多存在者的差异,正是这种差异让学生产生无名的惊诧,让学生真正进入现实的世界,去追寻那个属于自己的、整体的、价值的、意义的存在本身。

在教育实践中,一旦人们提及教育的语言艺术,必然会想到教育语言的诸多"原则",如: 准确明晰,具有科学性;简洁练达,具有逻辑性;生动活泼,具有形象性;通俗易懂,具有大众性;抑扬顿挫,具有和谐性等。事实上,这些描述只能是教育语言的技巧,难以成为教育语言的艺术。因为,教育语言

---

① ［美］杜威.教育科学的资源［M］.张岱年,傅继良,译.北平: 人文书店,1932: 10.
② 任钟印,诸惠芳.教育究竟是什么? ——100 位教育家论教育［C］.北京: 北京大学出版社,2008: 591.

没有像生成语法提及的最基本的语法结构,它关涉个人的体验,讲述每个人自己的故事或事件,描述与周遭世界的遭遇,在"共鸣""移情""同感"等意义上的体验、融会、解释、反思、批判。因此,在教育的语言艺术中,身体不再是无言的语言,而是通过身体意向性建构的"世界身体";语言既在不断自我显现,又在人与人、人与物的各种关系中不断增补与"延异";语言尽力抹平人世间所有的差异,但恰恰是这些差异给予它以活力。

三、教育艺术的本然之境

无论是教育的主观情感,还是行动艺术和语言艺术,都需要进入教育艺术的本然之境,也就是在爱的艺术中永恒体验主观意识的崇高客体。它们主要表现为爱本身,以及爱生活、爱真理的大爱境界,也就是教育艺术的本然境界。

(一)"教育是爱的艺术"

"教育是爱的艺术"的宗旨是"爱人",表现对人之爱,这不仅是因为教育是"爱智慧"的过程,而且儿童天然地需要关爱,需要"爱"的智慧和艺术。著名文学家夏丏尊曾在翻译《爱的教育》一书时说:教育之没有情感,没有爱,就不成其为教育。教育家、哲学家也有爱,也是爱者,他们"毫无疑问应该成为一位警醒的科学家,一位诗歌爱好者,一位政治斗士,同时还意味着,他的思想永远都伴随着轰轰烈烈、九曲回肠、充满波折的爱"。① 柏拉图认为在爱的冲动之中,有着普遍或共相的某种萌芽;克尔凯郭尔认为爱是生存的第一阶段,即美学阶段,当爱经过严肃的伦理阶段,达至最高的宗教阶段的时候,爱超越诱惑,成为高于人的意义的一种方式。法国精神分析学家拉康的阐释最有意味,他认为,只有在爱中,主体才能超越自身和自恋,尝试着进入"他者的存在"。②

因此,教育的爱的艺术何以如此为人津津乐道? 它不仅体现了人们对善和美的直观理解,而且体现了爱的力量,一种吸引人去创造的美的力量,"我们知道,爱就是去不断地重新创造","爱是一种抹去差异而走向无限的过程"。③ 也就是说,教育之爱超越现实之中的性别、年龄、种族、阶层、知识、地域等差异,积极地面对现实中的差异与问题,让爱体现在处置差异与矛盾的过程中,因此,"爱在她抵抗存在法则的功能中显示自身","爱远非

① [法]巴迪欧:爱的多重奏[M].邓刚,译.上海:华东师范大学出版社,2012:31.
② Alain Badiou. Conditions[M]. New York:Continuum, 2008:179-184.
③ Alain Badiou. Metapolitics[M]. London & New York:Verso, 2005:152.

'自然地'组织不同性别之间的假定关系,而是产生它们非约束(un-binding)的真理","保证了人性的'一'"。①

教育之爱是在基于教育事件而产生的系列行动,包括人与人、人与物在教育事件中偶然的、令人惊奇的相遇及其情感的延续。人们在教育场域中相遇、在思考的旅程相遇、在教育交往中相遇、在教育成长中相遇、相惜,并将这段旅程命名,从而使我们的相遇这个事件成为永恒,使爱得到保证。它不同于生物性关系的爱,也不同于普通的友情,更重要的是,教育之爱"首先是一种持之以恒的建构,我们说爱是一种坚持到底的冒险","相遇仅仅解除了最初的障碍,最初的分歧,最初的敌人;若将爱理解为相遇,是对爱的扭曲。一种真正的爱,是一种持之以恒的胜利,不断地跨越空间、时间、世界所造成的障碍。"②

(二)爱真理的教育艺术

教育艺术和所有其他艺术一样,是一门热爱真理的艺术,因为"教育要利用艺术来与成为当代社会的特点的使客观现实变得麻木不仁的东西进行搏斗"。③ 事实上,爱的浪漫主义和怀疑主义都不能代表教育艺术的真谛,因为教育艺术中的"爱智慧"是一种"真理之爱"。"这也是为什么,我们珍爱这种爱的情感,正如圣奥古斯丁所说的,我们爱着爱,我也爱别人之爱。简言之,因为我们爱真理,当人们爱的时候,人们爱的是真理,哪怕他们并不知道这一点。"④

一般而言,教育艺术是艺术与教化的统一,但福柯认为,学校、监狱等机构通过权力之眼、权力的监视系统,铸造真理,进行兜售。当然,福柯也讽刺浪漫主义,认为他们自以为艺术是精神的肉身化,试图通过对艺术的虔诚或顶礼膜拜,克服技术虚无主义,这其实是天真的。福柯的警告无疑给教育艺术以重要的启示:教育艺术需要真理,但需要思考教育艺术究竟追求什么样的真理?虽然福柯把真理、知识、话语、权力关联起来,但我们需要清楚地明白,教育艺术首先绝不是反智主义的,而是一门思想的、学习的、知识的、行动的艺术。"教育所要传授的,是对思想的力量、思想的美、思想的条理的一种深刻的认识,以及一种特殊的知识,这种知识与知识掌握者的生活有着

①　Alain Badiou. Conditions[M]. New York:Continuum, 2008:187.

②　[法]巴迪欧.爱的多重奏[M].邓刚,译.上海:华东师范大学出版社,2012:63.

③　任钟印,诸惠芳.教育究竟是什么?——100位教育家论教育[C].北京:北京大学出版社,2008:464.

④　[法]巴迪欧.爱的多重奏[M].邓刚,译.上海:华东师范大学出版社,2012:72.

特别的关系。"①

　　教育艺术的魅力在于,它追求创生性真理,是儿童在自我内部、自我与环境、自我与社会的复杂关系中,在人文性的时空中,通过教育的劳动、行动、互动、活动等完成的自我生成与实现。具体地讲,一方面,教育艺术需要真理,因为教育艺术是有限的,它首先是在有限时空中展露自己为有限客体,它总是在其能力范围内竭力展示自己的完美,最重要的是,它自我塑造为对终极教育问题的探寻;另一方面,真理是由教育事件激发的艺术构建,它与教育艺术之间的内在关系不断通过教育行动、互动、批判与实践等形式得以重塑或保持。因此,真正的教育艺术是在教育世界的准则中寻求变化,在教育形式化中产生新的可能性。不过,我们必须强调,教育艺术不是艺术的复制,也不是哲学的饰物,因为教育艺术秉持人学的立场,承载着自己的自我充实的真理。

　　总之,只有在人学的立场上,教育才是艺术本身。除了上述论述,更多的理由在于:教育艺术不像成形的艺术品摆在那里,人人都可以去欣赏和评论一番,而是存在于每一个直接或间接参与教育的人的观念、思考、学习、行动之中;而且,艺术的体验是"自行置入教育"的,是对人的精神世界的敞亮,对人与人的关系、人与自然的关系的"展览"和人的生活世界的"生产";同时,每个人的主体意识、自由观念、世界观都在教育活动中被辨认和强化,既反映个人的生存状况和体验,吸引每个人的注意,产生兴趣,也在此时此地的教育情境中向世界开放,发挥艺术的开创性,使人得以诞生和成长。

_____

① ［英］怀特海.教育的目的［M］.徐汝舟,译.北京:生活·读书·新知三联书店,2002:21.

第十一章　教育人学的话语论

在本书最后一章,本应当根据人之为语言的动物的特性,在教育人学研究中广泛深入地探讨语言、教育语言的人学意义。然而,我们将把这个宏大的主题具体化,着重谈论语言在教育现实中的遭遇与价值诉求。也就是不谈抽象的、一般的语言,而谈在教育权力影响下的话语实践。为此,先论述语言的基本含义及其与教育的具体的、现实的关系,为教育人学话语批判研究奠定基础。

第一节　语言、话语与教育

在现实的教育世界中,语言之于人的意义何在? 语言和言语、话语的区别是什么? 话语的含义及其人学意义是什么?

一、从语言、言语到话语

何谓"语言"(language)? 从语言工具论角度看,语言是"人类最重要的交际、思维的工具"或"解释人类思维的工具";从语言结构主义的角度看,语言是一个系统,具有多层次的结构;① 从符号学的角度看,语言是一种符号,"语音或文字只是一种表征,本来没有实际价值,这是从另一个角度指出语言的任意性";② 从人类学的角度看,"语言是讲话者产生语言和理解语言的能力,而不是说话或写字所产生的可观察的结果。——因为语言是大脑的一种能力,讲话人才能运用有限的语言手段创造无限的语言行为"。③ 西

---

① 美国语言学家、哲学家乔姆斯基是典型代表,他提出的转换生成语法通过语言结构的分析,说明语言是人心灵中的一种先天结构。在他后来提出的扩充式标准理论中提出了语义理论,完善了其普遍语言理论。

② 刘润清.西方语言学流派[M].北京:外语教学与研究出版社,1995:2.

③ 同上书:56.

方大部分语言学家暂时同意如下定义："语言是用于人类交际的一种任意的、口语的、符号的系统"。①

何谓"言语"(parole)？根据索绪尔的普遍语言学,语言分为共时性语言和历时性语言,前者指语言存在的各种形式之间的静态的、语法的和本质的关系;后者指演化的语言,是变化的和非语法的,从共时性中派生出来的。也就是说,言语是普遍的规则性语言在实际运用中的具体实现。语言学家奥斯丁(John Langshaw Austin)的言语行为理论指出"言语"即语言的一种表意、行事的行为。

话语(discourse)在日常意义上包括人们说出来和写出来的内容和怎么说、怎么写的语言形式。社会学和哲学意义上的话语主要指对文本②产生和运用的揭示性活动,是一种社会性行动的形式,包括思考和交流特定领域的习惯性方式。

在语言运用中,上述三者同时存在,语言是普通的,是人们进行言语活动的规则或工具;言语是具体运用语言,产生意义的过程,是中性的;话语是言语活动的产物和形式,是有价值取向和批判意义的,关注社会、文化等因素在语言运用中的作用和关系,因此话语可以分为语言学意义上的话语、社会学意义上的社会话语和哲学意义上的哲学话语等。在语言学中,话语指大于句子的单位,或指句子组合的动态使用,以及讲话方式、阅读方式、写作方式及社会群体的思维方式和价值思想等;③从社会语言学的角度看,话语不仅指运用于口语和书写的语言,而且关注交际事件的其他符号维度,例如图画、电影、声乐等,但其重点关注权力、统治和不平等关系怎么通过文本和会话被社会团体成员再生产和反抗。概言之,话语包括文本、话语实践和社会实践三个层次,以及对文本的描述、对文本及其话语运用过程的阐释、对话语实践和社会实践的社会分析等三个维度。如图 11－1 所示,话语是社会性建构的结果,但它也是社会性塑造和构建的过程。换言之,话语既维护和再生产社会现状,也着力去改变社会现状,因此,我们可以说,话语是一种辩证存在,即话语实践就是社会实践。

"话语"是语言学最新发展的结果。话语分析概念深受韩礼德(Michael Alexander Kirkwood Halliday)系统功能语法和句法分析学的影响,认为话语包括人类经历、人际关系和信息组织三个不同层面的内容,但其终结目标是

---

① 刘润清.西方语言学流派［M］.北京：外语教学与研究出版社,1995：1.
② 文本指话语之永恒的或短暂的"踪迹",它是能被说、看的,能自主的和多模态的。
③ 李悦娥,范宏雅.话语分析［M］.上海：上海外语教育出版社,2002：4.

探讨语言与意识形态之间的关系。具体地说,通过文本分析确定发生了什么行为,谁是行为的参与者,以及行为发生时的环境。在行为的参与者当中,他们更重视对施事(agent)即导致行为发生的真正因素的研究。通过过程分析,确定参与者之间的社会关系以及作者本人或作者代表的机构对相关事态采取的态度。通过社会分析发现新旧信息或内容在语篇中的分布和互动情况,并由此确定讲话者的讲话重点及其内容信息的推进方式。因此,话语必然以社会问题尤其是种种不平等的现象为针砭的对象,把社会冲突的原因归咎于权力因素,把批评的矛头指向政治制度、意识形态及其权力机构和个人,以实现社会平等、政治平等为目的。

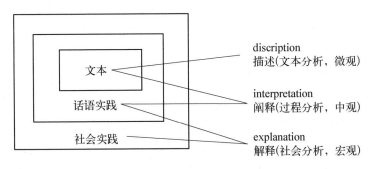

图 11-1 话语的维度

话语概念的提出与法兰克福学派的批判理论和以福柯为代表的后结构主义理论有直接关系,并受其影响,与意识形态、霸权等概念产生了直接的联系。那么何谓"意识形态"?客观地讲,意识形态是指不含"抱怨"和"挑错"等负面含义的"理解世界,整理、归纳经验时所持的一般观点和看法"。也就是说,意识形态是社会必然存在的思想和观念,但对它有积极、消极的理解,因此,意识形态也可以被看作"是社会统治关系的必然的、积极的、消极的反映","意识形态通过系统的知识,尤其是语言而为人所知"。① 意识形态的"输入"(acess)有三种主要途径:意识形态权力机构、媒介机构和社会精英。其中,意识形态权力机构凭借优先权控制大众交往的方式;媒介机构则输出意识形态的和说服性的权力,在社会之普遍性同意的形成过程中发挥作用;政治家、教师等社会精英则影响,甚而直接进入大众媒介,进行意识形态的宣传或建构。

二、教育与语言、话语的人性关系

就教育与语言的关系而论,教育栖居在语言之中。一般而言,世界上存

---

① Zeus Leonardo. Ideology, Discourse and School Reform[M]. London:Westport, 2003:14.

在有形有声、有形无声、无形无声的语言。例如,课室的空间位置,每个人的衣着与发型及其变化,甚而空气的流动,都因为表达了某种意义而成为语言。正如本雅明所言,世间万物皆为语言,植物也不例外。语言-符号之于教育的决定性意义在于,无形的声音符号催生了口口相传的教育方式,使教育能够以非形式化的方式存在;当有形有声的文字符号出现之后,传授文字符号的专门组织、专门人员和专门的教授内容相应出现,也就是说,学校、教师和教材是文字符号产生与运用的产物,他们标志着教育进入形式化、制度化教育阶段。如今,二进制语言催生下的大众传播媒介功不可没,教授人员、方式和内容已经突破了时空、教育条件的限制,出现了非学校化教育运动的浪潮。

在教育人学看来,语言是高度复杂的,与人的关系更是如此。诸多理论认为,语言是人区别于动物的标志。但在更广泛的意义上讲,由于动物肯定也有属于它们自己的语言,所以语言似乎不是人的专利。"假如存在着一种人之为人的意义,语言肯定是一个角度,但不是原因。(其他)动物是否明确地拥有语言能力,这样的问题是毫无实际意义的。可以明确的是,我们拥有语言观念和语言行为,这本身是开放的问题。不是语言使人独一无二,而是为我们已经认定为独一无二的设定而使用语言的一套术语。"①也就是说,语言因为被人类以独一无二的方式使用而对人来说独具价值。

一般情况下,人们认为,人使用的任何工具都是人的器官的延伸。例如,电脑是人脑的延伸,劳动工具是手的延伸,但就语言而论,它绝不是口舌的简单延伸。教育通过语言交流实现意义的生成与发展,建立规范与制度。但在一个存在压迫的社会里,语言只是单向度地传递,成为权力的工具,也就是形成语言的暴力,听者永远是受众,他们的头脑是容器,被灌输,无法进行自己的思考与反应。而且,在一个腐败的社会,人的语言也是腐败的。例如,专制社会的语言总是言不由衷,并试图通过虚饰、夸张的语言掩饰而达到个人目的。因此,语言—符号体系作为符号文化,既推动了教育从简单到复杂,从复杂到简化的发展,又在自己的话语体系中产生意义扭曲的问题,也就是说,在教育人学的语言研究中,"要探索自由,首先要尝试突破理性的限制;而突破理性和各种规范的界限,就意味着必须突破语言本身给人带来的界限,深入语言之中,揭破语言本身的结构,在语言中探索人的自由的可

① Harvey R. Sarles. Language and Human Nature[M]. Minneapolis：University of Minnesota Press，1986：14.

能性,探索创造的可能性及审美性"。① 因此,在教育的语言实践中,教育语言的真理需要通过话语分析,尤其是批判话语研究加以澄清,实现教育中的话语平等与正义。

三、教育的批判话语分析

批判话语分析(critical discourse analysis)是近四十年来一种重要人文与社会科学研究方法。国内教育学界的相关研究首先关注到教育学理论研究向教育学话语研究的转向,注重批判话语分析的代表人物、理论介绍,尤其是英国兰卡斯特语言学派代表人物费尔克拉夫(Norman Fairclough)的相关理论研究,同时关注阿普尔、吉鲁等批判教育学家运用批判话语分析的经验和方法,强调批判话语分析在国内外教育学研究中的方法论价值和现实的社会批判意义。②

(一) 何谓批判话语分析

所谓批判话语分析,是指把语言当为一种社会实践形式,聚焦文本(text)和会话(conversation)中社会和政治统治的生产与再生产径路,并吸收和使用人文科学和社会科学的多种研究方法进行学科互涉的研究。③"批判"是指针对社会问题,通过研究话语与社会之间、话语秩序和社会秩序之间的辩证关系,揭示话语中的不平衡、不对称的利益和权力结构,以及意识形态动机、结构和目的。当然,"批判"不是简单的"批评",而是富有社会变革或建构意义的话语实践,这体现在:研究语言是怎样或以什么方式使事物有意义的,研究被用来促成哪种或哪几种活动的开展,研究被用来促成哪种或哪几种身份的确定,研究要促成与他人之间的哪种或哪几种关系,研究如何使事物彼此相关或不相关等。④ 总体而论,批判话语分析的主要特

---

① 高宣扬.当代法国关于"人性"的四次论争[J].学术月刊,2006(11): 30 - 37.

② 教育学研究中有关批判话语分析的论文较早始于刘云杉发表的《教师话语权力探析》[南京师大学报(社会科学版),1997(3): 70 - 74],自此以降,教育学研究领域的批判话语分析逐渐兴起。相关文献有:石鸥,赵长林.科学教科书的意识形态[J].教育研究,2004(6);谭斌.教育学话语现象的文化分析——兼论中国当前教育学话语的转换[M].首都师范大学出版社,2006;王熙.批判性话语分析对教育研究的意义[J].教育研究,2010(2);王攀峰.批判话语分析:当代教育研究的一个新视角[J].首都师范大学学报(社会科学版),2008(5);王占魁.阿普尔批判教育研究的批判逻辑[J].教育研究,2012(4);黄妍.批评话语分析视角下教师话语权力的研究[J].铜陵职业技术学院学报,2019 (2);陈莹,杨芳瑛.家庭与学校:青少年性教育话语权力的互动[J].新生代,2020(6)等.

③ http://en.wikipedia.org/wiki/Critical_discourse_analysis.

④ [美]詹姆斯·保罗·吉.话语分析导论:理论与方法[M].杨炳均,译.重庆:重庆大学出版社,2011: 11 - 14.

点是：从事社会问题研究；权力关系是它的性质；话语构成社会和文化；它是一种社会行动形式；是历史的、阐释性的和解释性的；协调于文本和社会之间；从事意识形态工作。①

批判话语分析吸纳了从马克思、葛兰西（Antonio Gramsci）、阿尔都塞到霍尔（Stuart Hall）、福柯、布尔迪厄的社会批判理论，探析在话语和社会的关联中意识形态的统领作用和各种权力的关系和斗争。伯明翰学派的文化研究和法兰克福学派的社会批判理论都一直有借鉴心理学（尤其是精神分析）、社会学、语言学等学科的最新研究方法和成果的传统，使批判话语分析成为一种学科互涉的、跨学科的研究范式。

（二）批判话语分析方法

批判话语分析的方法主要有辩证关系方法、话语-历史分析、社会-认知批判话语分析、实验方法等。这里首先介绍批判话语分析的三种形式，然后运用辩证关系方法进行分析。本章第二节运用了社会-认知分析方法，第三节主要运用话语-历史分析方法。②

1. 批判话语分析的三种形式

批判话语分析受到批判语言分析的影响，采用三种形式进行分析，即及物性、评价性分析和社会行为模式分析。

第一，及物性分析（transitivity ananysis）是指超出纯粹的句法定义，指代从句中所发生事件的解释，包括动词所需的语义角色和设计的过程。韩礼德认为有三种主要的过程类型，即材料的（行动者、目的）、动词的（言者、受者）、精神的（感受、现象）过程。例1：针对1984—1985年英国矿工罢工事件，英国两家著名媒体同时分别进行了报道：

① Teun A. van Dijk. Critical Discourse Analysis［A］//Deborah Schiffrin, Deborah Tannen, and Heidi E. Hamilton（Eds.）. The Handbook of Discourse Analysis［C］. Oxford：Blackwell Publishers, 2001：353.

② 相关文献有：Fairclough, N. Language and Power［M］. London：Longman, 1989；Fowler, R. Language in the News：Discourse and Ideology in the Press［M］. London：Routledge, 1991；Fowler, R., R. Hodge, G. Kress and T. Trew. *Language and Control*. London：Routledge and Kegan Paul, 1979；Halliday, M.A.K. An Introduction to Functional Grammar（2nd edn）［M］. London：Routledge, 1994；Halliday, M.A.K. Language as social semiotic：Towards a general sociolinguistic theory//M.A.K. Halliday. Language and Society（Edited by J. Webster）［M］. London：Continnum, 2007, 169－202；Halliday, M.A.K. and C.M.I.M. Matthiessen. Construing Experience through Meaning：A Language-based Approach to Cognition［M］. London：Continuum, 1999；Hart, C. Discourse, Grammar and Ideology［M］. London：Bloomsbury, 2014；Kress, G. and R. Hodge. Language as Ideology（2nd edition）［M］. London：Routledge, 1993.

1)《太阳报》：矿工纠察队　昨天 <u>爆发</u> 血腥暴乱,向警察发起群体攻击。
　　　　　　　施事者　　　　　　　过程　目的　　情形
　　　　　　　主语　　　　　　　　谓语　宾语　　从句
2)《晨星报》：当 7 000 名矿工<u>试图阻止</u>卡车从奥格里夫工厂转运焦炭
　　　　　　　到铁矿石工场时,(情形,从句)警察　<u>发动</u> 暴力冲突。
　　　　　　　　　　　　　　　　　　　施事者 过程　目的
　　　　　　　　　　　　　　　　　　　主语　 谓语　宾语

通过比较发现,上下两句的施事者和受者的各自不同,导致对表述过程的动词产生不同的词义,同时导致读者对整句描述的事件产生不同的感受和印象。

第二,评价性分析是指言说者通过语言的主体间功能,如何处理他们的位置,从而与他们描述的实在产生关系。更准确地说,是谁允许言说者评价真理或价值等;如何建构起他们自己的和他者的身份;如何使他们自己的和或他者的行为和主张合法化等。话语的评价性分析包括态度、分类和约定三个维度。以话语的约定性评价分析为例,它主要包括单言和多言两大类。

例 2：广告词的话语分析如下：

1) 糖精在全世界一百多个国家被用于食品和饮料,对所有人都是安全可靠的。(可口可乐 2009)
　　——单言
2) 在将来,淡水的价值如何呢? 价格和可用性或许不会稳定。(耐克 2009)
　　——多言：扩展
3) 虽然食品药品监督管理局 1969 年收回了糖精的经营许可,但是,从那以后,超过 75 项科学研究已经证明它对人体食用无害。(可口可乐 2009)
　　——多言：紧缩

第三,社会行为模式分析是基于系统功能语言的基本原则,给社会行动者的表征(representation)呈现出“语法”。也就是说,通过社会-句法系列,整合社会的、词语的和语法的范畴。例 3：以《华西都市报》2017 年 4 月 7 日有关“四川公安局通报‘泸县太伏中学一学生死亡事件’”的报道为例。①

---

① http://news.ifeng.com/a/20170407/50897743_0.shtml.

1）警方根据已经掌握的证据及有关调查,将事件调查进展向社会进行通报。
　　——吸纳分类策略:集体化

2）坚决依法打击造谣、传谣等破坏社会公共秩序的行为,依法维护人民
　　群众合法权益。维护社会正常秩序。**——吸纳分类策略:聚合化**

3）公安机关将努力查清并还原事实真相,积极回应社会和家属的关
　　切。**——命名**

4）一段四川泸县太伏中学发现一具男尸的视频在当地各大论坛和微
　　信朋友圈中流传开来,引起众多网友的关注。**——范畴化:身份**

5）目前,省市县公安刑侦部门正全力开展调查工作。**——范畴化:
　　功能**

6）具体死亡原因需依法按程序待家属同意后尸体检验确认。**——范
　　畴化:身份(关系)**

2. 辩证-关系方法

批判话语分析的辩证-关系方法①关注话语实践中的文本、话语实践和
社会性实践之间的相互依赖、相互作用的关系。强调话语实践既在结构-实
践和符号②-其他因素两个层面之间,又受到社会结构的制约(见图 11－2)。

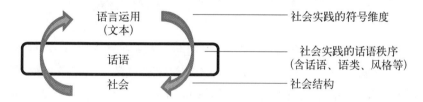

图 11－2　文本-话语实践-社会实践的辩证关系

在例 3 中,"四川泸州市泸县太伏中学一学生死亡"本是一个描述性的
客观事件,是在具体的时间、地点发生的事实。但在四川成都市《华西都市
报》2017 年 4 月 7 日有关"四川公安局通报'泸县太伏中学一学生死亡事

---

①　相关文献有:Fairclough, N. Analysing Discourse: Textual analysis for social research[M].
New York: Routledge, 2003; Fairclough, N. A dialectical-relational approach to critical
discourse analysis in social research//R. Wodak and M. Meyer (Eds.). Methods of Critical
Discourse Studies. 3rd ed[M]. London: Sage, 2016; Fairclough, I. and Fairclough,
N. Political Discourse Analysis[M]. New York: Routledge, 2012; Sayer, A. Realism and
Social Science[M]. London: Sage, 2000.

②　在批判话语分析中,通过把指号(sign)当作社会过程的一个要素而产生意义,这里的指号
就变成符号。

件'"的报道中已经演变成一个包含话语实践和社会实践的事件。从及物性分析来看,全文几乎未出现文本的施事者(如谁害的);从评价性分析来看,报道是以单言为主,在针对网友时,出现"多言:扩展",省去了"多言:紧缩";从社会行为模式分析来看,频繁使用分类、命名、范畴化等方法。

从文本-话语实践-社会实践的辩证关系来看,任何一个层次都受到其他两个层次因素的影响,例如:文中对死者使用了三个不同的词"一学生""赵某""死尸"。在文本中,这些词离不开语境"2017 年 4 月 1 日上午 6 时左右,泸县太伏中学一学生(赵某,男,14 岁,初二学生)在住宿楼外死亡";在话语实践过程中,这些词与"事件"(出现 2 次)"调查工作"等多言话语、说明性语类、正式的风格有关;从社会实践来看,与"造谣、传谣""社会和家属的关切"等社会行为有关。为什么在文本中未出现施事者?事实上,这既是话语实践和社会实践出现的原因,也是话语实践和社会实践的中心和过程,也就是说,话语表征这个事实,也处于建构这个事件的过程之中。而且,报道中还出现互文现象(interdiscursive),出现不同的话语、语类;从事件描述转移到向企图"造谣、传谣"的人发出警告;通过回顾 4 月 2 日的"泸县发布",进行文本的历史性连接等。

第二节　批判话语研究及其教育人学意义

教育学研究除了采用以社会学、社会符号学和系统功能语言学为基础的社会话语分析模式,以及把话语放到历史语境中的"话语-历史"分析模式,还可以遵循荷兰语言学家戴伊克(Teun A. van Dijk)①的社会心理学方法,侧重意识、信念在话语、文本和会话中的社会认知分析,亦即批判话语研究。国内教育学界的相关研究须关注除了费尔克拉夫之外的批判话语分析的人物及其理论,尤其是戴伊克和他的批判话语研究(critical discourse stdudy)。② 戴伊

---

① 戴伊克(1943—)先后担任荷兰阿姆斯特丹大学和西班牙巴塞罗那大学教授,是当代语言学,尤其是文本语言学、话语分析和批判话语语言学领域的一位世界知名学者。他的主要代表作有 Text and context、Macrostructures、Discourse and Context: A sociocognitive approach. 等。他的论文集《话语 心理 社会》是国内最早翻译的有关批判话语分析的著作。

② 美国华盛顿大学的 Rececca Roggers, Elizabeth Malancharuvil-Berkes 等人提出类似批评:批判话语分析的本质是多学科性,需要多种分析方法的综合,目前的研究统一于一种研究框架而弃置多模式分析,聚焦于费尔克拉夫而不重视其他著名的批判话语分析专家和学者,这种研究方法的高度同质性与未来研究方法的交叉性趋势相背离,因此,只有回归到批判话语研究的多学科性,才能有助于洞悉和解决教育问题。Robecca Rogers, Elizabeth Malancharuvil-Berkes etc.Critical Discourse Analysis in Education:A Review of the Literature[J]. Review of Educational Research, 2005, 75(3):365-416.

克是综合话语分析与心理学、社会学进行研究的杰出代表,他的研究经历了从"话语语法"到"话语处理"到"社会话语"三个阶段,他的代表性学术成就是分别基于社会认知、批判语境分析的意识形态话语研究和话语权力分析。本文将梳理批判话语研究中有关教育学的研究内容以及受其影响的相关教育学研究理论和方法,探究批判话语研究的内容及其教育学意义,冀图给目前国内方兴未艾的教育学批判话语分析引介一种新的范式。

一、批判话语研究

戴伊克用"批判话语研究"代替人们熟知的"批判话语分析",以此强调批判话语研究不仅仅是一种特定的分析方法,而且它必须具有学科互涉视角,建立一门独立的学科互涉性研究,从而进行一种非常特殊的理论性实践,集中研究社会问题,反思批判性探索的社会和伦理基础。

批判话语研究最典型的特征在于:首先,批判话语研究专门考虑"超句"现象,认为"话语"不仅包括"可观察的"言语或非语言特征、社会交往、言语行为,而且包括在话语生产和理解过程中运用的认知再现和策略。①其次,批判话语研究明确地秉持一种有关文本和语境相互关系的批判立场,借助语言、话语和交往的社会-政治性意识和批判方法,推进描述和解释的理论性实践,尤其是它为有效参与实践的研究提供直接的方法论指导。最后,批判话语研究中的"研究"不同于"分析"之处在于:后者主要以文本分析为中心,揭示生产活动、生产方式、社会关系、社会身份、文化价值、意识和意义都是社会实践中辩证相联的要素,其任务是探索话语与社会实践中其他成分之间的辩证关系。而前者则不止于此,它借鉴最新的社会心理学研究成果,不仅关注话语与社会之间的相互作用及建构机制,而且关注话语的社会再现过程,尤其是在策略性认知程序和心理表征中产生意识形态、权力的社会认知机制和心灵控制(mind control)、语境控制过程。其分析模式更加细腻,包括从重音、语调等微观内容和形式结构到宏观的语境模式分析。②

在戴伊克看来,批判话语研究视域更加广阔,批判性更强。具体体现在,首先,它主要研究在社会和政治语境中文本和会话的生产、再生产,以及抵制社会权力滥用、统治和不平等的方式。③ 其次,它是对社会政治"偏见"

---

① [荷]冯·戴伊克.话语 心理 社会[M].施旭,冯冰,译.北京:中华书局,1993:208.
② 刘立华.批评话语分析概览[J].外语学刊,2008(3):102-109.
③ Teun A. van Dijk.Critical Discourse Analysis//Deborah Schiffrin,Deborah Tannen,and Heidi E. Hamilton (Eds.). The Handbook of Discourse Analysis[C]. Oxford:Blackwell Publishers, 2001:352.

的探索,离不开对社会政治中统治集团如何协调与合作的研究,其核心必然关涉话语之中或之后的意识形态和权力,所以话语既是意识形态争夺合法化统治的"战场",也是权力的社会再现,亦即:哪里有话语,哪里就有意识形态和权力。最后,它不仅仅批判和揭示文本、会话及其结构的政治或意识形态功能,而且必然触及其中代表的社会结构,包括权力、统治、不平等、边缘化、歧视,以及其他在语言中并通过语言用法、话语、互动和交往进行的权力滥用的形式。因此,除了对惨绝人寰的灾难的研究,批判话语研究对男权主义、种族主义、民族主义、反犹太主义、国家主义,以及其他所有"主义"特别有兴趣,尽管这些"主义"形成日常歧视、边缘化、排外主义和问题意识的更广阔的意识形态和社会实践框架。①

据此分析,批判话语研究之于教育学研究的独特意义在于,首先,在批判性实践中,它努力把课堂会话等微观层次和更广泛的社会性力量关联起来,既解决"怎么应用到教育问题,怎么影响教育中的其他研究和方法,怎么看待来自过去的非教育研究传统的评论"等方法论问题,②又通过社会认知心理学的具体运用使教育参与者和教育学研究参与者质疑和批判话语和知识的价值中立性,深入话语、知识和意识形态、权力的辩证关系,进行理解、批判和变革。其次,在理论上,它可以更广泛、更深刻地触及意识形态和权力运行机制,揭示教育中的性别和种族歧视、城乡对立、区域差异等不公正问题。"透视文化的政治经济背景,分析文本的价值意义,批判估定文化生产和消费,以引导个人从文化对个性的操纵中获得解放。"③最后,它把相关的社会理论和话语分析结合起来,去描述、阐释和解释教育学话语建构,或被社会建构、表现,或被社会世界再现的方式,因此教育学研究"作为一种文化实践,既在争夺也在复制各种形式的图像、文字、谈话和行动的结构、表现与具体实施",从而"能够争夺符号生产的主导形式"。④ 在国内,有论者直接阐明了其主旨:"让被研究者的声音和话语凸显出来,并采用话语分析的方法呈现被研究者话语背后的权力运行机制,以及主流意识形态的渗透过

① Teun A. van Dijk.Critical Discourse Study//田海龙,赵芃.批评性语篇分析:经典阅读[C].天津:南开大学出版社,2012:264.

② Rebecca Rogers, Elizabeth Malancharuvil-Berkes, etc. Critical Discourse Analysis in Education:A Review of the Literature[J]. Review of Educational Research, 2005, 75(3):365-416.

③ 董标.教育的文化研究——探索教育基本理论的第三条道路[J].华东师范大学学报(教育科学版),2002(3):15-26.

④ [美]亨利·A.吉罗克斯.跨越边界:文化工作者与教育政治学[M].刘惠珍,等译.上海:华东师范大学出版社,2002:4.

程,揭示学校教育的政治及意识形态的功能。"①

二、社会认知中的意识形态及其话语结构分析

意识形态不仅是批判话语分析的重要内容,更是批判话语研究的中心。戴伊克认为意识形态是一个复杂的社会认知框架,是依据基本认知信念来规定的,从而既与话语相联系,也与意识形态在话语中的再现形式相联系,进而与社会成员在其社会认知和话语中表述与再现其社会地位、社会条件的方式相联系。

(一)在话语和社会之间协调的社会认知

戴伊克提出批判话语研究的三个维度——话语、社会认知和社会,认为,批判话语研究是以社会认知为核心,通过社会认知协调社会结构和社会话语,进而研究文本和语境之间的特殊关系,强调话语的政治、社会功能对交际情景和话语互动的影响。社会认知是在社会交际中获得的社会共有的表象(representaition),以及阐释、思考与论证、推理与学习等心理活动。戴伊克发现,社会认知形式受到社会评价信念的支配,而潜藏在社会信念下的规范和价值由更复杂、抽象和基础的意识形态组织起来,所以意识形态是社会认知的基础,反映了不同社会组织的基本目标、利益和价值。

据此分析,在社会构成中,意识形态是连接作为社会实践的话语活动和社会认知活动的纽带。"这样,我们便可以在宏观层次上的阶级、群体、机构的社会权力,和微观层次上的交往(interaction)、话语的权力实现之间架起一座必要的理论桥梁。"②戴伊克还补充说,社会认知对话语和社会结构的协调是策略性的,无论是宏观结构分析还是微观结构分析与解释,都预设各种知识,进行修辞、句式、言语行为的删减、选择,以及控制系统的监控,所以只有把话语和统治联系起来,才能说明社会认知在控制性文本和会话的生产、解释和影响中的作用。

(二)作为社会认知的意识形态及其话语结构

意识形态最初指"观念的科学",此后意指团体及其成员的基本的和系统的信仰。在传统马克思主义理论体系中,它常指"谬误意识"(false consciousness)。但是,戴伊克认为意识形态仍有"积极意义",例如女权主义运动和反种族主义不仅是反抗男权主义和种族主义的意识形态,而且它

---

① 谭斌.教育学话语现象的文化分析——兼论中国当前教育学话语的转换[M].北京:首都师范大学出版社,2006:83.

② [荷]冯·戴伊克.话语　心理　社会[M].施旭,冯冰,编译.北京:中华书局,1993:166.

们本身有自己的意识形态,即一种人道主义的意识形态。戴伊克提出,意识
形态是共有的社会信念,它关涉某个团体的标志性属性,例如身份、社会地
位、兴趣和目标等,需要与社会-文化知识(socio-cultural knowledge)、团体
态度(group attitude)、团体知识(group knowledge)建立相互关系,并且在社
会认知与话语的相互建构过程中再生产具体的意识形态本身。如图 11-3
所示,团体知识与团体态度因预设了某个团体的知识和态度而更有价值,所
以必然产生意识形态影响;即使作为共同看法(common ground)的社会-文
化知识似乎是非意识形态的,但如果从其他社会-文化角度来审视,或者从
另一个历史时期来看,它也会成为意识形态信念。① 在社会认知中,情节记
忆是基于经验的、更个体的情节信念,而社会记忆是与他者共有的更抽象的
信念形式。在与情节记忆相对应的心理模式、事件模式和语境模式②中,由
于言说者可能把自己或其他参与者列入不同社会集团,保持意识形态的偏
见,所以在交际情景中,心理模式和语境模式不仅控制话语的内容,还控制
话语的形式,从而在意识形态建构中发挥"枢纽"作用。心理模式作为社会
认知机制,其设定的命题决定了话语的意义,意识形态正诞生于命题的不同
设定或有限设定过程之中。例如,假如谁想讲一个事件,那么他需要用他心

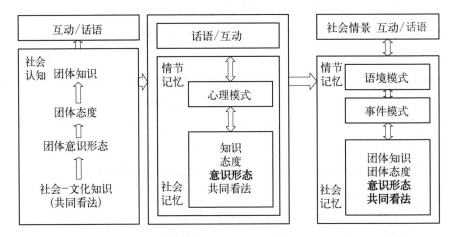

图 11-3　作为社会认知的意识形态及其话语结构

① Teun A. van Dijk. Ideology and discourse: A multidisciplinary introduction[M]. New Delhi:
　Sage, 1998: 20-29.
② 戴伊克于 2002 年在北京的演讲(《从文本语法到批判话语分析——简要的学术自传》,高
　彦梅译,未刊稿)中提到,心理模式、事件模式和语境模式等概念中的"模式",是为了建立
　一种完全以文本为基础、以话语语用学为核心的语言使用理论,既指表达管理文本整体形
　式或格局的摘要或图式结构(即宏观结构或超结构),也指语言使用者在他们的情节记忆
　中构建的语义、话语所论及的事件、语境的表征。

中的事件模式来讲述,但是,由于心理具有话语无法完全描述的丰富意义,因此设定或限定话语"意义"的语义仅仅是用来理解话语心理的"冰山一角",这为意识形态创造了条件。语境模式发挥着某种完全机械控制的意识形态功能,亦即:只有与当下交际情景相关的话语才能成为语境模式的范畴,它要求参与者有基于已有信息分析和适应当下情景的能力,以及通过话语风格调整,适应当下交际语境的能力。

就意识形态的话语结构而论,戴伊克认为意识形态关涉话语的所有层面和维度。为了更细致地分析意识形态话语结构的各个层次,戴伊克把批判话语研究的四个原则列为"意识形态方块"(ideological square)(见图 11 - 4)。①虽然话语可以用许多方式强调其不强调的意义,但任何两个相反原则的组合都可以用来分析话语结构的任何一个层次,因此,一旦它们有意识形态偏见,那么我们就能借助心理模式、事件模式和语境模式分析,使用"意识形态方块"中任何两个相反原则的组合分析在诸多话语层次上的意识形态。例如,主题(topics)蕴含话语的更重要信息,但是,假如谁想强调自己的好的方面或不强调他人的好的方面,那么他就有意地主题化"关于我们的积极方面"或不主题化"关于他们的积极方面"。除了上述方法,就最能表达意识形态的话语形式结构而言,虽然句法形式或图表形式有很多,但可以通过祈使句或强制性规则,同时去除结构的其他可能的语境变化形式。也就是说,所有形式都会随着语境特征的变化而变化。例如,即使像"譬如"、冠词等本身无意识形态功能,但是,它一方面可以选择不同的词或句子与之搭配,表达其强调或不强调的意义;另一方面,也可以根据参与者的社会角色、地位、信仰或观点的不同而进行不同强调,最典型的例子是,在西班牙语中,白人可能分别用冠词"tu"和"usted"修饰自己和黑人。

强调关于我们的积极事物 强调关于他们的消极事物 不强调关于我们的消极事物 不强调关于他们的积极事物		积极的	消极的
	我们	强调	不强调
	他们	不强调	强调

图 11 - 4 意识形态方块

据此分析,在教育学研究中,课程、教材和课堂教学中的文本表达形式,包括符号、会话、句法等,都是意识形态话语结构的社会再现,它们得以运用

---

① Teun A. van Dijk. Ideology and discourse:A multidisciplinary introduction[M]. New Delhi:Sage, 1998:44.

和排序的路径及其意蕴都强调或不强调特定的意识形态。吉鲁、阿普尔等批判教育学家直接研究课堂话语、教材话语中的心灵控制，发现其中的"反文本""反记忆"现象，亦即：教育学话语要求学生把单纯的教材话语继承下来，反对批判性分析文本的历史和现实，反对学生结合自己的经验并发出自己的"声音"。对此，批判教育学家提出"解放记忆"的主张，要求充分发挥学生、教师与学校在话语分析中的批判性自主力量，既试图唤起对历史苦难事件的社会记忆和对现实中"他者"的现实关注，通过各种知识和理解的形式引起抗争，保持对社会抗争运动的记忆，借此建构一种更好的生活方式。

三、批判语境分析及教育话语权力结构分析

批判话语研究绝不是简单地为了理解文本或会话，而是必须在重要的社会和交际维度，处理话语或话语机制的更基础的、社会的和政治的难点和问题。进言之，批判话语研究除了注意话语结构及其在社会认知中的生成和理解，还必须分析话语的社会、文化、政治功能，其焦点不是文本，而是语境，以及文本和语境的特殊关系，从而讨论话语如何受到社会、文化、政治语境的特殊影响以及话语在社会、文化、政治语境中怎样再生产权力，导致权力滥用。

（一）批判语境分析

在戴伊克看来，"语境"仅指那些与话语相关的微观或宏观社会环境。它作为社会成员的可能实践，具有在社会现象中当下的、境遇的性质，而且，只有与社会成员相关的社会实在的现象从其结果来看是真实的，社会实在对人们而言才是真实的。戴伊克更强调，语境模式是社会情景和话语的中枢，代表了当下的、正在延续的交往事件，它是独特交往事件的情节再现，它并不指与控制言说方式的参与者相关的性别、阶级或年龄，而是指怎样规定和体验它们，在每种情景中可能怎么做。因此，语境模式是那些交往情景的个人的、灵活的、境遇性定义，而且它规定言说者在什么时候和什么地点，以及在其他情景性限定因素影响下和谁言说、言说什么等。

在戴伊克看来，语境控制的复杂性体现在文本和会话的各个层面。语境控制着意义，他们从语义事件模式中选择可以或必须传达的信息，选择一些模糊不清的东西让受众知晓。语境控制许多语法结构和在实际话语中形成和组织信息的其他不同路径。此外，就语境控制的实用性而论，语言使用者的知识保留了工作记忆中部分语境模式，由于其有限的储存能力，语境模式仅仅保存基本范畴和简单图式，因此相对而言有些简单化，以便适应各种社会情景。

　　戴伊克认为,由于批判语境分析(critical context analysis)是批判话语研究的元理论,所以真正的批判话语研究不能限于研究孤立的文本和会话结构,必须把它们和相关的社会情景联系起来,就像参与者在它们的语境中再现出来的那样。例如,批判语境分析不仅关注性别主义或种族主义的语言使用,而且更细致地考察那种语言使用怎样关涉性别主义或种族主义情景或整个交往事件。批判语境意味着,从心理学或其他科学的角度看,它不能研究无法观察到的事物,因此,它只能通过清晰的表述、评论、指称和文本与会话的结果来研究,而且文本和会话结构的语境分析必然包括参与者对社会情景阐释的社会认知经验。

　　正因为如此,批判语境分析不仅聚焦统治者间接控制文本结构的方式,聚焦怎么用性别、年龄、种族等典型语境术语去追究控制的原因,而且关注被解释为语境的交往情景怎么被限定为统治的后果,并因此屈从统治的再生产。批判语境分析需要处理话语的主体、内容、对象和具体的境况,以及可能因此导致话语的各种边缘化和排外问题。总之,批判语境分析聚焦权力滥用、统治和不平等在诸多文本和会话的语境中被特别地表达和再生产的方式,也就是,参与者再现、理解、设计或计划交往事件的方式。①

(二) 教育话语权力结构分析

　　如上所述,批判语境分析的目标是通过分析话语结构表现的社会构成,揭示社会秩序中心灵控制和社会权力控制的机制。戴伊克强调,社会权力是一个集团控制另一个集团的形式,这也反映在文本和会话里面,尤其是在谁控制文本、文体风格、会话和语境的问题上面,具体讲,"处处隐含着的统治乐于将优先准入权(preferential access)赐予文本和语境,二者以之作为权力的资源或基础,与那些像财富、收入、好工作、地位、职位、知识和教育等社会资源相匹配"。②在批判语境分析中,一般可以依据优先进入话语的程度来界定谁是社会精英(elites),并将这类控制延伸到语境的各种特征,例如时间、地点、参与者等,以及文本的各种特征,例如话题、文体等。因此,占有权力的社会成员不仅控制交往行动,而且至少间接地控制受众的部分心灵。换言之,话语权力分析就是研究权力如何控制话语和话语生产本身,研究"谁可以在什么情景中说或写什么? 谁拥有产生话语的工具? 谁可以运用话语的各种形式和体裁? 谁权势最小,谁运用书面、口头表达的形式就越

---

　　①②　Teun A. van Dijk. The Aims of Critical Discourse Analysis[J]. Japanese Discourses, 1995
　　(1): 17 – 27.

少。结果,无权势者简直'什么也不能说'"。① 下面具体谈一下教育学话语
的权力结构分析(见图 11-5)。

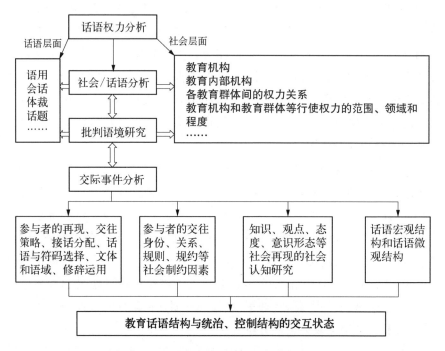

图 11-5　教育学话语的权力结构分析

　　第一,通过话语分析和社会分析,教育学话语的权力表现在:权力首先
通过对教育学话语体裁、话题、会话、文体的不同控制形式而直接行使,这主
要表现在话语实际产生、表达、传播、影响的形式中。例如,与教育相关的机
构及其内部各类教育机构、编辑、学者、教师以及其他靠"符号资本"行使权
力的"符号精英"(symbolic elites)对言语表达方式和影响方式的控制,他们
在其权力范围内确定话语体裁、话题、文体等话语结构,但是归根结底,他们
依附的权力受到国家、既得利益集团的利益及其相应的意识形态的支配。

　　第二,在批判语境分析中,由于各类教育机构的话语大多数是劝诱性
的,因此与之相关的"符号"及其制造者策略性地通过再生产社会文化霸权,
对人们的"大脑"产生决定性影响,实现对无权力者的意识控制。例如:课
程设计、教科书、课文受到教育目的、主题、话题、学习策略的管辖,而后者又
顺应权力精英的价值观和利益,进而精英权力必须符合主导社会政治意识,
因此国家相关部门会制定具体方案制约教师和教材内容,回避教育文本中

---

　　① ［荷］冯·戴伊克.话语 心理 社会［M］.施旭,冯冰,译.北京:中华书局,1993:170.

"有争议的"的问题。

第三,在交际事件分析的具体过程中,必须分析教育学话语参与者的再现、交往策略、接话分配、话语与符码选择、文体和语域、修辞运用,以及参与者的交往身份、关系、规则、规约等社会制约因素,还要通过知识、观点、态度、意识形态等社会再现的社会认知研究,知悉参与者受到的心灵控制和语境控制,最后必须在批判语境中分析话语的宏观结构和微观结构,并把它们结合起来。例如,通过对课文的比较和概括,把它与包括学校、教育系统及其意识形态的教育机构制度联系起来。最终,教育学研究的话语权力分析就是话语结构与控制和统治结构的交互状态,亦即:在话语结构中控制和统治无所不在,控制和统治结构又需要话语结构来呈现。

总之,教育人学的批判话语研究范式是对教育学话语、社会认知、社会关系之间的互动结构和策略关系进行的批判性分析,是基于话语与意识形态、权力的交互状态,透视心灵控制、语境控制的批判性实践,"是对教师作为公共知识分子的角色的反思工具,是对在特定社会历史和文化背景上权力运作方式的理解,是对如何适时致力于社会环境的改变的探索"。[①] 因此,它能够更彻底地揭示社会问题,体现教育学研究的批判精神和人文关怀。

四、教育话语权力分析: 教科书童话文本中性别身份的批判话语分析[②]

美国批判教育学家阿普尔认为,学校的知识,不论是作为商品还是作为生活的知识,都与学校中的阶级、性别和种族等联系在一起。[③] 教科书是获得学校知识的主要途径和实现方式,其中阶级、性别、种族等因素或问题常常决定教科书知识文化的生产。以人教版小学语文教科书中的童话文本为例。[④] 童话文本中包含的、体现的价值取向的名词是一些与阶级、性别、种族等相关的名词。分析这些名词中隐含的价值取向,不失为一种十分有效的方法。童话人物类名词,包括普通的人物类名词,如渔夫、画家、农民等职

---

① 董标.教育的文化研究——探索教育基本理论的第三条道路[J].华东师范大学学报(教育科学版),2002(3): 15－26.

② 范梦兰.批评话语分析视域下小学语文教科书中的童话文本研究[D].广州: 华南师范大学硕士学位论文,2019: 51－52,55－56,71－72.此小节内容获范梦兰支持。

③ [美] 阿普尔.教科书的文化及商品属性//[美] 迈克尔·W. 阿普尔,[美] L. 克里斯蒂安·斯密斯.教科书政治学[M].侯定凯,译.上海: 华东师范大学出版社,2005: 29.

④ 本章选取人教版小学1－6年级的语文教科书(经全国中小学教材审定委员会2001年审查通过)共12册中的童话故事,包括国内童话、国外童话、中国古代神话故事等,但是不包含寓言故事。

业名词,以及妈妈、师傅、哥哥等称呼名词。但是,由于童话文本多采用拟人化手法,将动植物拟人化,因此其文本除了人物类名词,还有许多动物类名词。分析其中的性别身份,探究:小学语文教科书中童话故事包含哪些性别价值取向? 这些性别价值取向通过什么样的形式呈现出来? 这些性别价值对小学生会产生怎样的影响? 社会文化、政治与这些被呈现出来的性别价值存在何种关系?

(一) 性别名词的分析

人教版小学语文教科书童话中体现性别类的词有：蜗牛妈妈、他、公鸡弟弟、鸭子哥哥、他们、棉花姑娘、鲤鱼妈妈、鲤鱼阿姨、青蛙妈妈、蒲公英妈妈、苍耳妈妈、豌豆妈妈、曹冲、儿子、官员、兔妈妈、熊哥哥、熊弟弟、狐狸妈妈、喜鹊弟弟、魔王、公主、铁罐兄弟、马良、大官员、小姑娘、珍妮、小男孩、周处、巨人、老木匠、小木偶、警官、老婆婆、小女巫、牧童、智慧的女儿、青年、小女孩、渔夫、魔鬼、卖火柴的小女孩等。在语文教科书童话文本中含有性别属性的专有名词有 40 多个,其中涉及男性的词汇有 16 个,涉及女性的词汇有 18 个。

男女性别平等是一个世界性主题。教科书作为社会某些价值在知识层面上的反映,必然反映出特定的性别取向,或者说隐含的性别价值取向。从这些性别类的词汇所占的比例来看,男性形象和女性形象之间几乎没有差别;语文教科书中的童话在男女性别选取上并没有明显的偏向。这一点也与我们目前的社会现实紧密相关。进入 21 世纪以来,中国人传统的重男轻女的观念不断弱化,女性在社会中的地位不断提升,性别之间的不平等现象也在不断改善。在女性形象中,妈妈形象所占的比例高达 39%。妈妈角色出现的情景基本上都涉及对下一代的教育。在对下一代的教育过程中,几乎没有男性角色的出现。由此可见,童话中男性形象在后代教育上存在缺失。除此之外,另一部分女性形象,如小姑娘、卖火柴的小女孩、生病的棉花姑娘等,则将女性刻画为一种柔弱、娇小、需要受保护的形象。在教科书的童话文本中,虽然女性形象在数量上与男性形象并没有太大的差别,但是女性在社会中扮演的角色却比较单一。她们是母亲和弱者的代名词。总体来说,童话中女性角色表现的特征具有诸如细致、温婉、耐心等母性特点。

童话故事的选文在性别角色方面出现明确的人物形象。经过考察和统计,大部分拟人体的童话中,作者通过拟人化手法将动物形象生动化、性别化。为了进一步陈述的方便,作者会使用代词展开陈述。在代词的使用上,频繁出现的代词一般用来指称男性的"他们""他"。如,在《树和喜鹊》中,作者用"他们""他"来代指喜鹊宝宝;《小猴下山》中刻画了小猴子的顽皮、马虎形象,在陈述中也用代词"他"。通过对选文的比较发现,含有男性属性的代词"他""他们"的数量远高于含有女性属性的代词"她""她们"。"他""他们"在童话选文中代指的对象十分广泛,例如:可爱的喜鹊宝宝;顽皮的小猴子;代表四季的青草、荷叶、谷穗、雪人;充满好奇心的小兔子;淘气的雾;勇于救人的雪孩子等。可见,从代词的选取上来看,性别的价值取向有分歧。从普通类名词的选取上看,男女比例相对平等,而且这些词汇以一种外显的形式传递性别之间的平等。但是,通过进一步的分析,以读者较少关注的代词为切入点,我们可以察觉,童话选文在性别的价值取向上有一定的倾向。以上情况足以证明小学语文教科书在童话选取上已经认识到传统性别意识形态上的偏误,但是,就目前情况来看,还需进一步努力改进和完善。

(二) 童话文本中性别身份的批判性分析

教科书需要将人类社会主流思想传递至每个学生,使学生不仅学习学科知识,同时在潜移默化、耳濡目染中接受社会主流思想。因此,教科书的编写一定要遵循儿童的身心发展规律,使学生在思想上将社会主流的价值观念,如性别平等进行内化,变成属于儿童自己的东西。因此,教科书应该更加注重从儿童的角度出发,遵循儿童身心发展、性别平等规律,更多体现儿童取向。

第一,树立正确的性别平等观。性别由社会中男性和女性被期待和认可的社会性和心理性等行为构成。性别期待会随着社会的改变和社会阶级的变更而发生改变。当一种性别呈现出某种价值观时,其行为和角色都会被刻板化。例如,人们一般认为男孩是聪明的、有创造力的、勇敢的、有成就的,而女孩则被描述为消极的、柔弱的、有依赖性的,甚至是受害者的形象。由于中国传统文化的影响,父权体制导致男尊女卑的性别阶层化,因此,不论是文化意义上还是生物学意义上,两性平衡协调发展尤为重要。

作为向全体社会成员宣传思想教育、传承民族文化的教科书,更应当从自身做起,担当向社会宣传、强调性别平等观念的重任。《中国儿童发展纲要(2001—2010 年)》强调,"将性别平等意识纳入学校教育之中"。根据这个理念和原则分析人教版小学语文教科书中童话文本发现,其中存在两性比例失衡的现象。总体来说,男性所占比重较大,体现男权文化倾向。究其原因,在于童话文本的编写者和教科书文本的选取者未能充分认识到教科书中尤其是小学语文童话文本中男女平等的重要性和必要性。《中国妇女发展纲要(2011—2020 年)》指出:"实施教育内容和教育过程中的性别评估措施,并在课程、教科书以及相关的指导机构中增加社会性别教育。使学校在教育内容和教育方式中充分体现社会性别理念,不断引导学生树立男女平等的性别观念。"由此可见,我们的国家和社会正在逐步落实男女性别平等这一基本国策,并从制度和法规等层面上不断加强课程和教科书中性别平等观念的传达。因此,全体社会成员都应当重新审视自己的性别观念,提高自己的社会性别平等意识。具体到教科书童话文本中,需要其编写者在选编课程内容时从选文的文本内容、选文中人物的性别,以及选文涉及的相关故事情节等综合考虑,尤其是选文中儿童性别比例问题。同时,我们不仅要分析单个文本,还应当对整个课程内容的全套文本进行结构性分析。①

第二,在女性形象的刻画上,避免性别刻板印象。文本中出现的女性形象大多温柔善良、贤惠体贴、勤奋刻苦,却少了几分英勇机智、自强自立。而且,选文中出现的女性角色大多担任了家庭教育者的角色。这与传统的女主内的思想相契合,却不利于女性独立意识的发展,也会导致在家庭教育中父亲角色的缺失。因此,教科书应多塑造一些丰满、鲜活的女性儿童及女性成人形象,尽量避免性别刻板印象的产生,同时应该增加平民化、生活化的父亲形象,让学生能够合理地建构自己的性别角色,逐渐改善儿童对性别角色的认识上的错误。

第三,抓住孩童性别意识确立的关键期。孩童时期是人的性别意识、社会角色定位的关键时期。家庭、学校、社会等任何一方的影响都十分重要,尤其是学校。语文教科书作为学生获取丰富人类知识的重要媒介,无疑对于学生性别意识的形成和行为价值观的选择有重要意义。若教材中传递具有性别偏见的负面信息,无疑会导致女性的自尊心和自信心下降。童话作为儿童喜闻乐见的一种文学体裁,是儿童最喜欢的读物之一,其传递的价值观对儿童产生的影响十分深远。因此,教科书童话中存在的男女比例失衡、性别偏见以及对人物的刻板印象,都未能客观、真实地反映当代社会中真实的两性现状,这种狭隘的性别知识和两性观念不利于学生的长远发展。

第四,尊重儿童天性和性别差异,实现性别和谐发展。教育只有顺应了儿童的天性,才能够最大限度地保护儿童天性中的纯真与善良。从性别角色上看,无论男孩们还是女孩们,都具有勇敢、坚强、机智、细心、善于观察、注意力和自控能力强等优点。男女儿童形象都具有较高的可塑性。从小学生身心发展需要的品质上看,以上品格都缺一不可。教科书编写者在课文的创作和选取上应该注重人物角色性别的平衡和性格的丰富,尽可能使男女人物形象在数量与质量上保持均衡,这样才便于学生从不同的个体中学习,丰富自我,进行自我实现。

---

① 吴康宁.课程社会学研究[M].南京:江苏教育出版社,2005:285.

第三节 话语平等：基于高考改革中农村学生话语权的研究

农村学生作为高等教育入学考试改革（下文简称"高考改革"）的主要参与者，无疑是高考改革的主体。然而，相对城市学生而言，农村学生在日益全面而又深入的高考改革中出现集体失语等诸多问题，已成为弱势群体。这已是不争的事实。虽然高考改革难免出现一定的偏失，但是，就教育公平的基本内涵和实质意义而论，只有保障了全体人，尤其是弱势群体的受教育权利，才谈得上真正意义上的教育公平。由于教育公平是我国高考改革的基本原则，实现教育公平是高考改革的终极目标，因此，保障农村学生在高考改革中的权利和利益，是当今高考改革的具体内容和现实任务。这里，可以毫不客气地讲，倘若农村学生没有平等话语权，那么高考改革就不可能获得成功。

一、高考改革中农村学生话语权的不平等问题

目前，我国高等教育入学考试在考试内容、考试形式和高校招生等方面进行了重大改革，但是这些重大改革在一定程度上仍然不能完全顾及作为高考弱势群体的农村学生。这具体表现在：首先，高考制度既体现了能力本位的教育公平，也存在着事实上的话语资源的不平等，农村学生获得的经济资本、政治资本和文化资本在家庭教育和学校教育中就已经落后，而且在高考考试内容中测试的知识和话语主要体现了城市的物质和精神生活。① 其次，高考制度和改革主要体现了经济精英、知识精英和政治精英的主观认知及其价值取向，反映了精英阶层的话语方式和评价标准，②因此高考在社会阶层的流动和筛选中发挥了"固化"作用，使在高考考生中占62%的农村考生在重点大学中所占比例逐年下降（已不足20%）。③ 再次，高考还受到普通话和地方方言、汉语和少数民族语言、主流话语和非主流话语（如网络话语、街坊话语等）的不同影响，农村学生的话语在考试公平和区域公平的冲突中处于不利地位，例如，分别在广东广州市、汕头市和乐昌县考生的高

---

① 魏丽娜.高考改革应关注农村教育公平[J].湖北招生考试,2010(6)：29-33.
② 童宏保.精英话语对教育考试制度改革的影响[J].考试研究,2009(4)：49-59.
③ 杨东平,刘云杉,等.中国名校生源急剧变迁.农村学生难入名牌大学[EB/OL].http://edu.sina.com.cn/gaokao/2011-08-06/1118309006.shtml.

考作文抽样调查中发现,由于农村学生受到粤语方言影响的程度更大,所以与城市学生相比,他们的作文平均成绩相对较低。① 最后,与城市学生相比较,农村学生更容易受到传统课堂中制度话语权、课堂惯习、现代知识观的思维成见、课程不合理类型和结构的影响,所以农村学生在参与高考改革方面缺乏对话,无论在课堂教学、考试知识、社会合作精神和个人心理素质等方面难以表现出话语主动性,没有体现应有的话语主体地位。②

高考改革中农村学生话语权缺失还表现在,一方面,国内新闻媒体、教育科研机构和政府职能部门有关农村学生接受高等教育的权利和利益的话语严重不足,农村学生没有享有应有的话语权;另一方面,农村学生受到自身的物质、自然和文化条件限制,以及政治、经济、教育和文化体制的限制,没有途径表达自己接受高等教育的权利的诉求,甚而其话语权完全被剥夺。

由是观之,一旦在高考改革中农村学生话语权缺失,就难言教育公平。从话语权的角度看,教育公平意味着:在高考改革中全体人都享有平等的发言机会,人人都有表达并参与讨论高考改革的权利。为此,我们必须突破城市与乡村、农民与工人、精英与草根的二元话语体系,形成高考改革的公平话语机制,实现话语的形式平等和实质平等。为了维护和实现这种平等话语权,本书仅从批判话语分析的角度,分析高考改革中各阶层、各区域的话语权,揭示其中的各种权力关系,尤其是高考制度中的"符号暴力"、弱势群体集体失语等现象,探索如何建构农村学生话语权的实质平等和形式平等。

二、高考改革中农村学生话语权的批判性分析

在中国大陆地区,"农村"是特有的地理、经济、政治和文化概念。相应地,"农村学生"主要指来自农村的底层、低收入或无产阶层的学生,但随着经济、政治和社会的发展,"农村学生"也逐渐增加了农村留守儿童、城市中的随迁农村子女等新内涵。在西方发达国家,虽然无中国大陆地区"城乡"二元对立意义上的"农村",但是,存在底层、低收入或无产阶层的人士居住的特定城市、乡村区域。相应地,存在来自社会弱势群体的学生。他们在受教育权,尤其是高等教育入学机会和权利方面存在不平等。何谓话语权?"话语权"中的"权"一方面指"权利",因此这里的"话语权"主要指自由表

---

① 杜丽娟."教育语言学"片论[J].华南师范大学学报(社会科学版),2006(4):111-115.

② 尹小敏.学生话语权缺失的表征及原因探析[J].河北师范大学学报(教育科学版),2009,11(3):135-138.

达、自由言论的权利,这是法律规定和保护的人的基本权利;另一方面,它指"权力",从批判性话语分析的角度看,这里的"话语权"主要指在话语中对他人的强制。

自20世纪六七十年代以来,平等话语权研究一直沿循意识形态批判的范式。新马克思主义理论家阿尔都塞等人认为,言语活动和意识形态之间存在相似性,二者之间的关系被规定在同质的、大体相同的模式中,没有脱离言语活动的意识形态,也没有脱离意识形态的言语行动。西方马克思主义理论家马尔库塞则进一步指明,资产阶级对无产阶级的意识形态控制表现在片面的、畸形的单向度话语中。英国解释论学派代表人物伯恩斯坦通过精密型言语变式/封闭型言语变式的区分发现,在学业成绩评定中,来自中产阶级的学生比来自无产阶级的学生更适应考试中的"精致规则"话语。概言之,话语的"意识形态"功能揭示,话语不仅是无产阶级或弱势群体与阶层的身份、知识和主体等方面的具体反映,而且话语在他们的建构过程中起到了积极的作用,它赋予和建构起意义,辨识他们的世界,显示他们的身份,提供他们观察和区分世界的文化符号。

由于深受20世纪六七十年代以来的话语分析方法的影响,尤其是批判话语分析的影响,平等话语权研究主要通过话语权的政治、文化分析和理解,更综合地体现权力、权利、意识形态、符号暴力等因素在话语发生和建构中的作用。法国社会学家布尔迪厄认为,话语是一种象征性权力,话语的权力只不过是言说者获得授权的权力。他还通过实证研究发现,出身优越的学生从小受到社会承认的话语、品位和文化的熏陶,其养成的习惯在学校场域也被合法化,从而获得象征性权力,使得他们在学校的学习发展中领先一步,加之后来雄厚的经济资本和文化资本的辅助,为他们考试取得成功奠定了雄厚基础。福柯则认为,话语不仅制造真理,而且是一种权力关系。这意味着:谁有发言权,谁没有发言权。也就是说,话语权不仅是言说者社会权力和地位在话语符号系统中的折射和反映,而且真正的权力只有通过"话语"才能实现。故此,对于人的发展而言,话语权是一种不可或缺的资源,因为每个人都需要借助话语权去实现社会生活中自身的价值,保障话语者的社会地位和利益。而且,话语权与不同的社会阶层、群体相结合,会产生不同的结果,一方面,强势群体的话语权不仅反映其掌控的政治权力、经济权力、文化权力,而且与其相结合,形成社会主流话语,对弱势群体形成压制或宰制性力量;另一方面,就弱势群体的话语权而论,为了维护弱势群体的权利,需要社会去倾听他们的要求和愿望,从法律、制度和教育等方面去维护他们的平等话语权。

基于上述批判话语分析,西方发达国家为了实现大学入学考试改革中的教育公平,在改革中采取了综合性措施,以实现弱势群体的平等话语权。例如,通过免费的公立教育体系改善处于不利地位人群的地位;改革评价制度,实施过程评价和多元评价体系,并在很大程度上将这种评价生活化、经常化、日常化,从而保证弱势群体的话语权得到客观公正的对待和维护。就其基本原则而论,西方发达国家的教育改革体现两个原则:首先,这种高考改革把"话语权利"优先于"话语权力",通过受高等教育机会均等向受高等教育权利平等转变,从法律、政治制度等方面维护弱势群体的平等话语权;其次,通过高考改革中的话语民主,建立起维护弱势群体学生平等话语权的政治和文化制度。这里,何谓话语民主? 它是指:一方面,从政治哲学方面分析,话语民主作为一种程序正义,它保证各阶层、各种族、各团体之间进行普遍的讨论,实现一种无限制的和未受歪曲的对话;另一方面,从社会学方面分析,话语民主是消除话语权利和言语权利、义务在不同人类群体中的权威、权利和权力的不平等和不对称,处理好诸如此类的问题:语言和社会方言之间的关系、有权威的话语类型的进入、在具有不平等的权力关系的机构话语类型中消除明显的权力标准、偏向非正式性语言的趋势和语言中与性别、种族、阶层有关的实践方面的变化等。①

三、中国高考改革中农村学生平等话语权的实践性探索

高考改革中农村学生平等话语权的实践性探索必然涉及高考制度、高等教育、农村学校教育、义务教育、家庭教育、社会阶层状况、官方语言与非正式语言、媒体传播等不同方面,但其分析与探索的核心是实现教育平等,中外有关教育改革中弱势群体学生的平等话语权的量性研究和质性研究已经证明了这一点。

第一,从现实问题出发,高考改革需要探究农村学生平等话语权缺失的根源,探究高考改革中各种教育不公平的形式及其话语在哪些方面反映出农村学生高等教育受教育权的不平等。宏观上讲,必须揭示农村学生在高考改革中话语权流失的经济、政治、文化原因,展示经济基础、意识形态、权力在高考改革中如何建构农村学生的身份、地位和话语。微观上说,进行一种微观的政治、经济和文化研究。例如,可以深入到农村学生的课堂话语,通过农村学生的课堂话语和城市学生的课堂话语的比较,发现在高考课程

---

① Norman Fairclough. Discourse and Social Change[M]. Cambridge: Polity Press, 1988: 187 - 192.

改革中农村学生的平等话语权是如何流失的。此外,除了从教育法学、教育政治哲学的角度研究本问题,还需要从文化研究、话语分析方面分析农村学生在高考课程改革中如何进行会话,展示其互文性,以什么样的话语模式进行话语分析,怎样建构社会情景身份及构建不同的世界。进而,研究农村学生在高考学习、高考答题、高考志愿填报等方面以什么方式使这些事实或事件富有意义,怎样表达自己的活动、身份、关系、立场与策略等。

第二,从理论上讲,按照分配正义理论,教育平等意味着,高考改革应当优先考虑弱势群体的权利和利益,因此,在转型时期的中国高考改革,只有优先考虑农村学生(包括留守儿童、外来务工子女)的接受高等教育之权利,尊重他们的平等话语权,才能深刻、全面地认识和实现教育公平。高考改革不仅需要关注和实施农村学生的课程改革,普及九年制义务教育,提高农村教育投入,改善农村教育条件等具体措施,而且应当关注农村学生除了政治资本、经济资本之外的文化资本,关注到入大学前或高考前,以及高考过程中农村学生的语言资源的不平等地位,这更加有利于高考评价多元化,把高考成绩和平时成绩、综合素质结合起来,虑及区域间的文化差异,从而改变单一高考评价体系带来的诟病。

第三,从分析框架来看,还需对农村学生在高考改革中的话语权进行批判话语分析,深入到高考改革背后的利益、权力结构和关系中,反映出农村学生接受高等教育权利背后的不对称的权力、利益结构和关系。这对高考改革的深化,具有根本性作用。详言之,高考改革必须突破作为社会主流语言的形式逻辑的自反性,关注高考改革中农村学生的话语和权力、权利之间的关系,并且反思我国高考改革中政府、媒体和不同组织对农村学生权利的建构话语,从而拓展高考改革的思想和语言体系。进而,从研究策略上讲,借助批评性话语分析,不仅揭示出农村学生在高考改革中话语权不平等背后不平衡、不对称的利益和权力结构和关系,而且需要把偏重学生能力的系统功能主义或者建构主义社会认识论与侧重学生身份的冲突论或批判主义社会文化研究之间的矛盾进行调和或综合,并且在具体的教育制度、政策制定和实施中,把有关农村学生平等的话语"权利"优先于话语"权力",通过话语民主制约不平衡、不对称的利益和权力结构和关系的影响,推动高考改革的制度改革与创新,切实有效地实现教育公平。

第四,对于高等教育资源的分配平等而言,高考改革中农村学生能否享有平等话语权,这将直接影响到未来社会结构的平等性与开放性,因为我国社会分层与流动经历了三十多年变化,高等教育入学机会平等对于高等教育资源的分配内容与方式产生了重要的影响,未来也将继续发挥作用。如果高考仍是以精英或优势阶层背景为标准,就意味着高等教育资源依然倾向精英或优势阶层,他们的子女便可以借此获得优势的教育地位,进而取得相应的优势社会地位,社会阶层的代际地位结构趋于固化,社会结构的开放性和平等性不断被削弱。因此,维护农村学生的平等话语权,对促进教育平等,建构合理的社会结构,具有深远的意义。

结语：教育之"人的哲学"

教育人学"以人为本"，紧紧围绕"人"展开研究。与其他学科或研究领域、方向相比，教育人学的最大特点就是以人为本体的研究，遵从"人就是'人'"这个基本命题，认为"要认识人这个对象，只能从人自身去挖掘人的专有内涵，思想不可旁骛，绝不能用物的范式了解人、把人归结为非人"。①当然，我们也可以引用马克思的话"人是人的最高本质""人的根本就是人本身"②。归结起来，教育人学首先是对教育之"人的哲学"研究。

一、教育的"人的形而上学"

广义上讲，所有有关教育的学科都属于教育人学，因为它们直接地或间接地与教育人学有关系，或者说，它们都是教育人学的某个或某些研究领域或方向。但是，从学科性方面来讲，为什么教育人学还是一个新的学科？从教育学与其他学科的关系来看，倘若存在教育人学，那为什么没有出现经济人学、政治人学、社会人学、文化人学、法律人学等？客观地分析，教育人学作为一个研究领域或方向在历史上早已存在，例如苏格拉底开始将自然的研究转向人的研究，教育人学就发端了。然而，作为现代意义上的学科，教育人学还在理论体系、研究共同体、研究成果、研究方法等方面进行了有益的探索。教育人学是教育学这门特殊学科的属人性、为人性和人为性等特征必然产生的结果。本书对这些问题已作较为详细的论述。这里，我们还想明确的是，教育人学是现代社会、历史与现实发展的必然产物，是现代工业化、信息化社会中形式化、制度化教育"非人"问题的研究与应答。

教育中蕴含整全价值或完整意义的"总体人"消逝于工具理性的技术化宰制之中。首先，目前的状况是："我们文明的特征是空前的权力控制和绝

---

① 高清海.人就是"人"[M].沈阳：辽宁人民出版社，2001：2(序言).
② [德]马克思，[德]恩格斯.马克思恩格斯全集(第1卷)[M].北京：人民出版社，1956：460－461.

无仅有的致命性压迫。这也是技术带来的结果。技术遮蔽了有关我们人类自身的真理。取代真相的,是给我们的半真半假的陈词滥调,它们认可我们无节制的欲望,以达到控制的目的,但否定节制的所有价值,而节制决定了这种欲望的意义。它提倡一种让人一知半解的人文知识,让人们以为这是所有值得了解的知识。"①据此,美国学者波斯曼(Neil Postman)批评高等教育中"人的问题",指出,教育中存在两类问题:一类是工程问题,另一类是形而上学问题。前者本质上是技术问题,它是通过工具使年轻人学会学习,强调在何时何地处理事情,学习应当如何发生或进行,学校任何有些自尊的书目必须提供给这个不简单的问题以解决办法。形而上学问题主要指人的精神和信仰缺失,尤其是在西方国家宗教信仰的式微。简单地讲,没有比学校没有教育目的更糟糕透顶的了。因此,教育应当教会人如何生活,其核心是培育一种超验的、精神性的观念,能给人以生活、学习和工作的目的,明白学习的意义等。②

然而,另一位美国学者斯潘诺斯(William V. Spanos)基于海德格尔对"哲学的终结"引发的"人的存在"危机的批判,以及福柯的主体解构理论和主体解释学,批判人文主义教育的形而上的思想方式、异化的人文教育功能以及僵化的人文教育体制,及其导致现代学校教育走向"终结"的结果和命运。无疑,斯潘诺斯的批判给片面追求人文主义教育的人敲响了警钟。归纳斯潘诺斯和波斯曼讨论的焦点,是信仰、精神和现实、世俗之间的教育问题。哈贝马斯曾经就此认为,信仰逐渐失去了对教育、政治、文化的统治力,这是后习俗社会教育的重要背景。但是,西方大多数学者都还是主张精神与信仰教育是不可或缺的,它是人的本质性特征。"在这种或那种意义上,宗教贯穿于公共教育,不管我们喜欢与否。英国宗教团体领袖、前坎特伯雷大主教罗万·威廉斯(Rowan Williams)作为刻板的宗教与教育分离论者,反对给予某些特殊宗教团体以优待权利,允许和鼓励广泛深入地思考宗教中的虔诚。除此以外,似乎在多元主义教育系统中没有什么东西是一种重要的原则了。"③

针对工具理性主义或技术主义、人文主义教育对人的不同看法,德国哲学家舍勒进行了全面和深刻的反思。他认为,将人的意义的来源单纯地归结到实践理性(康德)、意志(尼采)、生命(柏格森)、劳动(马克思)等方面,

---

① Anthony T. Kronman. Education's end: Why Our Universities and Colleges Have Given Up on Their Meaning of Life[M]. New Haven and London: Yale University Press, 2008: 233-234.

② Neil Postman. The End of Education: Redefining the Value of School[M]. New York: Vintage Books, 1996: 3-4.

③ D. Lewin. Education Philosophy for a Post-secular Age[M]. New York: Routledge, 2017: 26.

或者对人的态度被简化为事实的态度与价值的态度,都错置了人在宇宙的地位,尤其是那些简单地相信直观、良心、正义的人。也就是说,"坚信内在感知无谬误性的信念和学说强词夺理似的以为这一倒霉的东西具有某种类似'良心'的品质,殊不知,这样一来人的眼光恰恰就被彻底遮挡住了,看不到自己真正的内心深处"。① 因此,舍勒主张应当持一种对世界审视的态度,在从信仰、精神、知觉到情感、情绪的偶然性、连续性、阶段性社会人格中无限趋近崇高的精神和信仰。

倘若回到杜威、弗莱雷、朗西埃、比斯塔等教育学家的人学观,并根据当代激进哲学家齐泽克、巴迪欧、阿甘本等人的看法,教育中的人是一个动词,是一个多样因素参与,但具有偶性的意义生成过程。一方面,从教育组织过程来看,"教育可以理解为有计划、有意识、有目的和有组织的学习。正规教育和非正规教育机会意味着一定程度的制度化。但是,许多学习即便是有意识和有计划的,其制度化程度要低得多(如果能够形成制度的话)","最后需要指出的是,我们在生活中学到的许多知识并非有意为之"。② 另一方面,按照杜威的经典定义:教育即经验的承继、改组与改造,杜威对"经验""承继""改组""改造"这四个概念都用了无数的描述、解释和批判,阐述其意义,也就是说,杜威,乃至其他教育学家都明白,教育来自经验,但必须内在或外在地超越经验,甚而杜威心目中的"经验"并不是自然科学意义或日常生活意义上的经验性(empirical)"经验",而是具有"文化""人性"的"意义",需要根据人特有的生物性、精神性和社会性来解释和批判,甚或这种解释和批判是独立于经验性经验的。即使我们用普通的思想实验也可以验证这个道理。例如:"某事物对一个人有意义,不一定要在这个人的经验中造成真实的差别(real difference)。""真实差别可以在自然世界以及人类生活的任何地方发现,但只有意义差别为人类事务中所独有。""意义能够超越经验,因为现象学意义上的意识的意向性结构是意义的最终源泉,而意向性的观念性(ideality)并不依赖于相关经验的现实性(reality)。……这样理解的与人的真实经验无必然联系的'有意义'的概念独独在人类事务领域中起作用,并且对理解诸如成功、所有权、道德责任等只适用于人类事务的概念必不可少。"③

① [德]舍勒.论价值的颠覆[M].罗悌伦,林克,曹卫东,译.北京:生活·读书·新知三联书店,1997:2.
② 联合国教育、科学及文化组织.反思教育:向"全球共同利益"的理念转变?[R].北京:教育科学出版社,2017:9.
③ 翟振明.意义是如何超越经验的//靳希平,王庆节.现象学在中国(中国现象学与哲学评论·特辑)[C].上海:上海译文出版社,2003:78-85.

二、教育的人学知识论

在教育人学看来,教育学在本质上就是以"人的意义"起点、过程和目的的探索和实践,这种"人的意义"在教育哲学中就是"人的形而上学",其含义就是一切教育知识只有归结到人的意义上才能得以理解。

(一)教育知识的"人的意义"

德国国家主义教育哲学家曾经将教育定义为"人类力量协调且平等的变革","它基于心灵本性的方法,使每一个灵魂的力量都能够得以施展,每一个生活中最天然的原则都能够得到激发与充盈,所有的片面文化能够被避免,人的力量与价值凭靠的冲创力都能够展示出来"。① 虽然这个定义比较宽泛,但它一直被引用和重视,演化出精神科学教育学派、人文主义教育学派等。2015 年联合国教育、科学及文化组织发布的《反思教育:向"全球共同利益"的理念转变?》报告,较之其于 1972 年发布的《学会生存——教育世界的今天和明天》和 1996 年的《教育——财富蕴藏其中》,更加强调,甚而鲜明地提出教育的人文主义。它指出:"仅凭教育不能解决所有发展问题,但着眼于全局的人文主义教育方法可以,并且应该有助于实现新的发展模式。在这种模式下,经济增长必须遵从环境管理的指导,必须服从人们对于和平、包容与社会正义的关注。人文主义发展观的道德伦理原则反对暴力、不宽容、歧视和排斥。在教育和学习方面,这就意味着超越狭隘的功利主义和经济主义,将人类生存的多个方面融合起来。"②

何谓人文?"人文"的英文为"humanity"。根据英国文化研究代表人物雷蒙·威廉斯(Raymond Williams)的考证,"humanity"源自拉丁文"humanus",表示"人自身或人之属性",有 humane、human、humanist、humanism、humanitarian 等词的意涵。humane 在 16 世纪意指"人性",后来指"仁慈、亲切、礼貌"等。humanity 在 15 世纪末期之后与 divinity(神性)相对,代替此前人类(humanity)与代表动物或野蛮人的次人类之间的区分,指有限的人性。但在 18 世纪之后,humanity 指人的普遍特征或属性,并且增加了人文主义者(humanist)和人文主义(humanism)等意义。③ 在牛津哲学词典中,humanity 指仁慈地做事的原则,即"我们控制自己的言说或表现过

---

① Bain. Education as a science[M]. New York: D. Apleton and Company, 1898: 1.

② 联合国教育、科学及文化组织. 反思教育:向"全球共同利益"的理念转变?[R]. 北京:教育科学出版社,2017: 2.

③ [英]雷蒙·威廉斯. 关键词:文化与社会的词汇[M]. 刘建基,译. 上海:上海三联书店,2005: 208-213,375.

程,最大限度地发挥其他理性人的主体作用,而不是把仁慈当作一种权利或义务"。① "humanism"强调人的福祉和尊严,也乐观地相信人的理性的能力,至少坚信我们除了最好地发挥我们之所能之外,别无他途。人文主义是文艺复兴时期的显著特征,那时的人们希望复兴古希腊和古罗马文学的研究,重新发现人与自然的统一,恢复生命的活力,剔除中世纪的影响。在与宗教的分分合合之后,在20世纪晚期,后现代主义和女权主义作家蔑视这个词。以萨特的哲学为例,它依赖于自主性、自我意识、理性、单个自我等的可能性,同时它难免应当关注个性与动机遭遇到的、不可避免的裂隙的、碎片化的、历史的和社会的情境化本质。如此看来,后现代主义者和女权主义作家的主张从批判的角度强调和坚持了人文主义的价值观和方法论。

在教育人学看来,"人"作为动词,其建构"人性的圆周"的动力和基础在于"人的形而上学",包括从"人所应是"即人的抽象性、"人之所是"即人的普遍性,到"所是之人"即人的具体性的历史发展。② 归结起来,教育人学的"人的形而上学"意指激发人的生命活力,保护人的天性、发展人的个性、培养人的社会性。正如舍勒所言:"形而上学不是为弱者、需要扶持的人开设的保险公司。形而上学是以人心中有力量的、意气风发的意念为前提的。因此很容易理解,人是在他的发展过程和他的不断增长着的自我认识中,才意识到他原来也是一起在奋斗着的,他也一同得到了'神性'。"③人的这种形而上学在海德格尔哲学体系中就是"无"。也就是"当他一转身时,他仿佛看到了'无'(nichts)。当这一眼中,他似乎发现了'绝对的无'的可能性","一个绝对的存在所具有的范围,无论可以体验及认识与否,与存在的自我意识和世界意识一样,在结构上同样属于人的本质"。④

进而,从"人的形而上学"的静态或结构方面分析,人的本质,即人的意义,是整体的,需要用人的精神去把握和理解。按照现象学,它以纯意识的形式呈现出来;按照解释学,它通过视域融合的辩证运动,在理解中显现;按照批判理论,尤其是激进哲学的视角,它通过否定的辩证法,以多元主体的方式显现。当然,如果融合社会心理学模型(见图12-1),那么人的本质存在于不可见的潜意识之中,人的知识、能力只是人的本质的冰山一角。事实

---

① Simon Blackburn. Oxford Dictionary of Philosophy[Z]. Oxford:Oxford University Press, 2016:226.

② 周兴国.教育哲学的人论基础及其嬗变[J].苏州大学学报(教育科学版),2015(3):39-45.

③ [德]舍勒.人在宇宙中的地位[M].李伯杰,译.贵阳:贵州人民出版社,2000:81.

④ 同上书:77.

上,哲学人类学已经作了最好的综合与诠释。"人的本质及人可以称作他的特殊地位的东西,远远高于人们称之为理智和选择能力的东西。使人之所以为人的新原则,存在于所有我们可以在最广的意义上称之为生命的东西之外,无论是在内在-心理还是外部-活力的意义上。"①

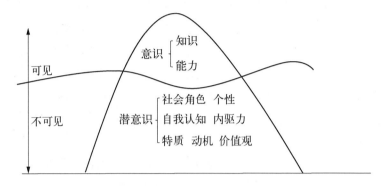

图 12 - 1　戴维·麦克利兰(D. C. McClelland)的冰山模型

从形而上学的动态的或建构的角度分析,并按照舍勒的理解,由于人绝非一个"物",而是一个"趋向"。他能够自己超越自己,从一个时空世界的彼岸中心出发而趋向这个中心。这个中心本身不可能是这个世界的一个部分,而只可能存在于最高的存在理由(上帝)本身之中。人被定位于一个动态的"X"上,在一个未知的数(零)上。② 因此,人的形而上学是情境性的、具体的、历史的、动态的、创生的。就其教育学意义而论,教育首先要求一切知识置于人的意义上来理解和把握,尊重人的精神性存在,因此,"怀着惊奇、清醒和勇气去面对我们人类自己:让我们的大学和学院像过去那样成为精神的引路人,我们所有人,包括老师、学生、父母和国家公民,为他们自己再次成为存在本身"。③ 就人的形而上学的动态性、创造性意义而论,教育行动创造人的本质。"精神把生命观念化;而只有生命才有能力把精神投入行动中,并把精神变成现实,无论是从简单的行为刺激起,还是一直到完成一件我们认为具有精神意蕴的产品上,都是如此。"④

---

① [德] 舍勒.论价值的颠覆[M].罗悌伦,林克,曹卫东,译.北京:生活·读书·新知三联书店,1997:46.
② 默默.人是祈祷的 X:纪念马克斯·舍勒逝世 60 周年//[德] 舍勒.人在宇宙中的地位[M].李伯杰,译.贵阳:贵州人民出版社,2000:12.
③ Anthony T. Kronman. Education's end: Why our universities and colleges have given up on their meaning of life[M]. New Haven and London: Yale University Press, 2008: 259.
④ [德] 舍勒.人在宇宙中的地位[M].李伯杰,译.贵阳:贵州人民出版社,2000:67.

（二）教育人学的知识论

教育是我们努力适应变化、改造我们生活其中的世界的核心。① 因此，教育人学必须根据时代的需要，进行知识更新。就教育人学的知识论而言，本书主要探究了教育人学的认识论何以可能的问题，未直接探究最新的知识观，尤其是人文主义视角下的知识观。

第一，教育人学应当秉持"谦逊理性"的精神，才能产生正确的知识论。在全球化的新技术、新信息时代，人如何处理好自己与自然的关系，已经成为重要的知识论内容。一方面，自然作为"他者"，也是一个与我们人类并存的主体，因此，我们有责任和义务与自然和谐相处，在此前提下探究人的可持续发展问题，研究作为全球共同利益的教育和知识，推动教育治理与知识治理同步进行、共同发展；②另一方面，认识到人类自身的不足，保持真诚的态度，也就是说，"人自身的问题达到我们所知道的全部历史中的最大限度，人也无法完全认识自己时，新的真诚的勇气又回来了""提出这个根本的问题，并且——同时在各门不同的科学业已取得的有关人的单项知识的大量宝藏的基础上——创造出一个人的自我意识和自我观照的新形式"。③

第二，教育人学的知识论出于人性关怀，强调知识的批判性。何谓知识，联合国教科文组织发表的《反思教育：向"全球共同利益"的理念转变?》提出："知识广泛地理解为通过学习获得的信息、理解、技能、价值观和态度。知识本身与创造及再生产知识的文化、社会、环境和体制背景密不可分。"④以后现代理论和后结构主义等为基础的知识社会学发现了知识"洞穴"或"幻象"对人本真意义的遮蔽，解构了知识的元话语，揭示了权力和话语对知识的制约。批判教育学认为教育知识不是价值中立的，必然具有"谁的知识有价值"的问题。就全球化、信息化等背景下的教育知识而言，一方面，我们主张在知识的创造、控制、获取、认证和运用过程中，基于知识的正义，我们应当使其向所有人开放（见图 12-2）；另一方面，虽然教育的终极目标是发展和利用知识，制定适合理想社会各项原则的教育指导方针，在有意识和有组织的学习过程中全面发展知识的创造、控制、习得、认证和运用能力，但是，在知识/话语/权力理论的境遇下，"我们不但要考虑如何获得和认证知

---

① 联合国教育、科学及文化组织.反思教育：向"全球共同利益"的理念转变? ［R］.北京：教育科学出版社,2017:4(序言).
② 同上书: 80.
③ ［德］舍勒.人在宇宙中的地位［M］.李伯杰,译.贵阳：贵州人民出版社,2000:3(前言).
④ 联合国教育、科学及文化组织.反思教育：向"全球共同利益"的理念转变? ［R］.北京：教育科学出版社,2017:16.

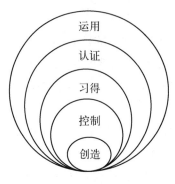

图 12－2　知识的创造、控制、习得、认证和运用①

识,更要考虑知识的获取受到何种控制,以及如何普遍提供获取知识的机会"。② 也就是说,教育人学不仅重点关注知识的创造,激发人的潜能,而且从社会及知识社会学的角度关注知识平等问题,也就是如何"控制"才能让知识服务于所有人。

第三,教育知识的批判性是出于对人的关怀,尊重人道主义精神,奉行教育公平原则,做到在知识面前人人平等。归根结底,需要唤起每个人的"知识论的好奇"(弗莱雷语)。本书论及的教育人学主体性、心身论等虽未直接论述教育学知识论及其具体内容,但是却努力回答"教育人学认识何以可能"这一更根本的问题。它主要从有关教育人学的心灵哲学、身体哲学、行动哲学、主体哲学、话语理论、艺术、伦理、制度等角度剖析看似简单的教育知识背后政治、社会、文化等因素如何从宏观与微观角度塑造、控制、转化人的体认、身体和行为,试图让教育参与者产生"惊奇",让他们自己立刻与教育相关的教育资料、媒介和自己所处学校情境,以及周遭世界产生历史的、现实的、特定的联系。同时,认识到,在人的心理认知和教育知识、教育理论与实践、教育内容与教育方法之间不再是简单的、线性的关系,而是各种复杂关系在教育事件中通过反对宏大叙事的方式,把知识碎片、信息碎片塑造成为公共消费品的"合格知识"。③ 当然,这是批判教育学的看法。如果从建构主义的角度看,教育人学的知识论不是简单地从认知心理学、脑认知科学(包括人工智能)来认识教育人学的知识,而是必须基于人的意义,综合知识社会学、哲学等,用联系的观点坚持否定辩证法的精神,在诸种差异、关系、断裂、连续等状态中,采用"透视法"或"星丛理论"等质的研究方法,遵从过程性真理原则,探析与人密切相关的知识的发生、过程与效果等。

三、教育人学的学科使命

教育人学无论作为学科,还是研究领域或研究方向,因其"人的哲学"而成为教育学大学科门类中的始基;也因其研究的复杂性、艰巨性而滞后,亟

---

①② 联合国教育、科学及文化组织.反思教育:向"全球共同利益"的理念转变?[R].北京:教育科学出版社,2017:71.

③ Joe L. Kincheloe. Knowledge and Critical Pedagogy: An Introduction [M]. New York: Springer, 2008: Ⅶ-Ⅷ.

待弥补和夯实；更因为它是历史和现实的需要，需要教育人学研究具有强烈的使命感和责任感，这就是教育人学作为学科或研究领域、方向的人学使命。

南京师范大学冯建军教授[①]在论文《关于建构教育人学的几点设想》中提到：

> "育人为本"的新时代呼唤教育人学的诞生。教育人学是以教育中的整体人为研究对象，探讨整体人与教育之间的关系及其规律的学科。区别于教育中以人为对象的其他学科，教育人学总体上属于哲学，是以教育哲学思维为主，横跨许多学科的综合性学科。教育人学具有哲学本性、综合性、时代性和基础性。教育人学研究教育中整体的人和整体人的教育，其主题包括教育人学的历史形态、逻辑形态、现实形态，以及教育人学的本体论、价值论和实践论。教育人学的研究就是寻求对教育中人的理解。教育人学研究是一种规范性研究，它以实践唯物主义思想为指导，运用辩证的思维和综合的方法开展对教育中整体人的研究。[②]

在这篇论文中，冯老师勾画出教育人学研究的历史背景、对象、特性、特征、主题、性质、方法、使命等，不失为一篇佳作，为后续的教育人学研究勾画出了轮廓。本书的研究在诸多方面尽力吻合冯老师提出的要求，在主题、内容、基础性等方面进行了广泛和深入的拓展。

一百多年前，英国哲学家、心理学家、教育学家贝恩对教育学何以能称其为科学，提出了自己的要求。他基于英美经验哲学和科学分析的传统，吸纳心理学、哲学的研究成果，批判斯宾塞、密尔等人的教育理论，建立了以人性研究为基础的教育学。他的研究在国内还没有引起足够的重视，但在英美教育学界的影响越来越大。他将教育学比作一门艺术，认为："研究方法就像任何艺术的科学方法一样，都是在一定程度上由多门相关的科学武装起来的，就像是化学原理之于农业那样。同时，整个艺术科学方法研究一定程度上都强调陈述的极致精确与严谨，以及构成艺术的各种公理或规则的演绎和推理。无论是思想的丰富性还是方向的明晰程度都能够证明科学方

---

① 冯建军老师近年发表和出版的系列教育人学论著，如：《教育的人学视野》（合肥：安徽教育出版社，2008）、《当代道德教育的人学论域》（福州：福建教育出版社，2015）等。冯老师展开了较为系统的教育人学研究，形成了系统的教育人学研究体系。

② 冯建军.关于建构教育人学的几点设想[J].华东师范大学学报（教育科学版），2017，35（2）：57－67+120.

法的价值。"①在《作为科学的教育》一书中,贝恩主要从心理学的角度,综合了艺术、文化、哲学、逻辑等方面的知识,集中论述了人的认知能力、心理素质、教育价值、教学艺术、课程与教学理论、学科教学、教育方法、教育关键术语等,是一本有关教育的"人的科学"的经典著作。

国内扈中平教授、冯建军教授、王啸教授、夏正江教授、蔡春教授、吴全华教授,以及其他直接或间接研究教育人学的专家学者的研究,以及卢梭、杜威、贝恩、苏霍姆林斯基、乌申斯基、本纳、阿普尔、吉鲁、朗西埃、比斯塔等教育学家的研究对教育人学的当今研究有着重要的启示。从学科角度看,对人的研究得到的"人的哲学"犹如教育人学研究的"化学原理",是教育人学研究的基本原理。从学科互涉的角度看,教育人学必然关涉心理学、生理学、医学、哲学、历史学、文学、政治学、宗教学、语言学等多门相关学科,它们直接或间接地以各种方式作用或相互作用于教育人学,而且与赫尔巴特将教育学建立在哲学、心理学基础上不同,教育人学的基础是远远超越哲学、心理学的,是多学科互涉的,或者根据教育之"人的哲学"的特点,具有跨学科性、多学科性等;从研究方法来看,贝恩提出了概念和范畴的明晰性、逻辑性之于教育人学的重要意义,这是英美教育学的特有贡献,对国内长期受苏联和欧洲大陆教育学影响的思辨型研究范式而言,具有重要示范意义。

客观地讲,目前国内教育人学的研究处于初级阶段,可资借鉴的资料不多。但是,我们至少应当明确,教育人学必须拥有自己的本体论、认识论和价值观,以及专业的语言、概念、范畴、理论。"人的形而上学"无疑是教育人学的本体论,它建立在一定的人性论基础上,探究作为主体的人的存在论或生存论。已有研究表明,单主体或"占有型"主体并不是人的形而上学范畴,恰是应当被拒斥的东西。主体间性或双主体,以及多元主体充分体现了人的社会性、精神性,体现了教育追求个人幸福、美好生活、社会公平的目的。国内教育学界有关主体理论的研究近几年进展不大,一方面受阻于主体哲学的停滞;另一方面,教育学还没有完全建立起有关教育自身问题、方法、理论的一套主体理论。笔者妄加猜测,倘若将教育人学和主体理论联系起来,那么教育学的主体理论研究或许另有一番天地。此外,教育人学的"人的形而上学"主要研究与人的本性切近的理论和内容,因此,在"人性的圆周"中的学科中,相对而言,越是贴近人性本性的学科,与教育人学的关系愈加紧密,例如心理学、哲学、社会学等学科被教育人学借鉴和吸收的内容相对较

---

① Bain. Education as a science[M]. New York: D. Apleton and Company, 1898: 1.

多。更具体地讲，必须借鉴这些学科的最新研究成果，推动有关人的身心问题的心灵哲学、身体理论，以及综合了身心理论和时空理论的行动哲学等方面的研究。

　　综观全书，教育人学的本体论是本书研究的焦点和主要内容，由于限于"人的哲学"，因此本书没有深入研究教育人学中更细致的问题，例如师生关系异化、教育道德异化、教育语言的异化问题，也没有将教育人学的身心论、时空论、行动论、育人论等进行综合研究。希望能在另外的论著中进一步探讨教育人学的这些细致问题。此外，教育人学的实践论、价值论等都是教育人学的必要内容，但在本书有关行动论、他者伦理学、虚无价值论等方面，以及国内其他相关著作中已有较为详细的论述，此处不再赘述。同时，从社会、艺术、文化等角度探究教育人学的学科性研究，是非常必要的。笔者在本书第十、十一章略有论述，计划在以后的研究和写作中进行更详细的论述。

　　总之，本书在总结前人相关研究的基础上，基于教育人学的历史境遇，吸纳教育学、哲学、语言学、美学、社会学、心理学等学科相关研究成果，对教育人学的人性（论）基础、主体、心身、时空、行动、育人、伦理、价值、艺术、话语等基本理论展开辨析和论证，进行了一场思想的"旅行"和"探险"。踏入其中，不求也不能建立一个十分完美的理论体系，但却在文献的纵横交错、思维的火花、书写的停顿、内心的彷徨、个人的孤寂中，追寻思想的刹那闪亮，希望与读者、他者和我们的世界在情感的时空中偶遇，在迂回话语中交锋，在永不消逝的肉身中铭记。此时，法国诗人马拉美（Stephane Mallarme）的声音在耳边突然响起。

一个星座

遗忘和荒芜的冰冷

数不

胜数

在某个空虚而至上的表面

连续撞击

最终幻成

星声的数点

警醒

疑惑

流动

闪烁和沉思

在停留在

某个使之珠光迷离的新点之前

全部思想掷出一把骰子①

---

① ［法］马拉美.马拉美诗全集［M］.葛雷,梁栋,译.杭州：浙江文艺出版社,1997：140.

参 考 文 献

一、中文译著

［1］［奥地利］阿尔弗雷德·阿德勒.儿童的人格教育［M］.彭正梅,彭莉莉,译.上海:上海人民出版社,2011.

［2］［奥地利］弗洛伊德.论文明［M］.徐洋,何桂全,张敦福,译.北京:国际文化出版公司,2000.

［3］［奥地利］茨达齐尔.教育人类学原理［M］.李其龙,译.上海:上海教育出版社,2001.

［4］［奥地利］米塞斯.人的行为(上)［M］.夏道平,译.台北:远流出版事业股份公司,1991.

［5］［巴西］保罗·弗莱雷.被压迫者教育学［M］.顾建新,等译.上海:华东师范大学出版社,2001.

［6］［丹麦］扎哈维.胡塞尔现象学［M］.李忠伟,译.上海:上海译文出版社,2007.

［7］［德］博尔诺夫.教育人类学［M］.李其龙,译.上海:华东师范大学出版社,1999.

［8］［德］布列钦卡.教育科学的基本概念——分析、批判和建议［M］.胡劲松,译.上海:华东师范大学出版社,2001.

［9］［德］底特利希·本纳.普通教育学:教育思想和行动基本结构的系统的和问题史的引论［M］.彭正梅,等译.上海:华东师范大学出版社,2006.

［10］［德］弗里德兰德,［美］克里格,［德］沃格林.《王制》要义［M］.张映伟,译.北京:华夏出版社,2006.

［11］［德］福禄贝尔.人的教育［M］.孙祖复,译.北京:人民教育出版社,1991.

［12］［德］伽达默尔.真理与方法［M］.洪汉鼎,译.上海:上海译文出版社,

2004.

［13］［德］哈贝马斯.后形而上学思维［M］.曹卫东,付德根,译.南京:译林
出版社,2001.

［14］［德］哈贝马斯.交往行为理论(第一卷)［M］.曹卫东,译.上海:上海
人民出版社,2004.

［15］［德］哈贝马斯.交往与社会进化［M］.张博树,译.重庆:重庆出版社,
1989.

［16］［德］哈贝马斯.现代性的哲学话语［M］.曹卫东,等译.南京:译林出
版社,2004.

［17］［德］哈贝马斯.作为"意识形态"的技术和科学［M］.李黎,郭官义,
译.上海:学林出版社,1999.

［18］［德］海德格尔.存在与时间［M］.陈嘉映,王庆节,译.北京:生活·读
书·新知三联书店,2006.

［19］［德］海德格尔.路标［M］.孙周兴,译.北京:商务印书馆,2009.

［20］［德］海德格尔.面向思的事情［M］.陈小文,孙周兴,译.北京:商务印
书馆,1996.

［21］［德］海德格尔.形而上学导论［M］.熊伟,王庆节,译.北京:商务印书
馆,2005.

［22］［德］海德格尔.演讲与论文集［M］.孙周兴,译.上海:上海三联书店,
2005.

［23］［德］海德格尔.走向语言的途中［M］.孙周兴,译.北京:商务印书馆,
2005.

［24］［德］黑格尔.精神现象学(上卷)［M］.贺麟,译.北京:商务印书馆,
2009.

［25］［德］胡塞尔.笛卡儿沉思与巴黎讲演［M］.张宪,译.北京:人民出版
社,2007.

［26］［德］胡塞尔.经验与判断［M］.邓晓芒,等译.北京:生活·读书·新
知三联书店,1999.

［27］［德］胡塞尔.逻辑研究(第二卷第一部分)［M］.倪梁康,译.上海:上
海译文出版社,2006.

［28］［德］胡塞尔.欧洲科学的危机与先验现象学［M］.王炳文,译.北京:
商务印书馆,2008.

［29］［德］胡塞尔.形式逻辑和先验逻辑［M］.李幼蒸,译.北京:中国人民
大学出版社,2012.

[30] [德] 霍克海默,阿多诺.启蒙辩证法:哲学断片[M].渠敬东,曹卫东,译.上海:上海人民出版社,2006.

[31] [德] 卡西尔.人论[M].甘阳,译.上海:上海译文出版社,2003.

[32] [德] 康德.纯粹理性批判[M].邓晓芒,译.北京:人民出版社,2001.

[33] [德] 康德.法的形而上学原理——权利的科学[M].沈叔平,译.北京:商务印书馆,1991.

[34] [德] 康德.论教育学[M].赵鹏,何兆武,译.上海:上海人民出版社,2005.

[35] [德] 康德.判断力批判[M].邓晓芒,译.北京:人民出版社,2005.

[36] [德] 马尔库塞.爱欲与文明[M].黄勇,薛明,译.上海:上海译文出版社,2005.

[37] [德] 马尔库塞.单向度的人[M].刘继,译.上海:上海译文出版社,2006.

[38] [德] 马克思,恩格斯.德意志意识形态(节选本)[M].中共中央马克思恩格斯列宁斯大林著作编译局,译.北京:人民出版社,2003.

[39] [德] 马克思.1844年经济学哲学手稿[M].中共中央马克思恩格斯列宁斯大林著作编译局,译.北京:人民出版社,2000.

[40] [德] 马克思.资本论[M].中共中央马克思恩格斯列宁斯大林著作编译局,译.北京:人民出版社,2004.

[41] [德] 尼采.人性的,太人性的[M].杨恒达,译.北京:中国人民大学出版社,2005.

[42] [德] 尼采.苏鲁支语录[M].徐梵澄,译.北京:商务印书馆,1997.

[43] [德] 舍勒.论价值的颠覆[M].罗悌伦,林克,曹卫东,译.北京:生活·读书·新知三联书店,1997.

[44] [德] 舍勒.人在宇宙中的地位[M].李伯杰,译.贵阳:贵州人民出版社,2000.

[45] [德] 沃尔夫冈·布列钦卡.教育知识的哲学[M].杨明全,宋时春,译.上海:华东师范大学出版社,2006.

[46] [德] 武尔夫.教育人类学[M].张志坤,译.北京:教育科学出版社,2009.

[47] [俄] 杜比宁.人究竟是什么[M].李雅卿,海石,译.北京:东方出版社,2000.

[48] [俄] 尼古拉·别尔嘉耶夫.人的奴役与自由[M].徐黎明,译.贵阳:贵州人民出版社,1994.

[49] ［俄］乌申斯基.人是教育的对象（上、下）［M］.郑文樾,张佩珍,等译.北京：人民教育出版社,2007.

[50] ［俄］乌申斯基.乌申斯基教育文选［M］.张佩珍,冯天向,郑文樾,译.北京：人民教育出版社,1991.

[51] ［法］埃德加·莫兰.复杂性理论与教育问题［M］.陈一壮,译.北京：北京大学出版社,2004.

[52] ［法］埃德加·莫兰.迷失的范式：人性研究［M］.陈一壮,译.北京：北京大学出版社,1999.

[53] ［法］巴迪欧.爱的多重奏［M］.邓刚,译.上海：华东师范大学出版社,2012.

[54] ［法］鲍德里亚.象征交换与死亡［M］.车槿山,译.南京：译林出版社,2006.

[55] ［法］布迪厄,［美］华康德.实践与反思：反思社会学导引［M］.李猛,李康,译.北京：中央编译出版社,1998.

[56] ［法］德里达.书写与差异［M］.张宁,译.北京：生活·读书·新知三联书店,2001.

[57] ［法］德日进.人的现象［M］.李弘祺,译.北京：新星出版社,2006.

[58] ［法］福柯.规训与惩罚［M］.刘北成,杨远樱,译.北京：生活·读书·新知三联书店,2012.

[59] ［法］福柯.权利的眼睛［M］.严锋,译.上海：上海人民出版社,1999.

[60] ［法］海然热.语言与人——论语言对人文科学的贡献［M］.张祖建,译.北京：生活·读书·新知三联书店,1999.

[61] ［法］拉·梅特里.人是机器［M］.顾寿观,译.北京：商务印书馆,1999.

[62] ［法］利奥塔.非人：时间漫谈［M］.罗国祥,译.北京：商务印书馆,2000.

[63] ［法］列维纳斯.总体与无限：论外在性［M］.朱刚,译.北京：北京大学出版社,2016.

[64] ［法］卢梭.爱弥儿［M］.李平沤,译.北京：商务印书馆,2002.

[65] ［法］卢梭.社会契约论［M］.何兆武,译.北京：商务印书馆,2003.

[66] ［法］梅洛-庞蒂.辩证法的历险［M］.杨大春,张尧均,译.上海：上海译文出版社,2009.

[67] ［法］梅洛-庞蒂.行为的结构［M］.杨大春,张尧均,译.北京：商务印书馆,2005.

[68] ［法］梅洛-庞蒂.知觉现象学［M］.姜志辉,译.北京：商务印书馆,

2001.

[69] [法] 梅洛-庞蒂.哲学赞词[M].杨大春,译.北京：商务印书馆,2000.

[70] [法] 乔治·古尔维奇.社会时间的频谱[M].金梦兰,朱红文,高宁,等译.北京：北京师范大学出版社,2010.

[71] [法] 萨特.辩证理性批判[M].林骧华,等译.合肥：安徽文艺出版社,1998.

[72] [法] 萨特.存在与虚无[M].陈宣良,等译.北京：生活·读书·新知三联书店,1997.

[73] [法] 斯蒂格勒.技术与时间：I. 爱比米修斯的过失[M].裴程,译.上海：上海译林出版社,2019.

[74] [法] 涂尔干.道德教育[M].陈光金,等译.上海：上海人民出版社,2006.

[75] [古希腊] 柏拉图.柏拉图全集(第三卷)[C].王晓朝,译.北京：人民出版社,2003.

[76] [古希腊] 柏拉图.理想国[M].郭斌和,张竹明,译.北京：商务印书馆,2011.

[77] [古希腊] 亚里士多德.灵魂论及其他[M].吴寿彭,译.北京：商务印书馆,1999.

[78] [古希腊] 亚里士多德.尼各马可伦理学[M].廖申白,译.北京：商务印书馆,2005.

[79] [荷] 冯·戴伊克.话语 心理 社会[M].施旭,冯冰,编译.北京：中华书局,1993.

[80] [荷] 约翰·赫伊津哈.人：游戏者[M].成穷,译.贵阳：贵州人民出版社,1998.

[81] [加] 范梅南.教学智慧——教育智慧的意蕴[M].李树英,译.北京：教育科学出版社,2014.

[82] [加] 范梅南.生活体验研究：人文科学视野中的教育学[M].宋广文,等译.北京：教育科学出版社,2003.

[83] [加] 马歇尔·麦克卢汉.理解媒介——论人的延伸[M].何道宽,译.北京：商务印书馆,2000.

[84] [美] 拉特纳.杜威哲学[M].赵一苇,等译.台北：世界书局,1960.

[85] [美] Catherne Marshall,[美] Gretchen B. Rosssman.质性研究设计与计划撰写[M].李政贤,译.台北：五南图书出版公司,2006.

[86] [美] J. 福多.内容理论//高新民,储昭华.心灵哲学[C].北京：商务印书馆,2002.

［87］［美］Joan Wink.批判教育学——来自真实世界的记录［M］.黄柏叡，廖贞智，译.台北：巨流图书有限公司，2005.

［88］［美］R.尼布尔.人的本性与命运［M］.成穷，王作虹，译.贵阳：贵州人民出版社，2006.

［89］［美］阿伦特.人的境况［M］.王寅丽，译.上海：上海人民出版社，2009.

［90］［美］埃伦·康得利夫·格拉曼.一门捉摸不定的科学：困扰不断的教育研究的历史［M］.花海燕，译.北京：教育科学出版社，2006.

［91］［美］巴特勒.身体之重［M］.李钧鹏，译.上海：上海三联书店，2011.

［92］［美］德沃金.至上的美德：平等的理论与实践［M］.冯克利，译.南京：江苏人民出版社，2003.

［93］［美］杜威.教育科学的资源［M］.张岱年，傅继良，译.北平：人文书店，1932.

［94］［美］杜威.经验与自然［M］.傅统先，译.南京：江苏教育出版社，2005.

［95］［美］杜威.民主主义与教育［M］.王承绪，译.北京：人民教育出版社，2001.

［96］［美］杜威.确定性的寻求［M］.傅统先，译.上海：上海人民出版社，2004.

［97］［美］杜威.人的问题［M］.傅统先，邱椿，译.南京：江苏教育出版社，2006.

［98］［美］杜威.艺术即经验［M］.高建平，译.北京：商务印书馆，2007.

［99］［美］杜威.哲学的改造［M］.张颖，译.西安：陕西人民出版社，2004.

［100］［美］杜威.自由与文化［M］.傅统先，译.北京：商务印书馆，1964.

［101］［美］杜威.道德教育原理［M］.王承绪，等译.杭州：浙江教育出版社，2003.

［102］［美］杜威.杜威全集·早期著作（1882—1898）［M］.复旦大学杜威与美国哲学研究中心组，译.上海：华东师范大学出版社，2010.

［103］［美］房龙.人的解放［M］.郭兵，译.北京：北京出版社，1999.

［104］［美］佛罗斯特.西方教育的历史和哲学基础［M］.吴元训，等译.北京：华夏出版社，1987.

［105］［美］弗洛姆.健全的社会［M］.欧阳谦，译.北京：中国文联出版社，1988.

［106］［美］弗洛姆，等.西方学者论《一八四四年经济学-哲学手稿》［C］.

复旦大学哲学系现代西方哲学研究室,编译.上海：复旦大学出版社,1983.

[107]［美］福山.大分裂：人类本性与社会秩序重建［M］.刘榜离,等译.北京：中国社会科学出版社,2002.

[108]［美］赫舍尔.人是谁［M］.隗仁莲,安希孟,译.贵阳：贵州人民出版社,2009.

[109]［美］亨利·吉罗克斯.跨越边界：文化工作者与教育政治学［M］.刘慧珍,张驰,等译.上海：华东师范大学出版社,2002.

[110]［美］胡克.理性、社会神话和民主［M］.金克,徐崇温,译.上海：上海人民出版社,2006.

[111]［美］吉鲁.教师作为知识分子［M］.朱红文,译.北京：教育科学出版社,2008.

[112]［美］简·卢文格.自我的发展［M］.李维,译.沈阳：辽宁人民出版社,1989.

[113]［美］坎贝尔.理解杜威：自然与协作的智慧［M］.杨柳新,译.北京：北京大学出版社,2010.

[114]［美］库利.人性与社会秩序［M］.包凡一,王湲,译.北京：华夏出版社,1989.

[115]［美］列奥·施特劳斯,约瑟夫·克罗波西.政治哲学史（下）［M］.李天然,译.石家庄：河北人民出版社,1998.

[116]［美］马斯洛.人性能达到的境界［M］.马良诚,等译.西安：陕西师范大学出版社,2010.

[117]［美］马斯洛,等.人的潜能与价值［M］.张积模,江美娜,译.北京：华夏出版社,1987.

[118]［美］迈克尔·W. 阿普尔.意识形态与课程［M］.黄忠敬,译.上海：华东师范大学出版社,2001.

[119]［美］迈克尔·W. 阿普尔.教育与权力［M］.曲囡囡,等译.上海：华东师范大学出版社,2008.

[120]［美］迈克尔·W. 阿普尔.文化政治与教育［M］.阎光才,等译.北京：教育科学出版社,2005.

[121]［美］纳坦·塔科夫.为了自由——洛克的教育思想［M］.邓文正,译.北京：生活·读书·新知三联书店,2001.

[122]［美］诺丁斯.幸福与教育［M］.龙宝新,译.北京：教育科学出版社,2009.

[123] [美] 普拉特纳, 等. 卢梭的自然状态 [M]. 尚建新, 余灵灵, 译. 北京: 华夏出版社, 2008.

[124] [美] 乔尔·斯普林格. 脑中之轮: 教育哲学导论 [M]. 贾晨阳, 译. 北京: 北京大学出版社, 2005.

[125] [美] 乔万尼·萨托利. 民主新论 [M]. 冯克利, 阎克文, 译. 上海: 上海人民出版社, 2009.

[126] [美] 斯潘诺斯. 教育的终结 [M]. 王成兵, 等译. 南京: 江苏人民出版社, 2006.

[127] [美] 塔利斯. 杜威 [M]. 彭国华, 译. 北京: 中华书局, 2003.

[128] [美] 肖恩·加拉格尔. 解释学与教育 [M]. 张光陆, 译. 上海: 华东师范大学出版社, 2009.

[129] [美] 伊斯雷尔·谢弗勒. 人类的潜能——一项教育哲学的研究 [M]. 石中英, 涂元玲, 译. 上海: 华东师范大学出版社, 2006.

[130] [美] 詹姆斯·保罗·吉. 话语分析导论: 理论与方法 [M]. 杨炳均, 译. 重庆: 重庆大学出版社, 2011.

[131] [日] 筑波大学教育学研究会. 现代教育学基础 [M]. 钟启泉, 译. 上海: 上海教育出版社, 1986.

[132] [斯洛文尼亚] 斯拉沃热·齐泽克. 敏感的主体——政治本体论的缺席中心 [M]. 应奇, 等译. 南京: 江苏人民出版社, 2005.

[133] [英] G. A. 科亨. 卡尔·马克思的历史理论: 一个辩护 [M]. 岳长龄, 译. 重庆: 重庆出版社, 1989.

[134] [英] 伯纳德·威廉斯. 道德运气 [M]. 徐向东, 译. 上海: 上海译文出版社, 2007.

[135] [英] 大卫·哈维. 新帝国主义 [M]. 初立忠, 沈小雷, 译. 北京: 中国社会科学文献出版社, 2009.

[136] [英] 约翰·怀特. 再论教育目的 [M]. 李永宏, 等译. 北京: 教育科学出版社, 1997.

[137] [英] 怀特海. 教育的目的 [M]. 徐汝舟, 译. 北京: 生活·读书·新知三联书店, 2022.

[138] [英] 雷蒙·威廉斯. 关键词: 文化与社会的词汇 [M]. 刘建基, 译. 北京: 生活·读书·新知三联书店, 2005.

[139] [英] 罗素. 伦理学和政治学中的人类社会 [M]. 肖巍, 译. 北京: 中国社会科学出版社, 1992.

[140] [英] 麦克·扬. 知识与控制 [M]. 谢维和, 朱旭东, 译. 上海: 华东师

范大学出版社,2002.

[141] [英]帕菲特.理与人[M].王新生,译.上海:上海译文出版社,2005.

[142] [英]齐格蒙·鲍曼.流动的现代性[M].欧阳景根,译.上海:上海三联书店,2002.

[143] [英]特纳.身体与社会[M].马海良,赵国新,译.北京:春风文艺出版社,2000.

[144] [英]休谟.人性论[M].关文运,译.北京:商务印书馆,1980.

[145] [英]英格尔斯.人的现代化:心理·思想·态度·行为[M].殷陆君,译.成都:四川人民出版社,1985.

[146] [英]约翰·密尔.论自由[M].许宝骙,译.北京:商务印书馆,2008.

[147] 杰夫·米尔斯.教师行动研究指南[M].王本陆,潘新民,等译.重庆:重庆大学出版社,2010.

[148] 联合国教育、科学及文化组织.反思教育:向"全球共同利益"的理念转变?[R].北京:教育科学出版社,2017.

[149] 联合国教育、科学及文化组织.教育——财富蕴藏其中[R].教科文组织中文部,译.北京:教育科学出版社,1996.

[150] 联合国教育、科学及文化组织国际教育发展委员会.学会生存——教育世界的今天和明天[R].桑新民,译.北京:教育科学出版社,2004.

二、英文专著

[1] A. O. Rorty (Ed.). The Identities of Persons [M]. University of California Press, 1976.

[2] Abel, Donald C. (Ed.). Theories of Human Nature: Classical and Contemporary Readings[M]. New York: McGraw-Hill, 1992.

[3] Abram, David. The spell of the sensuous [M]. New York: Vintage Books, 1996.

[4] Agamben, Giorgio.Language and Death: The Place of Negativity[M]. Minneapolis, MN: University of Minnesota Press, 1991.

[5] Agamben, Giorgio. The Coming Community[M]. Minneapolis, MN: University of Minnesota Press, 1993.

[6] Agamben, Giorgio. Homo Sacer: Sovereign Power and Bare Life[M]. Stanford, CA: Stanford University Press, 1998.

[7] Agamben, Giorgio.Potentialities: Collected Essays in Philosophy[M]. Stanford, CA: Stanford University Press, 1999.

[8] Agamben, Giorgio. The End of the Poem: Studies in Poetics [M]. Stanford, CA: Stanford University Press, 1999.

[9] Agamben, Giorgio. Means Without End: Notes on Politics [M]. Minneapolis, MN: University of Minnesota Press, 2000.

[10] Agamben, Giorgio. Remnants of Auschwitz: The Witness and the Archive[M]. New York, NY: Zone Books, 2002.

[11] Agamben, Giorgio. The Open: Man and Animal[M]. Stanford, CA: Stanford University Press. 2004.

[12] Agamben, Giorgio. State of Exception[M]. Chicago, IL: University of Chicago Press, 2005.

[13] Agamben, Giorgio. The Time that Remains: A Commentary on the Letter to the Romans [M]. Stanford, CA: Stanford University Press, 2005.

[14] Alain Badiou. Being and Event[M]. London: Continuum, 2005.

[15] Alain Badiou. Ethics: An Essay on the Understanding of Evil[M]. New York: Verso, 2000.

[16] Alain Badiou. Logics of World[M]. New York: Continum, 2009.

[17] Alain Badiou. Manifesto for Philosophy [M]. Albany, NY: State University of New York Press, 1999.

[18] Alain Badiou. Conditions[M]. New York: Continuum, 2008.

[19] Alain Badiou. Manifesto for Philosophy [M]. Albany: SUNY Press, 1999.

[20] Alain Badiou. Metapolitics[M]. London & New York: Verso, 2005.

[21] Alain Badou. Five Lessons on Wagner[M]. New York: Verso, 2010.

[22] Alexander Jones (Ed.). The Jerusalem Bible [M]. London: Darton, Longman & Todd, 1974.

[23] Alfred R. Mele (Ed.). The Philosophy of Action[M]. Oxford: Oxford University Press, 1997.

[24] Alison Stone. An Introduction to Feminist Philosophy[M]. Cambridge: Polity Press, 2007.

[25] Allen, J. Hidden Geographies of Power[M]. Cambridge: Polity Press, 2002.

[26] Anderson, K., Domosh, M. Pile, S., and Thrift, N.J. (Eds.). The Cultural Geography Handbook[M]. London: Sage, 2003.

［27］ Anthony T. Kronman. Education's end: Why Our Universities and Colleges Have Given Up on Their Meaning of Life［M］. New Haven and London: Yale University Press, 2008.

［28］ Armstrong, F. Spaced out: Policy, difference and the challenge of inclusive education［M］. London: Kluwer Academic Publishers, 2003.

［29］ B. Mario (Ed.). The science studies reader［M］. New York: Routledge, 1999.

［30］ Bain. Education as a science［M］. New York: D. Apleton and Company, 1898.

［31］ Bammer (Ed.). Displacements: Cultural identities in question［M］. Bloomington: Indiana University Press, 1994.

［32］ Benjamin, W. The Arcades project［M］. Cambridge: Belnap Press, 1999.

［33］ Benton, T. and Craib, I. Philosophy of Social Science: The Philosophical Foundations of Social Thought［M］. London: Macmillan, 2001.

［34］ Brian O'Connor. Adorno's Negative Dialectic: Philosophy and the Possibility of Critical Rationaligy［M］. Cambridge: The MIT Press, 2004.

［35］ Brian Patrick Hendley. Dewey, Russell, Whitehead—Philosophers as Educators［M］. Southern Illinois University Press of U. S., 1986.

［36］ C. A. Jones and P. Galison (Ed.). Picturing Science, Producing Art［M］. New York, NY: Routledge, 1998.

［37］ Callejo Pérez, D. M., Fain, S. M., and Slater, J. J. (Eds.). Pedagogy of place: Seeing space as cultural education［M］. New York: Peter Lang, 2004.

［38］ Canor Cunningham. Genealogy of Nihilism［M］. London and New York: Routledge, 2002.

［39］ Catherine McCall. Concepts of Person［M］. Aldershot: Avebury, 1990.

［40］ Chris Barker. Cultural Studies: Theory and Practice［M］. London: Sage, 2000.

［41］ Colin Brown, Heather Cathcart, Ben Cosin, etc. The Curriculum and Cultural Reproduction［M］. Milton Keynes: The Open University Press, 1977 (Unit20, Revision Ⅱ).

［42］ Cornel West. The American Evasion of Philosophy［M］. The University of Wisconsin Press, 1989.

[43] Crang, M. and Thrift, N. J. (Eds.). Thinking Space [M]. London: Routledge, 2000. culture. New York: Peter Lang, 1999.

[44] D. Lewin. Education Philosophy for a Post-secular Age [M]. New York: Routledge, 2017.

[45] Daniel R. Montello, Karl Grossner, and Donald G. Janelle (Eds.). Space in Mind: Concepts for Spatial Learning and Education [M]. The MIT Press, 2014.

[46] David Julian Hodges. The Anthropology of Education: Classic Readings [M]. Cognella, 2009.

[47] David Carr. Education, Knowledge and Truth: Beyond the Postmodern impasse [M]. London: Routledge, 1998.

[48] Donald E. Polinghorne. Narrative Knowing and the Human Sciences [M]. New York: State University of New York Press, 1988.

[49] Dave Hill, Peter Maclaran, Mike Cole, and Glenn Rikowski. Maxism against Postmodernism in Educational Theory [M]. New York: Lexington Books, 1999.

[50] Deborah Schiffrin, Deborah Tannen, and Heidi E. Hamilton (Eds.). The Handbook of Discourse Analysis [C]. Oxford: Blackwell Publishers, 2001.

[51] Dewey, J. Human Nature and Conduct [M]. New York: The Modern Library, 2002.

[52] Donald Davison. Essays on Action and Event [M]. Oxford: Clarendon, 2001.

[53] Doreen Massey. Space, Place, Gender [M]. Minneapolis, MN: University of Minnesota Press, 1994.

[54] E. Cadava, P. Connor, and J. L. Nancy (Eds.). Who Comes After the Subject [M]. New York: Routledge, 1991.

[55] E. J. Lowe. A Survey of Metaphysics [M]. Oxford: Oxford University Press, 2002.

[56] Edwards, R. & Usher, R. (Eds.). Space, curriculum and learning [M]. Greenwich, CN: Information Age Publishing, 2003.

[57] Egan, Kieran. An imaginative approach to teaching [M]. San Francisco: Jossey-Bass, 2005.

[58] Ellsworth, E. Places of learning: Media, architecture, pedagogy[M].
London: Routledge, 2005.

[59] Fairclough, I. and Fairclough, N. Political Discourse Analysis[M].
London: Routledge, 2012.

[60] Fairclough, N. Language and Power[M]. London: Longman, 1989.

[61] Fowler, R., R. Hodge, G. Kress, and T. Trew. Language and Control
[M]. London: Routledge and Kegan Paul, 1979.

[62] Fowler, R. Language in the News: Discourse and Ideology in the Press
[M]. London: Routledge, 1991.

[63] Friedrich Nietzsche. The Will to Power [M]. New York: Random
House, 1967.

[64] G. Harman. Thought[M]. Princeton, NJ: Princeton Universtiy Press,
1973.

[65] Gallagher, S. Hermeneutics and education[M]. Albany, NY: State
University of New York Press, 1992.

[66] Gary Bridge and Sophie Watson (Eds.). The Blackwell City Reader
[M]. Oxford and Malden, MA: Wiley-Blackwell, 2002.

[67] Gaston Bachelard. The Poetics of Space[M]. New York: Penguin,
2014.

[68] Gilles Deleuze and Felix Guattari. Anti-edipus: Capitalism and
Schizophrenia[M]. Minnesota, MN: Minnesota University Press, 1983.

[69] Giorgio Aganben. L'usage des Corps(法文)[M]. Paris: Seuil, 2015.

[70] Giroux, H. Pedagogy and the politics of hope: Theory, culture, and
schooling[M]. Boulder, CO: Westview,1997.

[71] Gregory, D. Geographical Imaginations[M]. Oxford: Blackwell, 1994.

[72] Guedj, D. The Measure of the World[M]. Chicago, IL: Chicago
University Press, 2001.

[73] H. Thomas and J. Ahmed (Eds.). Cultural Bodies [M]. Oxford:
Blackwell, 2003.

[74] J. Webster (Ed.). Halliday, Language and Society [M]. London:
Continnum, 2007.

[75] Halliday, M. A. K. and C. M. I. M. Matthiessen. Construing Experience
through Meaning: A Language based Approach to Cognition [M].
London: Continuum, 1999.

[76] Halliday, M.A.K. An Introduction to Functional Grammar (2nd ed.) [M]. London: Routledge, 1994.

[77] Hart, C. Discourse, Grammar and Ideology[M]. London: Bloomsbury, 2014.

[78] Harvey R. Sarles. Language and Human Nature [M]. Minneapolis, MN: University of Minnesota Press, 1986.

[79] Harvey, D. The Condition of Postmodernity[M]. Oxford: Blackwell, 1989.

[80] Henry, M., Lingard, B., Rizvi, F., and Taylor, S. The OECD, globalisation and education policy[M]. Oxford: Permagon, 2001.

[81] Immanuel Kant. Critique of Pure Reason[M]. London: Macmillan St Martin's Press, 1970.

[82] Jacques Rancière. The Ignorant Schoolmaster: Five Lessons in Intellectual Emancipation [M]. Stanford: Stanford University Press, 1991.

[83] Jean Baudrillard, Sheila Faria Glaser. Simulacra and Simulation[M]. Michigan: University of Michigan Press, 1994.

[84] Joe L. Kincheloe. Critical Pedagogy Prime[M]. New York: Peter Lang Publishing, Inc., 2005.

[85] Joe L. Kincheloe. Knowledge and Critical Pedagogy: An Introduction [M]. New York: Springer, 2008.

[86] Johanna R. Johnson. Dewey and Vygotsky: A Comparison of their Views on Social Constructivism in Education [M]. New Brunswick: New Jersey, 2003.

[87] John Wylie. Landscape (Key Ideas in Geography) [M]. London: Routledge, 2007.

[88] Johnson. The body in mind[M]. Chicago: University of Chicago Press, 1987.

[89] Kathryn M. Anderson-Levitt. Anthropologies of Education: A Global Guide to Ethnographic Studies of Learning and Schooling [M]. Berghahn Books, 2011.

[90] Katz, J. and Aakhus, M. (Eds.). Perpetual Contact. Mobile Communication, Private Talk, Public Communication[M]. Cambridge: Cambridge University Press, 2002.

[91] Kent den Heyer. Thinking Education Through Alain Badiou [M].
Cambridge: Wiley-Blackwell, 2010.

[92] Kress, G. and R. Hodge. Language as Ideology (2nd ed.) [M].
London: Routledge, 1993.

[93] Lacan. Ecrits: A Sellection[C]. New York: W. W. Norton, 2002.

[94] Lacan, J. The Seminar of Jacques Lacan, Book VII: The Ethics of
Psychoanalysis, 1959 - 1960[M]. New York: Norton, 1992[1986].

[95] Lakoff, George and Johnson, Mark. Metaphors we live by [M].
Chicago: The University of Chicago Press, 1980.

[96] Lawn, M. and Grosvenor, I. (Eds.). Materialities of schooling:
Design-technology-objects-routines[M]. Oxford: Symposium, 2005.

[97] Lefebvre, H. Writings on Cities[M]. Oxford: Blackwell, 1996.

[98] Lefebvre, H. The Production of Space[M]. Oxford: Blackwell, 1991.

[99] Lenoir, T. (Ed.) Inscribing Science. Scientific Texts and the
Materiality of Communication[M]. Stanford, CA: Stanford University
Press, 1998.

[100] Leyshon, A. Matless, D. and Revill, G. (Eds.). The Place of Music
[M]. New York, NY: Guilford, 2000.

[101] M. Crang and N. Thrift (Eds.). Thinking space [M]. London:
Routledge, 2000.

[102] Mary Midgley. Beast and Man [M]. London and New York:
Routledge, 1995.

[103] Max Van Manen. Researching Lived Experience: Human Science for
an Action Sensitive Pedagogy [M]. Ontario: The Althouse Press in
Canada, 1997.

[104] Michael R Matthews. The Marxist Theory of Schooling—A Study of
Epistemology and Education, Atlantic Highlands [M]. New Jersey:
Humanities Press INC., 1980.

[105] Nel Noddings. Critical Lessons[M]. Cambridge: Cambridge University
Press, 2006.

[106] Nel Noddings. Caring: A Feminine Approach to Ethics & Moral
Education[M]. Oakland: University of California Press, 1986.

[107] Noam Chomsky and Michel Foucault. The Chomsky-Foucault Debate
on Human Nature [M]. New York: The New Press of New York,

2006.

[108] Massey, D. Space, Place and Gender[M]. Cambridge: Polity Press, 1992.

[109] McLaren, P. and J. Kincheloe (Eds.). Critical pedagogy: Where are we now? [M]. New York: Peter Lang, Inc., 2007.

[110] McLaren, P. Che Guevara, Paulo Freire, and the pedagogy of revolution[M]. Lanham, MD: Rowman & Littlefield Publishers, 1999.

[111] McLaren, P. Critical pedagogy and predatory culture: Oppositional politics in a postmodern era[M]. New York: Routledge, 1995.

[112] Merleau Ponty. the Rose of the World[M]. Evanston: Northwestern University, 1973.

[113] Merleau-Ponty. The Visible and the Invisible [M]. Evanston: Northwestern University Press, 1968.

[114] Meyerhoff, H. Time In Literature [M]. California: University of California, 1968.

[115] Michel Henry. Philosophy and phenominolgy of the body[M]. Hague: Martinus Nijhoff, 1975.

[116] Mitchell, John J. (Ed.). Human Nature: Theories, Conjectures, Descriptions[M]. Metuchen, N.J.: Scarecrow Press, 1972.

[117] Mithen, Stephen. The singing Neanderthals: The origins of music, language, mind and body [M]. London: Weidenfeld & Nicolson, 2005.

[118] Morris, Brian. Western Conceptions of the Individual[M]. New York: Berg, 1991.

[119] N. K. Denzin, Y. S. Lincoln, and L.T. Smith (Eds.). Handbook of critical and indigenous methodologies[M]. Thousand Oaks of Canada: Sage, 2008.

[120] Neil Postman. The End of Education: Redefining the Value of School [M]. New York: Vintage Books, 1996.

[121] Nightingale, D. J. and Cromby, J. (Eds.). Social Constructionist Psychology: A Critical Analysis of Theory and Practice [M]. Buckingham: Open University Press, 1999.

[122] Norman Fairclough. Discourse and Social Change [M]. Cambridge:

Polity Press, 1988.

[123] P. M. S. Hacker. Human Nature: The Categorial Framework [M]. Oxford: Blackwell, 2007.

[124] P. M. S. Hacker. The Intellectual Powers: A Study of Human Nature [M]. Oxford: Wiley-Blackwell, 2013.

[125] Peter Reason and Hilary Bradbury (Eds.). The Sage Handbook of Action Research[M]. London: Sage Publications, 2008.

[126] Peters, M. A. Poststructuralism, politics and education[M]. Westport, CT: Bergin & Garvey, 1996.

[127] Phil Hubbard and Rob Kitchin (Eds.). Key Thinkers on Space and Place (2nd edn) [M]. London: Sage, 2011.

[128] Pinker, Stephen. The language instinct [M]. New York: Harper Collins, 1994.

[129] Rancière, J. Disagreement: Politics and Philosophy[M]. Minneapolis, MN: University of Minnesota Press, 1999[1995].

[130] Rancière, J. Aesthetics and Its Discontents[M]. Cambridge: Polity, 2009.

[131] Rancière, J. The Emancipated Spectator[M]. London: Verso, 2009.

[132] Rancière, J. The Future of the Image[M]. London: Verso, 2007.

[133] Rancière, J. Hatred of Democracy[M]. London: Verso, 2006.

[134] Rancière, J. The Ignorant Schoolmaster: Five Lessons in Intellectual Emancipation[M]. Stanford: Stanford University Press, 1991.

[135] Rancière, J. The Names of History: On the Poetics of Knowledge [M]. Minneapolis, MN: University of Minnesota Press, 1994.

[136] Rancière, J. The Nights ofLabor: The Workers' Dream in Nineteenth-Century France[M]. Philadelphia: Temple University Press, 1989.

[137] Rancière, J. On the Shores of Politics[M]. London: Verso, 1995.

[138] Rancière, J. The Philosopher and His Poor[M]. Durham, NC: Duke University Press, 2003.

[139] Rancière, J. The Politics of Aesthetics: The Distribution of the Sensible[M]. London: Continuum, 2004.

[140] Rancière, J. The Politics of Literature[M]. Cambridge: Polity, 2011.

[141] Rancière, J. Short Voyages to the Land of the People[M]. Stanford: Stanford University Press, 2003.

[142] R. Butler and H. Parr(Eds.). Mind and body spaces: Geographies of illness, impairment and disability[M]. London: Routledge, 1999.

[143] R. Wodak and M. Meyer (Eds.). Methods of Critical Discourse Studies(3rd ed.) [M]. New York: Sage, 2016.

[144] Radhakrishnan, S. and Raju, P. T. (Eds.). The Concept of Man: A Study in Comparative Philosophy [M]. London: George Allen and Unwin, 1966.

[145] Ritchie, J. and Lewis, J. (Eds.). Qualitative Research Practice: A Guide for Social Science Students and Researchers [M]. London: Sage, 2003.

[146] Robert B. Pippin. The Persistence of Subjectivity: On the Kantian Aftermath[M]. Cambridge: Cambridge University Press, 2005.

[147] Robert W. (Ed.). Rieber and Jeffrey Wollock [M]. New York: Plenum, 1997.

[148] Roger Scruton. Modern Philosophy: An Introduction and Survey[M]. London: Pimlico, 2004.

[149] S. J. Ball (Ed.) The Routledge Falmer reader in sociology of education[M]. London: Routledge Falmer, 2004.

[150] S. Steinberg and J. Kincheloe (Eds.). Kinderculture: The corporate construction of childhood (2nd Edition) [M]. Boulder, CO: Westview, 2004.

[151] S. Steinberg and J. Kincheloe (Eds.). What you don't know about schools[M]. New York: Palgrave, 2006.

[152] Saint, A. Towards a social architecture: The role of school building in post-war England[M]. New Haven, CT: Yale University Press, 1987.

[153] Stevenson, Leslie. Seven Theories of Human Nature[M]. New York: Oxford University Press, 1987.

[154] Teun A. van Dijk. Ideology and discourse: A multidisciplinary introduction[M]. New Delhi: Sage, 1998.

[155] Theodor Adorno. Negative Dialectics [M]. London & New York: Routledge, 2004.

[156] Thrift, N. J. Spatial Formations[M]. London: Sage, 1996.

[157] Trigg, Roger. Ideas of Human Nature: An Historical Introduction[M]. Oxford: Basil Blackwell, 1988.

［158］Wertsch, James V. Mind as action［M］. New York：Oxford University Press, 1997.

［159］Wertsch, James V. Voices of the mind：A sociocultural approach to mediated action［M］. Cambridge, Mass.：Harvard University Press, 1991.

［160］Willig, C. Introducing Qualitative Research in Psychology［M］. Buckingham：Open University Press. 2001.

［161］Zeus Leonardo. Ideology, Discourse and School Reform［M］. London：Westport, 2003.

［162］Zizek, S. The Subject Object of Ideology［M］. London and New York：Verso,1989.

［163］Zizek, S. For They Know Not What They Do：Enjoyment as a Political Facto［M］. New York：Verso,1991.

［164］Zizek, S. Tarrying with the Negative：Kant, Hegel, and the Critique of Ideology［M］. Durham, NC：Duke University Press, 1993.

［165］Zizek, S. The Ticklish Subject：The Absent Centre of Political Ontology［M］. New York：Verso,1999.

［166］Zizek, S. The Parallax View［M］. Cambridge, MA：The MIT Press, 2006.

［167］Zizek, S. In Defense of Lost Causes［M］. New York：Verso, 2008.

三、中文专著

［1］曹卫东.交往理性与诗学话语［M］.天津：天津社会科学出版社,2001.

［2］陈巴特尔,陈晓莹,［加］马克西姆.教育人类学［M］.北京：知识产权出版社,2012.

［3］陈桂生.教育原理［M］.上海：华东师范大学出版社,2000.

［4］陈桂生.历史的"教育学现象"透视［M］.北京：人民教育出版社,1998.

［5］陈向明.质的研究与社会科学研究方法［M］.北京：教育科学出版社,2000.

［6］陈志尚.人学原理［M］.北京：北京出版社,2004.

［7］程亮.教育学的"理论·实践"观［M］.福州：福建教育出版社,2009.

［8］戴本博.外国教育史［M］.北京：人民教育出版社,1990.

［9］冯建军.当代道德教育的人学论域［M］.福州：福建教育出版社,2015.

［10］冯建军.教育公正——政治哲学的视角［M］.福州：福建教育出版社,

2008.

[11] 冯建军.生命与教育[M].北京：教育科学出版社,2004.

[12] 冯增俊.教育人类学[M].南京：江苏教育出版社,2001.

[13] 高清海.人就是"人"[M].沈阳：辽宁人民出版社,2001.

[14] 韩庆祥,邹诗鹏.人学[M].昆明：云南人民出版社,2001.

[15] 何包钢.民主理论：困境和出路[M].北京：法律出版社,2008.

[16] 何卫平.走向解释学辩证法[M].上海：上海三联书店,2001.

[17] 扈中平,刘朝晖.挑战与应答——20世纪的教育目的观[M].济南：山东教育出版社,1995.

[18] 扈中平,蔡春,等.教育人学论纲[M].北京：高等教育出版社,2015.

[19] 扈中平.教育目的论[M].武汉：湖北教育出版社,2008.

[20] 扈中平.现代教育学(第三版)[M].北京：高等教育出版社,2010.

[21] 姜国柱,朱葵菊.中国人性论史[M].郑州：河南人民出版社,1997.

[22] 金生鈜.规训与教化[M].北京：教育科学出版社,2004.

[23] 金生鈜.教育者的心灵诗学[M].北京：教育科学出版社,2021

[24] 李悦娥,范宏雅.话语分析[M].上海：上海外语教育出版社,2002.

[25] 李中华.中国人学思想史[M].北京：北京出版社,2005.

[26] 刘润清.西方语言学流派[M].北京：外语教学与研究出版社,1995.

[27] 刘小枫,陈少明.古典传统与自由教育[C].北京：华夏出版社,2005.

[28] 摩罗,杨帆.人性的"复苏"："国民性批判"的起源与反思[C].香港：时代国际出版有限公司,2010.

[29] 倪梁康.胡塞尔现象学概念通释[M].北京：生活·读书·新知三联书店,2007.

[30] 倪梁康.现象学的始基[M].广州：广东人民出版社,2004.

[31] 倪梁康.自识与反思[M].北京：商务印书馆,2002.

[32] 彭正梅.解放与教育：德国批判教育学研究[M].上海：华东师范大学出版社,2008.

[33] 渠敬东.现代社会中的人性及其教育[M].上海：上海三联书店,2006.

[34] 瞿葆奎.教育基本理论之研究[M].福州：福建教育出版社,1998.

[35] 瞿葆奎.教育学文集·教育目的[C].北京：人民教育出版社,1989.

[36] 任钟印,诸惠芳.教育究竟是什么？——100位教育家论教育[C].北京：北京大学出版社,2008.

[37] 任钟印.世界教育名著通览[C].武汉：湖北教育出版社,1994.

[38] 上海社会科学院哲学研究所,外国哲学研究室.法兰克福学派论著选

辑[C].北京：商务印书馆,1998.

[39] 孙晓莉.中国现代化进程中的国家与社会[M].北京：中国人民大学出版社,2001.

[40] 谭斌.教育学话语现象的文化分析——兼论中国当前教育学话语的转换[M].北京：首都师范大学出版社,2006.

[41] 唐莹.元教育学[M].北京：人民教育出版社,2002.

[42] 藤星.教育人类学理论与实践[M].北京：民族出版社,2009.

[43] 田海龙,赵芃.批评性语篇分析：经典阅读[C].天津：南开大学出版社,2012.

[44] 童世俊.批判与实践：哈贝马斯的批判理论.北京：生活·读书·新知三联书店,2007.

[45] 汪民安,等.后身体：文化、权力和生命政治学[M].长春：吉林人民出版社,2003.

[46] 汪民安.尼采与身体[M].北京：北京大学出版社,2008.

[47] 汪民安.身体、空间与后现代性[M].南京：江苏人民出版社,2006.

[48] 王成兵.一位真正的美国哲学家：美国学者论杜威[M].北京：中国社会科学出版社,2007,31.

[49] 王海明.人性论[M].北京：商务印书馆,2005.

[50] 王坤庆.现代教育价值论探寻[M].长沙：湖南教育出版社,1990.

[51] 王啸.教育人学：当代教育学的人学路向[M].南京：江苏教育出版社,2003.

[52] 夏正江.教育理论哲学基础的反思：关于"人"的问题[M].上海：上海教育出版社,2001.

[53] 项贤明.泛教育论：广义教育学的初步探索[M].太原：山西教育出版社,2002.

[54] 肖万源,徐远和.中国古代人学思想概要[M].北京：东方出版社,1994.

[55] 徐复观.中国人性论史[M].上海：上海三联书店,2001.

[56] 杨大春.语言·身体·他者[M].上海：上海三联书店,2007.

[57] 杨大春.感性的诗学——梅洛-庞蒂与法国哲学主流[M].北京：人民出版社,2005.

[58] 叶南客.中国人的现代化[M].南京：南京出版社,1998.

[59] 张焕庭.西方资产阶级教育论著选[C].北京：人民教育出版社,1979.

[60] 张人杰.国外教育社会学基本文选[C].上海：华东师范大学出版社,

1989.

［61］赵敦华.西方人学观念史［M］.北京：北京出版社,2004.

［62］赵汀阳.论可能生活：一种关于幸福和公正的理论［M］.北京：中国人民大学出版社,2004.

［63］郑金洲.教育文化学［M］.北京：人民教育出版社,2000.

［64］郑永廷.人的现代化的理论与实践［M］.北京：人民出版社,2006.

［65］朱光潜.谈美谈文学［M］.北京：人民文学出版社,1988.

四、中、英论文

［1］曹永国.“教育理论与实践紧张性”辩解［J］.湖南师范大学教育科学学报,2004(2)：27－30+40.

［2］程天君.从“社会转(zhuàn)型”到“社会转(zhuǎn)型”：教育与人的现代化引论［J］.湖南师范大学教育科学学报,2014,13(4)：63－69.

［3］褚宏启.教育现代化的本质与评价：我们需要什么样的教育现代化［J］.教育研究,2013(11)：4－10.

［4］刁培萼.试论实践辩证法·人学辩证法·教育辩证法的关系［J］.教育文化论坛,2010(2)：1－13.

［5］董标.教育的文化研究——探索教育基本理论的第三条道路［J］.华东师范大学学报(教育科学版),2002(3)：15－26.

［6］杜丽娟.“教育语言学”片论［J］.华南师范大学学报(社会科学版),2006(4)：111－115.

［7］方向红.从“幻影”到“器官”：胡塞尔C手稿中的身体构造学说［J］.哲学研究,2012(4)：65－73+128.

［8］冯建军.关于建构教育人学的几点设想［J］.华东师范大学学报(教育科学版),2017,35(2)：57－67.

［9］冯建军.教育哲学中的“人”与人的“教育哲学”［J］.教育学术月刊,2016(10)：3－12.

［10］冯建军.向着人的解放迈进——改革开放30年我国教育价值取向的回顾［J］.高等教育研究,2009(1)：17－25.

［11］高德胜.找回失落的人性——论环境教育的转向［J］.高等教育研究.2008(2)：1－6.

［12］高宣扬.当代法国哲学关于人性的四次论战［M］.学术月刊,2006,38(11)：30－37.

［13］贵益民.当代心灵哲学中的核心课题［J］.世界哲学,2006(5)：3－15.

［14］扈中平,蔡春.教育人学论纲［J］.华东师范大学学报(教育科学版),
2003(3)：1－9.

［15］胡为雄.国内人学研究回顾(1978—2012)［J］.毛泽东邓小平理论研
究,2013(1)：50－56+93.

［16］李长伟.从实践哲学的角度透析近代教育学的分裂［J］.华东师范大学
学报(教育科学版),2006(9)：21－30+36.

［17］李政涛.身体的"教育学意味"——兼论教育学研究的身体转向［J］.教
育理论与实践,2006(21)：6－10.

［18］梁学敏.马里翁对笛卡儿"我思故我在"的批判［J］.青春岁月,2012
(23)：388－389.

［19］刘立华.批评话语分析概览［J］.外语学刊,2008,(3)：102－109.

［20］刘良华."身体教育学"的沦陷与复兴［J］.西北师大学报(社会科学
版),2006,43(3)：43－47.

［21］刘铁芳.从自然人到社会人：教育人性基础的现代转向［J］.华东师范
大学学报(教育科学版),2010(4)：20－28.

［22］刘小枫.尼采的微言大义［J］.书屋,2000(10)：4－22.

［23］刘云杉.教师话语权力探析［J］.南京师大学报(社会科学版),1997
(3)：70－74.

［24］马越,张广君.朗西埃平等哲学的教育学魅力——理论立场、教育衍射
及教学哲学意蕴［J］.外国教育研究,2014(8)：36－45.

［25］尚杰.消失的永恒与瞬间之力量［J］.世界哲学,2016(3)：32－41.

［26］石鸥,赵长林.科学教科书的意识形态［J］.教育研究,2004(6)：72－76.

［27］石中英.人作为人的存在及其教育［J］.北京大学教育评论,2003(2)：
19－23.

［28］童宏保.精英话语对教育考试制度改革的影响［J］.考试研究,2009
(4)：49－59.

［29］童世骏.科学与民主的和谐何以可能：论杜威和哈贝马斯的科学观和民
主观［J］.华东师范大学学报(哲学社会科学版),1999(4)：35－42+87.

［30］王珏.大地式的存在——海德格尔哲学中的身体问题初探［J］.世界哲
学,2009(5)：126－142.

［31］王攀峰.批判话语分析：当代教育研究的一个新视角［J］.首都师范大
学学报(社会科学版),2008(5)：81－86.

［32］王天成.从人学到形而上学［J］.吉林大学社会科学学报,2013(1)：
50－56.

[33] 王胄.人的现代化述略[J].中国教育学刊,1998(3):6-9.

[34] 魏丽娜.高考改革应关注农村教育公平[J].湖北招生考试,2010(6):29-33.

[35] 吴全华.论人性与教育的关系——保守主义人学的视角[J].苏州大学学报(教育科学版),2016(3):71-78+120.

[36] 肖川,胡乐乐."教育"概念的词源考古与现代研究[J].大学教育科学,2010,121(3):3-12.

[37] 徐长福."人学":专名还是摹状词——对近年来人学讨论的一个质询[J].江海学刊,1998(2):84-89.

[38] 闫旭蕾.论身体的德性及其教育[J].教育研究与实验,2007(4):7-12.

[39] 杨大春.别一种主体:论福柯晚期思想的旨意[J].浙江社会科学,2002(3):169-173.

[40] 杨大春.主体形而上学解体的三个维度——从20世纪法国哲学看[J].文史哲,2002(6):79-86.

[41] 杨大春.肉身化主体与主观的身体[J].江海学刊,2006(2):79-86.

[42] 尹小敏.学生话语权缺失的表征及原因探析[J].河北师范大学学报(教育科学版),2009,11(3):135-139.

[43] 岳伟.生存性存在——当代教育的一种人学探寻[J].华东师范大学学报(教育科学版),2010(4):29-36.

[44] 翟振明.意义是如何超越经验的//靳希平,王庆节.现象学在中国(中国现象学与哲学评论·特辑)[A].上海:上海译文出版社,2003:78-85.

[45] 周兴国.教育哲学的人性论基[J].苏州大学学报(教育科学版),2015(3):39-45.

[46] 祝爱武,冯建军.实践-生成论的教育人学范式[J].教育研究与实验,2016(2):28-33.

[47] [法]福柯.另类空间[J].王喆法,译.世界哲学,2006(6):52-57.

[48] [法]哈兹米格·科西彦.朗西埃、巴迪欧、齐泽克论政治主体的形塑:图绘当今激进左翼政治哲学的主体规划[J].孙海洋,译.国外理论动态,2016(3):1-15.

[49] [美]凯瑟琳·埃尔金.教育的目的[J].李雁冰,译.教育发展研究,2016(18):1-6.

[50] [美]希克曼,曾誉铭.批判理论的实用主义转向[J].江海学刊,2003(5):36-41.

［51］ 张智.人的现代化：内涵、动因、规律及经验——从历史唯物主义的视角看［J］.理论探讨,2016(2)：19－23.

［52］ Alessandro Tomasi. Nihilism and Creativity in the Philosophy of Nietzsche［J］. Minerva—An Internet Journal of Philosophy, 2007(11)：153－183.

［53］ David Harvey. Social Justice, Postmodernism and the City ［J］. International Journal of Urban and Regional Research, 1992(16)：588－601.

［54］ Hudson. L. R. Herbart. "His Philosophy and Educational Implications"［J］. Peabody Journal of Education, 1946, 24(3)：159－166.

［55］ J. D. Dewsbury. The Deleuze-Guattarian assemblage：Plastic habits［J］. Area, 2001,43(6)：148－153.

［56］ John Wylie. An essay on ascending Glastonbury Tor［J］. Geoforum, 2002 (33)：441－454.

［57］ Kalervo N. Gulson and Colin Symes. Knowing one's place：Space, theory, education［J］. Critical Studies in Education, 2007(1)：97－110.

［58］ Kent Den Heyer. Introduction to Special Issue：Alain Badiou："Becoming subject" to Education ［J］. Educational Philosophy and Theory, 2010(2)：1－7.

［59］ Massey, D. Politics and space/time［J］. New Left Review, 1992(12)：65－84.

［60］ Mcgregor, J. Space, power and the classroom ［J］. Forum：for Promoting 3－19 Comprehensive Education, 2004, 46(1)：11－22.

［61］ Michael Glassman and Jonathan Burbidge. The Dialectical Relationship between Place and Space in Education：How the Internet is Changing our Perceptions of Teaching and Learning［J］. Education Theory, 2014 (1)：13－32.

［62］ Richard Meeth. Interdisciplinary studies：A matter of definition［J］. The Magazine of Higher Learning, 1978(10)：10－11.

［63］ Robecca Rogers, Elizabeth Malancharuvil-Berkes etc. Critical Discourse Analysis in Education：A Review of the Literature ［J］. Review of Educational Research, 2005,75(3)：365－416.

［64］ Rosenkranz, K. Pedagogics as a System ［J］. Journal of Speculative

Philosophy，1872（6）：290－312.

［65］Teun A. van Dijk. The Aims of Critical Discourse Analysis［J］.
Japanese Discourses，1995（1）：17－27.

［66］Vincent，C.，Ball，S. J.，and Kemp，S. The social geography of
childcare：Making up the middle-class child［J］. British Journal of
Sociology of Education，2004，25（2）：229－244.

五、工具书、学位论文等

［1］B. Turner（Ed.）. Cambridge Dictionary of Sociology［Z］. Cambridge：
Cambridge University Press，2006.

［2］Simon Blacburn. Oxford Dictionary of Philosophy［Z］. Oxford：Oxford
University Press，2016.

［3］古代汉语词典［Z］.北京：商务印书馆，2009，1751.

［4］牛津高阶英汉双解词典（第四版增补本）［Z］.牛津：牛津大学出版
社；北京：商务印书馆，2002.

［5］中国社会科学院语言研究所词典编辑室.现代汉语词典（第六版）
［Z］.北京：商务印书馆，2012.

［6］潘跃玲.教室空间构造的现象学研究［D］.宁波大学硕士学位论文，
2013.

后　记

时光荏苒,本书从构思到出版,已十余年。2006 年春季学期听扈中平教授讲授现代教育基本理论时,初闻"教育人学",产生满满的好奇。由我的博士论文修改而成的专著《实践与批判：论教育人性化》已深刻地关涉教育人学。2012 年,阅读扈中平教授主编的《教育人学论纲》书稿时,萌发系统研究教育人学基本理论的念头。经历两年半的国外马克思主义专业博士后科研工作,较为系统地学习现代西方马克思主义哲学家的人学思想。2016 年 9 月到英国兰卡斯特大学政治、哲学和宗教(PPR)学院开始为期 1 年的访学。其间,丰富的英文资料、浓厚的学术研究氛围、完整的学习和写作时间,促成第一稿完稿。此后,本书忝列"教育人学研究"丛书,倍感荣幸。在数字化、信息化时代,后人类学、后人学出现,必将推动教育人学向"后教育人学"发展。限于篇幅,笔者只能在《劳动教育哲学》等论著中论述"后教育人学"了。

本书第一章第一、二节,第一章第三节和第二章第一节、第二节,第五章第二节,第六章第二节,第八章第三节,第九章第一节、第二节,第十章第二、三节,第十一章第二节,第十一章第三节的部分或全部内容分别以《"教育学是人学"的"人的存在论"阐释》《教育人学的元理论反思》《教育形而上学的主题变奏》《儿童心灵世界的主观逻辑》《敞亮和忠实于心灵自身的教育时间》《教育价值积极虚无主义的人性探寻——巴迪欧虚空存在论的视角》《中国现代育人目的论的嬗变与反思》《教育之学的民主之真》《教育艺术的人学构境》《批判话语研究及其教育学意义》《高考改革应保障农村学生的平等话语权》等在《广东第二师范学院学报》(2021 年第 3 期)、《高等教育研究》(2017 年第 9 期)、《南京社会科学》(2016 年第 12 期)、《教育研究与实验》(2020 年第 2 期)、《高等教育研究》(2021 年第 8 期)、《华南师范大学学报(社会科学版)》(2013 年第 6 期)、《教育导刊》(2019 年第 6 期)、《苏州大学学报(教育科学版)》(2015 年第 3 期)、《教育研究与实验》(2018 年第 5 期)、《高等教育研究》(2013 年第 7 期)、《现代教育论丛》(2014 年第 4

期)等刊物发表。第三章部分内容被编入扈中平主编《现代教育学(第4版)》(高等教育出版社,2021年),基本思路也延续了拙作《批判与实践:论教育人性化》(中国社会科学出版社,2016)的研究。在此,衷心感谢上述期刊和教材出版方的厚爱和支持!

　　无限感谢、感激和感恩师友同学们!恩师扈中平教授、刘朝晖教授、尹树广教授,以及英国兰卡斯特大学 Alison Stone 教授,他们的独立人格、自由精神的人品,以及严谨治学、勤于耕耘的学品,熏陶和激励我前行。对我的家人,感恩与歉疚同在!女儿灵灵,是正在成长的艺术设计专业研究生,对书的写作和设计,作出了贡献。教育人学研究专家、南京师范大学教授冯建军不仅以他丰硕厚实的研究滋养我的笔墨,而且与扈中平教授一起,推荐此书成功申报国家社科基金后期资助项目。同时,华南师范大学董标教授、吴全华教授、郑航教授、刘录护教授、刘磊明副教授、闫斐博士,以及首都师范大学蔡春教授、广东技术师范大学邵成智博士的鼓励和支持,令我不懈于思和行。感谢上海教育出版社的大力帮助和严谨细致的工作。感谢在此过程中提供帮助的各位硕士研究生龙静、范梦兰、郑赛源、师玉平、聂佳雯等。

　　在完成第一稿之际,适逢英国复活节,在剑桥大学圣埃德蒙学院(St Edmund College)学习。荡漾于学术圣地,心灵与纯净的天地融汇,恨不得自己化身为剑河中的"一株水草",在这座学术殿堂漫游、冥思,永葆这份学术的执着与纯粹。空灵如斯、自由如斯:

悄悄地我走了,
正如我悄悄地来;
我挥一挥衣袖,
不带走一片云彩。
2017年4月28日剑桥大学 Regent Apartment

2023年5月30日华南师范大学教育科学学院

图书在版编目（CIP）数据

教育人学基本理论 / 肖绍明著. — 上海：上海教育
出版社，2024.1
（教育人学研究丛书）
ISBN 978-7-5720-2420-7

Ⅰ.①教… Ⅱ.①肖… Ⅲ.①教育人类学－研究 Ⅳ.
①G40-056

中国国家版本馆CIP数据核字(2024)第004940号

责任编辑　陈杉杉
封面设计　郑　艺

教育人学研究丛书
教育人学基本理论
肖绍明　著

出版发行　上海教育出版社有限公司
官　　网　www.seph.com.cn
地　　址　上海市闵行区号景路159弄C座
邮　　编　201101
印　　刷　上海颛辉印刷厂有限公司
开　　本　700×1000　1/16　印张 21.5
字　　数　374 千字
版　　次　2024年1月第1版
印　　次　2024年1月第1次印刷
书　　号　ISBN 978-7-5720-2420-7/G·2147
定　　价　88.00 元

如发现质量问题，读者可向本社调换　电话：021-64373213